中国社会科学院老年学者文库

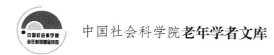

中国社会科学院**老年学者文库**

毡 乡 说 荟

——陶克涛文集

陶克涛/著

社会科学文献出版社
SOCIAL SCIENCES ACADEMIC PRESS（CHINA）

目　录
CONTENTS

前　　言

　　一部著作面世，当今的常例是书前自序，就书中节略或著者简况，向世人作个"广告"，以清眉目，庶几读作两便。可见这序对书是有些用处的。

　　序，自然被认为是一种"文体"，那么，写法应有规矩。可是在实际的操作上，如何写法，常见的却有不同，且每藏玄机。鲁迅先生有《序的解放》，深揭当年作序的种种手法；清人郑板桥"难得糊涂"，轻蔑作序，说"何以叙为"。两位先哲的卓识，都从经验得来，实在可以当作序之警示看。我自己向来是"迂远而阔于事情"，不很随俗。加上年纪老迈，安于守默，实在没有更多自扰扰人的顾虑，在这里，也就只能按照本身的思绪，信笔驰骋。汗漫以言，且当作书的前言吧。

一

　　我生长在被称为"朔漠"的地方，远在毡乡。那里朴野少文，俗尚安常。可我竟有幸在一位"笔帖式"的督导下，多少也接触过一些汉文老书。其实《经》也，《传》也，无非朗朗诵"念"而已，难说理解。后到城市，就学"学堂"，从此眼界大开，读书的领域也就不限了。日寇侵略，抗日军兴，"何必读书，然后为学？"（子路语）我投笔请缨，毅然穿上军装，进击于长城内外。那些"老书"们，从此也就从思想中被处理掉了。20世纪30年代末，我从战地调到革命圣地——延安，非常兴奋。那里的革命气氛、学习热潮，真是身所未见。在战争时期，能有此次学习机会，岂易再得？所以我狠抓时间，"一心只读马列书"。韩愈说的"焚膏油以继晷，恒兀兀以穷年"，有点近似。专心一意，绝不旁骛，完全适应了当时教条主义的学风。1941年，毛主席发表《改造我们的学习》（后收入《毛泽东选集》）一文，号召在学习理论、学习现状的同时，学习历史。他批评说："许多马克思列宁主义的学者也是言必称希腊，对于自己的祖宗，则对不住，忘记了。""对于自己的历史一点不懂，或懂得甚少，不以为耻，反以为荣。"第二年，在《整顿党的作风》的报告中，他更指示废除教条主义。至此，"改造"的警钟已经敲起。延安的学习新风很快进入高潮。

我当然远不是什么"学者"，无非一介在学的革命青年而已。但是主席的批评，不啻是对我的一声大喝，着实的鞭笞，须知我就是那个"一点不懂"群中的一个。慌愧之至。从那以后，我力改自己的学习，在学习马列的同时，加劲学习历史，特别是蒙古史。学习所师，全由自涉。两年之间，学习既多，"一点不懂"的局面，渐渐地有了些许改变，学习的兴趣也在加浓，并且意识到先前"念"过的那些老东西，还未必是应当抛弃的一堆敝屣。但是，时局与条件的限制，在总体上所学毕竟依然是两个字：浮浅。

十年过去了。新中国成立，学历史的条件更加充裕。虽然一直在理论战线工作，不属学术领域，但我对于历史，特别是毡乡的历史，对于"自己的祖宗"，更多兴趣，更多着意，更加不敢"忘记"了。我在工作之余，不但追求这方面的史料（首先是民族文字史料），考察历史记录的真相，质疑其中的伪饰，而且也摸索毡乡历史人事的得失、社会发展的规律以及毡乡文化的兴衰。企望以史为鉴，吸取教训，启示未来，直到"文化大革命"。我的这种学习历程，大都能在我曾经发表和不曾发表的文稿中找到相应的反映。这里所荟集的文章，是其中的一部分。有打油诗一首：

> 原是毡乡一野夫，干戈舞罢学翻书。
> 韦编三绝功何在，信信疑疑心独主。

这就是自己学史的始末与感受。见笑了。

二

本书并不是专题的论著，实际上是一部讨论毡乡诸多故事的文集，是本毡乡"说荟"。它的主要论旨，一是辩证毡乡诸名物、事情的真伪与是非，以补史书间有之不足；二是借此试谈自己的设想和判断，以供大家参考。二者相辅相成，而不论何者，所谈都不主故常、不甘苟同、自抒己见、别创新说。当然，也是探索性的、请教性的。

"毡乡"可以说是一个地区或方域的浑称。它初见于宋人辛弃疾词，但似乎也是演绎而来。在它之前，有汉人细君唱词："吾家嫁我于天一方，穹庐为室兮毡为墙，以肉为食兮酪为浆。"其后，《北史·突厥传》又记："穹庐毡墙，随逐水草；食肉饮酪，衣以裘褐。"两者都提到了"毡墙"。以毛制毡，张毡成墙，很见"一方"新奇。用"毡墙"构筑穹庐，组建帐幕，以为人们的居处之所，成一家的炊灶之户，很具特色。这种居屋，易分易合，轻巧简便，既适于居民的依时迁移，也利于畜群的游动管理。这些毡庐或聚或散，或行或居，星落于广阔的草原之上，自然形成一种特异的原野景观，喻之为"毡乡"，甚是贴切。"乡"之为字，在汉文中不就有居于野外之义吗？毡乡食肉、饮酪、衣裘（带毛的皮长袍）、穿褐（粗毛线编织的半长衣）、随逐水草，明显地就是牧业地区、游牧社会的写照。这种图像，虽说的是突厥时代，然而在它之前和之后，何尝不是如此呢？所以"毡乡"云云，实在指的是北方古代游牧世界、北方民族社会，是词家的文学构想、形象隐喻。

"毡乡"的幅域很大。北起贝加尔湖一线，南至阴山两麓都属之。西方的学者称之为"亚洲腹地"，汉文典籍则喻为墙（长城）外、塞外或边外。居于这一区域的人众，则一律被称作"北蛮""北狄"。在口语上，这个"蛮"或者是北方某族的一种略称，而在文字上特为写成"蛮"字，却不切实且寓诋义了。

"毡乡"是一方不同的领域。清人王夫之有个"夷""狄"的界说："裔夷者，如衣之裔垂于边幅，而因山阻阻漠以自立，地形之异，即天气之分，为其性情所使便，即其生理之所存。"① "夷狄之与华夏，所生异地，其地异，其气异矣；气异而习异，习异而所知所行蔑不异焉。"② 王夫之被定为明末清初进步史家、思想家，他倡导的"戎狄者，欺之而不为不信，杀之而不为不仁，夺之而不为不义"，很是著名。他这里说的虽不在点子上，而承认"毡乡"之不同，之"异"，却是高明的。

毡乡这个北狄异域的"北蛮"云云，应当是个概称，在它之内其实包括不同时代（期）、不同称号的种族、部落、部族和民族。荤育大概是最早见诸文字（首先是汉文）的族体，那大致在公元前十几世纪，相当于中国的夏商时代，而它实际的存在应当尚在此前很久。从它以后，相依和相继的族体在

---

① （清）王夫之：《读通鉴论》，中华书局，1975，第939页。
② （清）王夫之：《读通鉴论》，第976页。

这里陆陆续续建立起多个震惊世界的国体，被汉文史书命之为"行国""引弓之国"。匈（奴）人自称"百蛮大国"（当是百族、百国大国）；郁久闾族建国，称"柔然"汗国；蒙古兴起，建号"达延"汗国。但是，不论何等称号，应该承认它们都是一脉相承的毡乡文化的建造者，都是毡乡历史的缔结者和维护者，都是毡乡自然资源与社会资源的开拓者与发展者，是毡乡文明的捍卫者。正是经过众多的族体和它们的领袖人物的奋斗，才使"行国"与"居国"，在内外交征、兴亡继绝中，并耀于地球而长达数千年之久，"各生其所生，养其所养，君长其君长，部落其部落"。

自然，与任何地区和民族、社会一样，"毡乡"从经济基础到上层建筑，也在各种因素的作用下，屡经变迁，屡遭厄运。因而它也有悲惨的历史，堕落及至衰亡的历史。我在那里工作过，切身感受过，而这正有很深切的教训需要总结。然而，在人们的意识和感情上，却似乎没有认识到这点，这值得领会与研究。

"毡乡"这个"自己的祖宗"的历史，需要很好地学习和研究，特别是"祖宗"的后代们要起而研究和学习，不要再"对不起，忘记了"。明末顾亭林举例说："《元史》……舛谬特多。……然此汉人作蒙古人传，今日汉人作汉人传，定不至此。"（《顾亭林诗文集》）此见毡乡人研究毡乡事，自有优势。毡乡的学术领域广阔，蓄积深厚，大有学者们回旋的空间，别族的文献和研究经验、前辈的成就也都可利用。新中国为这种学习与研究，提供了相当好的条件。我发现近六十年来，涌现了不少新的毡乡文化学者，并且在党和国家的扶助下，卓有成就。青胜于蓝啊！

我长期离开毡乡，也始终没有跻身于专业的研究行列。但是，这方面的学习与探索，我始终也没有懈怠过，甚且敢于放胆尝试着写过和发表过一点不自藏拙的论著。不论如何，它们在推动毡乡学术活动中，客观上或者被认为多少起过一时的有益作用。当然，这是极其微薄的。

"文化大革命"开始，一切全翻了。我被当作"走资派"的"要犯"，横遭大张旗鼓的批判、斗争、捆绑、抄家，坐牢，停止工作，被克扣工资，日夜服役，殃及亲属。无所不用其极。那种疯狂残酷，延安整风审干时也不曾有过，而"罪状"，就只是我发表的革命论著。清人傅青主曾在他的《霜红龛杂记》中说："险莫险于谈论，危莫危于弄笔。"这是有所经验的沉痛之言。我以前不曾重视这个耸听的"危言"。我被打倒，想起了他的告诫，真是"朝真暮伪何人辨，古往今来底事无"。复何言哉！然而，我毕竟不敢服帖。我写下了批判江青的谰言的札记，待时而发。如天开日见，假我年月，我还是要我行我素：革命"谈论"，正义"弄笔"，霜红龛的话，非所计了。然而磨难十年，余悸恐怕还是难消啊！

"四人帮"覆灭，南风解愠。很是高兴。改革开放政策推进，形势大变，政通人和，百业竞兴。我恢复工作后，亲身体会到党的新路线、新政策及新作风的伟大，非常兴奋，极欲投身到新的形势中，贡献自己的一点绵力。有七绝一首，中有句云："满身鞭痕遗余痛，逢春应须更力耕"。这是真话。既调入科学研究机构，就想能在民族研究学田里耕耘出一垅庄苗。然而，年岁不饶人。不几年，按国家规定，告别岗位，拱手赋闲了。晋人潘岳失职后，有《闲居赋》，说"终优游以养拙"，革命老人自然不能作这样的赋。所以，在力行能及时，我依然应邀、应选、应聘、应约，积极参与毡乡多种学术活动，在向大家学习的同时，尽可能贡献自己的绵力，以成人之美业，并且自属文稿。

随着日月的推移，即使这点作用也起不动了。"年颜渐老空多病，志气无成两鬓残"，这就是不以意志为转移的变化，"甚矣，吾衰也"。从此，除频繁地出入医院，偶尔在家人的扶持下，策杖园林，消散一点烟霞痼癖之外，就开始谢绝迎送，安分守己，只蜷伏在自家的蜗楼内，以卧游自遣了。一屏电视，气象万千；四壁图书，不啻老友聚会。心情是恬静的。而也就在这里，心不任闲，在这些"老友"的支持和帮助下，勉力整理和重写多年来，特别是脱离工作以来，尘封于案下的论稿，以答谢历年来老战友和毡乡学人的眷勉和敦促，偿还一点学术欠债。这结果之一，就是收在本书内的 26 篇文章。

三

26 篇文字各有主题，互不通贯，写作时间先后不一，文体也或参差。但论旨总则当无大异，连类相及，权分六卷。

第一卷是我参与大型方志《土默特志》编纂时，对一些地方和历史上曾经存在的疑问的奉告，这里的几篇文章就是其中之一部分。

历来认定"土默特"即"秃马惕"，"包头"即蒙古语"鹿"的音译，"板升"即"土屋""房子"的意思。众口嚆然，几成定谳，甚且以之刊诸辞典、地图，导引学界，有混淆史实之嫌。而论据却是一知半解，人云亦云，志书不宜依违其说，应须核校。本文所述，允为导议的第一笔。

"把什"亦作"把格什"，以之名村者，不止一处，而本书所述"把什"，实为古敕勒川中最著名者。这个村庄人多，地大，民族分野大，很具民族聚落的典型性，"土默特"部的历史之光，往往在这个村里找到折射。修好这个村的村史、村志，对本地其他村庄的史、志的撰写，可能有示范的意义。《把什村史》不为成功之作，本文因此发出如何修村史、村志的呼声，亦为前人所未道。

第二卷是讨论青海诸事的文章。

青海地方民族不一，牧区面积占全省一半以上，亦可视为"毡乡"一类。我同意去这个"毡乡"作学术的目的，是调查"青海土默特部"。蒙古土默特是边外的大部。"九边"中辽蓟以西，宣、大、榆林等镇所面临的战争与交涉，主要的是达延汗国的右翼三部，尤其是"土默特"这个部。《明史·鞑靼传》的传主，重要的也是三部中的这个部。"青海土默特"正是这个部的分支。这个分支在这个地区活动半个世纪，影响巨大，而它的历史成败、进退真相，却甚少（近乎没有）记载。调查研究取得进展，应能补充土默特史之空白，极具学术价值。然而我的追求，意外地没有收获，却际会风云滞留在这里二十年。

我在青海工作的二十年是困难纷扰的二十年。起先是三年灾荒，城乡饿肚子，接着三年"四清"，大启阶级斗争，紧跟着就是十年"文化大革命"。"四人帮"粉碎后，却是两年之久的"两个凡是"。在这种局面下，很难正常工作。我的研究工作认真说，只是在饥荒三年间。这期间，在学术上主要做了两件事：一是在调查青海土默特无法进行之余，退而试探土族渊源。"土族"是新称，旧称"土人"。《西宁府志》不载，只述当地土司。新中国建立，"土人"被认定为"土族"。"土人"被世人注意，可上溯到 20 世纪 20 年代，国内外的记述相继出现。然而，其于"土人"的历史渊源却甚少涉及或歧说各见。土族人自称"察罕蒙古儿"，意即"白蒙古"。《明史》译"蒙古"为"鞑靼"，以此匡之，则"白蒙古"当即"白鞑靼"。而汉文史籍往往指阴山一线及甘肃地区的汪古人为"白鞑靼"，而"汪古"只是外称，它自是克烈部土默特。所以，土族应当是土默特人，本书即准此而言。这是前人未及而至今也不见有人及之的。这是我五十年前的见解，而今关于这一问题的说法，却异说纷呈，不一而足了。年纪衰朽，均已难以逐一究诘。而青海土默特部的调查，迄无所获，仍自歉仄。

另一工作即地方文艺（民间文艺）的普查。我因兼职青海文联的工作，以为创建与发展地方文艺，应首先对地方民间文艺彻底了解，寻找其特点、规律，重点是史诗《格萨尔》及民歌"花儿"。这是一次规模宏大、有计划、有组织的行动。虽然当时生活条件普遍艰难，可收获极大。

《格萨尔》原文版本收集之丰，可称全国之冠，并全部予以汉译。《格萨尔——霍岭大战》汉藏文本正式出版后，极具影响。我为该书写的序言是第一次以马克思主义理论论述的专文，为中外谈《格萨尔》者中的首创，已收入该书。收入本书中的《〈格萨尔〉谈话录》，主要强调民间艺人说唱《格萨尔》的巨大作用，肯定"巫"与"钵"的重要以及本族固有宗教与外来宗教的斗争，并在斗争中取得胜利。英雄格萨尔可能正是本族固有宗教的化身。此说亦属首创，自然也是可商量的。

"花儿"这种民歌形式遍及青海地方，各族人民喜闻乐见。如何突破旧的框架，给其以新的生命，我曾以为还是要溯源。既然这里的汉民普遍认为来自"南京朱家巷"，那就调查其祖源地，以找到这种民歌流行的最初渠道。我的文章就是一种尝试。

《"靠边"札记》是"文革"中，就一份江青在她的写作班子上的讲话油印稿所作的批判。这是对她的蔑视与愤怒，自然，当时是不能发表的。它表明：尽管淫威逞于一时，而匹夫之正气却不可移。

第三卷是应邀参加斡亦剌惕学术会议期间的学术记录。

《准噶尔地纪行》一文主要说了三个观点：地方风物观，学术会议观，斡亦剌惕历史观。三"观"其实都从三"学"而来：向地方学习，向会议学习和向斡亦剌惕人民学习。因为是这样的"三学"，所以文中对于历来"御"制官书及仰此聒噪的成说，不免有所隔膜而另作定夺。

第四卷专谈"毡乡"民族民间古歌。

这些民歌不是一般市井艳歌、里巷情曲，无论歌词、内涵，都很严肃，而情调则颇哀婉，令人惊奇。《韩诗外传》以史证《诗》，近代学者亦有以诗证史的创作，而以毡乡古歌试探毡乡古史的脉络，则是本卷的主旨。此种试笔实亦前所未见。所叙三歌，虽见于汉文的时间不一，但都发生在阴山麓地，完全一致，这也是在《土默特志》编撰过程中，引起我兴趣的所在。或者它们应当被看作当地民间文征而入录于档内的吧！

第五卷各文基本上属于随笔性论述。

有关《蒙古秘史》诸问题，为历年学习中所遇，都有针对性。以桐城派诸家论文体的阳刚阴柔之说，搬套以评论《蒙古秘史》的文学品格，我认为不适宜。关于《蒙古秘史》的撰者、成书时间，也都不拘诸成说而自立主见。《蒙古秘史》已成一学，博大精深，研究者很多，一人蠡测，不必就是定论。

1953 年，成吉思汗陵寝从甘肃迁回伊金霍洛。适值成陵大祭，当地借此举办贸易大会，声势不小。而如何看待这位历史人物，众人褒贬各异。《关于成吉思汗》一文即写于此时，然当时没有发表，只在负责人间内部传阅过打印稿。

李鼎铭先生撰蒙古史纲，初见之，甚为惊奇，也感慨系之。《李鼎铭先生〈蒙古历史教科书〉读后》一文，正是出于崇敬并深致悼念而属稿，并借以抒发陋见。

第六卷所说，有不属毡乡地方者。

《国立北平蒙藏专科学校地址探索》一文，专讲蒙藏专科学校校址。学校原址被定为文物单位，而其具体原委，不见有前人系统记述。我曾在此就学，后又长校，向有历史情缘，故表而出之，以为后人撰述提供一点线索。

皂君庙事，记者轻信伪碑，报道讹误，《"皂君庙"疑》一文则指出"灶神"无"庙"，"灶"不与"皂"同。至今这里仍是皂君里、皂君路、皂君站，绝不写同音的"灶"。皂君庙建于金代，乃是河神之庙，并供有元廷北安王座，与民族（女真、蒙古）有点关系。崇文门外灶君庙是盐户专业庙，是盐神之庙，与一般"灶君"迥异。因"灶""皂"而牵出北平风俗、义地、宫禁、阉人、皇家辇路等一系列史事，就我所见，实为前人所未发。

六卷内容，略为撮述至此。

本书所荟各文的撰写，在时间上跨度很大。有的是新中国成立初期写的，有的则写于 2010 年，大部分写于"文化大革命"后，而离休后在文字上重作整理的。为保持历史原貌，内容无变动，除少数几篇外，绝大部分没有发表过。因为以前曾著有《毡乡春秋》一书（包括匈奴篇、柔然篇、拓跋篇等三部），情结所致，是以不避因袭，本书亦冠以"毡乡"二字。那么，就把它当作《毡乡春秋》的余墨，它的尾缀吧！

四

综观全书，既不是毡乡通论或通史，也与毡乡的各种专史无缘，它所斤斤于笔墨者，多是毡乡文化的细事末节，似乎无足轻重。这话也不无道理。

不过，我既非学界"里手"，又或孤陋寡闻，舍此"细事"不谈，也觉可惜。其实，自来史家不忽细节。不要说有好多专谈"细事"的书文，历叙闲事的裨文，就是一些堂皇正史，不也有不少注家吗？裴骃注《史记》，应劭注《汉书》，胡三省注《通鉴》，所注也都是"细事""细物"，而它之于正史的确切了解，却很见裨益，并备受称誉。不宁唯是，注而疏，疏而表本，也比比多见。清人崔述甚至说："余所见所闻，大抵皆由含糊轻信而不深问以致偾事。未见有细为推求而偾事者。"（《考信录》）"偾事"即坏事、败事、害事。他把过问细事，说得这么严重，我是心仪的。本书各文正是由此出发而说之。所以"细事"往往反而是大事，或者说是成就大事的必不可少的构件。如果这些"构件"有问题，有罅漏，那宏伟建筑赖以矗立，势必隐患。信不信？

我在探究诸问题时，前已说过，不主故常，既无窠臼，也无绳墨；既不宗仰什么学派，也不法随哪个山斗，纯粹就是说事，自披胸襟。所见又不一定恰当，这就不免冒失成说，唐突惯常了。但是，这不是本书的原意。间间以说的，只是提倡"众恶之，必察焉；众好之，必察焉"的精神。不迷信，不学舌，"勿意，勿必"，把学问治好，对不对？未便自信，敬祈大家教示。

我离休之后，曾经落户在城郊。这里也很繁华，可是它毗邻农田，接目园林。近水，远山。凭楼眺望，每每能想到苏东坡"凭高眺远，见长空，万里云无留迹。……江山如画，望中烟树历历"的诗句，确是一处宜居之地。经过长期的革命战争，屡发的各种风波，特别是史无前例的"文化大革命"之后，劫后余生，能觅得乐业安居，亲眼看到国家更加繁荣强盛，亲身体验到革命理想的实现，老而能够潜心学习与研究，感到非常庆幸和感奋。这真是要感谢党和国家的老年政策，深谢热心老年工作的同志。

可惜，不少老战友、老同志中道而殁了。

这本书能印行，致谢赞助的组织和同志。

陶克涛

2012 年 7 月

第一卷

土默特不是"秃马惕"

　　还在四五岁的时候，夏天傍晚，在正房的檐台上，陪奶奶说话。当然，自己只是听话而已。奶奶告诉我："他们问你是哪儿的人，你就说，'把克什板升'。"从此，我知道自己出生在这个"把克什板升"。到了五六岁的时候，爷爷教我："有人问你是哪个'霍硕'的人，你就说'土默特霍硕'。"他和奶奶一样，也用蒙古话教我。从此，我又知道自己的祖籍是"土默特"这个地方。爷爷说的"霍硕"（huxigu），主要指地方，即山脚下平地，不是指满洲人所改的那个"旗"的含义。其实，"土默特"也是人的姓，不止是指地方。他们二老说话时的神情、状貌，至今历历在目，也永难忘怀。

　　因为是在小孩初有记忆力、刚刚懂事的时候的印象，所以这两个"知道"，先入为主，印象特别深刻，终生不忘。它就像两盏明灯，牢牢地挂在自己的心坎上。但是，这两个"知道"，即"把克什板升"和"土默特"究竟是怎么回事，它的"来龙去脉"，两位老人没有说，我也不懂得问，所以实际上也还是不知道。它又像两个葫芦一样，始终"闷"在我的胸中，久久地没有开释。

　　年月一天天地过去，自己也随着慢慢地成长，尽可能开释这两个闷葫芦的想法也就越发地翻腾起来。为什么呢？好像也没有什么理由，实际上追究起来，好像还不是没有一点原因的。

　　第一，这是天性，人之常情，"狐识首丘"，何况是人。谁不想知道自己家乡的由来，谁大概也不想让人说是忘祖宗、忘血统、忘姓氏、忘乡土的人。春秋时代，晋国有个大夫，名叫籍谈。他祖辈以来，就专管国家的典籍。然而他却对周景王的问话回答不上，景王说他是数典忘祖，并悲叹说："籍父其无后乎？"就是说，籍氏的香火恐怕没人继承了。绝子绝孙，那还了得？忘祖是严重的事。这当然说的是封建时代。我所处的时代与社会趋向正是反封建的。然而"忘祖"，"对于自己的祖宗，则对不住，忘记了"（毛泽东语），不记得自己本族、本乡、本宗的原始本末如籍谈其人，却也力求避免。不要"对不住"祖宗。

第二，我的本宗中，有人也来问过这事。看来，他们也有这两个"闷葫芦"。我有责任为之解释。而且就这话题问我的也还有别地、别族的同事们。在他们的问话面前，我支离其词，颇觉难堪，必须力求补正。

第三，文献载明："蒙古民族自古以来有保持对自己的起源和世系的记忆的习惯。……父母要对出生的每个子女解释有关氏族和系谱的传说。这种规矩永远为他们所遵守。"又说："（蒙古人）信史……逐代均曾用蒙语、蒙文加以记录。"这说的是 13 世纪的习惯，而且是蒙古族的统治阶层的习惯。从那以后，"黄金氏族"们是否还有这个习惯？有的。各种表传、谱牒、世系、籍录等的散见，就是证明。非"黄金氏族"是否也如此？除了部分的、零碎的记录（有些还是外族人为之记录）外，实在没有更多的证据说明。至今一般老百姓，情况那就很不同了，有谁记它？但是父祖以来，递相传述家族的情况，也还不是一个没有。归化城土默特部人汉化已经很久了，对于自身的渊源了解很少，古老的世代相传习惯已在消失。"把克什板升"的土默特部（或族）人恐怕很少有人振作起来，认真地探索一下"把克什板升"与归化城土默特部的缘起，探讨一下本村土默特人及全体村民的来历和处境，这可以说是一个部族与时代的不幸。我想在打破"闷葫芦"的事情上做点尝试，以之作为对把什村的成员（特别是村中的土默特部人）中和我同宗的、有同样"闷葫芦"的族人的启发与鼓励，以唤醒他们这方面的觉悟，以为民族传统的恢复，自以为是义不容辞。

第四，据我所见和所闻，至今在打破这两个"闷葫芦"的问题上，舆论中还存在着不少误解，至少是令人（首先是我自己）怀疑的论断，以致以讹传讹，弄假成真了。我能尽自己所知，说一些祛疑辨惑、考信确实的话，以为后代子孙们正确了解和把握本部、本族、本宗的渊源与经历，进一步提高土默特部的意识，供他们参考，在今天，尤其不必视作多余。

我想，这或者就是企望自解"葫芦"的潜在意识。"自解"，说起来容易，实际上是困难的。当年念书的时候，为功课用心；后来工作了，又为职务繁忙，哪有时间与精力去想这事。尽管那时的记忆力很强，幼年所见所闻，印象清晰，可终于不曾为此而旁骛。我 11 岁时离开把什村，再没回乡小住。这几十年中的历史变化太大，村中土默特部老一辈多已仙逝；即使我的同辈族人，健在的也已不多，且在"文化大革命"后多已散处隐没，这使我向他们请教受到了无法克服的限制。村中向来没有文档记录，各家的谱牒也荡然无存；即使有，也怕难以稽考。所以可资参考的文献很难觅得。唯一的出路只能是努力追忆及阅读古今论撰。然而，"论撰"之于归化城土默特及把克什板升，不特汗漫不守，而且人云亦云，多不中的。即使个别土默特人的说法也多如此，殊难贸然凭借。所以最好还是自说自的。

当然，我这里所说，也不敢师心自用。说得不对的，或难全免。在今天对此研究的冷落中，也只聊备一格吧！

土默特者，或者是土默特人同姓（有共同祖先）的称号，是他们的姓，或者是同姓中的一个分支名号，是姓氏。然而不论何者，在社会历史进程中，它既是蒙古族的部落名称，也被认为是蒙古族的地方名称，甚至也可以被说是蒙古族一个历史时代（如阿拉坦时代）的名称。"土默特"一词的确切含义是什么？不了解。有人以为"土默"即"土孟"，在蒙古语中释为"万"。这么说来，"土默特"部，义为"万"部！这就有点匪夷所思了。我不相信有如此命名的部落。是哪个"天子"给的？当初命名者没有作过解释，后人的一切说法，多是以臆度之的。只能姑妄听之。

从根本上说，土默特部这个称号，这个语韵，应当历史悠久，至少也应当在 12 世纪就出现了，很是个古老的实体。但是在书面上为后人所熟知，却是从 17 世纪初开始的。在汉文中，它最初被写作"土墨忒"或"秃墨兔"。18 世纪后期，改写为"土默特"（个别的也有写作"土嘿特"的）。在蒙文中（如《蒙古源流》等），"土默特"被写作"tumed"，不作"tumad"。汉译本循前例写作"土默特"。另有人在行文中，把"土默特"简化为"土木"或"土绵"，意思仍一样。从此，约定俗成，本部内外、公私文牍，都不期然把"土默特"三字当做这个部名的书面标准。一直以来，都如此袭用。当然，在近代的一些文籍中，也有写作"吐默特"的，这大致是内蒙古卓索图盟的土默特人中的"好事者"自作聪明，借此以示区别于归化城土默特的。其实，东西土默特部人本是共牧（两部统治者除外），东部的是从西迁走的，根在西边。故分畛域，其意云何？

对于土默特部的史源，它的起始，它的祖先，历来很少研究。人们热衷的是部落的分布、生产形式的演变、统治阶级间的内讧、与别族（如与明、与清、与瓦剌、与西番、与三卫等）间的龃龉、名物的注释、宗教的浸淫，等等。而对于这个大有来头的部落的起始，却没有人给以重笔描摹。当然，谈起来的确是困难的。但是，这正好是应当认真追究的课题。《荀子》说：

"先祖者，类之本也。……无先祖恶出？"他的意思是，创始历史的先辈，才是民族的自尊基础。没有先祖的创始，哪来的世族命脉？他说的当然偏执，但认真追溯部祖的始兴，到底是切要的。

关于土默特部的渊源，历来有几种不同的说法。一种是说土默特就是明代的"土木堡"云云。方观承并说，这个部，"世祀告绝，朝廷择（土默特）部内一人，授公都统，以治其众，居归化城"。方观承是雍正时代的人，祖父以来就住在东北，不会不知道努尔哈赤（清太祖）的事，也应当了解东北土默特的事，而竟如此造言。直到民国了，还有人师承其说，这自然是奇怪的。揣测"土木"是个地理名称，不是部落的字号，它的位置在今河北省的怀来县西，是个重要的交通孔道。初唐时设为镇，本名"统漠"，传来传去，误名"土木"。朱明永乐时代改置为边堡，明英宗皇帝就是在这里被瓦剌的也先可汗所俘的。这"土木"与土默特实在风马牛不相及，不容牵强。

另一种是张石舟先生说的。他以为明初设置的"泰宁卫，后为蒙古所据，号所部曰土默特"。所谓"泰宁卫"云云，乃指义州、广宁及辽河地区一带。这一地区后来的确有土（吐）默特部人驻牧，然而这只是发生在明末清初或17世纪初的事，并且这个土默特（不是一般的蒙古）是从归化城地区迁来的。它本来就是土默特，绝不是到泰宁卫以后才命名的。说原泰宁卫地区后来唤作土默特地区可以，说泰宁卫这个地名就是土默特部名却不可以。把土默特的历史开端断在这里，把土默特部祖居定在广宁，都是不符合实际的。日本的学者指出，张石舟先生的这个说法完全错误，应当有道理。

还有一种说法是，土默特即《元朝秘史》（以下简称《秘史》）中的"秃马惕"。这似乎只是从二者的对音、二词的声谐出发的。清代沈曾植注《秘史》就首创此说。李文田注《朔方备乘札记》亦主此说。这种立论，中外古今多有同调，它的影响颇为广泛。除声韵揣度外，何以土默特就是秃马惕？没有人问也没有人解释。它怎么演进的，同样也没有人问没有人交代。人云亦云，莫知所以。只是民国的屠进山先生说，当年征服秃马惕人的博尔忽曾孙塔察儿从元太宗（窝阔台）南征，居于官山，把秃马惕人带来，"今归化城之土默特一旗，即孛罗忽次子塔察儿移驻官山者"。这说法离奇，但总算道出点消息。出人意料的是，土默特人中竟有拾其唾余的。

对于土默特就是秃马惕的断言，我是历来怀疑的。二十年前，我甚至写了专文抒发我的见解，除了列举诸多褒扬外，首先指出"土默特"与"秃马惕"二者间，并不"对音"，在蒙古语中，"土默特"是阴性字，"秃马惕"

则是阳性字，这是两个字，不能混同。该文具在，大家可以复核。不料我的观点受到两位老师的批评，说"黄静涛不正确"，理由记得好像只有三条。一是说译音没有定字，"默"也可以译作"马"；二是说土默特即秃马惕论，是古人、外人、别人，都这么创意的，人所共识，不是我们的独创；三是说"土别干"也不与"土默特"对音。真是承教了。

任何人的批评，不论正确与否，我都喜欢。这可以使我进一步思考，进一步尝试充实自己的论据。现在把我的想法再作一点说明，当然不只是对两位批评者的。

首先说译文的对音或声韵的问题。"译音无定字"这个说法，在蒙古史学者中，至少从清代钱竹汀先生就创意了，以后张石舟、李仲钧、陈励耕等先生都师其说，而今的后辈们更据以立论。所以看起来反对我当不是偶然的，但是，我以为他们对这个"译音无定字"的理解显然有误。

所谓"译音无定字"云云，是说译同一字音，可以选用不同的同声汉字，而不是说译不同音的字，也可以随意。例如，土默特（tumed）可以写成"图莫忒""秃末特"；"ordos"可以写成"鄂尔多斯"，可以写成"硬儿都司"；"tumat"可以写成"秃马惕"，可以写成"吐麻特""兔马忒"，等等。绝不能不顾蒙古语言音训的规律，阴性字也用阳性字去凑合，谓之"对音"，以致"土默特"译成"土马特"。这不荒唐吗？这至少是不懂两族语文规律的人才这么胡来的，怎么可以师法？事实上，古人也懂得这一规律，例如晋唐的翻译佛经，就很注意这点，定有译律，《一切经音义》就专讲这个。"译音无定字"是有条件的。

当然，今日归化城土默特地方说汉语的人，也往往"默""马"发音混淆。例如"生活""疑惑""莫名其妙""捉摸"等话，就往往说成"生滑""疑滑""马名其妙""抓码"。"默"音都变成"马"音了。为什么出现这种混淆？这是汉语的四声"平、上、去、入"在作祟。"默"的平声是"魔"，上声是"抹"，去声是"磨"，入声是"马"。他们把"默""摸"等说成"马""麻"正是入声，在汉语中是允许的。但是人们也并不是一切都混淆，"默"字音都念成入声字。例如，"油炸麻花"，绝不说成"油者么火"，"春城无处不飞花"绝不念成"春城无处不飞火"。所以土默特人的乡音绝不能当成日常的译例，我们最好还是按照《秘史》的汉字译例为准吧！《秘史》讲究译文"纽切其声"，译音非常谨严。援庵先生一篇《元秘史译音用字考》说得透彻。在《元朝秘史》中，"马"声与"默"声绝不会含混。"秃马惕"

就是"秃马惕",绝不译成"秃默惕"。至于"默"音,书中都音译为"蔑""绵","土默"作"土蔑""土绵",绝不译成"秃马"。"默儿根"作"蔑儿乞",不是"马儿乞","额默"作"额蔑",不作"额马",如此等等。因此,以所谓"译音无定字"的说法,企图合"默""马"二音为一,阴阳不分,"土默特"也就是"秃马惕"的观点,是不能成立的,是不符合蒙古语文律例的,是违反《秘史》译例的。

"秃马惕"之不能成为"土默特",除译音问题而外,还有以下缘故。

(1) 在《秘史》中,"秃马惕"更完整的是写作"豁里秃马惕"。洪文卿先生以为"'豁里'二字,不得其解"。在蒙文中,"豁里"是一个字,不是两个字。在《秘史》记述中,译文明确注明"豁中""里舌"。看来"豁里"一词是特定地区(豁里地区)特定种类的一种氏姓。记录表明,在这氏姓中,除秃马惕外,还有其他几种族体(如秃马惕、布里亚特、雅库特等),甚至吉儿吉思(骨利干)人也有"豁里"(或作"库里""浮里")的头衔。今日的土默特,首先是归化城土默特从它出现时起并不冠有"豁里"这个头衔,二者区别显著。

(2) 豁里秃马惕的风习,文献载明"与蒙古特异"。而土默特人的风习却是蒙古式的。

(3) 豁里秃马惕是"林木中百姓",他们的居地,森林茂密,就是成吉思汗的悍将也认为这种地带难于进攻,而博尔忽轻视这点,终被设伏林中的秃马惕杀死。森林禽兽多,易营狩猎,而他们恰恰是专营狩猎的。历史上有所谓"使鹿部",驯鹿、役鹿、食鹿,是其特业,秃马惕人就靠此生活,他们完全与游牧民对立,世代以来瞧不起畜牧人,而土默特则营牧放生活。从记录中可以看到,土默特从他为人所熟知起,虽然也有狩猎活动,但在社会组成上,就不曾有过狩猎的社会制度。二者岂容混谈?

(4) 豁里秃马惕被成吉思汗征服,沦为猎奴。其中一万户被赐予直接征杀者博尔忽,成为其家奴。而土默特没有这个经历,它不是谁人的俘奴。它作为一个部众,从来独立特达。

(5) 豁里秃马惕远在贝加尔湖森林地区,而土默特从它出现于史册起,就驻牧在大青山两麓,北距贝加尔地几千公里,互不相望。如果他们是一体,史书并没有他们各自分为南北二部的载文。

当然,土默特与豁里秃马惕都有迁徙的经历,但并没有南迁北移,彼此交合。土默特一部东迁入原广宁一带,仍然是漠漠牧野,他们不想当林中百姓。而豁里秃马惕则是依照本来的生活方式依偎着山林，东迁到兴安岭内外，或北迁到贝加尔湖更远地区，依然是森森的猎场。南迁是不可能的，那里不但没有狩猎必须依靠的森林，而且戈壁横阻，又有几个大的游牧障碍。双方各迁各的，所以二者的经济方式始终不相变动和互为补充，也不可能成为一体。

（6）前文曾谈到屠氏举塔察儿南下而成为土默特的例子。这里不妨再作一点驳议。据《元史》：塔察儿是太祖四杰之一的博尔忽的曾孙，许兀慎氏，不是秃马惕人。他承袭祖业，充可汗宿卫火儿赤。后从太宗伐金，攻下河东诸州郡。然后济黄河，而取陕西。灭金后，留在当地镇抚中原。设帐分兵屯驻大河之上，以遏宋兵。攻破宋的光、息诸州（都在今河南省境内）后，朝廷以息州军民千户赐之，他最终死在这里。这就是他的略历。从此可以看到，他战于河南，驻于河南，死于河南。那么，史书说他驻于官山，应当也是河南省内的官山，而河南省的禹县确有官山一地，正好在他的驻防线上。因此，把官山指为今内蒙古的"官山"，显然是失误的。大青山不是金宋地，他出征驻守在这里干什么呢？而且据《元史》：他南下从征时，只"分统宿卫及诸王军士"，并没有说他率领秃马惕的一万奴户出征。难道奴户也违例可以充当"宿卫"吗？须知元代法律规定，诸军以奴为代者，"罪之"。塔察儿敢犯律条吗？塔察儿从征金、宋，既不驻在内蒙古"官山"，也没有统帅秃马惕奴户，则所谓归化城土默特是秃马惕"移驻官山者"的论断，不攻自破。何况土默特与秃马惕本来非一呢！顺便说一句：《新元史·塔察儿传》，没有"驻守官山"的文句，此亦未可忽视。

（7）归化城土默特人对"土默特"的称谓往往带有汉语乡音，作"土密特"，关内来人又呼为"土牧川"。但是不论怎么称呼，从来没有自称"秃马惕"的。"我是秃马惕人！"谁这么说过？而且也从来不了解这个"秃马惕"为何物。这是较任何史家所强加的说法都更为有力的证据。中国古来就有"名从主人"的成规，既然土默特人自己也不承认"土默特"即"秃马惕"之说，那么，我想最好还是名从主人吧！外在的权威们不要无端勉强，张冠李戴！

（8）古今中外的成说并不就显得是真理。关键是要考察，要讲事物的情理。不被世人所熟知的见解，反而有可能倒是真理。清末的洪侍郎就说："英人霍尔鄂特疑秃马惕即今之土默特旗。聆音生义，不足为训，犹今之奈曼、巴林二旗，必非元初之乃蛮、巴邻也。"这一卓见似乎不曾引起论者的注视，然而却道出了别人所不说的原理，足见所谓"共识"是可以打折扣的。《论衡》说："追难孔子，何伤于义。"对"圣人"都如此，何况一种褊狭的成说。

（9）波斯史家剌施德说，豁里秃马惕的统治者中，"没有听说有显贵的人物"。所谓"显贵"，大概就是指在文武官员中威烈丰功、成就卓著、影响深远吧！豁里秃马惕忽然无端受成吉思汗"大军"侵犯，女部主孛脱灰塔儿浑率众反抗，获得胜利，杀了来犯的统帅博尔忽，但下次反抗却失败了。一万豁里秃马惕的百姓被充作了博尔忽的家奴，女部主孛脱灰塔儿浑也被成吉思汗赐予了忽都合别乞，做了妻奴。请看除这个女部主作为抗击外来者的英雄外，整个部落都成了奴隶，还能有什么"显贵"出现？没有部落"显贵"，这就构成秃马惕的特征。归化城土默特部却代有"显贵"相继。史书所载土别干、怯烈、汪古等出身的将相，为数不少，这里不具列了。以此而论，指土默特而秃马惕的理论也不允当。

（10）成吉思汗时，豁里秃马惕是十二强国之一，土默特不是。豁里秃马惕，《秘史》注明是一个"种"，而土默特是一个"姓"。"种"是类，"姓"则只是氏族，足见二者绝不等同。

（11）秃马惕一族在《辍耕录》中，被列为色目人项内，克烈（特烈）部却被列入蒙古氏姓项内，二者并不混一。陶九成著此书尚在元代（14 世纪晚期），其说虽不免毛病，而基本观点却历来为人所称引。现在也还没有证据可以否定他的这个分野。

以上这些话，说的是归化城土默特部不是豁里秃马惕，土默特不源于豁里秃马惕，豁里秃马惕的历史也不是土默特的历史。前人论断是不可靠的。那么，土默特部的源流应当怎么看呢？曾有西方的旅行者访问卡尔梅克（即卫拉特）社会，听卡尔梅克人说，他们的联盟中，土默特部是其中最大者，后来被一个魔师引诱，散失在东方长城外一线去了云云。这对我来说实在闻所未闻。这个传说怎么起始，有什么证据，不了解，值得研究。下面我就尝试着说说自己的想法。

我们今日所谓的"土默特"，就它的发音说，可能不是最初或原始的称呼，它的原称应当是"土木特"。《史集》作"tumawui"，音译为"土马兀惕"；多桑书《多桑蒙古史》[①] 作"taumait"，音译为"土麦特"，又作

---

① 多桑：《多桑蒙古史》，冯承钧译，上海书店出版社，2003。

"toumaite",译"土马兀惕"。当以《史集》或多桑书译为准。今天归化城土默特地区称"土牧(特)川""当朗土木(特)"(村名)等,应当符合古音,而"土牧特(或土马兀惕)"之演而成为"土默特",则当是长期的讹传,亦如前面所说的"统漠"演而成为"土木"一样。土默特的称谓就这么固定下来。在今天,人们也只能尊重既成事实,称为土默特,不可固执过迂。《荀子》说:"名无固宜,约之以命。约定俗成谓之宜,异于约则谓之不宜。"不遵这个"固宜",违俗而仍以古称称之,就"不宜"了。

土默特(土马兀惕)是克烈特(客列亦惕)的五分部之一。《秘史》明确注明克烈部是"种",而土默特注明是"姓"。"种"和"姓"在字面的含义上应有区别。"种"是"类"。《易·系辞上》说:"方以类聚。"就是生活方式相似的人们"类聚"在一起,成为一"种",为部落联盟,目的不外凝成一方势力,以抗击自然灾害与敌人进犯。参加联盟的当然互有一致性。但是同"种"同"类"并不就一定是同姓同祖,而"姓"是指同一祖先的,指同一血统的。克烈五部恐怕多是各有祖姓的。我想,土马兀惕(土默特)就是独自成"姓"的,它有自己的祖姓。

在这里不妨顺便说明一下,克烈部的土马兀惕、土默特,在《秘史》中写作"土别格"或"土别干"。《元史》写作"土别燕(夷)",大概据此,批评者说"土别干"与"土默特"不对音,所以不是"土默特"云云。在古书中,克烈五部中四部外,另一部或写"土别干"(汉文),或写"土默特"(西文),足见他们其实是写法的不同,不是并列的二部。冯承钧先生在《多桑蒙古史》的注文,也以为土马兀惕是"秃别干"或"土伯夷"之变。此其一。其二,在《秘史》中,"土别干"的全称是"土绵土别干"。"土"即土默。其三,"土别格"之所以出现,一是资料不同,二是或者原始印文误植或不清晰,以致抄错。《史集》写为"土别兀惕",但在我们的原文中,这个词其实应读作"土马兀惕"(tumawut),编译者这么注明着。足见所谓"不对称""声不谐"云云的批评,当是由于没有了解或参阅这些资料所致。

克烈部(kelaijar)是蒙古的一种,亦写作"怯列歹"。它的含义不了解。蒙古语有"gireli"一词,与此声近,义为"昴星",是西北白虎七星之一,亦称"旄头星"。《史记》注云它是"胡星"。如果可以比附,那么,克烈就象征八宿之一。显然是此族中的盛称,亦表明它在北方的重要地位。但是,这恐怕不是它的自号。克烈部曾被称为"白鞑靼"。所谓"鞑靼"在当时实指蒙古。"白鞑靼"云云,义即"较有文化,明白事理,不是村野无知的人"。《新元史氏族表》指秃马惕为白鞑靼,显然将土默特为秃马惕了。波斯史家以为它是突厥系人,而西方史家则或者说他们是受突厥影响的蒙古人,或者说他们是蒙古化了的突厥人。总之,持论谨慎。我看不必。突厥云云,实际是说的是游牧人。克烈部确实从事牧畜生产,语言风俗与蒙古相类,最特别的是信奉景教(基督教聂斯脱利派)。西方所传的"约翰长老",就出自克烈部。最初,至少在五代时,他们活动在贝加尔湖西的欠欠州。12世纪中南迁杭爱山、土拉河一带,牧地东临蒙古本部,西界乃蛮,南屏大漠,与金人的宣德(今河北省宣化境)、抚(今河北省张北县)二州与靖州(今内蒙古大青山北麓)汪古部相望。马可波罗说,他进入天德之州(今呼和浩特地),就进入长老约翰之地,即克烈之地。足见克烈所在地也是汪古惕所在,不止"相望"而已。

史书载,克烈部在北方称雄,是十二强国之一。它世为金人守边。所谓"边",是指金人由现在的内蒙古正蓝旗到归化城土默特地区建筑的一线壕堑形式的边墙,这实际上是防止蒙古人南下的,当然,也有别族犯边。因为替金人打败了犯边的塔塔儿部,其部长(可汗)被金封以虚伪的"王"号,因此有王罕(汗)之称。王罕与成吉思汗的父亲互为"安答"(伴侣),成吉思汗尊之为"父汗"。后来两家翻脸,克烈部终被成吉思汗收服了,自然土马兀惕也在其中。据说,至今一个鄂尔多斯部落还有克烈同样的名字。

研究西方游牧民族的学者说,在蒙古人的原始传说中,从来不见有克烈部的名字。杨凤藻先生也说克烈人"未详所出",即不知道它的历史来源。不过,我想它或者与葛罗禄有所渊源。我的这一想法曾透露在以前的那篇文章中,不料也受到前述老师的批评,说"更不对了"。为什么"更不对",没有说明理由。设想那种口气,似乎意思是葛罗禄远在大西方,被视为"西域",与克烈与土默特连边儿也沾不上。我看与其相信这个理由,不如看看事实,或者能站得住脚。

葛罗禄,亦写作"歌罗鲁""合鲁""合剌鲁""柯耳鲁""匣剌鲁",西方人写作"kanlukj"或"anlquli",《秘史》写作"合儿鲁兀惕"。它的先祖乌古斯汗,据说与蒙古同出一源,史家列之为色目人,未必妥切。他们也营牧业,曾在阿尔泰山以南放牧,为西突厥所役属。后不堪忍受欺压,公元7世纪初(唐初)时,举族三部(三姓)东迁至大漠以北。杭爱山地是它的指挥中心,从此,为唐人守边,防止北方的薛延陀人南犯。二十余年后,西突厥消亡,统治者率部西返,但部众并没有全走,蒙古地区仍有它的余部,甚至"多有散处内地"的。到 13 世纪成吉思汗时，一时蔚为十二强国之一。但是终于成吉思汗收服了它，以女妻之。他们活动的地区正是后来克烈的活动地。二者有共同的牧地，共同的经济形式，共同的守边任务，都是十二强国的成员，都与孛儿吉特人（成吉思汗一系）有亲戚关系。就是他们各自的称号柯耳鲁、克烈，也非常相近。葛罗禄女子有为蒙古汗的后妃，如明宗后顺帝母亲即是。我说他们——鲁、克二族之间有渊源关系，好像也难说"更不对"吧？他们之间既然有如此的关联，假设作为克烈部的五姓之一的土默特（土马兀惕）与葛罗禄或者不无某些因缘，我也以为不算反常，"更不对"云云的批评还需斟酌一下。我自己当然是要继续斟酌的，但现在尚没有认识到这个"更不对"的准确性。

这里需要说明一下的是：说土马兀惕部与葛罗禄人有历史因缘关系，还并不意味着土马兀惕（土默特）就是葛罗禄姓，就是葛罗禄姓的血统延续。这是不宜含混的。土马兀惕人作为克烈种的"守边"者，历来就在最接近辽、金边墙的位置上，就是说，它始终活动在阴山两麓地带。可以说，土马兀惕人向来是土默特地区的"土著"，是蒙古语称之为"嫩土克"的老居民。为了方便地说明这点，不妨把探索的眼光放得更远一点。

早在中国的殷商时代（约当公元前 17~前 11 世纪），在阴山地区就有古方、土方人活动。"土"是一种地方标志，"方"与"邦"同义，是一种属于民族体的象征。它与商国历来交战，商人出兵每次多达三千到五千之众，而且并不总能获胜。"土方"，这是一种什么族类呢？郭沫若院长说是"盖严狁之部落也"。知名史家多承认这一判定。而"严狁"一名正是汉代匈奴人的先民。匈奴自冒顿其人称"单于"（略同后世的可汗）之后，势力大增。自以"强胡"为号。从此，草原各游牧部落慢慢缓减彼此间的争衡，大体统一在匈奴人的旗帜之下。在这一历史转换中，冒顿是关键人物，他的声威赢得了全族的承认，就是南方的"大汗王朝"也不免有重足而立、侧目而视的心态。随着历史的推移，亦如"大汗王朝"日渐衰败那样，匈奴的势力也渐趋衰败。然匈奴人并不因此绝迹，直到南北朝时期（约在公元 5~6 世纪），匈奴人不但依然屹立于草原，甚至在长城以内相携建立起几个独立国家，如前、后赵在秦、晋，北凉在陇左，赫连夏在河套等。就是直逼隋、唐的突厥、回纥，也莫不以"匈奴别部"或"余众"自号，而冒顿的威仪更是后起游牧汗国追求的典范。需要指出的是，冒顿单于以及以后的"南单于"正是"依阻"在阴山地区，把阴山地区当做他们睥睨世界的"苑囿"的。阴山一失，"六畜不繁殖"，所以唐诗说，"单于每近沙场猎，南望阴山哭始回"。阴山之对于北族的重要，可见一斑。而这正是土马兀惕（土默特）历来活动的乡里，可以说是匈奴牧业生活的一脉相传，甚至可以贸然设想就是"土默特"这个名称，从音韵上说，也仿佛是"土方"与"冒顿"（读 mo te）一名的因袭与演绎。也许有人要怀疑这种联系不免牵强，土默特与匈奴之间，历史相隔这么久，又不见文字记录，遽然把二者串在一起，不免荒谬，我就看到过一篇研究文章，说蒙古是匈奴的后裔之论已经过时云云，这话也并不一定没有道理。但历史事实的追究也要讲"时髦"吗？要知道，北族历史联系及内部状况，如无涉于中原王朝，汉文是不会记录的，不见于汉文载籍，无足称怪。而且很多史事也没有记录，可是史录据以推测或论定的照样通行，为什么就不怪呢？最近阅读报纸，有一则通讯，原文如下：

DNA 分析　1600 万亚洲人是成吉思汗后裔

一项研究显示，有 1600 万亚洲男性可能是成吉思汗的后裔。

牛津大学的史密夫博士及其基因专家在中国、巴基斯坦、乌兹别克斯坦和蒙古，进行了有关的研究，他们于过去十年来，在成吉思汗帝国版图内及其周边地带，收集到 16 个族群的血液样本，结果发现在多达 8% 的男性基因中，可找到有蒙古王族特征的 Y 染色体，这个比例相当于 1600 万人有这种特征的 Y 染色体。而 Y 染色体就像姓氏一样，由父亲传给儿子。

史密夫博士的研究队伍对受研究对象的 Y 染色体进行 DNA 分析，发现一束 Y 染色体载有的基因特征，显示它们不仅相互之间有关，并与某一条单一染色体有密切关系。史密夫指出，那些特别的染色体很可能属于前蒙古王族的成员。据称这种染色体之所以这么常见，部分原因是成吉思汗大军南征北伐，所到之处让不少女性怀孕，但更可能的原因是，蒙古的大汗在两个世纪的统治期间于领土内有过的女伴数不胜数。当年仅成吉思汗的长子就有四十一个儿子。成吉思汗的儿子及继承人当年分别在不同的统治地割据一方。[①]

这是一项科学研究成果。它不仅提供了一个历史事实，也揭示了一种研

---

① 陈雨蕾文，载《北京青年报》2003 年 2 月 28 日。

究途径，它说明即使没有文字记录，民族成分的继存也可以找到痕迹。土默特与匈奴间的继承关系也可作如是观。土默特是匈奴以来的"姓"，不必是葛罗禄的"姓"，这就是我的结论。

前面说克烈部牧地的南麓与汪古部相望。汪古部的所在正当阴山（大青山）两麓之地，接近金的宣德、抚及浄州。史家说它处于"界垣之冲要，屏蔽山后诸州"，是不错的。

汪古也写作"王孤""雍古歹"，《金史》作"乌古"。实在地应写作"翁古惕"（qngut）。《秘史》作"翁古惕"，也准确。《辍耕录》把它列入色目人。雍古的确不属"奇握温"氏。据说翁古惕的得名，一是因为他们近驻长城，蒙古语称长城为"翁衮"，以此而为"近长城人"；一说他们住居大青山，而蒙古语称此山为"翁衮"山，以此而为"大青山人"。二说哪个对，《多桑蒙古史》说："汪古部名，不论本于长城，抑本于中国人名曰阴山之汪古山（此山在山西之北亘延东西）。然此民族之实在名称，未能知之也。"不过我想蒙古语称长城为"翁衮"的说法恐怕有误，我颇怀疑这个"翁衮"，应当是金人（女真）语词，不是蒙古语。洪文卿先生也说："云是契丹语，即金语。"金人先于蒙古，怎么能用后来才来的民族语言称人？今满语有"angga"（昂嘎）一字，义为"关隘、关口"，"翁衮"或是这个词的音变，"汪古惕"义即为"金人守长城关口的人"。如此说来，汪古惕一名是外人即金人的称谓，是一个诨号，是以职务称谓代替实名的习惯用语，不必是汪古人的自称。他们的自称应当是克烈部的土马兀惕即土默特。

以进驻地方名称而命名自身的，不止汪古，任何时代、任何地方、任何民族都会有的。16世纪东迁到叶赫河域的土默特人即被名为叶赫人，驻于纳剌地方的土默特又被名为纳剌人。《清实录》载："夜黑（叶赫）国始祖蒙古人，姓土墨忒，所居地名曰张。灭胡笼（扈伦），国内纳喇姓部，遂居其地，因姓纳喇。后移居夜黑（叶赫）河，故名夜黑（叶赫）。"正是说明这一情况的。这里的"土墨忒"正是今天的土默特，所居地名"张"，当是"赵"的音讹。赵即赵王城，汪古部的所在。所以举此一隅，可以设想土默特人之称汪古惕，并不奇怪。

或说汪古应作"乌而古"，本为"布尔古特"或"贝儿忽特"云云，此说与《秘史》翁古惕不合。可以不取。

汪古惕承袭克烈惕余韵，独力成势，为金人守边。成吉思汗南进，他的首领阿剌兀思惕吉首先呼应。然而部众反对，不希望受蒙古乞颜氏的节制，起而杀死投降者父子。但是最终亦如克烈一样，失败了。以后，"汪古"一名也消失了。

我说汪古惕就是土默特，但是有人以为不然。一说是它本为回鹘别部，汪古一名也是回鹘一名的音变，一说是沙陀后裔，当然也有说它原出于吐蕃的，如此等等。

公元9世纪中，败亡的回鹘余众，确有一支为数不多的队伍南下，并也在今土默特地区及鄂尔多斯的角落里驻扎过，为时不久（一两年），他们曾经请求在这里久驻，被唐朝拒绝。其后就在四方的打击下，内部分化，或退归漠北，或东入室韦，或遁入山林，以乞食掠取谋生。在汪古惕地区即使个别乃至少数余众残留，在9到12世纪的三百余年间，也根本不成气候，不但谈不到什么"别部"，甚至也谈不到有什么余众。可以设想，回鹘南下时，很有可能卷进别族成分，那么留在汪古的不必一定就是回鹘本类，风习语言之隔阂，也难以使他们愿意留下。至于汪古一词自是别具语义的蒙古式女真语词，与回鹘语义如何可以混同？其说不经之至。试问畏兀尔（回鹘）与汪古、雍古是如何语变的？

史书的确有汪古人自言唐雁门节度李克用之后，"远祖卜国以来，世为部长"的说法。对于这一说法应当怎么看呢？首先要记住，这是《元史·阿剌兀思惕吉忽里传》所叙，而又为《蒙兀儿史记》所承述的文字。史家或者是依据本传主人自述而入笔的。阿剌兀思惕吉是汪古部长，是部的统治者。他把自己的宗谱系在朱邪赤心一系身上，是一种门阀的攀援。一如唐太宗一族系其祖先于陇西李氏以高抬身价一样，是自我吹嘘。在北方诸游牧民族中，历来看重"门分"，如果不是贵族出身，如果没有显达世家背景，绝不会发挥号召能力，也没人甘心拜伏，这些已为前人所指出。朱邪赤心是沙陀人（阿尔泰山隅），曾任唐朝大同军节度使，以平叛功，唐朝赐姓李，名国昌。后获罪，逃入鞑靼。黄巢造反，助唐平定，又被授为代北军节度使。这样的人，在北方民族的眼中，当然显赫。与皇帝同姓（他的孙子也建立了后唐而皇帝），身任大将，功业昭烈，还能了得？攀扯这样的门阀，在汉族史官面前，不显示自己祖辈以来就尽忠于中原，为中原王朝守边，从而应当受到宠信吗？至于"卜国"云云，也只是回鹘人莫须有的传说。所谓"卜国"或者就是"兀单卜古可汗"或"布可的斤"的音译。在畏兀尔人的传说中，这可是个了不起的人物。他从树中产出，身伟貌好，通诸种语文。一开始就被众人举为可汗。东征西伐，是本族的始祖。从此以后，历代子孙都称可汗（部长）。

以如此的神话人物作自家的先祖，在北族中不显得更高大，身任"布可的斤""忽里"，不是更顺理成章、无人取代吗？偷天换日、指鹿为马，其说绝难轻信。其次，汪古人世居大青山，13 世纪末，马可波罗行至天德（今呼和浩特地），曾见到汪古居所，他称为"峨格"，说是土著。另有蒙郭勒津人，他称为"马峨格"。此见汪古即土默特所住已经不止大青山了。由于它接触周边各先进民族，社会文化较开明，也称为"白鞑靼"，统治者中深信景教，并且以此治所住天德州，教徒享有特权。与克烈部完全一致，而与回鹘则区别显然，这是有历史依据的。《秘史》说："太祖又将客列亦惕汪豁真姓的收了。"这里明显指出"汪豁真"是克烈的一姓。李仲约先生注谓"汪豁真姓即汪古惕"，很是。日本的有关学者也认为"汪古特族，却烈族，都是同源的部族"。硬把汪古混同回鹘、沙陀、突厥是不可以的。没有文献证明客列亦惕与回鹘同出一源。

四世达赖出身于土默特的统治者俺答汗家系，这是蒙古文献载了的。但是，我看到一本《西藏民族政教史》说，这位活佛出身于蒙古"图鲁汗"族。这个说法可疑。土默特没有另名"图鲁汗"的记述，蒙古也没有"图鲁汗"这个族。那么，可以设想它或者是"土默特"一词的音讹与误译？待查。

这里不妨再插几句话。我上面说的这些话，20 世纪 80 年代曾受到一篇文章的非议。文章的题目已经忘记（对不起了）。文章大意说探讨土默特远源还不能只从音训上考虑，不能离开蒙古历史而孤立地去从事，要从各个民族的发展中去寻找，说我到了儿也没有指出土默特部起于何处，等等。对于这篇论文，我一直也没有放在心上。但是并不默认，现在就趁这次回忆的时机，说说我的非"非议"。

追溯土默特的"祖宗"，从土默特的音训上入手，是必不可少的步骤。学者们历来考察蒙古族的族源时，不就是这么做的吗？"蒙兀室韦""盲骨""萌古""梅古悉""盲骨子"等，不就被认为是"蒙古"一词的声谐，人们并因此推定蒙古族的起源吗？而这并没有听说有谁惊异过！一般地说，土默特正如前面所述，那是一个部落或部族的姓。古人讲，"姓百世而不改"，顾亭林先生更说："姓千万年而不变。"既然"姓"是不改不变的，那么，从土默特的声韵上去追寻本源，顺情达理。我从"土马兀特""土泊燕"等声谐中琢磨土默特的起始，也是可以的。而且我也并没有"只"单单从此入手，可以看到我也提到了其他诸因素。英语中也有与"土默特"一名声谐或对音的字，我就没有从大不列颠人中去找土默特的始源，这不很明白吗？就个人说也如此。李氏家族的祖先不从李姓百世不变的声谐中去追索，难道从不对音的张氏、赵氏中去找才正确吗？我已经明确指出克烈亦惕的土马兀惕就是换称的汪古惕，汪古惕就是土默特。这就是从 12 世纪到 16 世纪约四百余年的土默特源流，怎么不明确？土默特部的起源就是土默特本身的起源，它本身就属蒙古，没有什么脱离不脱离的问题。它与蒙古孛儿只吉歹这一宗的起源没有必然的、内在的联系。我们从成吉思汗家族的始祖，或者从唐代的蒙兀室韦的起始中，实在找不到土默特的起始资料，怎么办？当然是只能就土默特本身及相关的情况中去追踪，不必汗漫地去牵强，这不叫"孤立"。试问，例如李氏一姓的起始，需要从盘古氏、黄帝氏乃至中原各姓论起吗？至于说"要从民族的发展中去讨论"云云，也对，也不对。说对，是因为我正是这么做了；说不对，是因为蒙古高原地方民族众多，时间又长，跨地尤广，从严狁以降，起起伏伏，其情状之乱，更仆难数，怎么说土默特的起始？有这必要吗？须知谈一姓的始原，实在没有必要也没有可能从"各民族"的支离中、众姓中去探索。再请记住：我谈的只限于一个部落的源头，不涉及土默特整个历史经历及社会经济。不能作额外的苛求。

另外，引据几位外国的学者所持的观点，供大家参考。

日本的江上波夫《评马丁著〈绥远省归化城北方景教遗址的初步报告〉》："那么，那座坟墓就可能是俺答汗的陵寝，或者至少是与他有关的明代蒙族的坟墓。果然如此，则足见元代汪古部的都邑所在的斡伦苏木地方，也当是和俺答所统治的土默特部关系很深的要地。"

日本的樱井益雄《汪古部族考》（1936）："也有至今完全没有沉沦于汉化的汪古部子裔，这就是归化城地区的土默特。""景教遗址终于在百灵庙附近发现了。可以据此断定土默特是汪古部的后续人。"

美国的拉铁摩尔《内蒙古景教古城废墟》："可以断定，十三世纪的汪古部和后来据驻归化城平原或蒙古高原南部的土默特部必有血缘关系。"这里不是"关系"而是一体。马可波罗提到的诸种混合族群（即峨格与马峨格），都足以说明他们（指汪古与土默特、峨格与马峨格）具有混合文化主体。"土默特蒙古人和信仰景教的汪古部之间，很可能有种族上的先后因承关系。""在土默特部与汪古部之间，有许多种族的与文化的因素，还是非常相像的。"

除了几许枝节外，基本上我赞赏几位大家的手笔。不论如何，在主旨上，他们实际上支持了我历来的看法。

在我看来，土默特的始源已经找到，它经历了土马兀惕——汪古惕——

土默特的不同时期，但是这个部的始祖是谁，却找不到证据。在汪古时代，阿剌兀思惕吉忽里只是一部之长，不必就是部业的创始者。土默特时代的始祖是谁，也不清楚。《清实录》讲土默特的叶赫部说："其始祖星根达尔汉生席尔克明噶图，席尔克明噶图生齐尔噶尼，齐尔噶尼生褚孔格，褚孔格生太杵，太杵生子二，长清佳努，次杨吉努。"这里的"其始祖"，究竟指土默特的，还是指土默特人在这里易名叫"叶赫"之后的？似乎以后者为是。这里说了七世，时间当在 17 世纪初，以二十年为一世，上推一百四十年，其始祖溯根到叶赫时，约在 15 世纪中，正好是在达延可汗兴起时。可惜这样世次明确的记述，整个土默特部缺乏。

但是古代的土默特人依然因袭中原及蒙古的传统习惯，所谓"望墓而为坛以时祭"。明代文献记述，土默特人每年都定时去山后（大青山）扫墓祭祖。去山后祭祀，显然表明他们的祖宗位在那里。文献没有报告祭谁，但可以推测，他们或者是祭汪古时代的先人的。后世的考古学家从那里的地下发掘中了解到，那里有汪古部（土马兀惕部）的墓葬和景教的碑石。这可能正是他们远程设祭的对象。有道是"神不歆非类，民不祀非族"，土默特人也超脱不出这个普遍规律，如果不是视同一族，他们绝不会用祭祀的办法，去表达自己的崇敬和怀念之情的。如果这一推想合理的话，那么，这又间接地证明土默特就是汪古人（土马兀惕人）在新的历史阶段的继承人。现在的归化城土默特人好像已经忘记去山后致祭的习惯了，甚至遥遥地望祭也没有了，这当然也是历史的沧桑所致。

"板升"本义

　　金王朝灭亡以后，守边的职能没有了，土马兀惕人未必再被称为汪古惕了。因为部长阿剌兀思惕吉忽里一系娶了成吉思汗的公主成为皇亲，并且被封为赵王，于是大概以"赵王部落"见称了。史书说每赈济汪古部，就只称驸马、赵王"所部民饥""靖州民"，不称汪古部。元亡以后，蒙古一片混乱，各部有各自范围，土默特遂也独自建国，号令一方。汪古已隐名不再了。蒙古在西鄙的主要有三国（兀鲁斯），这就是所谓右翼。关于这三国，诸家说法不一。有的说是应绍不、阿尔秃斯、满官嗔。有的说是鄂尔多斯、永奢布、土默特。据《东华录》，又是鄂尔多斯为一方，土默特为一方，阿索忒、雍谢布、喀喇沁为一方。几种说法中，阿尔秃斯（鄂尔多斯）、应绍不（永奢布、雍谢布）二部不变，唯另一国则或为满官嗔，或为土默特不一，其实这是二而一说法。满官嗔即《蒙古源流》说的"蒙郭勒津"，该书有"蒙郭勒津·土默特"的写法，足见不二。满官嗔也可以是马可罗波在天德州所见的马格尔，土默特可以是他所见的峨格（汪古），他们原来就在一起，所以史书在叙述时，书"土默特"，不书"蒙郭勒津"，或写成"土默特·蒙郭勒津"。他们实在应视作一体。他们的驻地好像也一直没有改变过，这就是从天德到靖州这一广漠领域，大致在鄂尔多斯与永谢布两地之间，可以说右翼或西方的中心地带。

　　在明代，至少至 15 世纪末，约在明弘治时期，土默特人已经有了相当的发展。文献有十二土默特、七土默特、山后三枝十二部之类的记载。这里的"枝"啊，"部"啊，指的都是"氏""族"，是一姓之分，人数也有几万之众，超过了所谓右翼三万之众。努尔哈赤给蒙古林丹汗的信说，土默特一万人。以右翼三万人由三部平均计量，恐不确。他们有人口，有领地，有兵力，又有先前的"皇亲"背景，所以他们后来是可以独力自立、君国孚民、不受任何外来政治束缚的。总计其经历当亦在百余年之上。然而到达延汗时，形势遽然变化。这位可汗把其可以统治的地区，分为两翼二地，由他的三儿子蔑迭秃该统治右地，谓三万右翼，土默特地被包括在内。蔑迭秃该死了，又由蔑迭秃该的儿子继承，占据归化城土默特的，这就是阿拉坦（俺答）汗。有的人认为俺答是土默特的先"祖"，这不正确。阿拉坦其人不是土默特籍人，他不姓土默特，他是奇渥温（孛儿只吉）氏的嫡传。可以说，他是土默特兀鲁斯的第一代外来统治者，是统治之"祖"，不是血缘之祖、同宗之祖。对于他们的统治，土默特人曾作过抵抗，说"何必在咱们头上另加管制"，但是不成功，终于失去自主权力。复成人家一翼，亦如汪古惕时的经历。

土默特地方本来是个广阔的牧场，千里平垠，中无杂树。人们穹庐为居，游牧为生。北朝时代就有《敕勒歌》："敕勒川，阴山下……风吹草低现牛羊。"至16世纪依然如此。然而也就在16世纪，出现了变化，契机就是俺答的统治。

俺答统治土默特地，主要在明嘉靖年间，约为16世纪的中叶乃至其后时期。他实行三大政策，这就是"聚众""粒食""弘佛"。这三项对于土默特兀鲁斯来说，可以说都具有致命性。土默特终于倒霉，归根到底都源于这个。俺答是个野心家，他终生的政治目的是要人家封王赐爵，然后以此与中央大可汗分庭抗礼，乃至取而代之。他的这三手都是为他的政治图谋服务的。至于推行这种政策将给汗国中央与土默特部招致怎样的后果，他是不在乎的。一部《阿拉坦传》，正经地连土默特都很少提及。

"聚众"就是招徕人口，扩充兵源与农力。他招徕各路人员，不择手段，尤其注重招徕汉族人口，不论品类，来者不拒。在土默特地区原来也有汉民，但是在他的施政下，从口内来的汉族人口迅速地膨胀起来。而他的战斗序列中，汉族比例也大为增加。文献记载：

> 虏中多半汉人。
> 虏地，大半吾人（即汉人）。
> 在虏之中，被虏之人（汉人）半之。
> 二臣闻虏中，多半汉人。
> 丰州已有汉人五万余，蒙古人二千余人。
> 大小板升汉人五万余，其间白莲教可一万人，夷二千余。
> 板升之众以万数，皆我汉人。
> 达虏每一帐，家小不上四五人，虏去人口反有五六人。

这里的所谓"虏""夷",指的都是土默特。在战争部队中,也是汉人有很大的指挥权力。文献说:

> 虏寇之入境也,鸱张乌合,动号十万。然其间真为彼之种类,劲悍难当者,才十之四五,余皆吾中国之赤子也。
>
> 虏营营兵,多半俱系汉人。
>
> 俺答所卤,至今生聚十万,皆成精兵。

"精兵"总体上是受俺答统帅的。汉人特别是那些首领,成了他的支柱,有的甚至成了他的决策人,与之分庭抗礼。

"粒食",就是强调粮食,不强调乳肉,重外来的农,轻本部的牧。为此大量开垦,缩小牧场。文献载:

> 开云田、丰州地万顷,驱华人耕田输粟,反资虏用。
>
> 今观诸夷耕种,与我塞下,不甚相远。
>
> 虏中耕种市廛,与中国同。

看来土默川已经是牧场被侵蚀,庄稼挤走了畜群,外来的客户湮没了本地的土著。这么多的汉民,这么多的耕垦涌现,就不可避免地挤掉了牧地,同时也不可避免地出现了大量的"板升"。人口总要安置吧!文献载明:"板升,自丰州滩以西至黄河三百余里,皆板升所处。""大板升十二部,小板升三十二部。多者八九百人,少者六七百人。各有头领。"这只是约而言之的。

"开良田数千顷,接东胜川,号曰板升。""东胜以北,皆板升。""宫室布满丰州滩。""宫室"也是板升。

"丰州滩即板升,是营名。"农民也是兵卒。

这么多的"板升",也就必然是侵夺大量土地、外来势力的聚合。"板升众可十余万,中国百工技艺无所不有。""板升之众,极称富强。""富强"就是物资丰满,势力挺硬,要甚有甚,为所欲为。这么"富强"的板升地,天长日久,终于形成一大隐患。明丞相张居正说:"东患在属夷,西患在板升。"这是对外的。对内说,它成了俺答的尾大不掉,成了酣睡在他卧榻之旁的巨患。板升的大头目如赵全、丘富等,坐拥实力,"拟于王者",俺答有事,还要置酒问敬于他们,而他们也往往"主其谋"。丘富是"一克喇把",进而为酋长；肖芹为次王；赵全为"仪宾倘不浪"；王廷辅号称"猛谷王"。你看了得！全是一方枭雄。

"聚众""粒食"谋略的推行，有各种各样的评价，这可让历史学家去研究，我不想多嘴多舌。这里只是要指出四点，推行此策之后，一是俺答"疏其种类"，不喜欢本族，脱离土默特部众。二是土默特人的贫化，"我胡中富者常什二三，它皆贫"，阶级分化明显。三是本地人"切齿此辈（板升），欲尽屠之"，民族矛盾增加。四是汉人"夷化"，本地人的汉化，这就是所谓"汉夷"和"夷汉"的出现。

我在这里的任务不是谈土默特的全部经历并加以评论，而是只谈"板升"。上面已经略略地谈了它的缘起，现在就说"板升"这个事物本身。

"板升"被明人说成是"虏言""夷语"。清人因之，不认定它是汉言。也许是语言隔阂吧！关于"板升"这个东西，历来有不正确的认识。对于板升的解释，历来说法也有误失。

据我看，"板升"现象只出现在16世纪时的归化城土默特地区，东部土默特地虽亦间有仿效"板升"做法的，只是偶尔，并不多见。清初，抗清的明遗民顾亭林先生到过"西口"即归化城地区，有诗曰："旧说丰州好，于今号板升。""板升"成了丰州的代号，足见它是地区"特产"。

《新元史》说，13世纪的蒙古弘吉剌部有"孛思忽儿"一氏。"孛思"就是"板升"。这大概也是因声生义，用后来的事比附古时的物的。我想，"孛思忽儿"或者是蒙古语"混血杂种"的意思，不宜牵强。至于"板升"一词，则始兴于16世纪的丰州地方，而不会更早。若查《元朝秘史》以次至明代蒙古语汇诸书，绝没有"板升"这个词出现。马可波罗元时曾亲自到天德旅行，说那里"境内有环以墙垣的城村不少"，却没有说有"板升"这个词。

"板升"的汉字写法不一。"阪升""白兴""拜申""板申"等，不一而足。到了清代又出了"拜牲"，说它是"石头房子"的意思，是"蒙古语名字单纯的译音"，说其实这二者即明时讹为"板升"者，似乎这"拜牲"才是"板升"的正声。近现代的蒙古语辞书中也据此而出现了"baixing"这样的字。显然是个新词。然而说它是"石头房子"，是蒙语的音译，却说邪了。

明代的汉文记录多说"板升"，含义是房子，"华言屋也"。现代的蒙语辞书也解释为"平房""家宅"。我看这种解释其实是可疑的。试问：明人方逢时（万历年间任山西总督）说"丰州滩大板升十二，小板升三十二"，是不是就意味着十万汉人就在这十二个大房子和三十二个小房子居住，这能说通吗？有的解释更汗漫，说"板升"是一般建筑物。这就更费解了。所以要另找"出路"。

大量的汉人之所以要造"板升"，名义上是为了自卫，为了安全。《明史》说："筑城自卫，垦水田，号曰板升。"另外当时的记录说："筑城架屋，咸称板升。""自为城郭宫室，升版筑垣，遂号板升。""筑板升以自卫。"这些记录都表明两事：一"筑城"，不是"筑房"；二自卫，只是防护。板升既是这样，所以"板升"云云，应当另有含义。文献说了不同的话："筑城建墩，虽曰板升者，华言城也。"《明实录》也说："板升者，华言城也。"说板升是城，这才是搔到痒处，才是它的本义。筑垣、建墩、构城，不是建房、筑屋。如果都是出于自卫防敌的目的，那么单单的一所房子是达不到自卫、御攻的目的的，必须架屋其中，围墙于外才行。所以大小板升四十四，指的就是大小城郭四十四座。有了这么多的聚落，才能容得下多少万人居处。须要说明一下，这里的所谓"城"，实际上只是一种土垒，一种土筑的堡垒，也就是后人称作"营子"的聚落。"营子"的本义也是"堡垒"或"军垒"，绝不要把它理解为用石头、砖头包装的城镇。

"板升"就是城堡、城邑，不能作别的解释，历来以为它是房子的释义是欠当的。前文所引证的"筑城""建墩""筑垣"等，无不在说明这点，明人也说是"华言城也"。聚几百千人于一处，保护他们的安全，这正是当初广设板升的原意。中国历来有"秋冬之时，入保城郭；春夏之时，出居田野"的说法。板升的构筑，正也符合这个习惯，特别是在塞外荒野地区，兵马往来，盗贼出没，安宁往往难于确保，筑城自卫，十分必要。

既然板升即城，那么，在蒙古语中当时管城真的叫"板升"吗？不是。元、明几种《译语》书，都把"城"叫做"八剌合孙""巴剌哈孙"，即蒙文"balgasun"。有时也译作"可困""合脱"，但是这已是另一意义的城了。对于城墙，蒙文也译作"把儿阿孙"。至此，可以悟出，"板升"实在就是"巴剌哈孙"的简化、汉化，是"巴剌哈孙"四字略去"剌哈"，只取"巴"与"孙"二音而成"板升"这个词的。而发音又大为变异，是蒙古语词的讹变，不是什么"单纯的译音"。汉人习惯于把外来语的复音简化为适合自己口味的单音。"基利斯督教"（christos）被略为"基督教"，"恰衣巴拉桑"被讹为"乔巴山"等，正是此类。"巴剌哈孙"被讹为"板升"，一点也不奇怪。说它是"虏言"，不对，"虏"无此言；说它"源于汉语"，尤其谬之千里了。汉语的哪个词、哪句话是"板升"的源头？

板升城是为口里来的人建造的，因此它的居民也都是汉民，这些人被他们的同胞说成是"亡命者"。文献每有这种记录："亡命者窟板升。""中国无赖有罪者，辄亡命板升相依。""华人……入虏地为奸，乃筑板升以处。""白莲教惑人，逃入虏中，处之板升地。""板升所群聚者，无非驱掠之民与亡命之辈也。""板升之众以万数，皆我汉人。""丰州地，招亡命数万，屋居板升。"有的记录也说板升"颇杂汉夷之众"。但是这不是主要的或普遍的，并且很可能只出现在它的后期，出现了汉化的"夷人"或由牧改农的成分之后。土默特人即使在板升的后期，也只传统地散住在帐幕与穹庐里面，连俺答可汗都不敢在"大板升"居住。除特殊情况，一般贫苦牧民们哪敢沾边。据此，可以断言，板升最直接的特点有四：一是城郭屯聚，堡垒营落；二是居民全是关里（长城以南）来的"华人""叛卒"；三是居民都是拉帮结派、彼此串联而来的，他们对土默特土著是"排他"的；四是多分布在阴山前麓的平原上，即接近长城各口、各关隘的土地上。

板升城郭或堡垒，是个什么样子，没有记述。不过可以参考考古工作者们的地下发掘。以波罗板升为例，这是山后赵王城附近的遗址。据说那里的板升遗址，有城墙，并有外垒。两座大门，城中有内城，也有大门，城墙有几个城楼。它的位置在山谷里的肥沃处，这大概是权贵们的大板升。但是，它可以使人们据此知道一般板升的设置。一是它多建设在有利于垦耕及宜于防守的地方，古人的经验向来是筑城必须在"非于大山之下，必于广川之上。高毋近旱，而水足用；下毋近水，而沟防省。因天材，就地利"。板升也如此。二是有城墉，墙上有陴堞，以便四望。有城门四座，门外又有曲城，利于防守。三是板升规模不一，大小依聚居人口、家宅多少、地形条件及人力、物力等可能和需要，并不一律。四是均在板升前加以特定的名号。从留存至今的五六十个板升看，无不有这种名目，如把什板升、必令板升、塔布板升、黑炭板升等。这种名号均有它特定的来由。

明人关于板升的记录与解释，都很简略。然而这并不表示"板升"这个历史事物本身就很简单，恰恰相反，在我看来，"板升"这个历史现象是个很复杂、很值得研究的课题。例如：（1）板升大者有八九百人，小的也是五六百人聚处，他们绝不会是一盘散沙。那么，他们内部有没有和有什么样的社会组织与制约制度？（2）板升其实是农民与士卒兼合的所在，是个出击和兵源的基地。在这里，兵民如何结合，农税与兵役如何分配？（3）农民如何从征，一切戎具装备如何置办？（4）板升之间的关系如何调整？（5）板升内与板升间的统领如何产生，更换，承袭？（6）板升的普遍所及，是否构成与牧区不同的县、区制度，与牧区的关系如何？（7）板升作为一种新的历史产物，它究竟如何适应当时的农、牧业生产的需要，如何适应战争的需要，它对当时的历史发展究竟起了什么作用？（8）从明王朝到当地土著，为什么那么强烈地反对它？如此等等。惭愧得很，我至今没有掌握这方面的资料，也没有调查与研究，以致没法解释这些问题。很希望有人能作出解答。

明王朝指斥板升的人是"亡命""叛人"，这看来也没什么不对。这些人中虽然有相当的部分是从战争中被俘而来，但也有很多是自愿而来的。他们或者是因白莲教抗争朝廷失败而来，或者是企图利用"鞑子"的势力以实现自己政治目的的集团成员，或者是抗议军将暴戾的士卒，或者是失意的"孝廉"之类的士人，或者是无告的"罪人"，或者是避灾免祸的平民，或者是渴望饭碗的四夷馆译字生员，或者是丧失耕地的农夫，或者是追逐利润的商贾，等等。总之，都是苦于赋税，厄于暴政，困于刑律，罹于灾祸，欲所无天，欲争不能，致心怀不满于明王朝的社会成员。他们宁愿"亡命"（丧失户籍），冒险（关口盘查及"虏地"的危险），就是要另找出路。他们既成"板升"势力，邑落相聚，并且时时助长"夷人"攻打他们所叛离的反动朝廷，从而成为朝廷的政治与军事之威胁，那他们也就同样被他们的对立面当做敌手，百口污蔑，除恶务尽了。

朱明王朝对俺答势力历来采取两面政策，一面是"怀柔"，是"软件"；一面是征掠，是"硬件"。在武力施行上，经常是三手：烧荒（秋冬时，纵火烧尽草原，使放牧不成）；赶马（成群地以兵力赶走放在野外的马匹，使无铁骑可乘）；捣巢（突然袭击兵民基地、板升）。土默特部人是游牧生活，四季追逐水草，不定其居，穹庐四散，不常聚集，可以说是一种无"巢"可"捣"的局面。因此所谓"捣巢"，主要是"捣"（冲击）固定的、群聚有生力量的"板升"，这里不但是反明力量的凝聚处，是明朝之"西患"，也是俺答之所以骄横、敢于和能予明王朝以重大威胁的支柱。终明之世，板升所受打击是严重的。明边将刘汉"捣巢"，一次突击，就差点把它毁灭。明末时，蒙古林丹汗西攻土默特，板升受到破坏。后来清太宗（皇太极）1632 年命西路降人五六万，西向追击林丹汗，屯聚板升，临撤兵时，"烧绝板升"。土默特人仇恨板升，是否参与这个"烧绝"，不得而知。可以说，板升（即汉人城堡）至今不存，这次"烧绝"是最后的或决定性的原因。当然，"板升"的名义至今也还残存。不过也就是虚名而已，与最初的"板升"（城邑）根本不可同日而语了。"板升"中的人众呢？可能并没有"烧绝"，但是大大地减少了。早在俺答于1571年绑送赵全等献给明朝廷时，板升居民已经惶惶不安，怕被绑送，而明王朝又明示不咎既往，大施招徕，人们乘时走散的已经不少。经这次打击，其零落之状，当不难想象。

现在咱们来谈"把什板升"。

"把什板升"这个村庄，无疑是16世纪中，俺答汗大行"聚众"、时兴"板升"时代的产物，至今已迈过四百余年的跨度，可谓邈绵有加了。关于它的命名，至今的解释依然是"先生房子"："把什"是先生，"板升"是房子。甚至说是"教书先生的房子"，因此引申或演绎地说这个"房子"就是学校，并把现在公办的这个学校的历史，上推到三百年前。说很多革命同志就是由这个绵延下来的"学校"培养或保送到革命圣地延安的，等等。这是一种非常可笑的玩笑，至少是自我揶揄以自慰吧！这是绝对不合情理的。

这个"把什板升"也和前面所说一般板升的含义一样，就是"巴剌哈孙"的讹传，是城堡、城邑、军垒、营子的意思。今日的把什板升，只是一个散在的聚落，人们已经看不到什么城、什么郭了，这大概是明王朝的"捣巢"和清王朝的"烧绝"的成果。但是在当初，在始兴的时候，它的确有围墙，有垣，有郭，是个城堡，不然何以名"板升"？至今熟悉的人还可以隐约指认它的遗址，这就是狮子山前那片漠野。

这是一个略高于四面的坡地。背靠陡峭的狮子山，避风保暖，左右两面各有山涧清水流淌，不涝不旱。前面是广阔的平原，可耕可牧，有黑水横灌。脚下是一条东西走向的通途，径直山后，地形优越，筑城自卫，足以有靠。这里本来也有一座古堡废址，把什板升就是偎着这个废址而修建的。它存在了多少年月，说不清。后来，把什城堡（板升）既然在"捣巢"及"烧绝"中废坏，留下的居民大概也散亡了。但是，"把什板升"这个原名依旧保留下来。

蒙古语文中，大抵没有"巴克什"这个词。《元朝秘史》没有。《元史》有"八合赤"字样，但那是仿畏兀字样，它只有"必阇赤"，其地位也重要。塔塔统阿子孙译写"国字"，并无"巴克什"名号。因此，它或者来自畏兀字，是个外来语。

"把什"一词，过去也在文献中写作"把失""榜实""榜势""把式"。元代的碑刻作"八合识"。现代蒙古语作"bagxt"，释文是"先生、教师、师傅、导师"。其实这个解释并不允当，至少不曾全面地符合它的历史命义。

"把克什"这个词在别的民族语言中也存在，而含义却又不同。在梵文中，它有"佛僧""喇嘛"（上人、高师）的语义。在维语中，它的含义是"巫师、巫医"。在古代，这"巫"可不是后世民间所习见的装神扮鬼的骗人者，"mizazd"是男巫、变戏法奇才、才能非凡的人，上通神鬼，下达人间，工于辞令，广于知识。鲁迅先生说："原始社会里，大约先前只有巫，待到渐次进化，事情繁复了，有些事情……渐有记住的必要，巫就只好在他那个本职的'降神'之外，一面也想法子来记事。这就是'史'的开头。"① 在元代碑石中，"道士"也叫"把什"，在汉语中，据说它是"博士"的同义语。在今天的习惯语中，将一切内行、本行（本业）的专家、"里手"、熟练一切的男女都称之"把式"或"老把式"。因此仅仅赋予"把克什"一词为"教师"，是不成的。

在明代，"榜什"被译成"写番字书手""笔写气"，被充任"写汉字书手"。可以看出，在这里，"榜什"即"把克什"是完全没有教师的含义的。它几乎是秘书、录事、缮写员的同义语。然而这个"写番字的"却不可小看。

（1）明代文献载示，万历二年（1574），俺答"封贡"时，明廷赐封蒙古人新升榜什等三十二名。万历十七年（1589）袭升榜什二十八员。万历三十八年（1610）新升榜什三十九员。一个"写番字"者竟然与"百户"等一同由朝廷进封，岂是等闲？又，明的顺义王扯力克西征或东归，向明王朝报告，说要经过汉地，请允许，保证不掠地方。保证书具名的有很多上层，其中在台吉、偿不浪之后，并列榜实十四名。榜实与贵族台吉之类同列上奏作保，岂是寻常？岂仅仅是教书先生？

（2）俺答曾要求明王朝派高僧，以弘光佛教。明廷即派送僧徒榜势数人来"胡地"，"进入穹庐，与胡中番僧哈望喷儿剌、夷僧公木儿把实、大都把实、黄金把实，参伍无异"。在这里，"榜势"或"把实"竟是佛教中的高位，或者就是经师吧。这里也没有"教书先生"的语义。

（3）那么，"把克什"究竟是何等样人？明人没有记录。我们不妨从后代关于"把克什"的描述中作点对比，这就是清朝初期或它称金朝时期的"把克什"。在那里，一则说，能兼通蒙古、汉文，能宣示皇帝旨意，能招纳降附者，赐号"巴克什"。赐此号的不止书生，大将武臣也赐之，文武不分。二则说，供职文馆，授参将、游击者，皆称榜式，为文臣，未授官者为秀才。

---

① 《且介亭杂文·门外文谈》。

三则说，清朝初立，"皇上有书房榜什代为转奏，可谓便当"，这实在等于侍从室的信臣。福格曾说："巴克什，亦作榜什、把什，乃清语文儒熟悉事体之称。天聪五年（1632），设六部。巴克什改为笔帖式。""国初文臣皆呼为巴克什。大臣中，多有榜什之名，如武臣之有巴图鲁。"

从这些记述中，大家可以看到：

（1）金（清）时没有设六部之前，巴克什几乎要做六部的事。臣下的奏折也要经他们代为"转奏"，与蒋介石侍从室的陈布雷近似吧！

（2）"巴克什"是一种尊贵的爵号，文武重臣，都可以获得，绝不像教书先生可以自便。

（3）"巴克什"是由皇帝封赐的，不是随便可以自封的。

（4）巴克什是熟谙一切事理，可以招降纳叛、宣扬皇帝旨意的重臣，绝不止是"写番书"与为儿童启蒙而已。

清人是以武事建业的。文事不尚繁缛。俺答经营他的王事（不是顺义王吗？）和汗事（有索多汗号）时，究竟有些什么机构、官职，不见记录。我们只是比照成吉思汗之初及满洲努尔哈赤兴起之时，可以确信那是一种草创从事、诸事简陋的机构、官职，一人之下，"写番字"的人可能操持一切。因为在那时，只有他们有文化，能谙识世事，可以代出主意，设计办法。形势促使"榜实"的地位举足轻重，因而声威也就因此日其隆进。城堡（板升）以"把什"或"榜实"命名，也就可以理解了。所以不妨相信，一个城邑内可以有教书的冬烘先生，而以一介冬烘先生这个名目去命名一个"板升"，谓之"把什板升"，是很难令人信服的。然而不论"榜实""把什"如何高贵，土默特的榜实们一般依然是"穹庐为室兮酪为浆"，不住板升的。

综观历来的事实是，"板升"是明王朝的"亡命"者即汉人或"华人"的聚所，绝没有土默特部人涉足其间。那么，把什板升中的"榜实"们必然是汉人的"写番字"者，而不是"番"人"写番字"者，这应当可以肯定。究竟有多少"写番字者"住在同一板升，不得而知。但是绝不会是一两个而能使板升享"把什"之名的吧！汉人也可以写"番字"吗？可以。据明人记载：明王朝出于对蒙古汗国交涉的目的，很重视译写蒙古文书人才的培养，曾设有"四夷馆"。这个馆设立后，大走其运，学习"番"字译写的人络绎不绝。"官员、军民、匠作、厨役子弟、投托教师，私自学习（译写番字），滥求进用"，而"教师马铭又违例私收子弟 136 名"。这些学成了的人得不到进用，就纷纷跑出长城，投入"夷地"，为其录用。土默特地方的汉人"榜实"就是这么来的。

这些"榜实"教书吗？不，他们走"西口"不是为吃教书饭，他们是以其译才而求显达的，为此，他们只能为"虏"地的统治者或用事者服务，首先就是俺答及其帐中核心集团。"番酋"及其"榜实"虽通"番"字，却不习汉文，明廷来的公文诏书，无法通解，必须这些人译成"番"文才行。其次就是那些"次王""一克喇把"之类。他们通汉文，不习"番"字，与俺答等的往还，殊多不便，也需要这些汉人效力。于是他们的地位也就因此不同凡响。这些人所居，当然就在板升。明人的记录不是有"张榜势、毛榜势"住在一个小板升的例举吗？然而这样的小板升也还并没有因张、毛二榜势居住，而把这个板升名之为张或毛把什板升。

我所出生的这个把什板升，从一开始，就不是本来意义，即仅供汉民自卫的板升。就是说，它不是一个供汉人住居的城堡，它的存在只是一个为保卫独立于狮子山前那个城堡的一座寺院，院的主教被尊为"榜实"或"榜势"。这个寺院非佛、非道，而是从克烈时代到汪古惕以至土默特传统信奉的景教教院。本院何年何月建？它的具体缘起已经没有确切的记录，只能据一般史事推考。它存在了多久？也一时不好定夺。可以相信，这个教院在俺答崇佛、兴佛之后，已被毁圮了，现在只是个遗址。

景教实际上是基督教中的聂斯脱利派。这一教派的中心思想是不承认玛利亚为圣母，说玛利亚只生了耶稣的人体，没有生耶稣的神体。神是没有母亲的，有母亲的乃是人性。这派受到了教内正统派的迫害，于是转向东方，先至波斯，后入中国。唐人十分重视它，为之建寺度徒，后被禁止。从那以后，它又转向北方，于是蒙古地方开始大兴。史家追述："元初记载，西辽末年（13 世纪初），外蒙古一带几乎全信聂斯脱利之基督教。""总括一句话，自唐初后，中国内地的景教势力，虽日渐消沉，而内外蒙古一带，则还是继续兴盛着。"一位蒙古史的法国学者更说："在蒙古部落或在被他们同化了的部落中，景教徒是相当多的，特别是在克烈部和在汪古部。""我们已经看到的汪古部的大部分人民居住在归化城地区。这里是世代信仰景教极笃，而同时又与成吉思汗家族有密切的亲缘关系的汪古王朝的本土。"这段话不啻是指土默特，也指把什板升的土默特人的。这里的这座教院遗址提供了证据。

景教的教义当然有它的一套。它宣称景教之所以为名，是因为"真常之道，妙而难明，功用昭彰，强称景教"。就是说，真正永恒的道理、法术，它的奥妙不是语言所能说尽的，但是它的功能、效用，实际上给予实践的，却是十分显著的，因此称之大教。明景，这个实践指的当然是修道而言。它的教条很明白，主要的是"印持十字，融四照以合无拘"。"不蓄臧获（即奴婢），均贵贱于人（示平等）。不聚货财，示罄遗于我。"（正适用于穹庐）"斋以优识而成，戒以静慎为固。""七时礼赞，大庇存亡。七日一献，洗心反素。"这些教旨，对于久浴战火、财货难保、阶级分划严明的牧人来说，是易于接受的。它的传布，特别强调要依靠蒙古的统治者，说："唯道非圣不弘，圣非道不大。道圣符契，天下文明。"这里的"道"当然是指教义，而"圣"则是指至尊无上的世俗统治者。以为传教不依靠统治者例如克烈的可汗、汪古的阿剌兀思惕吉以及俺答的先辈和兴佛之前的俺答汗，是不可能弘通的。它同时也告诫"圣者"，只有与我的"道"契合，你才能伟大。结论就是咱们两方"符契"了，天下必然光明。事实也证明，从克烈到汪古到土默特，景教之所以弘扬，除了它的教义本身易于浸染民间之外，正是它得到了土默特的领袖人物的支持，克烈的部主脱豁邻、汪古的赵王们不都是景教的信奉者吗？可以确信，把什板升的景教遗址的存在，正说明景教之在土默特地方与土默特人民中的影响之大。而"把什"之为名，正也说明当地对教之牧师的尊崇。

遗址的面积很大，回忆起来，恐怕要上万平方米。长方形，南北向，自北而南台阶。最北也是最上一级平地约三千平方米，次一级即中间一块平地也三千平方米，最南即接近一般平地者，面积较大，超过三千平方米。从我记事起，这片遗址已经没有什么宗教遗迹可言，只是村中一个最大的广场、空地。对于这块空地，我们家人一直管它叫"霍洛"或"景霍洛"。因为它的南端有一口深井，人们往往误以为是"井霍洛"。不过，话又说回来，这个井也是"霍洛"主人为寺院人众而掘出的。它的历史应与"霍洛"同步，所以说"井霍洛"也不为过。

"霍洛"在蒙古语文中是"院落、府第"的意思，正如伊金"霍洛"是成吉思汗的"府院"一样。以这个"霍洛"为中心，相距 100 至 200 米处，东西南北各有"圣景庙"一座，乡人讹传以为"送井庙"。揣其语音应当是"颂景庙"，因为庙旁并没有井。其实，它名为庙，却并不像一般寺庙的那种规模与形式。这东西南北四个"庙"，都是同一格式，两米高、两米见方的一座平台，砖石垒成。平台上有一个一米见方的小小砖质建筑物，门是拱形，南向，门里的空间没有任何摆设的遗迹，既没有什么偶像，也不设任何牌位，很像是教堂中的一个神龛，并不起眼。只是小小的拱门上刻着一个方向相反的"卍"字形，算是它的特色之一了。这四座小建筑物是何时、何人所造，不曾听说。最妙的是四个庙座如果纵横连成一线，恰恰是个十字架，而寺院这个"霍洛"位置正好在这个十字架交叉点上。如果把这个场面算做教区，那在当地来说，就很可观了。可以设想，它的寺院建筑必定宏伟，在四方牧场、一片平垠的景观下，它的矗然屹立，较之"板升"应当更能引人注目了。

这个寺院大概除了教主、牧师及信徒往来之外，附近没有居民（不见遗迹）。那些板升被"烧绝"或"捣巢"之后，那里的居民可能向寺院靠近，意图倚仗，或有"一昨陪锡杖，卜邻南山幽"的余意，以免劫难。久而久之，竟然定住在这里，仍然以"把什板升"的居民称之，而"霍洛"的牧师们在信仰者中也的确被尊为"把克什"，也如元代的教主被称为"也里可温"（即和善的人）一样。所以，把"霍洛"为中心的居地，呼为"把什板升"，也成习惯了。

前面已经说过。俺答统治土默特有三手政策，其中一手就是"弘佛"。他的这种做法完全违背了他的先祖成吉思汗"不能偏向一种宗教，而要各教一视同仁"的遗训。他原是个"忘祖"者。他闹这个"佛"，从两方面入手：一是从吐蕃那里讨教，迎来一些喇嘛，学元世祖（忽必烈）的办法，给以诸多远非必要的特权，亲自顶礼膜拜。二是从明朝弄来"榜势"及佛典，大加渲染。佛徒既兴，就排斥异端。《阿拉坦传》就说要消除"邪教异说"，谁是"邪教"？无非就是土默特人世代信仰的巫教及景教。在这种崇佛的活动中，土默特虽然起而反抗，说这个佛没有什么好处，要杀死佛的说教者，终于不成功，反而景教被当做邪说给消灭了。为消灭这个邪教，经过些什么斗争，没有记述，只是把什板升的景教寺院再也看不见了。

寺院被毁，移来侨居的汉民为久住计，乃在它的东南一角，先后建起一座三官庙及一座老爷庙（关帝庙）。这是属于道教系统的庙宇，它当然是异佛的东西。所谓"三官"，据说指天官、地官、水官，是古五斗米道的主张。它的原旨是向统治者造反，明代的白莲教就是它的传演。这些教徒在塞外赫然打起"三官"旗号，大概最初也是针对明王朝的。在这里，这个"三官庙"的建筑，显然有反明的意义。关羽向来被奉为"义气"的典范，在这里，老爷庙也就是"亡命""叛人"们借以团结"江湖义气"的提倡。虽然迷信，但它却是汉族侨民所至必然的伴随物。民国初，地舆学家张相文到土默特地区考察时说："哪里有关庙，不用问，哪里必然是汉人的聚居。"这里的关庙提供了佐证。然而，它周围的信众，终于在连年的灾荒中，扔下他们的庙宇，逃亡他处，主要是回到口里老家了。只有景教的信奉者，依然滞留在这里，这就是土默特的丁氏家族。

历史的车轮不可阻挡。在不得已的形势下，土默特人终于被迫弃牧从农，由牧人变成农民，游牧变成定居，穹庐变成土屋，散处变成聚落，语言也由汉语代替了蒙语，固有的传统风习也多变得不伦不类了。到了18世纪初，这种变化更有急转直下的趋势。把什板升的土默特人就是这样。我看到一个在1844年（鸦片战争后）旅游归化城土默特地区的法国教士的记录，据他所见，当时归化城土默特人的汉化程度已经很深，任何方面都与汉民无异，他们被同化到这种程度，以致时常讥笑没有汉化的他们的同胞。他的话不能说不是真实的。据此可以推断，汉化到这种异化程度，绝不是短期内如几十年内所能完成的。溯其始兴，当在百年之上，经历着几个世代。

把什板升已经是一个农业的邑落，主要地是一个农业化了的蒙古人聚居的村落。村庄！这时的"板升"的确只能看作一个村庄，原先所谓"城堡"的意义早已变味了。在这个村子里，"景霍洛"始终是全村的中心。无论"把什"村的住户增加多少，谁也没有也不准占有这个中心地址。到最后，它实际上已经被新的建筑四面包围起来，而它仍以巨大空场展现在那里。但是年轻的几代人已经不知道它的历史背景了。

"霍洛"是个自然形成的居民分界线。在它的右面（东面），紧贴着住的是丁氏家族，这是本村最古老、最原始的一姓。到1937年抗日战争时，这个家族共有十七家，十一个院落，算是村中最大、居民最集中的一族，依稀残留着景教信奉的某些余绪。"霍洛"的左面（西边），紧贴着住的是云氏家族，也是十几户。是否是景教的信奉者，不了解，迹象上好像不是。他们住得分散，其中有的姓"荣"，有的又姓"昌"，等等。他们大体是较后迁来者，来历不一，似无统一的渊源。丁氏一族管他们叫"当霍洛"家。这是蒙古语，即"在霍洛（院落）之下的人家"的意思。原来"霍洛"的西边曾经是个斜坡，后来寺院用大石块砌起一个高墙，然后填土于一侧，使与"霍洛"地平，这样墙外就显得低下，人在其旁，自然就低了一等。云氏各家（大概五六家）就在这一"墙"外居住，所以是"当（儿）霍洛"。这丁、云二氏家族，虽在"霍洛"之外，但是都在四个"圣景庙"的范围以内，即"教区"之内。以后人口（主要是外来的汉民）不断增加，却都在丁氏之东、云氏之西建房，因而使这个村庄日益形成东西走向的长条形，都在"教区"外。从此，纯蒙古村变成了蒙汉共居村，姓氏也变得复杂了。居民人数则两族相埒。

把什板升忆述

谈把什板升,主要说说这个村里的丁氏宗族中的一家——集义堂。

以前的闲聊,曾经几次谈过"把什"这个概念。我指出绝不能将"把什"只片面地理解为"教书先生"。在当时,在16世纪时,它的内涵或本意要广泛得多。我有一次依据文献把它归纳为三条:"把什"是"经师""智僧",是"写番字的书手"并服务于一方统治者——"王"(如顺义王)或"次王"(如伊格喇把),职同古时朝廷的"相国"(丞相)、"谒者"(传达令旨)、"令史"(文件起草);"把什"是要汗室(王室)封赐的,不是冬烘先生可以任意自充自任的;是重要文武各官所拥有的爵号(当然不是所有的文武官),是属于统治层的称呼。统治者有意识地把这类人——"把什"们聚居在一起,围以"板升",以便加以保护而利于使用,是很可以理解、非常自然的。把这些各有专长、各有职能且拥有爵号的"御用"人物,一律称之为"把什",并赐称他们聚处所在为"把什板升",这应当是"把什板升"一名的本意。如果不是这样,即如果不是"王""次王"所赐予的"御"名的话,那么住在别地、别的板升的居民,看到这个情况,不经意间,诨名为"把什板升"也是可能的。那寓意恐怕就有点调侃了,犹如有人问:"那是什么城堡?""噢,那是'把什'们的'板升'!"总之,"把什板升"是他称,不是"把什"们的自称。因此,我说当地统治者为一个"冬烘"而筑"板升",并以此名之为"把什板升"(冬烘城)是悖乎常理的。传说可以听,但是要想想传说是不是都可靠,都合乎情理,以讹传讹、人云亦云的事要切戒。

我曾说过,景教寺院(霍洛)及道高经通的"把什"(经师)的存在,是"把什板升"缘起的一个因素。而人们之所以把所谓"把什板升"偏偏选在这里,也正是要依傍这个"霍洛",这跟后世依附喇嘛庙建立集市、渐成邑落的情形是近似的。景教为佛教所代替,景教的信仰者也被迫沦落,把什板升的景教主寺被毁,而遗址仍在。守护遗址的就是丁氏家族。

丁氏先祖如何信奉景教，文字记录、老一辈居民不曾交代，已无从考释。可以设想：当景教盛行于蒙古及汪古或大青山两麓成为社会潮流时，土默特人首先是丁氏一族随俗入流，应当是一种历史的必然。等到景灭佛兴，情况不免变化。后世各代分门立户，信仰也都分化，不尽相同，甚且也不知景教为何物了。然而景教影响于丁氏集义堂一家，直到抗日战争前夕仍然能略见余绪。一是家里不供佛席。虽然四时八节在堂屋焚香敬酒，点灯献贡，堂上却一无所见，既没有塑或铸的神像，也没有神画，也不见牌位与标志，亦如聂斯脱利教堂一样。二是家人从不去村西喇嘛庙敬香拜佛。虽然老祖母在春节时，送几个"烛勒"，但这只是一种邻居礼品，并不是表示全家要信佛。三是所有村内的四座"圣景庙"（没有"霍洛"的庙台），没有其他任何一家去礼拜，只有丁氏一家去敬祝，主要是在年节及中元节时。我自己就去过。四是景教院废址，历来由丁家代管，没有任何人敢在这里筑房建舍。秋收时，"当霍洛"的人在这里晒场打禾，只是临时借用，秋后仍要清理干净，不能占用。即使一时占用，也绝不意味着占有。丁家的代管权历来没有异议，已经约定俗成了。

当然，丁家也曾敬信道教。村里属于道教属性的寺庙有三官庙、老爷（关帝）庙（俱在丁氏族居区内，邻近"景霍洛"）、龙王庙（在村西部近山麓）。我小时候，就曾被派遣奉香纸供品定时礼敬这三个庙宇，但没有一次去供过喇嘛庙。为什么这样，没人告诉我，不过，我自己设想，这或者是景教与道教都曾被当做"邪门歪道"给喇嘛教的统治者迫害过，二者有相似的命运；或者景教被毁，转而以道教的形式出现，在心理上是"道"的形式而"景"的实质；或者随着土默特牧业经济的农业化、语言文化的汉化之加深，也对道教系统有了精神的需要。"三官"之说主张"上帝"赐福、赦罪、免灾，土默特不也希望这个吗？"龙王"弄水弄雨，农业生产不也需要吗？关羽象征守义、保安，处在乱世，谁不企求这个？以此而论，土默特人从其农业、汉化之始，敬信三者不为无故。当然，对道教一类的信仰，不止丁姓一族，土默特人信此者，往往而有。甚至参入教门，本身即为专业道士或法师，头留长发，身穿道袍，时时打醮。值得注意的是，"道士"在元代的碑刻中，也被称为"把什"（先生）。不能把不信喇嘛教者视为异端。我倒是以为这反而是对喇嘛教的反抗，是土默特人中抗议当年俺答汗兴佛灭景的余绪。

丁家之所以姓丁，与景教，首先与近在身边的景教"霍洛"及教主的姓名应有缘由。曾经有人问过我，说归化城土默特人，普遍姓云或荣（当地

"云"亦被读若"荣"),独你们姓丁,怎么回事?这问的也是。归化城土默特人比较地说,的确云(荣)姓普遍,在把什板升,云姓也是大户,有十几户之多,至少占本村蒙古人户的四分之一。这是东部土默特人所没有的。那里的蒙古人之汉姓,大概多由蒙古语的首音转化而来的吧?他们原是从归化城土默特地方移去的。移走之前,是否曾经有过云姓的时候,不了解,恐怕没有。那里的人不自传说,人们也看不到它的遗迹。他们迁移时,当在16世纪时,那里的归化城土默特地方情况还没有出现蒙古人需要有汉姓的环境与可能。毋宁说情况倒是相反的,即去口外的汉民(不论寄居的"雁民"或是定居的"叛人"),往往改原有的汉姓而为土默特蒙古姓名,那是历史和切身利益的需要,这是文献载了的。

追述归化城土默特人云姓、丁姓的事,不妨先说说一般命姓选氏的规律,这里举汉族为例。中国的古书说:"天子建德,因生以赐姓,胙之土而命之氏。"这说的是两个原则,即人的血统与所居的土地。"因生",就是生命所由出,就是血统,同一血统即同一姓;"胙之土"就是土地、地域,同一地、同一域即同一氏。"姓"千百世传承而不改,"氏"却可以改。"姓"同不通婚,"氏"同却可以通婚。"氏"这个名目是分称的,要是合起来,就应以"族"相称了,"氏"而"族"是一个概念。但是这里的"姓"与"氏",不是随便自命,而是"天子"成立之后,给即"赐"或赏即"胙"予的。姓、氏由"天子"赏赐,表明不是普通百姓,而是有封爵的贵族。这说的是"三代"(夏、商、周)以前。那里是"贵者有氏,贱者有名无氏",即使有"氏"姓,那也是附属在贵者的"氏"姓之内的,人家是啥氏,他也就啥氏,没有什么自主。"三代"以后,情况就复杂了。人们大量地繁殖,姓氏不断支生,加上各种各样的缘故,人们四处迁移,交往也杂,离乡背井,各寻归属,原有的土地、氏属已经失去维系的作用,姓和氏难于分别,或者说二者合一了,以氏为姓的现象层出不断,而姓氏的真假也就因此模糊了。所谓"同姓(即同血统)不结婚"的框框早已被历史的进程突破了。待到各民族之间的战乱及交往,这种变化就更大了。前人曾有论断说:"自五胡(羌、氐、匈奴、鲜卑、羯五族)、金(女真)、元(蒙古)大混合,又有以部落为姓氏;有因功赐姓者;有因过因形改姓者;有避仇、避难、避嫌改姓者;有慕前贤名字冒姓者;有音讹及音同文异或文同音异转姓者;有省文、省言转姓者;明初,禁蒙古之姓,小民畏惧,乃并古之复姓去其一字,若皇甫之为皇、呼延之为呼、赫连之为连、闻人之为闻者,又不可胜计也。"这个揭示,应当不是凭空的。这对于了解归化城土默特的汉姓如"云"姓、"丁"姓等的缘起，也许不无启发。

归化城土默特人的姓氏，大概也不出命姓选氏的一般规律。宋人说："代北（实为蒙古高原）之人，随后魏（拓跋族）迁河南者……定姓为复姓，或为三字姓，或为四字姓，其音多似西域梵书，有二合、三合、四合者，皆指一字之音，改为单字之姓。"（《通志》）此说的意义不止始于拓跋（此族的兴起，正在归化城土默特地方，其首都盛乐就在今和林格尔县境），可以说也适用于蒙古民族。无论《元朝秘史》《元史》《蒙古源流》，所载蒙古人姓名，无一不是这么"二合、三合、四合者"。以此类比，那么归化城土默特的汉姓"云"，或者正是这种"合"中"指一字之音，改为单字之姓"的。例如四世达赖喇嘛（归化城土默特人）的名字是"四合"，叫云丹加措，那么，要取汉姓，就可以"指一字之音"，即首音"云"字，成为"单字之姓"，变成"云"姓了，以此可以类推。但是这只是一个可能，此外也不是没有别的可能。前面已经举出汉族人取姓的各种可能，这些可能也适用于归化城土默特人的改姓行为。人们之所以普遍以"云"为姓，据说都是出于偶然，"人家姓云，咱也就姓云吧"，"可能是取元代云需总管府的'云'字为姓的"。我不想排除诸如此类的推测，我只是想说，这里的"云"姓，很可能是因地区的古名而改蒙古姓为"云"姓的。归化城土默特地方，自古以来就有云中、云州、云川、云内的称号，并设有相应的政权。一旦要取姓，以此地名的一个字"云"为单字姓，恐怕也很自然。而这样的改姓，最初恐怕还是在与汉府交涉时，由统治当地的汉官代改的。不通汉情、不识汉文的土默特人恐怕未必懂此道。据此可以确信，人们普遍姓"云"只是一种社会现象，并不表示姓"云"都是一个血统，都原出于一祖。我所了解的恰恰相反，各"云"之间通婚之例，不胜枚举，祭祀丧葬，各有宗法，天南地北，甚至非族人而冒姓的也不是怪事。

世居古云川的土默特人之改汉姓（当然也有没改的），并不是自来就有的。切近一点说，应当开始于 17 世纪中，那正是满洲人入关建立清代之初。关内汉民之进入土默特地方（主要指西部地区，即"走西口"），历史已经很久。我在以前的文章和采访里头，曾经根据文献列举过"板升"的人户数字。虽然几经战乱，这些人户有所减少，然而明王朝垮台之后，汉民出关的人数急遽增加。康熙五年（1666）的谕旨说，山东民人往来口外垦地者，多至五十余万。这个数字，当然是根据边官及特派到蒙古的巡视员（五年一次）的报告而说的。因此说，如果不"对阅查明，将来俱为蒙古矣"。康熙担心汉人出边，混同蒙古，致蒙古势力加强，不受他的控制，威胁他的御座。但从我所谈的这个话题看，汉人增多，还没有构成土默特人需取汉字姓的局面，反而倒是这些出关的民人"要改汉姓为蒙古姓名，以至姓别混淆"，有"将来俱为蒙古"的危险。其实这个皇帝的上述谕旨，那是一面之词。事实是大量汉族农民不断"出口"，必然要大量垦辟蒙古牧地。乾隆十八年（1753）谕旨说：准大青山土默特十五沟民人开垦地亩。民人二百四十余户，垦熟地四百四十三顷七十五亩，平均每户占地近二顷。这种情况当然不是乾隆初出现，而是在此以前就累积了。那个"准"字，就是既成事实的披露。"沟"的牧地如此，平原的牧地显然已经被占完。这里的土默特牧民全部牧地既被垦占，只有两条出路，一是躲避，其实已无处可避了，一是改牧从农，弃游牧而定居。然而这样一来，蒙汉杂居，利害对立，民族冲突也就激烈起来。朝廷以为都是"朕的子民"，怎么办？设立"道"（一种政权区划。古时讲，县有蛮夷曰"道"，一省分几"道"，官长谓之"道台"），即归绥道以及什么"理事厅""同知""协理""通判"等政权。这不啻把归化城土默特视为行省的一部或下属。这个"道""厅"等一建立，就要编户，就要入册，以便据以征丁、收赋。这个"道"之类是汉政权，那么，登记人口就要汉式，于是就出现蒙古人要改汉姓，便于汉官统治的问题。因为在他们看来，不要说蒙古文字，就是用汉字"二合、三合、四合"译写的姓名，也不方便，必须改成汉字单一姓。这在土默特人看来，是非常明显的有损民族情感、传统与尊严的大事，为了这个改姓的事，归化城土默特人是有过反抗与斗争的。然而，"胳膊扭不过大腿"，最后还得含恨改蒙古姓为汉一字姓。同时，"民人"不断"出口"，"流寓渐多"，"生齿益众"，形成尾大不掉、喧宾夺主之势，土默特人在本乡竟然成为人口中的少数。从康熙到嘉庆中的百余年，归化城土默特人终于日渐汉化，本族语言文字日渐淡化，以至一窍不通了。至此，社会交往中，也就自然而然地使用汉字、汉语，姓名一律改为汉式的了。丁姓的出现也是这么个过程吧！一面是官逼，一面是社会经济生活的历史趋势。本人、本家、本族的主观意志，在这里是不起决定作用的。

你为什么姓丁？这的确可怪。就我耳闻目睹，在归化城土默特平原上，好像只有把什板升一地有丁氏家族，此外都无此此姓。丁家青年一代也曾这么质问。对此，先代没有留存文字记录，我的祖父母也没有正式告诉。但是从他们的偶然谈起及先代以后的信仰活动看，正如以前所说，我以为它与景教的皈依不无关系。当然，取土默特原始氏族名称中之一字，谐其音而为"丁"者，也不是没有可能。

在先，我曾经指出，景教原从西域来，从克烈部开始，土默特地方到处都有它的流布。西域人在成吉思汗时，就获得重视，在汗帐中，他们的地位较之蒙古人、耶律氏一点也不逊色。我们在《元史》中，可以看到为他们中的人立传者颇有一些，如赛典赡思丁、纳速剌丁、奕赫抵雅尔丁、阿老瓦丁等。这些人不一定都是景教的传播者，而诸如此类的什么什么"丁"，为景教的弘道者也不是没有，"丁"是什么意思，没有人解释过。蒙古词中有近似"丁"音的字，含义是宗教中的"禅"，实在就是教徒静修的意思。此字很可能是外来语，那么，将此字喻为"丁"，好像也说得通。这里的这个"丁"，应当就是在外族侵凌下，归化城土默特人中敬仰景教者，权宜地取以为汉字姓氏而应付往来的由来。元代末年有丁鹤年其人，祖籍西域。他的曾祖阿老丁，祖父苦思丁，父亲职马禄丁，从兄吉雅谟丁，传说就因这些先世，他于是以"丁"为姓了。可见取此为丁姓的，原来已有先例。以此类推，在与族外社会交涉时，急切间以近在咫尺的景教教堂的堂主"三合、四合"的西域姓名，"取其一字"为自己的姓氏，不也很自然吗？信仰景教的土默特人不止你一家，为什么别人不取"丁"为姓呢？这我说不上，你可以问问这些信景教的人他们自己。那么，你先世是否是西域人？不是。道道地地的土默特人。取教人的名字尾音为姓，并不能演绎为西域。后世的蒙古人中取西藏语词或喇嘛经典的文句为自己姓名的比比皆是，谁能说他是西藏人？中国的穆斯林们取阿拉伯名姓的也不少，不能说那就是阿拉伯人。外国传教士或有汉姓汉名的，难道就因此而成了汉人？同样，蒙古人以《百家姓》中的任何一姓为自己的姓，不必说那就成了汉人了。自然，我也相信土默特人中，真的可能有他原本是汉人或其他族人而冒籍的，这当然有它的历史夤缘与各种原因的。这里不细谈了。

我在这里还必须强调一下，丁氏家族历来为土马兀惕、土默特部的属民。土默特，这就是他的姓，也是他的氏。在蒙古语中都写作"obog"，它意味着血统、氏、姓、族。土默特（obog）就是土默特姓氏、土默特氏族、土默特血统。当然，因了历史的演变及这种演变的影响，本来意义的血统是谈不到的了，然而在传承上，土默特是他们的正统却是世代不变也没变的。他的"丁"姓取定，历史并不长。大致是土默特部丧失了牧地，丧失了政权，逐渐汉化之后才开始的，当在入清以后。而且是在民族压迫（政治的、经济的、军事的与文化的）之下，被迫和不得已的局势下，在一种特殊历史条件下权宜地取此为姓，以应付外在的交际和交涉，在本部内部并不有此一着（当然汉化后不同了）。因此，绝不可以用一般汉民所谓"赐姓命氏"的框架去硬套，更不可以因一个汉语"丁"字而忘记蒙古语"土默特"三字。这个"丁"与《百家姓》的"丁"绝不一致。这里我想讲一点历史故事。明朝初年，朱元璋下诏书，说蒙古人在内地"入仕"（当官），多改姓改名，这样相传下去，"昧其本原"，即忘了自己为蒙古人，这不是"先王致谨氏族之道"，要他们改回去。同年有大臣上书说："近来蒙古色目人，多改为汉姓，与华人无异，有求仕入官者，有登显要者，有为富商大贾者。宜令复姓，庶可辨识。"古人都如此认识，后人很可参考啊！

把什板升的蒙汉居民各有来源。据我的了解，丁氏一族当是本村最早的居民，景霍洛的起始就是把什板升的起始，也是丁氏在此住居的起始。村内的居民，不论蒙汉都是后来陆续从长城以南及其他地方（村庄）迁来的。而汉民来此，更在蒙民之后。这从村居的分布，就可看出。丁家十几户簇居，紧毗"霍洛"之东，甚至有的房屋基地就在"霍洛"地上。西边是"当霍洛"云门，也是十几户聚居（较松散）。别的各姓蒙古人户则主要散居丁、云二氏的东西两侧，他们之间多疏散。汉民更在各姓蒙古人户之东、西两边，尤其疏远。山东、山西、陕西、河北，人各有自，也有插住在各姓蒙古住户之间的，为数无几。从这个分布中，不但可以看到各姓的分界，而且也可以看出这个村的居民居住史：最早的在中心，以此辐射，逐渐扩展，最后来此的依次居村的东、西两头，并且都在四个圣景庙界外。

可以看出，把什板升的建设，一开始就是对各种"把什"及各方来客的收容，"云"姓也来自各方。所以当需要组织一村之政时，就找不出一个可以充任管事的"章京"（村人讹为"张盖"），没有办法，就到外地请来一个"章京"。据说当时的习惯或制度是必须在名义上合法的"章京"，才能管理村事。一旦当政，公众就承认他是"老爷"，他的家就是"老爷门坎"。丁家不是这个门坎的。

本来丁氏家族最初也是牧业生涯，以后随土默特地方的农业化，亦如本部其他社会成员那样，自家也定居了。什么时候定居？要查的话，我以为可靠的是看本氏家谱及碑石，一般历史记录是不能替代的。然而这样的谱牒我从未看到，是本来就没有呢？还是原有而散失了呢？我想这两种可能都有。古代部落都重视自己的世系，这与汉民族是一样的。我们从《蒙古秘史》和

《史集》中可以印证。但是这个主要是"贵种"与上层们的事，至于一般百姓，情况就很不同了。清人章学诚指出："大河（黄河）以北，风俗简朴，其人率多稚鲁无文，谱牒之学，阙焉不备。往往子孙不志高（祖）曾（祖）名字。间有所录，荒略难稽，其失则陋。"这说的是华北汉地状况，没有家谱，子孙不记得高祖以上家世。汉族先进还这样，何况"洋溢乎要荒"？土默特百姓家"谱牒之学，阙焉不备"的可能是难以排除的，丁家当亦如此。

聚居把什板升的丁门一族，是普通百姓，不是什么贵族、官宦。从我记事起直到1937年抗日战争前夕，共有十个院落，析分十七家，算是同宗，有共同墓地，但没有共同的祠堂。当初是否还有散居别地的？不了解。这十七家的始祖是谁？无考。递传至今，已历多少代，也没有记录。1935年清明节扫墓时，我曾在老坟地（在村东北的石灰沟口一侧）纵览全境，长约45米，宽约30米，自北至南横列坟土十二三排。最北一坟始，依次区分，这显然就是世次，十二三列即十二三世。古礼定三十年为一世，十三世当近四百年，约在明代嘉靖中。土默特地方结婚早，可以二十年为一世，十二三世，亦当约二百五十年，始在清代康熙中。这就是说，丁氏建坟场至少从康熙初即开始，至20世纪30年代时，已有二百多年的历史。当然，这并不表明丁氏一族的历程，他们的始祖要久远得多。据我所知，在这十七家中，属五世以上的各家已是"疏族"，子孙多已互不熟识。他们的传承，很不详悉。高祖以下五世（高、曾、祖、考、子）为亲族者共六家。六家又分为东西两院，西院两家，东院四家，四家中一人出家为喇嘛，不成户。这两院从哪一世分炊开户的，也不得其详。而东院四家却知道是从祖父这一代开始分灶析产的。四世同堂还不到。

两院五家的五世之泽，至我这一辈还存在，虽然已经析居。在村里，由于被视为比较盈实，五家都被称为"柜"，当是钱柜的略称，这是隐喻"财主"的意思。西院有大柜、二柜。堂名不记得。东院有三：我家为祖辈的排行老大，称大柜，称"集义堂"；二柜无家，土地由西二柜（即牌楼院）代管；三柜是三祖父，称"积善堂"；四柜是四祖父，称"积庆堂"。义、善、庆都是好字眼，这种堂名谁起的，不知道。就我知道的老一代，无论从文化、阅历说，我祖父都占先，所以我想这或者是他拟定的。把一处宅子命之为"堂"，虽然也还写实，它的正房确实有台阶，然而一户农家要以"堂"名，终究有一种张大其词以显化自己的嫌疑。

集义堂又有"佐领府"的徽号。"集义堂"三字在本宅的诸多器物（如升、斗、粮袋、印板、信折等）上都有缮刻，大门前的两个网眼大铁灯笼上尤赫然以红字标出。每过年节时，挂在那里，分外醒目，即使在夜间，在里面的烛光照映下，也很招摇。"佐领府"三字只在一对大纱灯上显示，按惯例它只挂在翳门（又称二门）上（本宅两进院），大门内为外院，翳门内为里院。翳门失修，灯笼乃挂在正堂两边。这对灯笼竹制，可以伸缩，纱为洋纱，极细密。"佐领府"三字以金字剪贴灯笼上，也在年节张挂，在内中的巨烛映照下，晚间也辉煌一院。不过，话要说回来，它也只辉煌一院而不在院外。只辉煌一时（春节），而不是四季。

集义堂的"堂"与佐领府的"府"是两个象征意义不同的称呼。"府"是兆示官僚、贵族宅第，是颇有一点官气味道的称谓，较诸那个"堂"字，谱派可就大去了。

"佐领"是个什么官？"佐"在蒙古语中称"苏木"，等于满洲语中的"牛录"。它原本是八旗兵制的一级，位在都统及参领（满语称"甲喇"，蒙语称"嘎勒达"）之下。一佐有兵150人，佐下有"骁骑校"或"领催"，满语称"拔什库"（把什人讹称"保十号"），共六人。但是军队组织同时也管地方行政事务，如征丁、司法、户籍、田赋、警备等。佐领（即"佐"的领导）就直接负责这些事，骁骑校是他的副手。佐领有世袭佐领及公中佐领之分。前者都是世代有功勋者担任，后者则是在人才中推选。我们家的这个"佐领"（身膺者是我祖父）是怎么来的呢？他既不是来自世袭，也不是人们推举，据祖母说，祖父是"捐"来的。关于这点，留在以后谈。"捐"来的，当然就成了额外的、不入流的，是个虚衔。曾有人说他曾被委为骁骑校，这我没听祖母说过，但旧《土默特志》有记载。

东院的四家原本是同堂，祖辈们也是希望五世共昌吧？四柜的院子就是同堂时老宅。后来人丁增加，房院已经没法容纳，乃增建了三柜这所住处，以后又增建了后来大柜进住的这所院落。曾祖逝去，家业归三祖父（名苏吉泰）执掌。随着内部人口增加（当时约十四五口），口舌日多，对掌柜的疑忌以及日后公共家产的继承问题愈形争纷，外部的征丁、差徭、赋役日重等原因，开始谋划分家。

分家的发起人是三祖父（叔祖）。他本来是家业的掌柜人，他向兄弟们建议分家，理由就是刚才说的那些，他说这么大的家业，他没力量"执领"了，给大哥、四弟或别的嫂嫂管。要是都不管，那就分家，各管各的。据说祖父不同意。他从外地捎话，说祖先留下的这点产业，不能在我们兄弟手中给零落了，对不起先人。老三执领得不错，有什么难处，可以商议。三叔祖不听，硬是横下一条心要分，说不拢，那就只好按他的意思办。老大不在家（他随绥化城商会属下的保商团去蒙古了），主持此事即由他这当家人担任，并请村老公证。在议定分家方案时，发生了争执。起争的是我祖母。她认为老三拟定的分法不公平，说新院必归她，老三不能趁大哥不在家，就不顾嫂子的难处。她要新院，其实也不为过。按传统，幼子是守灶者，四爷最小，他当然居老院。三爷已有住宅，老大没有住处，三爷弃旧宅而要新宅，有点过分。祖母不服，中人也不支持。争来争去，三祖父同意把新院分给老大家，但是提出：田地的分配，不能再嚷嚷。经过反复折腾，祖母只好含泪忍下。结果分给大柜土地是三顷左右，却四散分布在方圆几十里的范围内。其特点：一是大小二十五块地，尽在别人的插花界里，各田不能连成一片；二是不在一个渠道上，浇灌不便；三是距离远，经营十分困难，东自爬柳树东湾，南至缸房淤地，西至古城南鄙，北至胶泥湾，往返都几里乃至十几里的行程，这还不包括大青山后的地亩；四是肥沃地少，瘦瘠的、高低不平的多；五是户口地少，"活约"（契约出典）地多，耕种不易稳定，随时都有被赎夺的可能。祖母跟我说，分得不公。她还抱怨归来的祖父，不管家里的事，分家都不回来。祖父说："你不要抱怨，我会张罗的。"（这在以后再谈）

每家分得三顷，四家共得四亩（水、旱）十二顷。看起来好像不少，然而并不是历来就有这么多，它也有个积累过程。

据先祖母谈，老根坎我家很贫穷，她的婆母告她，高祖母（夫死后，祝发为"姑子"，即尼，人称"老姑子"）犹亲自下地务农。她每日天不亮就到田，膝头绑两片破毛袋，跪地锄草，很晚才回家。为什么要这样？在心理上怕人家看见笑话。这当然是托词，成日在田中，人能不见？她无非是借此掩饰自己的辛苦，以安慰家人的担心。在那时，丁家并不被村人重视。

家境略有起色是始于光绪二十六年（1900）。先祖母说，那年"起神兵"，世道乱了，人们害怕，门也不敢出，土地无法经营。那年以后，连续开荒，官差还重，人们四处流亡，土地没人要。就在这个时候，我家祖上尽力想法济助，同时出粮出钱买下人家不要的田亩。经过十几年的操作，家业大有发展。祖母在1935年告诉我，我们这个院子，已经二十年了。以此上推，那么，它应建筑于1915年，正是辛亥革命后5年，第一次世界大战第二年。那么，可以设想，四家分居应在新院造就之后不久完成的。至1937年抗日战争时，分家已有二十几年的历史了。

一户拥有三百亩田地,在本村已经显眼,被目为"老财"。其实拥有同等数量水田的,并不止是集义堂,可称"老财"的至少还有近十家。那些从"口里"只带一张嘴来的人们,如张家、杨家、苗家,至抗战前夕,莫不高墙大院,俨如"板升",有车有马,良田犍牛,富腹便便。较之这些外来户,集义堂、积善堂、积庆堂能算老几?如果从全土默特地区看,三百亩,区区耳!拥有几千、二十几顷土地的,何止百家?较诸这等地主、霸王们,集义堂们只能瞠目结舌。须知这么多田土正是在所谓"道"县的强权荫庇下,由豪强们巧取豪夺的。

分家后,经管这份产业的只能是祖母。祖父常年不在家,儿子们还不成年。然而一个不识字、连汉话也说不通的妇女,能有多大才力?所以她也只能听任雇工们折腾。好在那时地方社会平稳,人心也厚道,日子还可安度。等到儿子长大,从北京学习归来,就代母亲管家了,这之后大概只五六年时间,她就病逝了。从此,家业走上了衰落的道路。

包头地名释略

　　包头的名义自从被当做问题提出来之后，曾经引起人们多方面的讨论。这是始料不及的。最近，看到《包头史料荟要》第十辑所载李云先生的文章《包头地名考》①，不禁为之感动。文章列举历来各家所见，且又加以评述，是非不谬于一见，论证务求有据。倒是一篇有心人的笔墨。由于这篇文章的鼓舞，在这里，我也愿意参加一点意见，谨供参考。

一

　　一个地方、一个城邑的名称，亦如很多事物的命名一样，本来只是人们赋予的几乎属于形式的标志，怎么命名都可以，只要大家习惯地承认即可。古人所谓"名无固宜，约之以命。约定俗成谓之宜"，就是这个道理。但是，形式正由内容所决定。一种事物、一个地方之所以这么称呼而不另起别名，正是由于事物、地方的内涵及经历而引出的。也正是因此，人们往往能从名号的考察中，发现事物与地方的性质和身世。人们不满足于形式，不满足于约定俗成，正如探讨事物的一定内容，必须追求它的特定形式一样，在考察事物的形式、概念时，也必然稽核它的内涵与经历，这已经成了逻辑的、传统的方法。荀子讲究"制名以指实"，著有《正名篇》。汉人刘熙以为，"名之于实，各有义类，百姓日称而不知其所以之意，故……论叙指归"②，著有《释名》。明人周祈亦有《名义考》，专门训释名实义意，辨证舛误。近世"地名学"更成了学界的专有课题，原因恐怕也在这里。地名学不光追求地名的语义，也探索它的历史渊源。它是语言学，也是历史学。我在这里就是本

---

　　①　包头地方志编修办公室、包头市档案馆编，1984。
　　②　（汉）刘熙：《释名》，中华书局，1985，第1页。

此义理而出发的。

但是，地名的考证，特别是塞外诸地名的考察并不容易。晋人郭璞注《山海经》，曾说："凡山川，或有同名而异实，或同实而异名，或一实而数名，似是而非，似非而是。且历代久远，古今变易，语有楚夏，名号不同，未得详也。"① 他已感到棘手。元人朱思本绘制舆图，说："沙漠之西北，诸番异域，虽朝贡时至，而辽绝罕稽，言之者既不能详，详者又未必可信，故于斯类姑用阙如。"古人治学如此严肃，不了解就承认不了解，绝不自以为是，强作解人。这是应当师法的。

关于包头地名的考证，意义也是一样。"包头"一词究竟是什么含义，什么语属，似乎也无关大局。如果当地有人愿意以臆造的、传奇式的浪漫色彩，以蒙古语的谐音去作解，以"鹿"名城，亦如五羊城那样，并不一定要名实相符，那原来也不是不可以的。"地物从中国。邑名从主人"的话，不是古已有之的吗？然而，如果不斤斤于地名的词义解释，而要如《韩非子》所说，去循名责实，要透过名号的考证，去探抉地方的早期兴起史，要达到"地名学"的要求，那意思就不同了。笔者曾在《"鹿"的质疑》② 一文中说："考证包头一词的含义，具有实际的、历史的意义。它波及包头地方的起源与发展，也波及这种发展所取的形式与途径。……以为对它的考察不免烦琐或无谓，未必是正确的。"这话在今天也还是适用的。我想，人们探讨包头地名，也应着重从它的社会历史过程去入手，而不应孤立地去从语言的音韵上斤斤以求，这才符合地名学科的原则。列宁说："为了说明这种客观情况，应当利用的，不是一些例子和个别的材料（社会生活现象极其复杂，随时都可以找到任何数量的例子或个别的材料来证实任何一个论点），而必须是……材料的总和。"③ 我看还是遵此办理吧！

对于"包头"命名缘起的考察，在没有取得更多、更直接的地下文物以资佐证的前提下，今天所云，能凭借的大概不外两个方面：一是文字图籍的记录；一是人们历史现实的调查。人们只能在仔细辨别这两方面资料的真伪、疑信的基础上，结合地方历史的逻辑发展和与之相关的各方面条件比较之后，得出更为可靠的结论。任何先入为主、拘于一见而不及其余，并据此搜罗只

① 袁珂校注《山海经校注》，上海古籍出版社，1980，第 335 页。
② 陶克涛：《"鹿"的质疑》，《内蒙古社会科学》1981 年第 3 期。
③ 《列宁全集》第二十七卷，人民出版社，1990，第 326 页。

符合自己成见的事例（包括传闻），从而作出只有自己甘心的断言，如已往所见的那样，都是不可取的。至于民间的信口传说，只能权作参考，而且是在有可稽的佐证的条件下，在"质于事而合，揆之理而然"（宋人沈洵语）的条件下才行。刘知几说："道听途说之违理，街谈巷议之损实。……异辞疑事，学者宜善思之。"要承认这个认定，不要"违理""损实"。毕竟确凿的文证、可信的物证，才始终是主要的。

二

"包头"也者，乃蒙古语的音译，汉意为"有鹿的地方"，这是一些人历来的成见。对此，实际上是存在不同的意见的。笔者就曾经抱有保留的态度，至少是怀疑的。

在今天，包头已经是著称于国内外的通都大邑与钢铁基地。但是，在清代以前，"包头"一名，不仅仅失载于文字，即在一般涉及当地的"舆图"上，也尽付阙如。由于对"包头"起始含义的解释不同，因而涉及它最初汉文、蒙文的写法问题。最早关于"包头"的蒙文写法，现在已无从查证，有人却认为最早的写法是有的，并举出嘉庆及道光年间喇嘛庙的帐册有"包格图"以为凭证，认定这就是最早的写法。老实说，我所见到的一幅乾隆初年所绘关于土默特地界的地图，在今包头所在的地方标有"bagudai"的字样，那显然就是"包头"的音译。这虽然晚于康熙时，而较之嘉、道年间已早了几十年，嘉庆、道光时期算得什么"最早"？喇嘛帐册所记"包格图"一词，不过是寺庙的名字，何得轻意拟之为包头村（镇）？汉文的"泊（箔）头"一地出现，据我所见及的记录，最早在万历初。湖北人方逢时总督山西宣大军务，他有《渡古黄河》一诗及《宿泊头禅寺》诗。这个"泊头"正是包头所在，是他的总督范围内，时间是 16 世纪晚到 18 世纪初，于康熙末年，又出现于书面。如以此为准，则蒙文的写法至少也应出现于当时，才可以算得"最早"。希望有人能找出这种证据。

就地理方位及语音近似这点说，"包头"即"泊头"。这是《归绥识略》等书已经指出了的。《中国古今地名大辞典》也指出："包头负山面河，地当衢要。本名泊头，俗称包头。前百余年不过一个市镇。"但是，也有人持相反的看法，以为"泊头"或"箔头"不是"包头"。理由是认定"包头"是蒙语，是"有鹿的地方"；而"泊头"或"箔头"则是汉语，没有"有鹿的地方"这个含义。甚至认为范昭逵写作"箔头",就是有意避免"泊头"这个"泊"字,而张曾把"箔头"改写成"泊头",是民族的"歧视"云云。我看无论写作"包头""泊头""箔头",无论其是否是蒙语,是否有"鹿"这个含义,所指都是同一个地方,不是在地理方位上的两个地方。说"泊头""箔头"不是"包头",其意云何?范昭逵并不是"包头"这个地方的人,也不是蒙古人。他之"从西"出塞,完全是一次陌生的旅行。他在行程中逐日记录所宿地名(特别是站名),凡非汉语者,都以汉字音释。由于在他之前,"包头"一名不见于经传,所以他无书可依,照本直书。他之所以写成"箔头",那恐怕只据当地居民(甚至也不是蒙古族居民)的口语而信笔使用谐声字的。如果不是这样,那或者当地的民间汉文札牒帐册就是那么写的。这里恐怕无所谓回避"泊"字的用意。如果硬要在"箔""泊"二字上做手脚,那也未始不可猜测:范昭逵是江苏吴县人,那里盛产丝蚕,以箔为具。出于习惯,写"箔"以谐音,也很自然。《归绥识略》改"箔"为"泊",其意亦同,指为"歧视",可以不必。值得提出的是,范、张二氏不论写作"箔"或"泊",都不用"包"字。这就不免泄露了他们在字音上的选择,而无意分别什么蒙语与汉语的含义。如果后人在这些方面煞费苦心,或许是过于拘泥了吧。

又是一位考察家,竟举出"阿拉包头"这个地方为由,说这里没有大河与湖泊,怎么能以汉语"泊头"命名?这岂不可笑!这种论辩似乎不足为训。且不说这个冠以"阿拉"的"包头"究竟是不是蒙语,只说地理方位,也还不是我们所讨论的这个"包头"平原地方。前者南距后者不是说有"四十里"之遥吗?那正是山区。对于后者,《从西纪略》说:"行抵箔头,就水下营。"这个"水"就是黄河,以"泊"为名是可以的。

说"包头"不是"鹿",还不是说它一定不是蒙语。就"包头"这个词的蒙语对音看,有点相似,但在含义上又何止一个"有鹿的地方"?《包头史料荟要》第三辑所载佐平先生的文章《包头地名初探》,就指出了不少它的对音词与不同的含义。这不至少表明"包头"一词,即使是蒙语也能够有各种解释吗?

我还要指出,历史上以汉字拼写蒙语"鹿"这个字时,是可以找出前例的。《蒙古秘史》译"鹿"为"不忽㕚"。明代作蒙古译语的书,也有几种,它们译"鹿"或作"卜忽",或作"卜骨""卜谷",或作"补兀",没有一例译"鹿"为"包头"。蒙语"鹿"的读音作"bugutu",即"邦格图"。"包头"的"包"是"bao"，不是"bu"；"头"是"tou"，不是"tu"（图）。你看这二者能混淆吗？我在前述文章曾提出了"bagudal"一词，说："它的发音与'包头'二字极近，或者简直就是'包头'二字的原音，意为'宿营地、停留地、中转站'等。所不同的只是在尾音上略去了一个半音，读成'包头'。……假如这里的比拟可以成立，则'包头'不应解释为'有鹿的地方'，它原来的意思实在是当作'站''宿留处'解释的。这不与'泊头'的读音、含义很吻合的吗？"并认为："如果释'包头'为宿营地、站、旅店，则不但使人们了解它命名的由来，而且也易于启发人们追溯它的成长经历，并把这种经历与它的地理价值及周围形势结合起来。"

当然，上述文章所说，也只是限于就蒙语解释"包头"这个角度说的。实际上"包头"一词，还不能看做是唯一的、绝对的蒙语音译。或许（我说的是或许）它本来就是汉语。例如，首都北京西城区有包头胡同，在南城又有包头章胡同，你能说这里的"包头"，是蒙语语词，是"有鹿的地方"？证据呢？

蒙古语词"bagudal"与"包头"一词的发音和语义极近，或者说，简直"包头"就是"泊头"一词的原音。"bagudal"，我想实际上就是汉语"包头""泊头"的蒙古语化。这不光是二者语音、语义上的一致，从蒙古的传统生涯看，他们营造牧业，没有水上船舶经历，没有"泊头"的需要（当然，蒙古武装往来黄河两岸，另有随意的渡口当另论）。但是，他们往来此地交易，他们需要栖止，需要与汉商交涉，亦如所有来此交接的人们一样，自然愿意接受这个现成的概念，这其实也是社会经济生活的必需，是没法回避的。一个民族吸收外族语词以丰富自己的表述，乃是常例，蒙古人的历史演变中，在自己的语汇系统里，不是有突厥语、契丹语、女真语、藏语、梵语乃至满语、汉语等的字词加入吗？当然，不是一般地照抄，而是有所改变，以使适合本族语音、语法的组成。"包头""泊头"一词以稍微变化的形式，写成"bagudal"，既不改变原音、原义，又具有蒙古语的特色，很有创造性。如不了解蒙、汉双方在这里的接触历史，很难看出这是一个外来语词，对吧？仅仅强以蒙语附会，未必具有权威性。

还应当了解，就黄河流域说，以"泊头""包头"为地名的，何止人们正在讨论的这个"包头""泊头""箔头"一地呢？例如，在今河北省的交河县境，就有泊头镇（旧地图标名"泊头店"）。它横跨运河两岸，城市俨然，津浦铁路循其东面，向为当地的菁华。又，在同省南境，马颊河的北岸更有大镇，亦名包头店。这里不妨顺便指出一个有趣的地方，就是如把"泊头""包头"释为蒙古语词，则那个"店"字则是汉字，恰是解释"泊头""包头"的，正如"乌拉山"的"山"字，是解释"乌拉"一样。在今山东省，也有两个泊头镇，一个在无棣县，鬲津河流其东面，为本省北境的大市；一在滨县，徒骇河经其北边，也是要地。对于这些地名，不能说不可以用蒙语对音去解释，然而，平心静气地去设想吧：难道能说它们都是蒙语的对音吗？它们都有"鹿"的含义吗？我看没有什么证据。

详察这几个"泊头""包头"，它们都有共同的特点，这就是都在河流岸边，都在交通要道，都发展成为繁荣镇邑。了解这点并不是没有参考价值。例如，人们可以设想，作为一个交通要道及物资集散地，"包头"亦如这里所举的泊头镇（店）、包头店一样，由村（包头村）而镇（包头镇）而城市，恐怕主要是靠商业及运输，首先是水上的交通与运输而兴盛起来的。在这一发展过程中，起巨大的乃至决定作用的，不妨说是惯常往来于水陆两路的内地，首先是冀、鲁、甘三省的公民——商人、工匠、农民与其他流民等。起先，他们是按季节在这里流动的，后来，就率性定居在这里。由于经历、习惯及地理价值的相似，他们把原籍的地名移用于这里的可能是存在的。正如清人记录所示，内地流人把"包头"又"俗称西包头"。这个"西"是什么意思？可以设想，不就是"东包头"的对峙吗？我甚至怀疑它也许正是当初河北省包头店的流人对包头镇的分辨之词。如果"包头"就是"泊头"，"西包头"就可以看作"西泊头"，而且也可能有个"店"字殿尾，而这恐怕也正是冀、鲁二省的泊头镇人的移名吧！一个地区甚至一个国家的公民移到另一地区与国家时，往往同时把家国地名移到新居地的事例是屡见的。为免繁缛，不再枚举。也许有人不同意这点，然而，谁能在今内蒙古西部地区，找得到作为"西包头"或"西泊头"的对应点"东包头""东泊头"这样的地名呢？如果难找到，那恐怕对这个"西"字就得重作合理的解释。有人举出"阿拉包头"即"后包头"一地，以作"西包头"的对应，理由是山西省移来的老人的传说，借此表明"包头"一定仍然是蒙语。如此说成立，那就必须找出"uridu"（包头）即前包头、"jegun"（包头）即东包头、"baragun"（包头）即西包头等，这些对应的地名来。是否有这些地名，我自己不敢断言，如果考察者万一没有发现，那么，这个所谓的"阿拉包头"即使冠以"阿拉"限词，与人们讨论的"包头"恐怕也还是古人所说的"名贸实易"吧！以桃代李是不行的。

为了证明"包头"确是蒙语的音读，是"有鹿的地方"，有人提出了旧时"包头"所在的自然景观，说那里确曾林木森茂，水草肥美，山鹿出没，正是"包头"命名的根据云云。其实这可能是执一而言的。事实证明，"鹿"这种生物所需的自然环境是有限制的，这就是森林、丘陵、苔藓及湿地。包头地处平原，气候干旱，没有森林，且是各族争锋进出、鹿类无法生存与发展之地。关于包头地区（甚至包括土默特全川）的自然环境及其变迁，从而不可能有鹿群出没的质疑，笔者的文章已有概述。限于本文的篇幅，不拟作史料的征引。李六生先生指责笔者文章"论断失之偏颇"，"是主观的推断"。但是，他所征引的方氏所撰《从军杂记》及范氏的《从西纪略》，指的都是山峡、山沟，而且是近归化城的山峡、山沟，而包头这个地方却并不在山沟中。这种征引显然与被征者并不合辙。那个距包头四十里的"阿拉包头"，也处在大青山中，并不就是包头。

在这里，不妨顺便说一句：如果要举山峡与山沟有动物出没的话，不要说 18 世纪前期的康、雍时代，就是 20 世纪的 30 年代初，人们在大青山沟，也偶尔能听到一两声如"呦呦鹿鸣"的麂子叫的。足见山间有鹿，不但无助于平原包头命义的解释，而且也还难以证明笔者之文有什么"偏颇"和"主观"。事实上，《从军杂记》本身就指明"土默特人咸业耕种"。满川农耕岂是有利于鹿群出没的所在？范昭逵"从西"返程，走出河套，说"途中已见土房村落，鸡犬闲闲，系归化城所辖之土默特。虽属蒙古，而气象大殊⋯⋯故乡风景，已在心目间矣"。已经是"鸡犬闲闲"，已经是江苏吴县的江南风景，鹿群岂得繁衍？

此外，也请考察者回答这个问题：鹿不是电线杆子，它是四处"食野之苹"的动物，按理凡鹿所到之地均应是"有鹿的地方"，为什么偏偏只有一个固定点叫做"包头"？既然广有林木，适于鹿的生存，那么，这种自然条件当然也会适合于其他动物的生存，方氏的《从军杂记》就指出山"中多雉鹿"，那为什么不以"雉"名地，而独独以鹿（即虚拟的"包头"）名地？何况清初的记录表明，山中并不止"雉鹿"，还有狐、兔、黄羊等呢。早年，五当召的喇嘛，在寺院左近也看到过山鹿隐现，他们的寺院依然是"五当"呢！

也许，当土默特地区"板升"林立之初，当阿拉坦汗的势力西进青海，以及"番僧"渡黄河而到达归化城所属地区时，"包头"已经是本来意义的"泊头"（即船舶此处停靠或人们可以栖止）了。正是有这个作用与价值，正是凭借交通运输及商业的兴起，包头才得以发展的吧！如果是一派荒漠，鹿群及野兽四处驰突，那么，这个地方的兴起史，恐怕在考察上就要另费周折了。是不是？要之，"包头"一词不便只从蒙语、只从"鹿"义上做文章。

三

出于为"包头就是有鹿的地方"这一断言找证据的目的，有人诉诸当今的移民的传说，并且赋之以绝对的价值。这是可以斟酌的。

老人的信口传说，在人类的史前时期具有重要意义，因为正如马克思所说，那时人们是在神话与传说中度过的。然而，由于那些传说随着时日的推移在不断地演化，传说者递相点染，所传说的事物已逐渐失去最初的面目。谚云："一犬吠影，百犬吠声"（《潜夫论》），正是这个道理，因而它已不能作为科学考察的力据了。特别是在历史进入文明时代之后，在当今，对于这种传说与神话，只能抱古人所说"信者传信，疑者传疑"的态度。用七十多岁的山西移民的闲话，去证实历史渊源，怎么可以呢？七十几岁，就是一百岁，也不过是清代末季，而那时包头早已成镇了，能有鹿吗？人说青冢是汉王嫱墓，伊金霍洛是成吉思汗的陵寝，证诸史事，这种传说岂能因其流传历史悠久，"闻名于世"和约定俗成，而深信不疑？尽管作为一方胜地，人们对关于它们的诸种传说，仍然可以抱任其所之的态度。

对于"包头"的传说，也只能分析考辨。值得指出的是，人们所提出的关于这一地名起始的传说，甚至包括被人亲见的帐册，几乎无不来自宗教；来自寺庙的喇嘛据说是耄耋之年的喇嘛和受喇嘛影响的世俗老者。刘澍举出了雅楞丕勒喇嘛，孙斌介绍了云游喇嘛，另外的人也提到"巴雅尔喇嘛经师"等。据介绍者说，所有这些喇嘛都以听自先辈师宗的传闻，神乎其神、曲折离奇地证明，包头就是"有鹿的地方"云云。由于这些传说的演译者只画出一个故事的梗概，听者并不了解这些传说的来龙去脉、前后背景，因而无法作出鉴别，只能断章取义，这是很可惜的。

"传说"这种东西，实际上也是属于借口口相传，以表露人们思想情致的意识形态领域，因此，它不但有其历史性，而且也有其阶级性；它不但随时在变化、在浮动，而且也往往染上令人迷惑的色泽。如果说，从艺术与文学的角度看，它不无想象力、浪漫化，从而有补于创作力的丰富，值得珍视的话，那么，从科学的依据看，它的可信程度，就不能不作分析，就不能轻易当做信史看。宗教的经典例如《圣经》，往往就是宗教传说的汇集，那种唯心的说教是不必认真看待的。喇嘛教的传说一般也表露喇嘛的思想与意识，它是宗教喇嘛的意识形态。用传说演绎与说唱宗教故事，借此以尊贵自己，是千百年来佛教职业者的惯常。《法苑珠林》记录了唐代的佛经传说，宋以后的宝卷又记述了其时佛人的传说。忘了这点，只一般地谈论传说，可能是不科学的；只一般地谈论什么"鹿"云云，也无法确凿地说明问题。

鹿居山林，远避尘世，不食人间烟火，那种象征意义，向为佛界所重视。所谓"双林八水、鹿苑鹫峰"，那是被看做高僧养身炼神的所在；释迦牟尼成道之后，苦度五比丘，说教四圣谛的所在，也被称作"鹿苑"；而那些不入俗界，生空智、断烦恼、得获独觉缘（即所谓辟之佛）果者，竟被名之为"鹿乘"；在一些大寺院的独贡顶上，人们往往可以看到铜铸的金鹿构件。所有这些，都说明"鹿"这个形象在佛教（也有喇嘛教）中的身价。在这里，我想到《大唐西域记》一书。这是我国著名佛人玄奘记录他自己经历佛地的著作。书中（第七卷）关于婆罗疴斯国的传说，颇与"鹿"有点关系。请看：

> 婆罗疴斯国，气序和，谷稼盛，果木扶疏，茂草霍靡。伽蓝三十余所，僧徒三千余人。……大城中天祠二十所。……茂林相荫，清流交带。……有窣堵波（即浮图、塔），高百余尺，其中常现如来形象。
>
> 三龙池……周二百余步，如来尝中盥浴。凡此三池，并有龙止。其水既深，其味又甘，澄净皎洁，常无增减。有人慢心，濯此池者，金毗罗兽多为之害；若深恭敬，汲用无惧。
>
> 林木中有窣堵波，是如来昔与提婆达多俱为鹿王断事之处。昔于此处大林中，有两群鹿，各五百余。时，此国王畋猎原泽。菩萨鹿王前请王曰："大王校猎中原，纵燎飞矢，凡我徒属，命尽兹晨，不日腐臭，无所充膳。愿欲次差，日输一鹿。"王善其言，回驾而返。两群之鹿，更次输命。提婆群中有怀孕鹿，次日就死。鹿（王）曰："有雌鹿当死，胎子未产，心不能忍，敢以身代。"王闻叹曰："我人身，鹿也；尔鹿身，人也。"于是悉放诸鹿，不复输命。即以其林为诸鹿薮，因而谓之施鹿林焉，鹿野之号，自此而兴。
>
> 施鹿林东行二三里，至窣堵波，傍有洄池，周八十余步。……闻诸土俗曰："数百年前，有一隐士，于此池侧结庐屏迹，搏习技术，究极神理。"……

从这些记述中可以看到什么呢？看到大量的鹿群出没，看到龙池，看到隐士在池畔结庐，看到鹿的拟人化，看到佛与鹿的因缘，看到鹿苑或鹿野的自然风光，看到佛光的照临，等等。令人惊奇的是刘澍、孙斌等人的文章所叙，在大的轮廓上，竟与这里的记述如此相似！从此不免使人推测：喇嘛们所传说的关于鹿的故事，或者是在说经，是在说教，而他们的听众则误会为当年包头的略历。如果不是这样，那或者当初的喇嘛们本来就是借此以抬高自己，以示喇嘛道似如来，当地境同鹿野（不就是"有鹿的地方"吗？），从而赋予包头这个地方以神佛的意象。需要提出的是：当初创此传说的喇嘛是不是一定都是当地的蒙古人？对此，今天已可能无法找到确切记录，然而不妨参考一点间接的记录。且看康熙十七年七月张鹏翩的记述，他奉使俄罗斯行次乌盟地方："遇番僧数人，面目类罗汉，而身骨俱软。内一僧能华语，自言系大西天人，求活佛于中国。遍游普陀、峨眉诸名山，不见有佛。闻达赖喇嘛似之，及往见知其非也。又闻外国有金丹喇嘛是佛，涉穷荒往见，又非也。……"（《行程录》）

同年，钱良择也出塞，其《出塞纪略》云：在归化城内，见"一庙，尤壮丽"，"一僧南面而坐。被黄衣，袒左肩。自言：能忆数世生身。躯壳虽易，其灵不昧。此生生于临洮之河州。不能汉语。询其年，才二十有二。貌庄气静，类有道者。谒者无贵贱，信奉若神"。

这种记叙当然不能一以概之，但却不无典型意义：（1）土默特地区寺庙之"活佛"或通晓佛典者，虽不必都是外地人，而外地人因缘充任者非少见。这些人不必都熟谙蒙古语文，也不必都详悉这里的自然与社会历史变化情况，他们来这里大都是应聘被邀的，他们为了传教，演绎经典并以之附会本地情况者，十分自然；（2）刘澍所说的"西藏黄衣喇嘛云游至此"云云，在《行程录》中获得印证。他们"云游"至此，卓锡住持，不无可能，而他们漫说如上引《大唐西域记》故事，并拟之为本地事者，亦无可怪。如果这种设想可以允许，则喇嘛们的传说，不过就是以"包头"这个地方附会他们的经典，是他们意识形态的表露。还不必据为"包头"起名原始的可凭依据，至少是可以打点折扣的。

在这里，顺便说一下上文所说的"龙池"。"龙池"一词，很容易使人想到"包头"的那个"转龙藏"。"龙藏"或即"龙池"的音讹？"转龙藏"的词义又何在？似乎说法不一。刘澍以为是"梵语"，孙斌以为是"藏语"，"汉意溪涧"。此说之不经，李六生先生的文章已有专述。按："转龙藏"一词，当初何所依据，而以此三字作书，我至今孤陋寡闻，也许它是汉语的略书。但其池的命名，未始不可能是喇嘛们的先辈对婆罗疮斯国传说的地方化？佛教经典历来有"龙藏"之称。"转龙藏"或者是"传（读 zhuàn，读去声）龙藏"的别写，意为解说"龙藏"的所在。在上引《大唐西域记》中不是有隐士在龙池结庐究极神理吗？另：据佛界传说，当初如来佛曾经于每年的八月八日，在鹿野苑集众演说佛法，称为"转法轮"。岂"转龙藏"乃"转法轮"的语略？《大唐西域记》就有如来在龙池盥浴的记述。要之，大概均是佛教喇嘛传说的演化与讹化，好事者与匠人不解，信笔涮此三字？

此外，也有人罗致了似乎是宗教以外的老者的传说，甚至引出了成吉思汗的弟弟射箭的造言，意思也不外是"包头"即"有鹿的地方"云云。传说可以任意信口，而史实却不能私心杜撰。难道依据这个造言，能证明成吉思汗时就有"包头"这个词语写法、这个居民点吗？这恐怕是无史可稽的吧。说实话，我甚至怀疑所谓的山西老人的"传说"云云，恐怕也是经过介绍这个"传说"的人所点化、诱导与创造的。一个小小的证据，就是我自己幼时也曾生活在这一地区，却未曾听说有此"传说"，就是我家的老人也没有说过这种"传说"。

四

关于"包头"一名的起始时代，至今依然莫衷一是。刘澍说包头之名，"始于清雍的初年"，这较范昭逵的确切记录即"箔头"的出现，已晚了数年，显然不能谓之"始于"。笔者认为，"包头"一名，最早出现于什么时候，遽难断定。"包头"之在文字上出现约在二百四十年以前，而在民间的称谓则恐怕更要早得多。所谓"早得多"，可以作两方面的解释，一是如果以为它是蒙古语的音译，那么，它的"最早"云云，应当从蒙古族势力及于这一地区，及蒙古语普及于这一区域的时候算起，以清初甚至以嘉庆、道光为"最早"，那是不足挂齿的。二是如果不以蒙古语作解释，那么，说它的起始要"早得多"，至少在汉文史籍（突厥、回纥文中有没有，还可以考查）中，是可以找到它的对音的，这就是《唐书》上所出现的"把头"。这个词或者正是后来"包头""泊头"在声母上的对音。为了具体说明这一点，现在将新、旧《唐书》及相应史籍所记，选录如下，权供参证。

（会昌）二年八月，回纥乌介可汗过天德，至把头峰北，停掠云、朔北川。诏刘沔出师守雁门诸关。（《旧唐书》卷 18 上《武宗纪上》）

会昌初，回纥部饥，乌介可汗奉太和公主至漠南求食。过把头峰，犯云、朔、北川。朝廷以太原重地，控扼诸戎，乃移沔河东节度使。……（《旧唐书》卷 161《刘沔列传》）

乌介势孤，而不与之米，其众饥乏，渐近振武保大栅、把头峰。突入朔州州界。……德裕曰："把头峰北便是沙碛。彼中野战，须用骑兵。若以步卒敌之，理难必胜……"（《旧唐书》卷 174《李德裕传》）

回鹘渐逼把头峰，早须讨袭。臣比闻此虏不解攻城，只知马上驰突。（《讨论袭回鹘状》）

回鹘至把头峰北，已是数旬。……察其情状，只与在天德、振武界不殊。（《论回鹘事宜状》）

会昌后，乌介可汗挟公主牙塞下。种族大饥。以弱口、重器易粟于边。……于是回鹘势穷，数丐羊马，欲藉兵复故地，又愿假天德城以舍公主，帝不许。乃进逼振武、保大栅、把头峰，以略朔州，转战云川。……德裕曰："把头峰北皆大碛，利用骑。……令（石）雄邀击可汗于杀胡山。"败之。迎公主还。回鹘遂败。（《新唐书》卷 180《李德裕传》）

会昌二年二月，河东节度使符澈修把头峰旧戍以备回纥。李德裕奏请增兵镇守，及修东、中二受降城，以壮大天德形势。从之。

初，可汗往来天德、振武之间。剽掠羌、浑，又屯把头峰北。朝廷屡遣使谕之，使还漠南，可汗不奉诏。

八月，可汗率师过把头峰南，突入大同川，驱掠河东杂虏牛马数万，转斗至云州城门。（《资治通鉴》卷 246《唐纪六二》）

还可以征引一些，为免累赘，且从略。

"把头"是不是因峰而得名，它的含义是什么？可以置之不问。但它不是蒙古语（除非能证明当时这里已有蒙古人），恐怕是可以首肯的吧！它的地理位置可以从两方面考察：一是回纥的进军路线；二是它的左邻右里。

从以上的引文中可以看出，回纥进兵，由此而南，往来于天德、振武之间，并屯驻于把头峰。由此而南下，突入大同川，掠朔州，转斗于云川。天德在乌拉特旗西北，振武在今陕北绥德县以北及今鄂尔多斯市，把头峰在二者之间。就其语音看，与包头所在地相吻。

宋白说："把头峰在朔州。"《资治通鉴》注谓"把头峰北临大碛，东望云、朔，西望振武"①。朔川实际上就是上书所说的"云朔北川"，地在今土默特川西部。把头在这里，北边是沙漠，西北是天德，东南望及振武，而东、中二受降就在它的左近。东城在今托克托境，西城在今包头附近。天德是唐的屏蔽，它与把头形同唇齿。李德裕建议修此二城，加强把头防守，使天德形胜为之一壮，就是指此而说的吧！

北临沙漠，东望云朔，南向振武，"把头"所据，很容易使人想到今日"包头"的地点。所以史学家岑仲勉先生就认定："把头峰……经余证为今之包头。"② 如果真是这样，那么，"包头"一名恐怕不但不是蒙古语词，其名号起始也要老早于明、清二代了。不同的是这个"把头"不因"泊"而名，是以"峰"而名的。但是，我想补充或挑明一点，也许这个"把头"正是后世那个"博托""布当"的同名异写，而这又莫不是"泊头"的肇音。它们或者正是因"泊头"而名山峰的？如此一来，指"包头"为蒙古语词就更落空了，唐代此地岂有交易的蒙古人？

以上我从道理上、传统上、地名比较上，以及汉文史籍的征引等几个方面，尝试着提出了问题。话可能说得不够全面与详尽，但是意思或倾向性应当是明白的，这就是：把"包头"一名的解释，只限定于蒙古语词，并且释为"有鹿的地方"这个框架内，恐怕是智者的一失吧！

还有一点，也应当一并提出，这就是察罕库伦。1844 年（清道光二十四年），法国在中国赤峰教区的传教士霍克和迦伯特二人化装成喇嘛，从教区出发，到西藏去旅行，中途经过归化城、察罕库伦，渡黄河，历鄂尔多斯。他们在自己所著《鞑靼、西藏及中国旅行记》一书中说："1844 年 11 月 13 日，离开了青城（即归化城）。……夜已经完全黑了，我们到达了察罕库伦。……这是北方最近的美丽的城镇。这座城镇在安特力卜——高津编纂的中国地图上没有标注；杰斯伊特派神父依照康熙的敕令描绘帝国地图时，还不存在。""在中国、满洲、西藏与其他地方，我们也没有看见如察罕库伦这样的镇子。道路宽广，没有尘土，家屋棋布整齐，建筑亦是。有好几个广场。在世界的其他地方，不见这种光景。商铺不少。除中国货物之外，欧洲及俄罗斯的商

---

① 《资治通鉴》卷 246《唐纪 62》，中华书局，1956，第 7985 页。
② 岑仲勉：《隋唐史》下册，中华书局，1982，第 412 页。

品也能买到。但由于毗邻青城，商业受到不少影响。蒙古人更多地宁愿在那里交易。"

这个察罕库伦濒临黄河，商业繁盛，邻近青城，究竟是个如何比拟的城镇，是否即指包头？很觉惊奇。1871 年（清同治十年），俄罗斯人普尔热瓦尔斯基去"阴山"，"停留了十一天，然后出发去包头"，"该城距黄河西岸五十俄里。在地图上的标名是察罕库伦"。这个记录又载入杜勃罗文《普尔热瓦尔斯基传》（第 125 页），这里已经明确"察罕库伦"就是"包头"，显然他所使用的地图不是霍克看到的地图。但是，两人可以互相补证。霍克与迦伯特是到了察罕库伦，而所据地图却没标明；普氏是到了包头，地图却标明察罕库伦。实际上，两人所进驻的乃是同一个城镇，或称"察罕库伦"，或名"包头"。

上述的旅行记录，陡然唤起了我幼年时的回忆。20 世纪 20 年代初，经常听到大人们说的两个"库伦"，一个是"大库练"（当指蒙古国的乌兰巴托），一是"厂汗库练"（当地口语）。当时，平原地区（即农耕地区）的蒙古男女所穿靴子已经多是布料制品，高级一点的用缎匹或呢绒，与满洲人所穿差不多。有一种厚实、细密的什么呢（名已忘，是外国名）产自苏联，就是从"厂汗库练"买来用以缝制靴子的。"厂汗库练"这个名称，世代传承，蒙古人十分熟悉，而"包头"这个名称却并不耳熟。这个"厂汗库练"用官话说，应当就是旅行家所说的"察罕库伦"。因此我想，同一城镇，蒙古人习惯地称之为"察罕库伦"，汉人则称之为"包头"。随着时代的轮换，"察罕库伦"日渐被淡化，湮没不彰，"包头"则甚嚣尘上，名播塞上了。

"库伦"，蒙古语义为"院落""圈子""营盘"等。大概这里最早是蒙古的兵营据地，从康熙时起，满洲人也在这里屯兵扎营，后来逐渐发展为市场交易的中心，蒙古人称之为"察罕库伦"，这是一方面。另一方面，"察罕库伦"本来可能就是指"泊头"（包头）的。所谓"察罕库伦"，不必限定地释为"白色院子"，恐怕更多的是一种喜爱的称谓，"察罕"是十天干的第七位，即"庚"字。"庚"在五行中属金，所以"察罕库伦"应当是"金的城镇"。蒙古人称阳和为"插汗合托"，滴水崖为"插汗老四"，赵州堡为"插汗克卜免"等，大概都是交易所在，其如"插汗"（察罕），意思略同吧。

行文即将结束。为了方便读者了解，这里再作一些简明的归结。

北方民族地区如内蒙古地区的名物研究，特别是涉及它的来龙去脉、源流始终时，往往很费周折。在探讨问题中，出现不同的看法，应当是正常的。

那种固执一己之见、拒谏饰非的态度，在研究的实践中绝不可取。

地名及地名语义的探索，属于地名学课题，目的是究明地名语义以及它所标志地方的历史渊源与经历，从而使人把握发展规律而为今后建业提供参考数据。只满足于语义的一知半解，并且牵强附会，没有什么价值。

"泊头"是通行的汉语语词。"泊"即舟船停止，"头"字为语助，是个方位词，"泊头"即"停泊的所在"。不停船，一般行旅在此栖止，也可移之，不必大惊小怪。

"泊头"是一般、普通名词。任何相应的航道岸头，都可以有"泊头"。中国北方的大河沿岸都曾出现称为"泊头"的地方。

河套地方之所以出现"泊头"，是这里的水文、地理、经济特点、战争需要及官方的支撑等原因促成的。它有不可取代的水陆交通价值，它的形成与发展是历史的必然。

"泊头"的历史可能很长，起始于何时，没有确凿的记录。假如设想隋炀帝曾经渡黄河，通航金河（即"前套"的大黑河），与突厥启明可汗会见，驻驾胜州，那么，"泊头"在那时存在的可能应当很大。以此而论，"泊头"已是胜地，岂能容得一个以"鹿"解释的虚构？

"包头"之为"泊头"，这里再录两条很具权威的元代资料，是元顺帝的诏旨原文："至正二十年（1360年）五月十九日，大臣平章塔失迭木儿等官奏：因为近年调兵，军贮仓廪不敷，若不各处措备呵，怎办？俺商量来，陕西所辖延安路，与东胜州相近，今后专委陕西省官一员，延安路所出粮斛内斟酌交和籴，运送东胜州收贮，攒（聚积之意）运入京等事。制曰：可。"（"制曰：可"，即皇帝同意）"至正二十年（1360年）七月十五日，欢真怯薛第一日，明仁殿里……马儿苔沙等奏：即目各处调兵之际，全借馈饷供给。已经差官于延安等处和籴粮斛，就于彼处创造船只，径由黄河运至东胜州，权作收贮，攒（聚）运入京。若不验其陆地远近，整治站赤，诚恐临时失误。俺商量来，而今东胜至白登伍处，元设牛站。……启呵：圣旨识也者。么道奏呵。奉圣旨：那般者（'那般者'，即照议办）。钦此。"①

这是一个很能说明问题的资料，惜《元史》失载。它说明：由当朝大臣奏议，皇帝批准，收买陕北延安路粮食，通过黄河，由河西船运到河东的东胜州（正也是包头地区），再从此经牛站，顺着今京包铁路线，逐站运入大都

---

① 《析津志辑佚》，北京古籍出版社，1963。

（北京）。由河西运到河东，必须有停船泊位，在此卸粮上岸，否则，如何入京？而这个泊位，应当就是泊头（包头）。此见泊头早已存在，元人无非利用现成而已。截至 20 世纪 60 年代，已经是六百年前的事了。而泊头终于成为重镇，实在也有这个悠久的历史远因。"有鹿"之说，无稽啊！

"泊头"的日渐繁盛，改名的需要日益迫切，清廷用兵西北，加速了这一进程，这是为了避免与众多内地"泊头"混淆。办法或者不外两个，一是在"泊头"上加限制词，如"河套泊头"之类；二是在字面上改写，如"包头"。而事实是，"泊头"真的变成"包头"，并以此而区别于别地"泊头"了。改名以后，旧时的典籍上仍注明了原名"泊头"。"泊头""包头"是同地异称。

"泊头"何时改称"包头"？我没有看到文字记录，难可凭信。清康熙初时用兵西域，范昭逵尚记名"泊头"，而到康熙晚期，已多"包头"而少见"泊头"。时间当在 18 世纪之初吧。

随着"经营西北"的声浪，研究地方、撰写地方志的空气也有所蒸升。"包头"地名的考索在学者中与焉兴起。有了几种说法，他们的尝试是可喜的，但是成就好像不那么理想。

20 世纪 50 年代，出现了"包头是有鹿的意思"的调子，证据只是"包头"与蒙古语词"鹿"声谐。

蒙古语"鹿"是"bugu"，"有鹿"即成"bugutu"，似乎还有点仿佛。其实不然。

蒙古语的"鹿"，用汉字标写，历来有案可查。《蒙古秘史》作"不忽中"。入明以后，《华夷译语》也作"不忽"，直到《武备志》，各书标法不一，但是没有一书作"包头"的，这不难理解。蒙古语"鹿"的发音是"bugu"，汉文可写作"布谷"，而"包头"的发声是"baotou"，二者显然不容混同。前人的汉字标音是准确的。

"包头"不是"鹿"，不光语音失粘，即在客观情况上也嫌扞格。自然条件及地理位置，整个土默川已经阡陌交通，村庄居民已经是"蜂聚蚁屯"，俺答及吉囊兵布满黄河两岸，兵燹连年以及市场经济的交通等，都不是"鹿"所能生存的环境。释"包头"为"鹿"，没依据。

释"包头"为蒙古语词，并且为"有鹿的地方"云云，无助于"包头"地方社会经济演变历程的探究，反而有害。

"包头"一词如果硬是要以蒙古语解释，那就只能以"bagutar"去印证。

语意和语义都与"泊头""包头"合铆。然而这字深疑是汉语的蒙古化，是吸收的外来语。

"包头"在旧时地图上曾标注"察罕库伦"（蒙古语义为"白色圈子、院落、营盘"）。辛亥革命以后二十年，土默特部人犹以此称之。嗣后渐趋式微，以致以后全然不闻于耳了。

考察包头的释义、原始、经历，宜特别重视文献。"文"即文字记录、典籍；"献"即当时、当地、当事，熟悉掌故而德高望重的乡里耆宿提供的论断。孔子讲："夏礼，吾能言之，杞，不足征也；殷礼，吾能言之，宋，不足征也。文献不足故也。足，则吾能征之矣。"① 这是中国历史上老资格考察家的经验之谈。没有文献，他话都不敢说（"征"）。重视文献就是重视调查，向当时当地的人及现场的记录调查。以为只有向几百年后的外来移民了解几百年前的情况，才是调查，才真确，才可靠，才值得自傲，只能自欺欺人。

---

① 《论语·八佾》。

"鹿"的质疑

　　包头是内蒙古西部地区著名的城市。多少年来，报刊书籍中有关于它的记述，人民的口中有对于它的歌颂。历史昭示于世的是：它有自己淡泊的经历，也有它自己的历史贡献。在今天，它已发展成一个主要的钢铁基地，然而尽管如此，人们对于它命名的由来，对于它的渊源，都还存在着可疑的说法。

　　一般地说，某个地方的名称，往往与它的地理位置、地形特点、风土特产乃至著名人物、历史事件、政治需要甚而迷信传说，有着或隐或显的瓜葛。虽然由于年代久远，人们未必深悉它的底蕴，然而顾名思义，有时也能从地名揣测它的由来。那么，包头一名究竟是什么意思？它与怎样的事物有联系呢？这恐怕很难从汉文字义推究。应当说，包头这个地名另有它特殊的含义。

　　过去，曾经听说，包头是蒙古语的音译，意思是"有鹿的地方"。现代蒙文辞书，包头写作"bugutu"，释文曰地名，不言"有鹿"。但明显是受了这种说法的影响而拼写的，实际上仍可释为"有鹿"。这个拼写不足为训。去年，在报纸上读到一则关于新中国成立后包头市经济建设的通讯，据作者的注释，也说"包头"一名即"有鹿"的意思。今年6月，应邀去内蒙古呼和浩特参加成吉思汗诞辰八百周年学术讨论会，也曾当面请教内蒙古语言文学所的额尔登陶克陶所长，他的解释亦无二致，并谓当地一般传说，均作如是观，他没有说出自己的见解。看来，包头是"有鹿的地方"之谓已成定论。然而除了与蒙古语声近（不是吻合）这一条而外，还有什么更加有力的证据呢？不见有任何人指出过。因此，似乎很可以怀疑，指包头为"有鹿的地方"云云，并不一定绝对可靠，说"当地一般传说"云云，也有谎话之嫌，还可以进一步探究。

一

蒙古地方的山、川、城、村以蒙古语命名者，比比皆是，而汉文对此的翻译，正经地说在用字上，似乎也都有大体上的通则。大致说，因当地自然资源或特产而定名的，在本名之尾有"tu"音者，均作"图"，例如海流图（有砾石的地方）、楚鲁图（有石头的地方）、德日斯图（有芨芨草的地方）、呼吉日图（有碱的地方）等；因地形特点而见称的，也往往以"图"字对译，例如阿贵图（有山洞、地洞的地方）、车勒图（有嫩绿的地方）等；以对一个地点的赞美而称名的，也以"图"字译音，例如吉日噶郎图（安乐的地方）等。自然因为民族间的歧视，本应作"图"而故意写作"兔""秃""徒"之例也时或见及。如果人们遵此成例，那么，"有鹿的地方"在汉文中理应写作"包格图"，不可能作"包头"。而且在汉文的对音上，"头"（tou）"图"（tu）也并不一致。因此，说"包头"为"有鹿的地方"，可能是牵强附会吧！可惜的是最早关于"包头"的蒙语写法，现在已无从查证。

二

包头地处阴山南麓，濒于黄河的北岸。据《汉书·匈奴传》："阴山东西四千余里，草木茂盛，多禽兽，本冒顿单于依阻其间，治作弓矢，来出为寇，是其苑囿也。"这是公元前33年汉元帝的中郎侯应说的话。注意：这说的是阴山谷地是可"来"可"出"的"苑囿"，不是原野。经过四百余年，到了公元423年，北魏的世祖拓跋焘即位，他的臣下长孙嵩、长孙翰、奚斤等更说："宜先讨大檀。及则收其畜产，足以富国；不及则校猎阴山，多杀禽兽，皮肉筋骨，以充军实，亦愈于破一小国。"[1] 其后的书志亦有相类的记叙。这里说的也是"山"区。阴山既然多产禽兽，靠近阴山的包头地方在特定条件下，偶尔有个别禽兽出没，不无可能，然而出没的禽兽不是鹿，恐怕是多种吧（更多的是狼）。既然如此，则独以鹿名地，岂非咄咄怪事？而且在那时，蒙古语也还没有出现，匈奴人、柔然人是否名鹿为"包头"，也还无书可证。事实上，"包头"一名，至少在清代以前，不曾被发现于什么经传，因此，可

| 《魏书》卷二十五《长孙嵩传》，中华书局，1959，第644页。

以做结论："包头"这个平原地方在古代即使有鹿出没，也不会有以"包头"命名的可能——除非在蒙古语出现以后。

三

随着时间的推移以及自然的、社会条件的变化，原来有鹿的地方也可能成为没有鹿的地方，例如，阴山的禽兽就有这样的变化。公元前49年，寄居在鸡鹿寨的匈奴单于呼韩邪，就因"塞下禽兽尽"① 而北返。鸡鹿寨当然不是今包头，但是可以类推。事实上，汉代以后，相继在这里设治，移民屯戍，包括鹿在内的禽兽，恐怕很难群居而出没。

问题不光是禽兽难于活动，还在于有代之而起的新景观。公元9世纪以后，契丹、女真人相继踞起。金人大概出于对抗北方游牧人的需要，曾在它的北境筑起了很长的界壕。史家说："契丹主，名阿勒坦汗者，曾自女真海滨达于失剌沐涟（即黄河），筑一长城，以防蒙古、克烈、乃蛮及其他游牧部落之侵入……契丹常雇汪古部人守此长城。"② 据载，所谓汪古人，可分为临洮汪古、阴山汪古，而不论何者，他们活动的地区都在包头及其以西。

汪古即雍古，《新元史》《蒙兀儿史记》所列蒙古民族表，都以之为白鞑靼。他们有一种固定的区域，因而都开始经营某种程度的农耕生产，《元史·兵志》就有种地白鞑靼西征兵的记录。李心传说他们"能种秫稷，以平底瓦釜煮而食之"③。阴山汪古人所守范围，盖在丰、净二州，正好也是包头所属的境界。他们在这里耕耘，足见这里已不是适于鹿类的森林场地。这种状况直到元代也还维持着。刘秉忠的《过丰州》诗，不是有"出边弥弥水西流，夹路离离禾黍稠"的句子吗？马可波罗更说天德"州人并用驼毛制毡甚多，各色皆有，并持畜牧务农为生，亦微作工商"④。这里的所谓"天德"州，即天德军，原为安德都护，归理西受降城，后迁于大同川⑤。自那以后，这种区划并无大动，揆其方位，当即今乌拉特前旗西北，正好也就是包头的左近。据此，则景况是明显的，既然包头的北边已经是农、牧、工、商，几乎是人

---

① 《汉书》卷九十四《匈奴传》，中华书局，1959。
② 《多桑蒙古史》上册，中华书局，1962，第55页。
③ 《建炎以来朝野杂记》，中华书局，2000年7月。
④ 冯承钧注《马可波罗行记》上册，上海书店出版社，2002，第265页。
⑤ 参见《元和郡县志》。

迹辐辏的景象，那么，包头一带当然也就无法是一片荒凉，从而任由鹿群出没。没有鹿，何得有以"鹿"为地名的可能？

不特如此，这里从汉代以后，几乎成了戎马倥偬的所在。远的不说，即从 13 世纪开始看，这里就时见兵锋。蒙古军兴，在历次用兵西夏及宋、金时，每每使这里成了必经之路。成吉思汗进兵夏国，回师就经过这里，随军的耶律楚材不还留下了途中的纪事诗吗？[①] 木华黎进陕西，亦选此路线，军行所至，人喊马嘶，禽兽避易，鹿何得独留？元亡明兴，兵燹依然不息。明军每年出塞烧荒，动辄百里，即使这里林密草茂，也会变得一片焦土，任何大的野生动物群，也休想在这片焦土中觅得栖息之所，"呦呦鹿鸣"，哪里闻得？

为了反击明军的出塞，蒙古武装从 15 世纪前期开始，亦常进出于各县城关隘。而随着明人的出塞，16 世纪以后，蒙古人也逐渐实行定居。史书说："板升自丰州滩以西至黄河三百余里，皆板升所据。"[②] 所谓"板升"即房屋，蒙古语写作"bai xin"。居住在这里的有汉人，也有蒙古人，而以前者为众。有了固定的土屋，显然已是农耕的征兆。从今呼和浩特直到包头地区都是农业区，阡陌交通、鸡犬相闻，鹿是肯定被挤跑了。就是说，包头之所以命名为"鹿"的依据，从那以后是完全丧失了。

自然条件也有了巨大的变化。明人说："昔之河套，一寸一金，今之河套，黄沙漠漠。"[③] 所谓"河套"，是分为前套、后套的。包头正处在后套的南缘，前套的西边。这里既然迷漫着沙漠，即使没有农居田地，鹿，这种惯在林木中的丘陵及湖泊边生活的生物，怎么能够赖以维持生命和繁衍种类呢？

四

既然从历史发展及地理条件的回溯中究明，包头不可能是"鹿"的译语，或者说，它不可能是据"鹿"的存在而命名的。那么，它的含义是什么？它是根据什么称名的呢？这需要从别的方面去探索，而这种试探在很早以前就已经有人在进行了。

有人说，包头是因山、河而得名的。张鼎彝说：包头亦名博托。博托原

---

① 《湛然居士文集》卷三。
② 《武备志》第二〇六卷《镇戎》三。
③ 《明清史料》乙编，第二本，商务印书馆，1936。

系水名，源出于榆林沟（亦作榆树沟，在包头东北大青山），经包头东而流入河，包头因河而得名①。博托河不过是山涧小水，源浅流短，季节性很大，平时河床空竭，雨季时或有大水，这样的细水何足据为地名？而且在附近尚有其他的几条河水，如昆都仑河、城塔汗沟河等，何以这些河不能成为命名的依据？博托不是包头，其语义一时不得其解。因此，这个说法可以不论。

也另有一种说法，例如，屠寄就以为包头是因为临近布当山而得名②，他并且作了考证以加强这个立论。"包头"与"布当"，发音相近，"布当山"即"包头山"，似乎亦可牵强。《绥乘》就持相同的看法。他以为，"名字之歧，则番语对音无定字也"。（按：前文所书"博托"应是这里的"布当"，是同声异写。"布当"俗为"五当"）据《蒙古游牧记》，原名"布当图"，蒙古语作"budangtu"，义为"有云雾岚霭的地方"。以此而论，则包头乃是"山有岚霭的地方"，不是什么"有鹿的地方"。

又有人说，"包头"实际上是古代白土城、白道城的音转。此说或出于想当然。

今包头地区之筑城，可能由来已久。早在先秦，赵国就在这里筑有云中城。拓跋魏曾筑城于东木根山，山在五原郡境，位置在黄河东岸。《读史方舆纪要》说："后魏云中郡有白道岭、白道川。自白道北出为怀朔镇（即汉五原郡，今榆林镇，故丰州也），又西北为沃野镇。自北道而南为武川镇，又南即云中郡也。"《括地志》："魏武川镇北有白道谷，谷口有白道城。"《水经注》："芒干水出塞外，南径阴山，又西南径白道南。谷口有城，侧带长城，背水面泽，谓之白道。……芒干水又南径云中城北，南达于河。"③ 这里所说的各镇方位，并无准确，甚至是颠倒了的，然而，所说白道谷口的白道城，或可当之为包头地区。由于时代久远，记载又极简略，似乎也很难确指。然而，即使白道城在包头地区，也还很难说就是包头城，而且硬将习见的白道城改为包头城，有什么必要呢？何况从公元5世纪白道城的出现，到公元18世纪初"包头"一名的出现，中间相隔约一千三百余年的时间，又怎么可能与必要相联结起来呢？

综上所述，足见人们那样解释包头命名的含义，并不的然可据。然而，

① 张鼎彝：《绥乘》卷六《山川考》，泰东图书馆，1921。
② 屠寄：《蒙兀儿史记》，世界书局，1962。
③ 张钦纂修《大同府志·白道》第四十四卷，齐鲁书社，1997。

他们的考证依然有着积极的意义，从他们的论证中，人们至少可以知道，在汉字中，与"包头"一词同音者尚可举出几种。在蒙古语文中，也类似者所在多有，并不一定只能从"鹿"这个意义去解释。拘于一点而不及其余，就定为一谳，并不服人。须知研究者解决问题，执一是不行的。

五

"包头"一名，最早出现于什么时候，骤难断定。清代以前，史书不见有"包头"这个词的记录。康熙三十四年（1695），殷化引从征厄鲁特，曾经归化城以西而到达狼山及宁夏，其所写纪程，没有只字道及包头。次年，师还，康熙驻跸湖滩河的西北界（当在内蒙古喇嘛湾渡口）。这个湖滩河，据张鹏一说，"即古君子渡，或以为今包头镇也"①。然而尽管如此，依然不见"包头"一名出现。直到康熙五十八年（1719），范昭逵从征准噶尔策旺阿剌布坦，在他的《从西纪略》中，才出现有"抵箔头，进饭少许"的字样。这个"箔头"或作"泊头"。《归绥识略》说："归化城西界至泊头镇（俗作包头）三百四十里。"大概这是关于"包头"的最早的文字记录。光绪元年（1875），一个俄国人在他横穿这一地区时，也明确提到这个"包头"或"泊头"镇。②很明显，这个"包头"早在俄国记录之前就已存在了。至此，人们可以知道，"包头"之在文字上出现，约在 240 年以前，而在民间的称谓恐怕更要早得多。

包头之得名与发迹，与它的地理位置有密切的关系。地理坐标指明：包头实际上是一个四方交通的孔道或枢纽。它东通前套的广旷平原，一条坦途可直达天津海口；背靠后套，成为它的门户；濒临黄河，可直接吞吐和迎送甘陇地区来往的物资与商客。由于它位置适中，它大概很早以来就自然地成为一个必经的渡口和栈地。前引书录名之"泊头"或"君子渡"，应当是有据的。什么是"泊"？不就是停船、栖止吗？原来包头的名称，正是它所以借以发迹的起因。

由于泊头及其地理位置的启发，人们应当想到那个意义相近的蒙古语词"bagudal"。它的发音与"包头"二字极近，或简直就是"包头"二字的原

---

① 张鹏一：《河套图志》卷五，1922。
② 尼·米·普尔杰瓦尔斯基：《蒙古与青海》，内蒙古人民出版社，1990，第 215 页。

音，意为"宿营地、停留地、中转站"等，所不同的只是在尾音上略去了一个半音，读成"包头"。其实这种情况并不奇怪，汉语音译蒙语，省略与变音的规律，多不胜举，例如，"忙豁勒"即被截去尾音而简化为"蒙古"。假如这里的比拟可以成立，则"包头"不应被解释为"有鹿的地方"，它原来的意思实在是当作"站""宿留处"解释的。这不与"泊头"的读音、含义很吻合的吗？

包头之作为站、止宿地而发挥作用，可能由来已久。虽然没有文献记录，但不妨设想，大概从蒙古人在这一地区活动的时候就开始了。当蒙古牧人游牧到这里，当蒙古的骑卒行进到这里，特别是当四方的车船停泊在这里的时候，这个地方之作为"包头"的景象，必然是可观的。起初，它也许不过是根据季节及外旅需要，习惯地临时聚集一些来自各方的帐幕，止宿过后，又各奔前程。后来，在止宿的时候，不免发生物品交换的现象，而且可能越来越具有经常性，于是逐渐出现了固定的房屋。随着这一地区农业的发展，黄河两岸物资交流的日益频繁，它终于演而成了一个固定的基地，而"包头"也由一个一般性的名词，变成了一个具有特定性质的专有名词。"包头"原来是从"止宿""客店""站栈"而发展起来的，是从"泊头"转化而来。

考证"包头"一词的含义，具有实际的、历史的意义。它涉及包头地方的起源与发展，也涉及这种发展所取的形式与途径。假如说"包头"为"有鹿的地方"，则不但不能使人了解为什么一个野兽出没的所在，忽然变成了一个集镇，而且也无法使人相信"包头"作为地名出现前，当地尚是荒凉的森林一片。反之，如果解释"包头"（"泊头"）为"宿营地、站、旅店"，则不但使人了解到它命名的由来，而且也易于启发人们追溯它的成长经历，并把这样的经历与它的地理价值及周围形势结合起来。因此，以为它的考察不免烦琐或无谓，未必是正确的。

六

包头以旅店起家，到了 19 世纪中，大概已有了一定规格和发展。清代同治中，由于陕、甘等地回军起事，动乱波及河套、鄂尔多斯、包头地区。出于防范的需要，包头开始筑起土城，周十九里。民国初年，人口增加当在万户左右，设为镇治，属萨拉齐县辖。1925 年，改为设治局，1926 年，又改为一等县，1933 年，更兼设为特别市。

不论如何发展，包头一如其初期那样，直到抗日战争开始，始终是消费性、商业性和服务性行业的城镇，虽有些工业，但屈指可数。而它在交通甘、宁、新、青及内蒙古各地的物资、繁荣商业上，却不失为一个重镇——尽管它走着一条日趋萧条、破败的道路。

本文发表于《内蒙古社会科学》1981 年第 3 期

从一部旧旗志说起

前些天，我从别处借来一部旧社会编写的《土默特志》，挥汗摇扇，总算自始至终把它翻阅了一遍。观感如何呢？这点议论就从这里谈起，也勉强当作为它撰拟的跋文吧。

前车之覆，后事之师。这已经是老生们的常谈。但是，也应当补充一句：前车不覆，同样也可以是后事之师。道理很简单，因为鉴于前者，固然易于使我们从反面吸取历史教训，从而注意应当回避什么，这就是"师"的价值所在；然而引鉴后者，同样使人们易于从正面知道历史先例，从而注意应当继承或学习什么，"师"在这里同样可以发挥作用。两种先例，蕴藏着两个"后事之师"，而其实质则应当是相反相成的。因此，我们看到：人们在认真着手办什么事的时候，往往不免要查阅前案，翻翻历史旧账。那用意所在，我看不是为了要因寄所托，多半倒是为了要从中找出一两位有助于自己行动的"师父"——正面的、反面的老师。例如我们现在面临一个修志的任务。修人民的方志，这是一件新鲜的事，一切事情可能都要从头做起，但是，为了尽可能少走弯路，为了寻找在修志的路途中可以跟踪的"车辙"，为了争取更完善地实现预期的目的，是否也可以考虑翻旧的志书，甚至于借鉴旧的修志学说呢？

关于志书的论说，当然是早就有了的，清代的章学诚就曾阐述过不少，假若出于实践的需要，我们还可以找机会在另外的地方予以介绍和评论。至于志书，首先是有关土默特的志书，虽说不那么多，但是，从清代末年以后，也还陆续有若干种问世。如《绥远旗志》《归绥十二厅志》《和林格尔厅志略》《清水河厅志》《土默特志》《土默特旗志》《归绥县志》等。后来又有《绥乘》《绥远通志稿》《绥远县志》等。这些志书大部分是封建朝廷"钦差"到地方的统治势力或旅居蒙古地方的政客们所主持编纂和执笔而成的。对于这种人所撰的地方志书，人们当然不能指望过高，那原因不光在于他们的文笔运用，尤其在于他们的政治识见。但是，也可以这样设想，他们修志，大概也不完全是"面壁"而成的，毋宁说，倒或许是下过一番搜索和剪裁工夫的，因此，只要有可能，把它们拿来过过目，我看不能算是徒以自扰的。我自己很抱歉，没有能够读遍所有这些志书，因而无法置喙其间，但是，这部《土默特志》，却为我提供了很可能是有助于窥豹的一斑。

一

我所看到的这部《土默特志》，不著撰人名姓。书中既没有题跋说明文字，也不见印刷年代和地点。全书共三万来字，分订上、下两册。毛纸线装，汉文竖排。其纲目列式如下：

总　目
　　凡例
舆　地
　　疆界图考　　　　　　　　疆界图
　　沿革（冠以表）　　　　　城池
　　山川　　　　　　　　　　（以上卷一）
封　建
　　源流（卷二，勋绩爵赏附）
　　世系（卷三，三表附）
法　守
　　年班　　　　　　　　　　升转
　　城垣　　　　　　　　　　衙署
　　官吏　　　　　　　　　　国书
　　学制（学校试法附）　　　学堂
　　武备　　　　　　　　　　差役
　　台站　　　　　　　　　　要隘
　　仓库　　　　　　　　　　户口（以上卷四）
　　赋税（卷五，输田附）　　祀典（卷六，召庙附）
　　理藩则例（卷七）

风　土
　　食货　　　　　　　　　　　　风俗（以上卷八）
职　官
　　职官考　　　　　　　　　　　职官表（以上卷九）
人　物
　　忠节　　　　　　　　　　　　义行
　　烈女　　　　　　　　　　　　节妇（以上卷十）

　　总计上列，大纲六条，子目三十三项。何晏说管辂谈《易》是"要言而不烦"。这个《土默特志》的纲目，倒是做到了"不烦"的程度，而可否称之为"要"，则恐怕是要有愧的。

　　由于这部志书没有载明它如何修纂，花过多少时间和精力，而在别的有关书志里也没有能够找到它的介绍文字，这使我确切地理解它的身价，不免少了一条依据。然而从这部书的字里行间，仍然能觅得这样的印象：

　　（1）这部志书的修撰，大约从一开始就是作为别的几部志书的附属、补充或姊妹篇而入手的。书里几处提到别的书志，一则说："筹蒙疏牍……其事略具于此；其文入《绥远志》中。惧复也。"二则说："绥远城，在归化城。详《绥远志》中。"三则说："所有山川古迹、祠庙物产，皆与六厅卷相同。兹类叙山川之大者以存其概，余并见六厅卷内，不复具列。"四则说："特简京员及绥远协领各员为付都统，管理土默特两翼，详《归绥志》中。今于《归绥志》中附土默特一门，即以张略（按：指张曾《归绥识略》）为一卷，题曰上卷。"为什么每到一个什么节目时，不是即笔之于本志，而是要"详见"别的志？各志自成体系，"重复"有什么可"惧"？别志所叙，并不能代表本志，为什么"不复具列"？章学诚曾主张："至理有互通，书有两用者，未尝不兼收并载，初不以重复为嫌。……如避重复而不载，则一书本有两用而仅登一录，于本书之体既有所不全。"（《校雠通义》）这话不无道理，而本书撰者却意有不逮。内中道理，它没有说清，但是，人们不妨推定：在作者们看来，土默特这个地区和这个族体不具有独步世界的资格。在他们看来，它充其量只不过是绥远城、归绥县的一部分，或者说，它只能是这些县城的陪衬，因此，没有必要自成体系地单独修志，而只能作为残缺不全的县志的附属物而问世。土默特的情况不能出现于《土默特志》，而只能"详"于别志中。这是基于一种什么理论思想的指导呢？

（2）《土默特志》中的记事时间，最晚至光绪三十三年，统观全书，没有一字道及宣统与民国。据此，人们不无理由设想：这部书或者是不早于光绪三十四年修成的。正是这一年，光绪、慈禧相继死去，贻谷的"钦差大臣之职亦被裁撤，修志不必与这些事发生什么牵扯"。然而，这种巧合不也给人们以这样的印象：这部志书，大概是为光绪的"理藩"政策、为贻谷的垮台送终的。

（3）这部志里，几次提到贻谷的令名。贻谷从光绪二十九年（1903）八月上任，到光绪三十四年（1908）四月卸职，官衔一直是"钦差督办蒙旗垦务大臣理藩院尚书衔绥远城将军"。书中直呼其讳，证明修志时，贻谷已落职。然而志书起笔时，则恐怕正是这个"将军"主持的，而执笔人则是撰《绥远旗志》《绥远十二厅志》《土默特志》等志的同一个名叫高赓恩的人。郑樵说："志者，宪章之所系。非老于典故者，不能为也。"（《通志》）高某是否熟谙土默特"典故"，我不敢信口说话，然而，他一年内炮制几部有关的志书，其顾虑内容重复，毫不奇怪。

贻谷之来土默特，是打着"钦差"的旗号的，他的公开任务是"督办蒙旗垦务"，而实在的行径则是乘机蠹国，抵巇殃民。他在"绥远城将军"任内大刮地皮，腰缠徒增。但很快被人奏揭，终于不旋踵而罢官。这样的一个民贼，怎么居然会想到主持《土默特志》的纂修呢？贻谷在这部书里，没有任何文字说明。但是，可以肯定，他在政治上是有自己的宗旨的。从书的行文布局中，至少能举出这样的几条：宣扬皇清的"深仁厚泽"，表彰土默特的"忠臣"驯卒，为当世和后世选择统治经验。

在《土默特志》里，翻开扉页头一面，就开宗明义，列出"凡例"十二条。所谓"凡例"，顾名思义，就是本书叙述人事和选择资料的总标准，或者说，是写书的大义宗旨。在这里，人们触目可见这样的论调："土默特奄有五厅地……以全图予之，溯怀柔也。""首纪《一统志》……昭大统也。""土默特之传，序以宣之，表以综之，绳尔祖武，即沐我皇仁，念之哉。"类似的话，在书的正文中亦不乏见。如："三厅理事通判，均在土默特界内；又置巡检以付厅治之所不及。蒙人衽席之安，皆天家之赐矣。"（卷四）"优礼外藩，传龟袭紫，任及子孙。初离褓襁，遂珥貂珰，眷何隆也。"（卷七）"当年颁赐外藩而无少吝。"（卷一上）如此等等。这里的所谓"怀柔""大统""皇仁""天家之赐""眷何隆也"云云，实在都力图表明清王朝对土默特的深恩至惠！《土默特志》就是要记述这样的好处。

从同书的正文中，也可以看到这样的文句："……等项地，无不由土默特效纳。札萨克四十九旗之中，若土默特之首创大义，以助天朝，无或畛域者，盖可风也。"（卷五）"承荫诸职，且与国为休焉，乌可以不纪。"（卷七）这就是说，土默特一切"带地投诚"、向清人的屠戮政策称忠的走卒们都是值得学习、值得表彰的典型。《土默特志》就要记述这个。

还可以读到这种词句："土政……又考理藩院则例，专属乃旗者以总之。监成宪也。""学制后补试法，靖士气也；礼典观文庙，崇正祀也；后附以招。著羁縻之道也；记输田，劝忠爱也；纪食货风俗，开道化也。""人物亦列四端，先忠烈，劝从王也；次义行，劝从善也；贞烈与节孝并著，彰伦纪，著从一之道也。"以上俱见"凡例"。在正文中亦有同样意思的话："贻谷新开学堂，亦招蒙人附课其中。周孔此方之学，所以能化朴僿为文明者，岂不信欤。"（卷四）"与土默特官学生内考录……俾其涵儒文教，渐化愚顽，于治理不无裨益。"（同上）考证土默特职官，世系，"为之题名。俾见指者。知所法戒也"。（卷九）"理藩院则例所载五十三门，其诸蒙旗之所当法而戒者，条例之。"（卷七）这里的所谓"监成宪""法戒"云云，说的都是清王朝的统治政令；所谓"靖士气""化愚顽""崇正祀"，说的都是汉化、同化的经验；所谓"著羁縻之道""开道化""劝从善""从王""从一"等，说的都是统治者"驭边"的办法之类。《土默特志》就是要记述这些。

据我看，以上三项就是贻谷修志的大旨。是否还有更深的隐意呢？这是可以研究的。

基于这样的目的，所以这部《土默特志》，无论记事、溯源、品评、过录，无一不是偏执的；它谈封建，谈沿革，谈官吏差役，谈台站衙署，谈武备学制，谈赋税年班，谈忠义，谈贞烈等，也无一不是以统治阶级的利益为窠臼的。从利益出发，当然也就不能考虑从真实出发。

从民族运动的角度看，皇太极西征，将土默特改编为旗，虽以土默特人为都统，却另设将军及副都统"驻其城镇守之"。到了乾隆时，撤了蒙古人所任都统，"旗务"全掌握在副都统、将军的手中，而人民的"赋讼"等事，又要由所谓"同知通判"审理，土默特自己则被抛到完全无权的地步。《土默特志》的凡例说："土默特奄有五厅地，所治在我，所主在彼。""治"权既然操在统治者之手，那么，土默特的"主"权岂不是一句空话？所谓"皇仁""怀柔"云云，原来不过如此，有什么可夸示于人的？煞费苦心地宣扬了，又有几个土默特人根据自己的实际体验而能证实呢，而能相信呢，而能感戴呢？

土默特人在清王朝的封建统治下，曾以不断的斗争而刻写出自己光荣的历史，在这样的斗争中也涌现出数以辈计的英雄，对这些人物不给予应有的历史地位，却大肆为一些对社会发展毫无进益，为入主出奴，专充清统治者的爪牙们树碑立传，以为忠顺"可风""乌可以不纪"，这样的志书，算什么实录？

清王朝对于蒙古首先是土默特，历来似乎很"口惠"而又"急其羁绊"。它一方面标榜蒙古人可以"自建"，蒙古的统治阶级可以在自己的领域"君国子民"；而另一方面，又生怕这个"外藩"稍纵即逝，因此，怛怛惕惕，总想设计所以"安边"的办法，晚清以后，这种心境似乎更趋突出了。光绪十年，吏部及山西巡抚张之洞曾经提出"整饬边政"的设计。他在自己的一个条陈中，一口气摆出了不止十项措施，什么"更易管辖"呀，"编立户籍"呀，"清理田赋"呀，"建设学校"呀，"筹补遗粮"呀，"变通驿路"呀，等等，不一而足。随着形势的发展，所谓"边政"问题愈益案积在王朝的座前。经过"戊戌政变""庚子事件"，蒙古的波澜大有难挽之势，怎么办呢？于是拣出琵琶又弹起旧调，什么"忠爱""从王""从一""从善"等的"成宪"，被当做不世的经验而加以渲染。《土默特志》所说，不过是这些经验中的万一。其实，所有这套办法只能徒然引起人民的反抗。如果不废除民族的专制主义，不实行民族的自主、自治和自享，不论在君主主义的垃圾中如何花样翻新，终究是此路不通，奈何不得的。

二

由于是从统治者的主观愿望出发，是从权宜的需要出发，是在一个短促的时间内编纂的，所以这个《土默特志》实际上只是一部"急就"篇，或者说，很可能是一种应急的官样文章。文章而"官样"，修撰而"急就"，那么，这种成品的疏漏和浅陋是不难想象的。

统观全书，据"凡例"及正文所示，其资料来源只限《清一统志》《明史》《蒙古源流》《蒙古王公表传》《藩部要略》《蒙古游牧记》《圣武记》《归绥识略》等几部成书。其他明清两代有关土默特的大量的蒙、汉文献，看来并没有被参阅、被采用。按照旧例，为了修志，修志当局总是要收集、编辑一切有关书籍、图录、谱牒以及手稿著述。而《土默特志》无论从其征引状况，或从其行文叙事看，都没有在这方面花费工夫的印迹。主撰者们为什么没有这么办，人们自然不得其详。孔子修《春秋》，"籍资于百国宝书"。修土默特的方志，不同于修《春秋》，但是，道理应当无所歧异，难道这个"钦差"及其"入幕之宾"没有弄通这个道理？

档案文献在修志中占有重要地位，清人以为"案牍图牒之书，不可轻议"，不"轻议"，就是要"重议"。土默特的档案保存得相当丰富，从清初直到清末，历代文案都较完好地被保存在那里。这些档案不但能一脉相通地揭示土默特二百五十余年的辛酸及为挣脱这一辛酸命运的斗争经历，而且也能揭示造成这种命运的根本原因。很显然，土默特的档案实际上就是土默特的"实录"，因此，它们也应当是修土默特志最可靠、最实际，也最需要的原始资料，简直是它成书的基础。不要说离开、抛弃这些档案，即使是低估它们，也不会修出真正的志书来。从《土默特志》中，人们是看不出档案所发挥的作用的。在这部书里，既看不出土默特的特点，它的社会症结所在；也看不清土默特的历史规律，它的希望所在。而所以致此的原因，没有利用土默特的档案（特别是光绪年间的）资料，没有从这部分重要资料的实际出发，是一个很大的原因。守着既有的资料不用，"视而不见"，硬是把眼光投向别处，"却疑春色在邻家"，这是很不正常的。

任何一种称得上是地方实录的志书，都无一例外应当有自己独特的、对现实状况的反映。土默特的志书，尤其应当如此。截至《土默特志》修撰的时候为止，土默特一直表现了两种现实，一种是民族的现实，一种是地方的现实。而这个地方也还不是一般的"地方"，而是具有民族特点、民族个性的"地方"。土默特的志书必须真实准确地反映这种现实。就是说，它必须不是忽视而是正视这种现实。必须文字地再现土默特当时的社会经济、政治、军事、文化、风俗，以及表现在这些领域里的现实问题和现实成就。而要做到这一点，它就必须深入地开展实地调查，必须从人民群众中，从社会生活的实际中吸取资料，并且以这种调查资料来做自己的基础。《土默特志》根本没有做到这点，据本书"凡例"，只在一些文人的略履中，曾经向几个参领（满洲旗制的一个官号，位在都统以下佐领之上）调查"访辑"过一点资料。此外，在一些"风俗""食货"等项目中也略略透露出某些调查或一些"访辑"的丝迹，除此之外，概付阙如。由于没有认真对待这种调查，这就使这部志书不但与土默特人民的呼吸不相同通，与土默特族人的脉搏不能一致跳动，而且官气沉沉，竟然以乖离真实、谬悠之说，企图凌驾土默特的历史。可以确信，《土默特志》不是脚踏实地之志。

至于有意识地访求有关金石遗物、谱牒图录，并在书中予以使用，这部《土默特志》就更谈不到了。

志有史的性质。修志亦如修史一样，要讲究体例。刘知几曾说："夫史之有例，犹国之有法。国无法，则上下靡定；史无例，则是非莫准。"（《史通·序例篇》）。如果在体例上没有明确的考虑，就不可能拟定修撰的纲目，从而也就不可能有一个条理清晰、布局合乎逻辑的志书出现。"史例"当然可以有前规参照，然而必须自出机杼。郑樵说："凡著书者，虽采前人之书，必自成一家言。"（《通志·总序》）他修的《通志》，据他自己说，就是"虽曰继马迁之作，凡例殊途，经纬异制，自有成法，不蹈前修"。（《夹漈遗稿》卷三），而正是这部《通志》，在学术界享有极高声誉。章学诚称之为"别识心裁"。

修土默特志当然不能等同于修土默特史，然而须要注意志的体例，却是不必有差别的。这不是为了用"例"去束缚自己，用形式去限制内容，而是为了使志书有一个合理的章法。按道理讲，在土默特志书里，既要参照前人所遵体例，又要有自己的"别识心裁"，而这个所谓"别识"，绝不能是任意自启心源，它必须是土默特状况的如实反映。

第一，要载明土默特蒙古人的生活和生产环境。应说明土默特人所借以活动的自然舞台是什么样子的。这不是要把方志当做地理书看，不是要赞称如戴东原等所谓的"但悉心于地理沿革，则志事竟成"的主张，而是为了表明一种先决条件，没有特定的空间及这个空间的物质因素，任何历史都是创造不出来的。因此，志书必须先从这里撰起。《土默特志》虽也首列"舆地"一项，然而极其不伦。它除了记入"山川"及"疆界"之外，所有其他如地势、气象、物产等方面，都没有只字道及。

第二，应说明在这种环境中活动的人们共同体和他们的历史发展，特别是清代的经历，以表明他们不但在利用自然、改造自然，而且在对付敌人、发展自身的斗争中，如何磨炼自己。《土默特志》在这方面是完全回避了的。它在"舆地"之次，列载"封建"一项，而内容则只限于土默特统治者们的"源流"和"世系"，且其叙述极尽简陋之能事，致使人们从中不光无从把捉土默特人的历史脉络，亦且不了解各族之间的交相关系。

第三，应将土默特的民族和社会状况，分别列入政治、经济、军事、文化、教育、风习等各个专项记录中，这是前项历史发展的演绎或具体化。因此，这里的每一专项，都应当有沿革、现状；有官方的政令措施、民族的实际行动；有图，有表。《土默特志》完全没有做到这一点。它的"法守""风土""职官"三个纲目中，虽也涉及我所说的那些内容，然而，一则只限于统治当局的行政规定，并没有几条真实的具体状况；二则挂一漏万，实在也很不严谨。

第四，为了具体而细微地记录土默特的历史，应有人物志。《土默特志》在它的"人物"项内，只系入所谓"忠""义""节""烈"男女身世（极浅陋），而于真正在创造历史、推进生产和反抗强暴、有功学坛的重要的英雄人物，却屏当不尽，显然，这是可笑的。

第五，土默特蒙古人并不"只识弯弓射大雕"，因此，应当有艺文志，《土默特志》恰恰在这一方面又缺了"腿"。

不但在纲目上有疏漏，即在叙事上也繁简无致，文词失采。地方志的修撰，当然可以如章学诚所说，"夫修志者，非示观美，将求其实用也"，"工文则害道"。过分讲究修辞体裁，并不是修志的终极目的，然而"言之无文，行之不远"，已是经验之谈；而条理杂乱，详略乖张，也曾被章学诚列入修志的"八忌"之一。《土默特志》似乎很不措意及此，是一大病。

《文中子》说："举一纲，众目张；弛一机，万事堕。"李重也说："革法创制，当先尽开塞利害之理，举而错之，使体例大通而无否滞。"看来，《土默特志》的编纂者们正是"弛"了"一机"，而没有懂得开塞利害的道理，因而使他们的产物成了体例不通而大为"否滞"的典型，这也是足可为训的吧！

《土默特志》所记诸事，阙略失误，不在少数。应入志而未入，应详述而从简的可以举出很多，我在前面已经一般地揭示了，这里不再论述。就是已经录入的部分，也并不尽如人意。例如，说"蒙古为黄帝远裔"，并且以为"元祖起沙漠，自称黄帝之后"云云（卷三，《世系》），就不知据于何典。《元史·太祖纪》并没有这么说，《蒙古秘史》更没有这么说，我以为蒙古与黄帝是风马牛不相及的事，硬是要把他们扯在一起，其意为何？又如说："土部……惰窳成性，有地而不习耕种，无畜而难为孳牧。"（卷八，《风俗》）这种论调岂能服人？从土默特被满洲征服，族人已成奴仆，成年当差出征，何得而"耕种"？如果土默特人能"勤"于无俸"当差"，为什么就不能勤于"耕种"以自食？所谓"惰"者，实乃统治者致之。又如说：庄头地、公主地、代买米地都是公用地，"无不由土默特效纳"。（卷五，《田赋》）岂有此理！他们向王朝"效纳"，绝不可能是情出自愿，绝不可能是土默特人民意志的反映。把强迫人家献地，硬是要说成自动献纳，这不是那句"隔壁王二不曾偷"的同义语吗？又如说："开垦之地，设官编户，耕佃乐业，蒙汉永安。"（同上）非也。蒙汉两族之间为了土地的开垦，为了设官编户，一直是不"安"的。这有大量事实在，贻谷们不是不知道，何必文过而饰非呢？又如说"开国之杰……阿尔坦格根汗"（卷十，《人物》）云云。土默特的"开国之杰"，绝不能始于俺答及俺答之称为"格根"的时候。土默特的创国史要更早一些，阿尔坦能否始终当一个"杰"字？也还不是无可考究的。又如说，为了土默特的"衽席之安"设立"理事通判"之外，又置"巡抚"，这都是"天家之赐"（卷四）云云。这是明目张胆的诡辩。土默特已有自己民族自主的机构，为什么在它的头上又加一层统治权力？类似这样的不为允当的记叙和见识，还可以指出不少，这是所有阅读过这部志书的人都能觉察出来的。一部志书，公然妄开雌黄，我以为并不称得起是郑重其事的——虽然人们要求一种志书，不能像看待"天衣"那样通体"无缝"。

三

我在上面两部分中，根据自己的感觉提出了《土默特志》宗旨的缺陷、使用资料的缺陷、体例上的缺陷、叙事的缺陷以及用笔的缺陷，这都是值得我们修自己的方志时应当警惕的。但是，当我议论这些方面的时候，心中依然在提醒自己：《土默特志》也还不便完全抹杀。作为一种"前车"，它也有值得我们珍视的方面，正如它有不值得我们珍视的东西一样。

第一，《土默特志》表现出不是为了修志而修志，不是把修志本身当做终极目的，而是为了给政治实践者提供一种可以借鉴的资料，一种可以自解的张本而修撰的。

古人著书讲"经世致用"，章学诚也强调"修志求其实用"，这书的大旨，庶乎近之。由于是为了有助于贻谷们达到"督办垦务""整饬边政"的目的，由于是为了"今"的需要，因此，它在选材上倾向于现实方面的较多，而对于更"古"的东西（历史方面当然要不免涉及这个"古"字）则较少。这样的有所侧重，多少是符合志书的要求的。"史部之书，详近略远，诸家类然，不独在方志也。"允为清代方志大家的章学诚不是这么论证的吗？当然，《土默特志》所隐寓的贻谷们的目的不是我们今天的目的，它所征引的资料，

"近"的、"今"的也远不算是纂详，然而它对于"远"的、"古"的叙述之文，却是可以当一个"略"字而无愧。我想这是允许的。抽象地说，为今、为用，至为重要。

第二，《土默特志》表现出并不是当作土默特史而修撰的，从它所述内容的总趋势看，它倒是把志当作志，当作土默特的总览、概貌而修撰的。它有"史"的编年，但主要是资料、过程的罗列，而并没有什么理论的分析、规律的揭示。从它的总体看，它主要是关于土默特状况的横切面的展示。它的笔锋所及，包括了土默特的各个（不是一切）方面。我想这样的修撰是可以的。它有利于对土默特全貌的认识。

第三，《土默特志》虽然非常粗疏，所引资料不免使人有"雪花零碎，烟叶稀疏"的感觉，但也毕竟提供了一些可用的、为别处少见的资料。当然，所有资料除少数有注明外，多没有标明出处，这减少了它们令人信服的程度，然而，它的征引本身也是一种可以信赖的注解。这对我们修志依然切用，从资料的存录说，这也正是它可以珍视的所在之一。

第四，《土默特志》的编撰也还不无法致。清代古文正宗、桐城派始祖方望溪曾有"六条编书之法"，叫做"一曰正义；二曰辨证；三曰通论；四曰余论；五曰存疑；六曰存异"。（《茶余客话》卷十）这六条自然不必是著书的准绳，但在修志中，它确是可以借鉴的。看起来，《土默特志》似乎是吸取了这个"编书之法"的精神的。所载"卡伦"名称与绥远城所载不同，并列"存异"；"卡伦"的意义不明，乃作"正义"；蒙古历史人名写法有异，乃作"辩正"。如此等等。我想，不论它"正""辩""存"的对与不对，这种做法是可以参考的。

第五，《土默特志》的某些议论，也还不是毫无可取的。例如，关于土默特蒙古的人口问题，这部志书的见解是："国初以来，蒙人亦繁盛矣。当日兴师遣戍，常以千计。举数百里之众，生养休息二百六十余年，椒聊瓜瓞，当如何绵绵继继，繁衍盈升，而今民数乃如此！以燕、晋、秦边鄙之人，填塞于其境，枝强尾大，毋宁有可虑者乎？其式微之故，非谓租赋之不给，物产之不饶，无以养其身也，实……格根喇嘛舍身招提，多自斩其嗣续也。蒙人警焉，治蒙者思焉。"（卷四）这里指出宗教之对土默特人口增加的消极影响，并且要蒙古人警惕，应当是独有见地的。又如论土默特的库克和屯（即今呼和浩特）城的战略地位说："是城也，京畿之锁钥，晋垣之襟带；乌、伊诸盟之屏蔽；库（伦）、科（布多）、乌（里雅苏台）诸城之门户，而绥城之所为犄角也。"（卷四）这种认识即使从史学角度说，也有其肯定的意义。"虽曰守在四夷，岂能忘险哉？"的确不能"忘险"——无论对土默特人自己还是对这个地区来说。

《土默特志》亦如很多统治阶级所编志书那样，也是一薰一莸，瑕瑜互见，不便贸然抹杀。韩愈说："佳句喧众口，考官敢瑕疵。"对佳句尚且如此，何况等而下之呢？我这里谈这部志书的"瑕疵"的同时，也扯出它的另一面，也是"彰善瘅恶"的意思，那原因是我想把它当作我们修志的"前鉴"看待的（当然，它本身也确有这双重性）。

四

总括以上，我以为《土默特志》基本上是一部败笔书，即使它有一些可资利用的方面，那也是瑜不掩瑕，它之所以造成这样的结局，也许是"事出有因"的，但既然"查无实据"，我们也就不去管它了。这里要说的是它的几个具有致命性的问题，或者说是对我们修志足以引之为鉴的几个方面。

第一，缺乏时代气息。

帝国主义的侵略，激起了人民的反抗斗争，而同时也迫使清王朝采取新的统治办法，这种形势，土默特地区所受影响至为明显。截至光绪末年，根据清廷与外人所订不平等条约，帝国主义借"传教"为名已在这里设立起不少教堂，派了不少"教士"，飞扬跋扈，俨然是这里的太上皇，而各国的"旅游者"也络绎地跑到这里窥采情报，发展侵略势力。他们大力推广种植鸦片，祸害人民。为了反抗这种侵略，土默特人进行了坚决的斗争。参加义和拳，酿出所谓"教案"，就是其中最著名的事例。

清廷的"新政"也施及土默特，"练兵"呀，"办学"呀，"开矿"呀，"筹款"呀……无不一呼百诺。贻谷之来土默特正是在这一空气中开始的。在他的"督办"下，土默特的土地问题同时也是民族问题日益紧张起来。究竟当时有些什么措施、情况，怎样认识、应付当时的土默特形势，《土默特志》中毫无反映。它只是一般地拾掇了一些资料，远没有把它当作重点看待。然而正是这一形势，即帝国主义入侵以后，清廷演而成了"洋人"政府之后，土默特的历史在发展中出现了新的局势，这种局势对于其后的经历具有重大的意义，不记述这种时代的变化，是可惜的。

第二，忽视土默特的民族特点与民族问题。

作为蒙古族的一部分，土默特当然具有一般蒙古人的特点与命运，然而，由于历史经历和所处地理位置的不同，它又有自己的特点，并以这种特点铸成了自己的现实。一切记述土默特的志书的任务就是要把握与反映这个现实。民族问题之在土默特是有几个方面的，有对帝国主义、满清王朝及汉族封建统治势力之间的，也有在民族内部与其他邻旗之间的。不论在任何民族之间，引起问题、激起矛盾的主要是政权问题、土地问题、资源问题、谁来做主问题，以及民族形势和社会特点问题。土默特的轮替和土默特的斗争，实际上也主要是在这几个问题上和为了这几个问题。在这些方面，同样有大量的资料可以证明《土默特志》支离割裂、捡芝麻丢西瓜。完全无视这一问题，把志当作一般方志修，是完全不对的。这种方志，不但暌离现实，而且也不切实用，无法"经世"。

第三，看不出土默特的社会经济生产，看不出土默特的社会形态。

土默特人也是靠社会生产过日子的，并且在劳动生产中结成人们之间的社会关系。人们就是在这种关系中，不断地完成和实现生产、分配、交换和消费的历史过程。为了适应这一过程，人们也有了他们一系列的上层建筑和精神结构。当然，这些东西亦如经济基础一样，也在不断地变化、更替，而也正是在这种变更中，形成了土默特独具特征的社会。那么，土默特社会究竟如何生产，有些什么样的阶级，他们之间是什么关系，这些关系如何发展，他们的政权形式是怎样的，随着资本主义势力的伸进，土默特的社会形态又有了什么样的演变？等等，这些问题都是有大量的、生动的资料可以佐证的。任何土默特的志书，都要确切地记录这些资料，如实地反映这个真实。如果略此而不顾，把志书只是变成了法令的汇编、逸事的丛集，那么，这样的志书，有什么作为方志应有的参考价值呢？从这个角度说，《土默特志》是着了邪的。

第四，没有土默特人民的斗争记录。

不说远的，只以近百年来说，土默特人为了求得自身的解放，何曾放下过手中的武器？与那些"忠""烈"相反，他们反抗帝国主义，反对清王朝，反对大汉族统治主义，反抗本部的统治势力和剥削阶级。在这些历史斗争中，他们前仆后继，一代接一代，从不曾懈怠，人民的英雄何止百数。自然，他们的很多斗争是失败的，然而其人其事，应当永垂不朽。土默特的志书，应当记录这些历史真实。《土默特志》通篇不载一个人民英雄，一件斗争事实，这是违反历史现实的。难道土默特只有那些殉葬王朝的孝妇烈子吗？

以上就是我对《土默特志》的读后感。自然，我是希望这些意见不致偏离这部书的真实，因而也希望它能被看作是可取的。

志书如史书，它必须可靠、翔实，而在这点上，它甚至较史书有更高的要求。它不允推测、假设，它的科学性更主要地应建立在事实上，这点必须颠扑不破，我们修志就注重这个。

《土默特志》不论如何，总算为我们提供了一种孰取孰舍、孰臧孰否的范本，关键是看咱们的抉择了。希望修旗志的同志们能结合实践，考虑于万一。

《把什村史》 阅后

年前，女儿受托带来村人写的《把什村史》一种（内蒙古人民出版社出版），并说编者希望听听你的意见云云。

我也曾经是把什村人。把什村的"把什"们编撰的《把什村史》，这可是前无古人，石破天惊。真是沾光了。

20世纪80年代初，我曾受聘参与《土默特志》一书的编纂，这是一项宏大的创新工程。其间，我连类所及，曾经提出编写村史、村志的建议。最初的动机也很质朴：一方面是为《土默特志》开拓资源，搜集一点有关史料；另一方面以为"村"是居民基点，所需资料可能更可靠。把什村在"板升"地区可能具有某种典型性，它在历史上的悲欢离合、荣辱进退，往往是土默特史志的某种折射。那里有资源可用，能写能算的"把什"也代有其人，编撰村史应无甚难，所以这个建议实在也有眷勉乡梓的微意。但是当时政通人和，百废待兴，"村史""村志"云云，只能在榜上名落孙山了。20世纪末，《土默特志》下、上册先后出版了。从此，我蜗居一隅，不再有心力碌碌如旧。不料时隔十年以后，《把什村史》突然靓妆出现了，这岂是始料所能及？空谷足音啊，这里，我倒是忽然觉得，《把什村史》仍为我当年所提出的那个建议的可行性做出了一个例证。快何如之。

编写村史，应当有它的一定意义。

第一，它可能在扭转村人对"村史"虚无观念的尝试中，起到一定的作用。

什么是"村史"？或者会有各种说法。我以为它无非是指历代村人利用自己所身处的民族、地区和时代条件或特点，自发地和有组织地向自然与社会获取生活和生产资料以及与此相关的诸因素，以维持自家及族姓的延续的实践过程；是他们自古迄今、世代相承、备尝险阻、饱受风霜、历尽波折营造乡国、创建文明的毕生经历；是他们适应和改造客观世界并使自己也被改造的人生图谱。这就是我所认定的"村史"内涵。这是无法否定的真实。然而在我早年的感觉中，把什村人并不一致认同。他们不承认有什么"村史"，也没有这个概念，认为历史只是人为的概念，真实的只是手捧的饭碗。可以看出，村史虚无主义的确是存在的。但是可以谅解，这是不无原因的。一是没有文字记录，历史事实无从凭证。二是世代相传的民族习惯，不知什么时候淡化乃至中断了（或者受喇嘛教的消极影响，只迷信来世，弃绝祖先），父祖不向子孙历述祖业，子孙无从得悉先代身世。三是现实的生活及艰难的境遇，迫使他们只能全身心操持眼前的温饱与应付官府的催迫以及社会的困扰，没精力多谈往古等。

导因于对历史的无知，不知道世道的发展规律，不吸取历史教训，不懂将现实与村史经验比照，以致一代接一代地重走历史的老路，世代相承地安命守旧，迷信时运，寄托侥幸，终至陷于日趋轮替，"把什"异化了。村史撰成，未必不是为改变这种精神状况提供了一个契机。

第二，它可能从此填补村中无历史文件的空白。

"把什"这个称号本来就有"写番字的人"的含义。部落时代，无论对内对外的交欢或交战都会有文件交接，就是一些重大事务办理，也大概不至于没有"把什"们的用武之地。因此不妨设想，"把什"部落，特别在"板升"时代应当也有它的"石渠宝笈"。然而时代及风雷决定了"把什板升"的命运。且不说汉军的频繁"捣巢"，明末清初就是个关键。以蒙古"正统"自居的林丹汗，突然西进土默特，大肆残破；跟踪而来的金国皇帝皇太极，驱走林丹，"烧绝板升"。兵烽所至，玉石俱焚，"把什"奔跑，文物簿籍还不尽成灰烬？这就是人们看不到"把什"村历史文献最根本的原因所在。文物荡然，"村史"也就成了虚无。这是村中的历史空白。现在写村史，无疑会使人觉得这或许是最直接的填充物之一，是历史记录的再造之一。

第三，村史当然要记录历史人物、历史事件及这些历史人事的演变和关联。这就会在一定限度内，使各个时期的把什村落的风情，不至于再行中断而能垂鉴于后代，这是口口相传所难以办到的。

第四，可能开创一个编纂村史的先例。它的成功以及编撰本身，都可能起"一波才动万波随"的作用。因此而无形中带动别的村史相仿与相继出现。一种写村史（无论综合的、专业的）的"时髦"果真兴起，那把什村可就开风气之先，有首创之功了。

既然写村史很有意义，那么，我以为已经组成的编委会，应当尽力使之成为常设机制，不要解散（当然，成员可以变动）；还应当写出续篇、补编等。

这部《把什村史》可谓"巨帙"。四十余万字的"大餐"，要叫一口气吞进，耄耋之年，碍难办到。但是陆陆续续，我还是勉力通阅了一遍，以为对编者雅意的回敬。可怜的是旋阅旋忘，连不求甚解的地步也没有达到。还需要努力。

我离开把什村，至今已经七十多年了。这期间，村中无论莺歌燕舞、地动山摇，我都没有参与其间，虽然间或听到几许信息，也言人人殊，无从定夺。所以对于书中这方面叙述，实在难置一喙。倒是七十余年前的村中印象（主要是涉及蒙古族的）至今不灭，前人讲老人有十"拗"，即十种反常，"记远不记近"就是其中之一，我大概就是属于这"拗"派的成员。对于书中所叙涉及这方面的人、事、物、景，我也是以我所忆为尺度而加以衡量的。当然只是一隅之见。

对于《把什村史》所散发的气氛，我的总体感觉是很可宝贵，执笔者们乡谊情深，对自己的乡国怀有十分的眷爱。驱笔行文，多是珍爱、包涵，这是一；其次，编者同仁在搜集资料、挖掘隐讳、访问耆宿、编排卷秩以及反复审核等方面，确实是做到力所能及，恪尽其职了；再就是大家的执著精神令人感动，都是年过耳顺、离职养息的老人，却能在七年间，不辞辛劳、兢兢业业、互勉互助，直到书成，难能可贵、花香晚节啊！

就全书所载内容看，当然可以听"书是成功的"这样的话，而就我所知，却也想说点另外的话，这就是它尚有记述疏阔、严重舛杂的毛病。它大大地影响了书的质量。

首先是思想准备问题。为什么修史，如何修史，它所追求的归宿、目的何在，它应当有怎样的规格？即使是最基层的"村史"，我想原则上也须事先做这种考虑。

为什么修史，怎样看待历史？可以有多种说法，这里，我只想引证两位历史人物的话。

龚定庵，这是一位19世纪中国从封建社会沦为半封建半殖民地社会转型时期的进步的思想家、史学家。他主张改革，反对帝国主义，对蒙古很有见解。他的《蒙古图志》内容宏博，其他有关蒙古宗教、氏族、语言等的论著也写过若干。对于写史，他曾敏锐地指出：

> 灭人之国，必先去其史；隳人之枋（即政权——引者注），败人之纲
> 纪，必先去其史；绝人之材，湮塞人之教，必先去其史；夷（即诛
> 灭——引者注）人之祖宗，必先去其史。

这段话是有潜意的，就是说有言外之意。这就是：（1）要保国、保政权、保风教、保祖宗（即人和族的始源——引者注），就必须先保其史；（2）有的国被亡了，政权被夺取了，风俗习惯被化掉了，祖宗被消灭了，就是其史被"去"（即除掉——引者注）了的缘故。

把"史"与家、与族、与国的关系说得这么严峻，应当说是十分痛切的。这除了作者尽读古今史志之后心有所悟而外，也是龚氏的亲身体验。他的立论当然是概而言之的，但是具体到一个特定的单元如蒙古族的"把什村"，不是也可以举一反三吗？

除此之外，他在另一篇《尊史》中又说："出乎史，入乎道；欲知道者，必先为史。"这话的意思是"为史"（即写、读史——引者注）本身不是目的，不是为写史而写史，是为了追求"道"才写史的。"史"是出发点，经过"为"的实践，归宿于"道"。那么，这个"道"是什么东西？他没有说。按常理，它指的应是意识形态、理论体系、价值观念（人生观、世界观）、古今历史教训的鉴识、客观事物的规律归纳。从他所处的时代及其身世说，他的"道"当然是封建性的东西。而在我看来，所谓"道"云云，当然是历史唯物主义，是马克思主义中国化的价值观。然而在"为史"的进程中，要这个"道"干什么？他没有说，这是他的局限性。其实正是这个"干什么"，才具有实质性的意义。

另一位是革命领袖毛泽东。这位新中国之父、马克思主义中国化理论创始人，历来重视"史"的能动作用。在战争年代，炮火连天，他仍强调"史"的学习和编撰。为此，解放区先后编著并出版了《近代世界史》《中国现代革命运动史》《中国通史简编》以及多种史的通俗读物。他曾经严厉批斥"对于自己的历史一点不懂，或懂得甚少，不以为耻，反以为荣"[1]，"对于自己的祖宗，则对不住，忘记了"[2]等的错误倾向，指出："学习我们的历史遗产，用马克思主义的方法给以批判的总结，是我们学习的另一任务。我们这

---

[1] 《毛泽东选集》第三卷，人民出版社，1991，第798页。
[2] 《毛泽东选集》第三卷，人民出版社，1991，第797页。

个民族有数千年的历史，有它的特点，有它的许多珍贵品。对于这些，我们还是小学生。今天的中国是历史的中国的一个发展；我们是马克思主义的历史主义者，我们不应当割断历史。从孔夫子到孙中山，我们应当给以总结，承继这一份珍贵的遗产。这对于指导当前的伟大的运动，是有重要的帮助的。"①

这段话的精明处是无须赘言的。第一强调编史，先撰各种如政治、经济、军事、文化等专史；第二提倡学史；第三强调"总结"，即使"史"的记述升华到理论；第四，最关键的是用这种从历史规律总结出来的理论去指导实践活动。毫无疑问，这样的"为史"，较前述龚氏所叙，要高明得多。这是写史（包括学史）所应遵循的不二法门，是它的高级境界。

统观《把什村史》，我总感到笔者们作为总体（编委），似乎对此并没有了然于心，斟酌得太浅，没有很真切地体现这里所说的"总结"及我所上述的那种"内涵"。如果事先能认真酝酿先辈的教导，或学一点有关写史的方法之类，可能有助于减少书中的缺失。

其次是记述遗漏问题。就我所熟知者，甚至一些重要历史情节，都缺笔没书。例如，"霍洛"〔即丁家与云（荣）家之间的那片三级原址〕，这是关系把什村始源的要项，就一字没提；村中四姓〔丁、康、云（荣）、李〕的来龙去脉；汉人入居的经历；各家的兴发与衰微史；人祸、灾荒迭起，蒙古人语言风俗被同化过程；村中旧时一些士绅的业绩；土默特地区一些历史风云在把什村的影响；"把什"这个聚落之由"黄金把什"经部落而"板升"而村庄以致空有"把什"其名，而已完全异化的演变，等等，书中都没有交代。此外有一些足以衬托村中风情和教化的"细事"，也漏笔太多。因篇幅所限及我的记忆不周，恕不一一详列了。

再次，记述多有谬悠。书中涉及史事的时间、名称、因果的说法与我往时所知，每有歧异。例如，关于"把什板升"的释名；几个寺庙（文化史的表征）的描述，全系笔者们的凭空想象，没有一处有真实可据；对有的人过于溢美，有的事又虚加伪饰，等等。

最后，在史事的叙论中，"史笔"精神每嫌欠缺。把什村史没有文献可凭，大抵要取材于民间的街谈巷议；村中的残垣古迹，向来的风物人情，历代的歌谣礼赞、家乘族谱等诸领域，但是这中间往往是真伪混杂，莫衷一是，

---

① 《毛泽东选集》第二卷，人民出版社，1991，第533页。

甚至以讹传讹，私心附会。因此，录取时要鉴别，以情以理去定夺，不可人云亦云，随声附和，有闻必录。例如书中提及的"送经庙"，这显然是强作解人的误导，不应因袭。如此等等。另外，论定史事时，宜有识见，不为旧有的成见所囿，也应有勇气挣脱迷信、时髦的束缚。

把什村史被埋没了几百年，峰回路转，得到了出世的机缘。它希望被发掘、被整理，希望以自己本来的容貌、本来的声音昭示后人，使自己的历史脉络、历史精髓垂诫来者，这个期望应当是合理的。在这里，"史笔"直书与别具卓识，最为重要。

以上几条，就算是我阅后的浮见，或者如哲学家所说的"无知之知"。当然，不能视作定论。

自来，写史被视为难事，写的不遗、不误并见卓识，独成一家，尤其不易。把什村人撰"把什村史"似乎容易些吧！为什么？前人曾有说法，以为本地人写本地事，"耳目易周，名实易核"。这是说，他们是本地人，一切人事亲见亲闻，易于周密，不会偏颇，真假虚实容易辨别。其实这有点执一而近迂了。本地人同样有看不到、听不到的时候，不要说古人古事、古文古献，就是身处其中的当代，所见所闻也岂能那么周至？从本书所示，就可证明。难处不光是见闻所限，也还有另外的原因。一是村中没有"史"的文档，无从凭证。知情的乡耆俱已仙逝，胸中蓄积因之也带入冥府；在世的乡宿而又熟悉村中掌故者，似乎也很寥寥。本书那么多失误和遗漏，与诸受访者们的所知所见不无关系。"文献不足征"，孔夫子都叹难。二是有些客观的因素，使笔者难于畅所欲言。这里原因也有二："国忸衮阙，则有所避而不敢书"，文字狱一来，谁敢不怕；再者，村史当然不免涉及亲友邻里及其祖先，溢美可以，一旦"直笔"，可就免不了引火烧身。鲁迅说："历史要真，招些忌恨，也只好硬挺。"这么说说是可以的，然而真要"硬挺"，就很可能被"忌恨者""硬伤"，这是有事例可证的。所以执笔者们也只能尽力用"讳"字去毕功。还有一点也容易增加难度，这就是编者自身的经验。

既然这样，那么书中的诸多遗憾如上所述，就不妨见谅一二。

最后，这里顺便提一下，我曾经将《把什村史》定性为"野史""稗史"。这话本来也没什么语病，不过，回头又想，这个定性还应当有所限定：书虽然是私人编定的，并不由"官"方指定，但却是集体的功力，从体例到选材，从组织事务到落笔成文，都经过反复协商，不能全喻之为"稗"或"私"。编委同仁虽非"官"方代表，但都是从"官"位上退下来的"官员"，其思想观点并不都属"野"字辈，而且书稿都是被审查过的。所以我想应该是非"稗"而"稗"的"稗史"，非"野"而"野"的"野史"。

　　这种"野史"或"稗史"，历来是不被人重视的。明代史家甚至说"野史"有三大弊病："挟嫌而多误""轻听而多舛""将怪而多诞"。这种指责，当然不见得全诬，可是也不能因此而"一棍子打死"，就是王氏自己也说"野史"有"惩是非，削忌讳"的功能，"不可废也"。鲁迅甚至说："野史和杂说自然也免不了有讹传，挟恩怨，但看往事，却可以较分明。"他是主张阅读野史的。原因就是它不像"正史"那么官气十足，装腔作势。这话当然是绝对无误的。我赞成先生的主张，但是，无论"正史""野史"都还是要心中有数，切忌任人摆布，有道是"尽信书，不如无书"。这于《把什村史》也适用。

第二卷

《格萨尔》谈话录

……

是啊！这都是三十年前的旧事了。三十年以前的事，还能记得，如果不是亲身经历，恐怕很难记得这么具体。这勾起了我很多联想，激动啊！

旧事就是历史。我们都是参与那些历史活动的人，当然取得了在我看来是历史成就，而在另一面却说是"罪恶"的证据。现在真相大白，"罪恶"之说，已经立不住脚了。我指的就是咱们说的《格萨尔传》的事。《格萨尔》这片山林，当然是古已有之的，并且也间或听到几许樵歌，但是开辟它，使它成为学坛的一个境地，却是我们筚路蓝缕，在极端困难的条件下，惨淡经营的。这是颠扑不破的事实。事实胜于雄辩。对于那段史事，至今我的印象对此似有三种态度。一是回避、忌讳，不愿或不便提起；二是歪曲或抹杀；三是存真，既不溢美，也不隐恶。为什么出现这种现象？特别是前两种？没人告诉我。而我是可以设想与猜测的，这里就不屑于说它了。

历史事实是最硬邦邦的东西。恩格斯讲，无论自然科学、历史科学的研究，都要从既有的真确的事实，而不是从被歪曲的、虚构的事实出发，从抽象的原则出发是解决不了什么复杂的问题的。这对吗？我看很对。所以弄清《格萨尔》工作的历史全貌，重要的就是记录事实。那是我们生命历程中没法绕开的一段。但是对于那些历史旧事，不光要仔细回忆，还要认真记录，使它能成为入档的资料。20 世纪 30 年代，北平故宫博物院文献馆曾经编辑有《清代文字狱档》九集，都是当年康、乾时代有关文献的实录。《格萨尔》工作的文字狱没有多少文字记录，所以老人们要追忆，而且要加以识鉴，要理论地总结。没有这一条，就事论事，只能是现象罗列（当然至为必要），不能得出经验教训，不能有助于后人。李唐晚期有个文人叫杜牧，写文章谈秦始皇的灭亡，秦政实行"焚书坑儒"办法，期望以此维持久远专制，结果是"竹帛烟销帝业虚"，"焚书只是要人愚，人未愚时国已墟"，"可怜万世帝王业，只换儒士丘一堆"，二世而亡了。杜牧说，对于这些，"秦人不暇自哀而后人哀之，后人哀之而不鉴之，亦使后人而复哀后人也"。多么沉痛。《格萨尔》的冤狱，当然谈不到国家大事，可是在当地的文坛上，首先是《格萨尔》这个涉及一个民族古老历史与传统文化的学坛上，却是重要的大事。对于这件事，不去记取，不去识鉴，恐怕杜牧的话，在效应上就是难免的，应力求避免。

我在青海工作二十年，与青海人共此岁月，共此命运，不容易。我和他们是有情感的。到现在，遇到当时的老相识或者年轻的后辈，仍然称之为"老乡"，这里我是以青海人自居的。但是，我和他们的处境也有所不同，这就是我被推进了文字狱而他们没有，原因只是我写了一些诗词文章，特别是主持《格萨尔》工作并予以高度赞许。这是大家都熟悉的。

《格萨尔》的事，在当时我的全部工作中占有突出的地位。这部史诗当时的全部汉文译本，我差不多都阅读一遍（有的不止一遍）。我对它的评价一开始就很高。这从我为《霍岭大战》一卷所写序言就可看出。我看出这部民间创作的辉煌，以及它在国内各民族（当然不是一切民族）中的广泛影响，决心成全它。但是当时的政治气氛及物质饥荒，是没有足够的工作条件的。那么，等待吗？当然不行。我与它之间只好如涸辙之鲋，相濡以沫。不料好景不长，意外地遭到了无情的乱棒。《格萨尔》被省委宣传部几道公文（有档可查）宣布禁锢，我自己则被戴上了政治帽子，成了革命的对象！从此咫尺天涯，我与《格萨尔》不相闻问了。一下就是十五年（1963～1978），直到冤案彻底平反。

冤狱昭白，我也告别青海。工作领域不同，我和《格萨尔》"一在天之涯，一在地之角"，似乎如庄周所说，"相忘于江湖"了。它的一切情况，我已一无所知。当然，我是馨香祷祝它的复起的。

离休以后，情况倒有了不同。大概随着工作的开展，一些旧雨新雨们想到了我，应他们的邀请，出席过几次如座谈之类的会议，都是关于《格萨尔》的。从这里，听到关于它的最近的进展情况，并且还得到几种关于《格萨尔》的著作，是人家赠送的。真是要感谢人家。当然，都是好书。我本来是"自从三度绝韦编，不读书来二十年"。这是离开岗位之后的状况。所谓"韦编""书"，指的都是有关《格萨尔》的书，不是泛指。"不读"就是没有读。为什么没有读？我的书斋没有这些种类的书，我又绝迹书店、书市，也不知道有什么涉及报道它的读物可得。现在忽然间陆续获赠这些书，当然是格外喜欢。书大致上我都过目了，只是自己余热旁骛，又兼脑力不逮，知识有限，只能时断时续、前读后忘地读了。所以是不求甚解，浅尝肤受而已，实在是抱愧而嗟了。但是其中一本名为《民间诗神——格萨尔艺人研究》（以下简称《民间诗神》）的书，却使我大开眼界，书是著者惠赠的，以民间艺人为研究对象，而且尊之为"诗神"，确为前人所没道及。著者以亲身访查所得而撰成此书，真可谓探骊得珠，能从大处落墨了。

我还在文字狱缧身时，就曾说过："自古文字多冤狱，南冠不悔史诗心。"这也是一种情分。这部书一到手，就很拉动我的这种曾经存在心中的情分，立即翻阅，先读下篇。那是二十五位"诗神"的传略。我当年在工作中，没有来得及访问这些艺人，更不要说为他们作传了。好比是欠了"债"的。但是我是放心不下的。书到手，好像是急于要会晤旧识一样，所以我抢先与他们握手。面对这些朋友，真是聚精会神地接连倾听关于他们的倾诉，很感慨。著者真是做了件非同寻常的功德事。阅后，我即致信著者并附诗一律，表示了我的祝贺与钦佩，几乎是迫不及待的。

其后，又阅上篇，那是著者依据访查所得，对艺人及其《格萨尔》演唱的论述，但是我没有一口气读下去，这是因为我手头有别的编著成品，亟待依时交卷或审定，没力分神所致，并且有一段时间外出，以后才有机会重读。因为老糊涂，记忆力减退，眼神也不行。可以说是个断续、记忘相间的阅读过程，但是终于通阅了。从全书的论述中，深感著者的民间情结之深，观察事物的细腻及入骨，不拘一格，自成学说，水平是高明莫及的。我有阅后即兴诗一首，专笺此书：

> 心存民间情致来，笔谱文坛信有才。
> 脱却旧窠惊玄鉴，诗神原是昆仑台。

诗这种东西总不免夸张，但我的这一绝句，基调上却是写实的，当然也是嘉许的。它多少抒发了一个读者阅后的一缕意兴。

研究史诗需要不少访查工作，也不免要涉猎必要的文献，据我看这部《民间诗神》，恐怕应该是一切有关研究者的津逮要籍。必读。

我的感觉实在零乱。当然可以谈谈，也只能是姑妄言之，你也姑妄听之，耳边风吧。约略地想，有以下这些：

一是本书遵循了一种正当的治学方法。

在社会生活中，一种实践或一种历史遗留，要成为一种学问，并且使它具有合理性和有助于人们的与学问本身的发展，那就需要下工夫去捣鼓。历来的办法好像是三种：一种是读书，"静坐读书"，只要多读书，就能悟出学问来。这是宋学家理论。所以有人说"朱子论学，只是论读书"。一种是反对读书，以为行动才是学问，这是颜氏学派的倡导。再一种是治学要结合读书与实践，这个实践也包括实地调查在内。强调这个的是顾亭林。三派各有影响。我看顾氏主张，应当是治学正宗。他自己身体力行，考察北方乃至塞外二十余年，亲见亲闻，他积累三十余年写成的《日知录》中，好多条就是他调查所得。这种不轻信载籍，注重实际考察的精神，历来被学者所师法，成为汉学的优良传统。特别要指出的是，这基本上也符合马克思主义治学方法。马克思极端重视调查报告，他并且把普通写调查报告的人称为学者。恩格斯为写《英国工人阶级状况》，用二十一个月的时间，到工人中亲身观察，与他们亲身交往，得到了可靠的资料，说"这本书里所叙述的，都是我看到、听到和读到的"。我们中国当代不是也有"没有调查就没有发言权"的说法吗？写书就是"发言"。

就汉文状况说，《格萨尔》的科学研究没有什么完整的历史资料和档案文献。20世纪曾零零落落有国内外好事者写过一点报告，但为数不多，且片面、断烂、道听途说、传疑传信的东西掺杂其间，充其量只聊胜于无吧。以之为研究的资料渊薮，实在是难为其炊啊！所以要使《格萨尔》成为一"学"，积累资料，使研究有游刃，至为重要。本书著者深明于此，决心深入基层，亲自调查。我曾说他是"心仪民间甘自苦"。矢志不懈，"频临穹庐听说艺，独闯僻荒录唱经"，终于取得了前无古人的创获，并且也终于据此完成了这部十分启人心扉的大著，真是善始而又善终了。

二是特笔为《格萨尔》艺人列传。这也是个史无前例。

一般说，民间艺人的说唱活动，无论对社会的影响或对文艺本身的发展，作用是很大的。以前读"闲书"，看到袁简斋的一首征引诗，是称道一个说唱人的伟大的。作者说这位说书人，"世界怪事皆能说，天下鸿儒有不如。耸动九重三寸舌，贯穿千古五车书。《哀江南赋》笺成传，从此韦编锁蠹鱼"（《挽委顺子·王防御诗》）。这里没有转述全文，但是诗意很明白，说书人所说内容的广博，能融会"五车书"，大学者也比不上，听了他的说唱，谁还有兴趣去翻那些古董呐！他的这些话，当然只是执一而说的，但民间艺人的创作和演唱的功用确实不容忽视。

　　然而，在中国文学史书中，据我看到的，却不见有他们的篇幅。当然，一些笔记一类的书本上，也曾列出过不少当时民间说唱艺人的名字，可也只是列名简介而已，并没有详细介绍、评价他们的活动，更没有替他们做出专传，就是新民主主义的新社会的文学家对他们也大致如此。学界之不平，竟至如此。不过，历史上偶尔也有例外，例如明末清初的北方说书艺人柳敬亭其人。名噪二代，说艺无双，就曾有好些人为他立传。这些为他写专传的人中，竟有赫然名震今古的大学问家如黄宗羲、吴梅村。黄氏历来被誉为是与"开国儒宗"顾亭林并峙的大学问家，他"崇尚诗史"，强调治学的实地调查。吴氏是清初大诗人，是"国子监祭酒"，也是著名人物，大学问家竟然为一民间艺人作传，岂不是很突出吗？而更为突出的是二人对这位传主给予了高度评价。可贵呀！当然他们并没有为蒙、藏艺人作什么传。

　　《格萨尔》的演唱者从来是名不见经传的，这当然使人不服气。据说，佛徒们曾有这样的说法："经典实在没有什么，重要的是看和尚如何。"这话我倒有点同意。如果以此为准，说《格萨尔》文字没什么，重要的是看说唱艺人如何，不也可以吗？可以。事实为证据。不妨设想：如果没有原初的"苯"以及后来的艺人，《格萨尔》的创作、繁盛及流传等，恐怕是绝对无从说起的吧。正是"苯"人说唱艺人的成长、师承及智慧的升华；他们对民族、人民的密切了解与情意；他们对民间文艺的挚爱，才使这部被喻为史诗的作品，在千百年中诞生、茁壮、流衍和发展开来。不必完全否认艺人之外的人们也许为这部创作浇灌过多少心血，然而归根到底，在总体的构筑上，毕竟是那些历代"中勘"们的功劳。历史学家讲事物的渊源，那么，民间艺人正是《格萨尔》的渊源。而为他们写生平、演唱节略以及创作经历，应当是探溯这个原始的首要步骤。本书著者为现在这些艺人写访查记，实在是开《格萨尔》研究的新风气。是可以与前述黄、吴二氏前后辉映而又胜过他们的：一是所传不止一人；二是所传都是另一民族的；三是所持观点绝不雷同。顺便说一句，《格萨尔》之原始"唱本"，当然不能归之于现在诸艺人，他们基本是传承者或传承中的发挥者，甚至可能被视为前辈创作的"学舌"人，其实这也很伟大。

　　三是揭示了史诗与巫人的关系。

　　这一点最引动我的兴致。我甚至要说这几乎是一大发现。过去我曾经以为《格萨尔》与佛教无关，即使某些方面间有"佛"的影子，也多是后来佛人的外加，是作品中的"赘疣"。但是它与巫的关系，却没有明确的意识。

　　说到这个"巫"，自然地想起过去农村的"跳大神"的形象。可笑亦可恶。我在延安的时代，亲见改造"巫神"是农村文化工作的重要任务。我的家乡也有"巫"，人们甚至称之为"仙"。"巫"给人的印象一直不佳。其实呢？"巫"也有个变化的历史，要历史地看它。

　　在古代，在人们的社会发展的初级阶段，这个被称为"巫"的事物，却是个了不得的存在。在汉文记录中，有"巫史""巫祝""巫筮"等。"祝"和"史"都是文化人。一个是"作词的事神"，一个是"执册的事神"。"事"就是侍候、服务，是为"神"这个莫名其妙的万物之主服务的。"筮"是推测未来福祸的。他为什么能做这样多的事，因为据说他聪明诚信。"齐肃聪明者，神或降之"，他本身就是神的化身。因此他不仅能识别人的姓氏、宗亲，而且能为"天之骄子"们设谋划策。所以"巫"在特定的历史时期往往举足轻重。"巫"必是文史事业的发端者。鲁迅先生就曾承认这个。你看这里说的："原始社会里，大约先前只有巫，待到渐次进化，事情繁复了，有些事情……渐有记住的必要，巫就只好在他那本职的'降神'之外，一面也想法子来记事，这就是'史'的开头。况且'升中于天'，他在本职上，也得把记载酋长和他的治下的大事的册子，烧给上帝看，因此一样的要做文章——虽然这大约是后起的事。"真是一语破的！依据这样的事实，有人主张文学始生于"巫"。刘师培就说，"巫"，"多娴文学"。他们"有学问才智，与印度婆罗门同。故修辞之属，克擅厥长"。不光是文章、文学，就是神话，据鲁迅说，"其根底亦在巫"。这个"根底"，鲁迅所指乃是"上古"至多是秦汉以前时期。我以为先生的揭示是有道理的。不光对汉族，当时的"巫"们显得多才多艺，就是对其他民族，例如长城以北乃至西伯利亚诸民族的"巫"们，古史上也记述为"多功能"者。近世纪以来，中外学者兴起"巫"教的研究，至今也还方兴未艾。然而着眼于"巫"之与文学、史诗、神话的关系这个角度的论究，却不免令人有杳然之感，即就这点而论，本书的揭示，也是空谷之音，令人不胜其喜了。

　　"巫"的文字本领是否也适用于藏人呢？从本书的介绍，可以相信，那完全是没问题的。《格萨尔》本文也直接地证明了这点。

　　这个"巫"在各民族中，各有专称。在藏语中，据说是称为"钵"、"苯"的。这个词在蒙古语中也有，含义与藏语一样，我想这可能是藏词的借用，因为古蒙古语是自有其词的，这就是《柔然传》所说的"是豆浑"，今蒙古语写作"亦都亥"（iduhan）的。

同样是"巫"（或"钵"），为什么"钵"能创作史诗如《格萨尔》这种巨型叙事作品，而且流布广远，而汉"巫"却没有这样的创作气魄？这话问得很有意思。鲁迅先生对此有过定论，后人也都师承他的说法，这是大家都知道的，我没有研究过，但是敬佩先生治学的谨严，我也只是"先贤明鉴自千古，小子不敢妄置词"。我的感觉是，"巫"的作用在两族历史上各占不同的地位，也不容忽视。

"钵"或"苯"早在史前时代，甚至"英雄时代"，在部落中乃至部落联盟中，就是举足轻重的。藏地人自称是"蕃"或"钵"（pan），不称"藏"。有的史家因此以为其所以自称"钵"，就是因为信仰"巫"的关系。这种说法好像也不合乎氏族、部落命名原则。一般说，一个族的命姓受名，要服从两个原则，一是血统，一是居地。因信仰"钵"（或苯）教，遂以之名族，说虽创意，却嫌不类。按《新唐书·吐蕃传》："西羌属，盖百有五十种……居析支水西。祖曰鹘提勃悉野，健武多智，稍并诸羌据其他。蕃，发声迫，故其子孙曰吐蕃。"又《旧唐书》："吐蕃……其种落莫知所出也。或云南凉秃发利鹿孤之后也……济黄河，逾积石，于羌中建国……遂改姓窣勃野，以秃发为国号，语讹谓之吐蕃。"二书记录混乱，不足信。不过，也不可以尽疑。一是说不了解这个族的来源，二是说它的姓名源于两条，这就是居地和血统（"祖"），三是说他的祖先名叫"鹘提勃悉野"。这个说法，以我的浅见，我基本上认同。其中这个"鹘提勃悉野"或者正是"吐蕃"（姑读"若波"）的原称。"提勃"即"吐蕃"的同声词。汉人惯于把外族名称简化、歪化的事例，在历史文献中并不少见。例如"基利斯督"就被讹为"基督"等。《荀子》说："先祖者，类之本也。"找到吐蕃的"祖"，也就易于知道族名的所以然了。在这里，你能发现族名的起始源于"巫"即"钵"的痕迹吗？

"钵"作为一种原始宗教，从它开始就伴随着吐蕃的历史，是族教、国教。在佛教引入以前，"钵"具有压倒一切的势力。"巫"人的作用，应当是最显赫的了吧。他们在祭祀、聚会、酿酒、治病、卜筮等实践中，免不了要发挥他们的才能，唱赞、预言、记事、设谋。

吐蕃之族也许同世界众多历史族类那样，经历着民族、部落、部落联盟、部族乃至民族的变化过程，当然也是社会经济形态递变的过程。在这历史性演化中，他们的世界应当并不平静。彼此冲突、寻衅、嫌怨、争执的事，恐怕是迭起迭伏的吧？处理与裁决这些麻烦，当然会采取协商的办法，但是更彻底的办法或者就要诉诸武力了。"起于尊俎之闲，而折冲千里之外。"对族内如此，对族外尤其如此。因此，恩格斯说，人类向野蛮时代的高级阶段发展时，往往战争及进行战争的组织，成了人民生活的正常职能。这话也不妨用之于史前时期的吐蕃族。因此，唱赞战争及战争的胜利，很自然地也就成了"钵"们的必然了。然而战争的胜利，除了必要的条件，英雄的作用实在是最直接的决定力量。正是战争中的英雄，不论败亡或胜利者，都是历史的创造者。梁启超说，历史是英雄的舞台。没有英雄几乎就没有历史。我看不必过分指责这个说法，可以承认他说的没什么大误。我的意思是，它也可以用来概括当时吐蕃的"英雄时代"，这个时代为"钵"歌唱英雄主义，开创了广阔天地。

歌唱先祖，赞颂战争，祝祷英雄，并尽力使之神话，好像已经是古代人们的时尚。而表现形式呢，应当就是诗歌、传说、神话。起先是零星的、片段的、互不连贯的，而后是长篇的、连贯的、史诗的。18世纪的德国人赫尔特说：人类发展的历史有三个阶段，诗歌、散文为第一、第二阶段。诗歌是史诗时代，通过史诗，保存历史记忆。用这个说法度量吐蕃传说时代，不也可以是一种思路吗？而史诗的集成者，正是"钵"的职业者吧！可以说，史诗这种形式，不光是古代吐蕃人俗尚、情感表达的必然，也是古代历史的记忆的印证。《格萨尔》应当就是这样的史诗。18世纪的意大利史家维珂曾经以为在希腊荷马之前，存在三个诗人时代，先是神话诗人，他们本身就是参与当时英雄斗争的人，他们歌唱的是真实的、庄重的神话故事；接着是英雄体的诗人时代，他们改编或改变了原有的神话故事；之后是荷马时代。他的话是不是条准绳，我不管他，假如把《格萨尔》创始比作"荷马时代"即史诗时代同样的创始，我看也可以承认。而"巫"们作为"诗神"，他们正是"神话诗人""英雄体诗人"及格萨尔诗人。

当然，非"钵"的人众，在《格萨尔》的创作和演绎中所发挥的作用，也不能抹杀，而最初的肇端者，恐怕就不免要归功于"钵"或"苯"们了。

四是本书调查并向我们展现了《格萨尔》说唱艺人们不少具体的情节。

如穿衣、戴帽、佩铜镜；帽上饰以日月、羽毛；衣着白色，绣有猛兽、大鸟等图案。说唱时，挂有"唐卡"，指着画（"唐卡"），用诗文、韵散演唱，甚至进而兼以舞蹈。写得绘声绘色，这样细致的介绍，不由得使我联想到中国唐代的"钵头"这种文艺品种。

"钵头"一名，始见于唐人的记录，说出自"西域"，后传入内地。"西域"是个汗漫说法，并没有确指。"钵头"是什么语意，也不见有人明释，但是它在文学史上好像很有些不同的见解吧。"钵头"是民间文学，倒是众口一词的。比较本书的介绍，我怀疑"钵头"实际上也许是流入唐代的"西蕃""钵"文化，是"巫"的高级艺人亦说亦舞的文艺形式。有人说它来自印度，这样说来，好像与佛有了点瓜葛。"吐蕃"在古时受印度文化影响且有余绪，这个估计或者也有间接的可能。由此，我设想如果多了解一些各族的民间文学，在解决涉及一些显然不能用汉语注释的文学议题，应当大有助益。而就这点而言，本书的可贵也显而易见。

我还要提一下，著者除本书外，也写过不少论文，都是专说《格萨尔王传》的，可惜我只看到几个目录，尤其感念的是他伉俪二人合力专著蒙藏二族的关系略历——《蒙藏关系史大系·文化卷》。妻是藏学专家，夫是蒙古学专家，俩专家专为二族关系史在文化方面这个专题撰述，并且带动子女参与，全力以赴，这不啻是学坛的一个佳话。这书不错，我看了，有两点印象深刻，一是尽力引用调查所得及藏文原始资料，二是能从细微处观察二族的文化交接。属于藏族部分，更较充实。二族文化交通史是个新题，创始的事总不免难办，这书的部分论述也是瑕瑜互见，特别是涉及蒙古一族的部分，一是执一而论，没有分析批判，喇嘛教对于蒙古的祸害，至今人们仍然创痛，如此等等。二是不少文字越出了蒙、藏二族的框架，首先是二族文化交流的格局，显得有点"冗"。三是每每把宫廷的东西、教坊的东西当作民间民族的东西。四是有些未免失考与失落。如此等等。造成这种局面（如果有的话），自然有客观原因，要谅解。总的看，这书应当受到鼓励。至为有趣的是，这书也特地提到了《格萨尔》，谈的类如《民间诗神》，不过涉及了蒙古的《格斯尔》，以为它源出藏族云云，当然，这可以略备一说。

说了这么多，絮絮叨叨，无非是一个老朽"野夫"的闲话、漫谈，远不是对书的评定、估价。这我还没有资格。不光是这两种书，对其他的论著也是这么个定论。

我过去的一些写作，当然不能说无懈可击，但绝对是认真、严肃的。至于《格萨尔》，人家已经有了很深入的调查和研究，用不着咱们另作雌黄。何况我已经多少年无缘再接触它。新近倒是读了几种觅来之书，也很生疏了。不过它们文字面目各异，而论列好像也没有更多更新的识见，"陈言务去，戛戛乎其难"啊！如果专家们都还如"太仓之粟"，那像我这样的心不在焉，能有什么出息？一定要说，那就试着说这么几点，也是"卑之，无甚高论"。

疑问而已。

一是关于史诗这个命题。

观察或者处理事物，当然是要从事实出发，从实际出发，不能从概念、名目出发，这是大家公认的吧。但是在人间，没有概念、名称的事物是不存在的。一切客观事物都有名称，这也是事实，是实际。有其名必有其实，当然也有名不副实的时候，然而，在实践上总是要透过"名"而求"实"的。不是有"循名责实"的话吗？刘知几讲，"名以定体，为实之宾。苟失其途，有乖至理"。这说的是名与实的切肤关系。"定体"而不以"名"，必然要出麻烦。同样的话，《韩非子》也说过："名正物定，名倚物徙。"可见名称对于事实的重要。荀卿专有《正名》一篇，指出"名定而实辨"。就是现在不是也到处出版各类名称辞典吗？这也证明名称的释义对于研究事物的必要性。"史诗"一词的定位，也有同样的作用。所以，首先要闹清"史诗"这一概念的内涵及它所象征的史实所在。

在传统的汉语语词中，没有"史诗"这个字样，有的倒是另一个词"诗史"，唐代杜甫的诗作被认为是它的首任代表。这个人在安禄山挥兵西向，唐统治濒危的时候，逃亡到陇蜀地区，那当是吐蕃王国的东部边缘。他在流浪中，写了一些诗篇，如实反映了当时亲见亲历的现实，所谓"敷陈时事"，宛如史录，所以《唐书》给他加了这么个"桂冠"。"诗史"云云，实在就是用有韵有律的文字，形象地描写身边时事而如同历史实录的作家和吟唱。应当说，这样的"诗史"在汉文学阵地并不少见。

"史诗"从传统的角度看，是个新名词。它最早见于汉语，大概在 19 世纪末或 20 世纪初。它似乎是和荷马一起出现的。严复译荷马为"和美尔"，梁启超始译作"荷马"。但是什么是史诗，初时的解释好像也没有一致的说法。章太炎先生以为史诗就是"有韵历史"，是"叙述复杂之大事者也"。这显然是当作诗史的类同看待的，据我看，这恐怕与完整的定义尚有一间。

西方人的说法或者也是莫衷一是，当然人家各有各的论证。我看到德国人黑格尔的专论，可惜限于自己的无能，皇皇长文，却不得要领。只是他说"中国人却没有史诗"，我倒看懂了。这话中国的名家多有认同的。国学大师王观堂先生好像有点不太同意，以为中国的史诗是有的，不过"尚在幼稚时代，无一足以与西欧匹者"。"文化大革命"以后，又有人大举义旗，认定我们不但拥有史诗，而且还很不少。我自然为之兴奋，待到看他所举例证，却不免失落，其实是一些一般诗作，至多也无非诗史而已，与我所设想的史诗规格是拉开了距离的。

史诗，首先是英雄史诗，到底该怎么定调，我没办法，最后翻阅了一下《简明不列颠百科全书》，它说了这么一段话："史诗，epic，并无严格的概念含义。它常指描写英雄业绩的长篇叙事诗。史诗可能涉及多种多样的主题，如神话、英雄传说、历史、哲理和道德伦理等。学者们因此常常把'史诗'与在所谓英雄时代出现的关于英雄的口头诗歌等同起来。"这些说法倒是和我的设想有一定的等同。

但是也有不足。一是时代没确定，依据荷马史诗这个典范，古典史诗应当出现于原始社会时期，由野蛮向文明时代转换时期，人类社会的幼稚时期；二是它有后世不可企及的特色；三是戏剧性。古典的英雄史诗在定义上不能没此二点，要不就不好判断。这部辞书还说了一句至为紧要的话，绝对不可忽视。什么话呢？这句话是："希腊史诗受东方影响很大。荷马两个名篇的人物和情节与东方的很相似。"你看，多么精彩：它说出了我所没有听说的话，它道出了荷马史诗的精髓，一句之师，佩服啊！它说的"东方"，当然没有确指，设想或者指印度吧，《罗摩衍那》《摩诃婆罗多》不是很辉煌吗？但是在这里，我主要想说的是吐蕃人的《格萨尔》史诗。我们业内的同仁历来都认定：《格萨尔》是中国的（或东方的）《伊利亚特》，是中国的荷马史诗。它的"东方"特色，可能在无形中"影响"过西方的史诗，双方确有"很相似"的地方。谁敢说《格萨尔》不是史诗古典，不是世界性的东西？反正我自己是不敢说的。

闲扯了这么多，无非是两点，一是史诗不同于诗史，不能用诗史的标准去看它；二是古典史诗《格萨尔》亦如荷马史诗，那是先史时期的产物。因此，它在吐蕃称国之前就已经存在，"格萨尔"的一切斗争，一切的英雄业绩，都是为了建国，为了跳脱"野蛮时代"。说它起始于低级社会，起始于吐蕃文字出现以后，出现于佛教传入以后，我看不能无疑。当然，说《格萨尔》形成于 11 世纪、15 世纪、16 世纪云云，有人家的论据，大概不会都是凿空之谈，我是钦佩人家的那种探索精神及对读者的启发意义的。但是这些说法还不足以成定谳。事实是史诗随着时代的演进，无论形式或内容都不免搅和了各个时代的烙印。文字发明以后，情况更为严重。依据这些文字记录而略不置疑，并得出结论，以后代否定前代，好像不那么牢靠，至少在方法论上说，不免漏洞吧。我想研究荷马史诗的人们，未必也出此手法吧。重要的是要善于区别，哪些是原始创作，是史前幼稚时代的精品，哪些是阶级社会的附加、改作、增删、伪饰。因阶级社会"好事者"的敷衍，而遽定这部伟大作品是吐蕃建号后的成品，恐怕格萨尔及各色帐王要叫屈的吧！我的想法是《格萨尔》与荷马史诗差不多处在同一时代。未必只有一千年的历史，因此它未必只有助于这一千年吐蕃社会史的探索。梁启超曾说，荷马史诗"为今日考据希腊史者独一无二之秘书"。对于《格萨尔》之对吐蕃古史（史前史）的探索，我也照样说，它是"独一无二之秘书"。它是一切后世的文字记录无法比拟的。把它的出现定到阶级社会，则这个功能就得打折。

格萨尔与唃厮罗，就汉字的音训说，还真相似。然而以为《格萨尔》就是演义唃厮罗，却不免唐突。一是时代不同，唃氏是阶级社会，定居时代；二是唃氏只限河湟地区；三是身世大异，至少他被宋人封为一个"军"的节度使，为另一王朝出力，就为格萨尔所不为；四是文学创作毕竟不是史争直笔，率意附会，虽可以貌合细节，却不免神离史诗了。如此等等。过去研究古典文艺作品有所谓"索隐派"，硬是要找作品所藏的"本事"，并且把一些人、地的谣传信之为"本事"，这办法不宜重复于科学研究。

二是民间文学的宗教因素问题。

藏族的宗教有流有派，但是我看大致都属两个系统。一是"钵"或"苯"系，一是"佛"或"释"系。恩格斯说，宗教有自然形成的和人为形成的。"苯"我看就是自然形成的。它应当是神话时代藏（蕃）人对自然与社会界认识迷糊，以为万物皆有"灵"，均由异己的力量所支配，以致需要能"上下通神"的"苯"以协助或主持，所以它的出现显得十分自然。它本来就有社会即群众基础，初时即"苯"的创始及历史起始并没有要欺骗人的成分。"人为的"宗教却没有这个"自然"基础，而是凭借一个什么贵族子弟，坐在菩提树下，苦思冥想，"悟"出来的"教旨"。按照恩格斯的说法，"在其创立的时候，便少不了欺骗和伪造历史"。这个话可以在《马克思恩格斯全集》第二十五卷中找到，你去查。较之自发的"苯"，"人为的宗教"或许要晚些吧，特别是传入藏地（吐蕃）的时候。

马克思讲，有了人就有了历史。这个历史，我看也包括"苯"的历史。它与藏人的始兴应当是相辅相成的。藏人中传说，他们的始祖是"观世音"菩萨的座下物化成猿猴，下降藏地与"石女"相配而生子女，随后繁衍成族。这位猴祖并请示神佛教导族人学会耕耘，地点在今西藏的亚龙地方。那么，这是什么时候的事，没有说。我不懂藏文藏语，又没到过西藏地方，没办法多方验证。只好翻翻汉文记录，首先是《唐书》，这里没有直接回答我的这个提问，但是它告诉我，吐蕃是"西羌属"。这是一条启示，顺沿这条信息，我找《后汉书》。那里说：羌人与秦人打仗，多有被俘的，充为奴隶，其中一人名无弋爰剑。他从奴役中逃脱，躲在一处岩洞里。秦人追至岩下，不得上，用火熏烧，看见有虎样的景象遮掩，火不能烧他。秦人惊走后，他出洞到一荒野，遇见一个"劓女"，毛发覆面，相结为夫妻，逃入"三河间"（黄河、湟水、大通河）。当地人见他被烧不死，以为神化，于是举他为"豪"即统帅。河湟地方习于游猎，不会耕畜。爰剑在被奴役中学会了田畜，就教大家耕田牧畜。从此"依之者日众"，并且世世奉他的子孙为统帅。后来他的家族发展到一百多支，各为种姓，分居到各地。其中也有驻进"蜀郡徼外"的，可能是今西藏地方吧。这里没有猕猴字样，却说到了"劓女"，这个"劓"是割掉鼻子的意思，没有人类鼻子而又毛发覆面，正是猴的形象。后来的《北史》就直接说"宕昌、白狼（兰）皆自称猕猴种"。

宕昌、白狼种人均属羌系，均在三河间、河湟间、甘肃青海间，与无弋爰剑所居不异。二书的记录大概都来自"巫"，都有神话色彩，但没有宗教影响。所谓"观世音"云云，显然是佛教信徒的伪饰。其用意不言而喻。爰剑的故事发生在春秋战国之时，约在公元前 5 世纪，距今已历两千五百年。"巫"与此同步，它比吐蕃称号及佛的传入，早了一千二百年。二书所载印证了今藏人关于族源的传说，"猕猴"云云，大概实际上说的是原始的图腾崇拜或部落的标志与名称，绝不能理解为人与动物交媾。但是这里的信息说明：羌是藏的先民，一脉相传，谈不上什么观世音之类，这是一。藏的始源地在今青海甘肃间，不是所谓亚龙地，这是二。藏的史源可以追溯到两千五百年前，即部落形成之初，这是三。藏人始初称羌或西羌，后来称吐蕃，再后被写作乌斯、藏、卫藏、西藏、藏。《荀子》说："名无固宜，约之以命。"只要约定俗成，称号可以变换。但是名号无论如何不一，而作为一个族，到底是传统不二的，藏人源于印度云云，其说可以休矣，这是四。种人学会田牧，至少是爰剑对汉农业文化的引入，与"观世音"没什么关系。汉文记述可靠，佛家徒然缘饰而已，这是五。

按照这样的推论，那么就可以确信，"苯"也应当与羌人同步，始生于两千五百年前，至少与释迦牟尼成教之时不相上下吧。

也是恩格斯说的："古代一切宗教都是自发的部落宗教和后来的民族宗教，它们从各民族的社会条件和政治条件中产生，并和这些条件紧紧连在一起。"①

---

① 《马克思恩格斯全集》第二十五卷，人民出版社，2001，第555页。

又说："每一个民族中形成的神，都是民族的神，这些神的王国不越出它们所守护的民族领域，只要这些民族存在，这些神也就继续活在人们的观念中。"①对于我们这里所谈的议题来说，这些引言可以说是最经典的了。它完全适用于"苯"的生成及与藏人的天然关系，无须多做阐述了。

马克思说："古代人的'真正宗教'就是崇拜'他们的民族'、他们的'国家'。"② 从羌人到吐蕃以至乌斯藏，无疑曾经建立过自己的政权。作为"真正宗教"，苯当然要守护和"崇拜"它所依存的"国家"和"民族"。办法不外两条：一是协助"国主"统帅本部、本族的战争；二是在祭祀中充当"史"与"祝"，"国之大事在祀与戎"。这在古代是较普遍的规律，藏人也不例外。"戎"是军中行动，"祀"是祝祭先祖与神祇。古时战端很多，这里不必啰唆，祭祖祝神在古代是极重视的。"苯"在这中间的职能，主要有二，一是记忆，充当"史官"。德国古史家兰普瑞兹特说："历史之发端，皆由个人记忆，而对祖先尤为关切。取理想主义形式者，最初就是英雄之诗。""苯"正是充当这种角色。二是当"祭酒"。他一方面要致祝词，同时也要卜筮。他在祝词中，一面歌颂祖先的伟烈丰功，并用它以激励后代；另一面历述当代的英雄事迹，以告慰神祖，求他们佑护。他们致这些祭词时，大概为使人悦耳动听及便于使人记忆，多取韵语、诗歌的形式。在这里，大量的民间传承、口碑、歌谣、谚语等被巧为采用。年复一年地祝颂，内容越来越丰满，格式也越来越稳定，史诗的规模逐渐形成，既是诗，又是史，篇幅也更铺陈了。卡莱尔所谓"诗般之史"，正是指此而说的。而赫尔德说，"史诗时代，通过史诗保存了历史记忆"，正也适用于我们这里闲谈的这个话题。而这个时代的发展或许可以归之于"苯"。苯的祝词终于演而成为民间文学了。"苯""钵"之演而为一派宗教，有寺、有经典、有"僧"，并有了阶级功用，当是阶级社会出现后的事，这可以从本族历史发展中去领略，它依然备受尊崇。

公元 7 世纪，佛教进来了。释氏本来踯躅在喜马拉雅山前麓，好像靠近尼泊尔的河谷地区。当时好像它在境内并不行时，恒河以南的人甚至是抗拒它的，于是它通过河谷向北方觊觎。办法是"不依国主，则法事难立"。而山北的藏地"国主"，在"马上得天下"之余，正要寻求一种"马下治天下"的法术，佛法终于在这里弘通了。它之所以一时"弘通"，并不是靠群众或社

---

① 《马克思恩格斯选集》第四卷，人民出版社，1995，第 254 页。
② 《马克思恩格斯全集》第一卷，人民出版社，1995，第 213 页。

会基础，而是请"国主"兼为教主，用强力推行所致。佛的兴发，使"苯"的威仪"江河日下"，如不急起，很可能"滔滔不返"。恩格斯说："本民族神可以容许异民族神和自己并立（这在古代是通常现象），但不能容许他们居于自己之上。"① 正是这样，藏地终于开始"灭佛"行动了。这一行动是在另一"国主"的支持下展开的，结果是外来的佛事遭到了毁灭性的打击。它在其后的两个世纪中一蹶不振，而全区的战乱也此起彼伏，各称英雄。可以设想，《格萨尔》史诗无论内容或形式必又有了新的增进，反映新的历史，只是格萨尔本人可能不是唯一独尊、驾凌各路的"圣杰"。雨果说，战乱产生了荷马史诗。对《格萨尔》的盛行，这话似可反之。

11 世纪后，佛又复兴。它接受先前的教训，捉摸出与"苯"并存的办法，这就是吸收"苯"之成功宗教的某些枝叶等。宗教中人说过类似的话：佛、苯二派互相吸纳，彼此融通。现在的研究者，跟踪这个说法和调查所见，也认同这种立论。以为佛中有苯，苯内有佛，"你中有我，我中有你"，甚至把公式列成"神苯—神佛"，合二而一了。这使我想起了元人民间小令《我侬词》："取几撮土，和一堆泥，捏两个人，一个是我，一个是你。打碎两个人，混成一团泥，再捏两个人，你中有我，我中有你，咱们谁也分不清谁。"（大意如此，不是原词。）佛、苯竟至如此吗？我没有调查，也没有专门研究，只能承认有此一说，但是就我所及，却不能无疑。事实似乎是佛、苯各有寺院，各有经卷，各有教旨，各有"法事"，各有信徒，也各有"弘通"之法。虽然你我间互有吸收，然而大概都是"本教为体，异教为用"，容纳一些不伤及本体的枝枝节节，是可以的。因此公式应当是苯佛各异，不是合二为一。对于《格萨尔》也是如此。它的说唱艺人多是兼"巫"的吧。苯人推崇、歌颂格萨尔，各寺庙（苯的）供奉格萨尔神像。而佛教寺院大殿绝不如此，它的经典也绝不载及格萨尔，在佛人中反而是间或流露嘲弄的。20 世纪 70 年代，一位苏联的学者曾说："在佛教的西藏旁边，还有一个游牧民的西藏，这就是格萨尔的西藏和牧民的英雄史诗。"我曾赞称过他的这个调查所得。在这里，苯及格萨尔史诗形象与佛教是各有"旁边"的。

三是可不可以设想《格萨尔》的族外影响。

我看作为一种没有多少确凿依据，而又不尽凿空的"设想"——想象、假定、遐想，未必不可以。"设想"只是因为"疑"，它不是武断，不是定

---

① 《马克思恩格斯全集》第二十五卷，人民出版社，2001，第 556 页。

谶。研究一种隐秘，在证据不备时，允许"设想"。胡适曾讲，"大胆设想，小心求证"，在 20 世纪 50 年代曾受到批判。其实作为治学的方法，没有必要与政治挂钩。神话不就是假设、假象吗？《格萨尔》本身有多少不是"浪漫蒂克"的？

藏民族文学首先如《格萨尔》史诗，早已在外族人民中产生了影响，那么，它本身是不是也受到别族的影响呢？这好像也值得考察、假设。

一般地说，一个民族、一个地域，彻底地、绝对地闭守自用，与外族、外地首先是邻近各族、各地毫不交往，这种状况绝无仅有。在文化领域也不例外。黑格尔曾说："几乎每一个民族在它的最早的起源时代，或多或少地接受过某一种外来文化和异族宗教崇拜的影响。"这话符合人间实际。不要说一般文化，就是包含在史诗中的神话，也往往如此。这里用得着梁启超的这个论断："神话不止一个民族有，各族各有其相传的神话。那些神话互相征服同化，有些很难分别谁是谁的。"这后二句可谓斩钉截铁，我是相信的。

《格萨尔》当然是古老的藏族史诗，它反映了从西羌以次本族的风俗人情、社会历程以及古代的自然观、世界观，表现出了民族英雄主义和独特的文学意境与意趣。但是它之所以能臻至民族史诗的极致，身受外族文学的影响，首先是汉族文艺及印度史诗的影响，设想又有很大关系。

先说藏汉关系。远的咱们可以从略，就说唐宋与吐蕃之间吧。唐吐之间的交往，应当说是聘享有加。唐代大诗人多有吟唱吐蕃使臣的篇章。使臣的酬酢，免不了文化的接触。此外也有双方的边境贸易，这也是一种文化艺术交换的契机，古时边境交换，往往要举行盛大的仪式，有歌舞饮宴。但是更重要、更直接的是民间的交往。在这里，战场反而铸成媒介。很多汉人被俘到三河地区，成为那里与吐蕃并居的社会成员。唐诗有"牧羊驱马虽戎服，白发丹心尽汉臣"。这些穿"戎服"即吐蕃服的"汉臣"竟然"白发"，足见入居年世久远。"汉儿学得胡儿语，争向城头骂汉人"，这里"汉儿"成了"胡儿"即吐蕃了。这些与"戎""胡儿"长久共处的"汉儿""汉臣"，不但要穿戎服，学蕃语，并且他们也不免向蕃民传播汉地文化与艺术。这样的人是很多的。史籍所载历年被掳估计总计就有几十万吧，好像与土人的额数不相上下了。刘元鼎出使吐蕃，报道说："赞普坐帐中……唐使者始至，大享于牙（衙）右，饭举酒行，与华制略等。乐奏《秦王破阵曲》，又奏《凉州》、《胡渭》，录要、杂曲、百伎，皆中国人。"这是一件双方文化艺术交流中极其重要的、最直接的见证资料。它说明：吐蕃赞普从饮食到仪式等文化生活都与"华制略等",接受汉文化的影响;汉人直接在吐蕃帐中表演多种形式的艺术手段,施展文化影响。这些都是普通的汉人,他们能在赞普帐中施展本领,几十万的汉人在吐蕃群众中应当也能照样传播汉文化的诸种形式。以此设想,《格萨尔》的一些情节,表现手法也很像是"变文""押座文""俗讲"的改版。

就拿格萨尔本身的形象说,他穿的甲胄,冠上的盔缨,小旗,弓箭插袋以及坐骑的障泥,缰带策勒,无不染有浓郁的汉文化气息。我所看到的几种格萨尔"唐卡",无不具有牧业社会的风韵。就是寺院供奉的神像,也大致如此。例如西藏的噶码霞寺垂仲殿内的神像,见过的人说,就是头戴金盔,上插羽一束,穿甲,皆插小旗五面,足穿虎皮靴,手执弓刀。这个形态与所见格萨尔"唐卡"毫无二致,可见垂仲殿的神像应当就是"唐卡"的格萨尔。志书说,它所传法术,"即中华之巫类",质言之,就是藏地的"苯"或"钵"吧。不无趣味的是清代的藏兵,其装束也大致是格萨尔画像或塑像的近似。此见格萨尔的深远影响,而同时也可见汉文学(及艺术)之于藏文学的缀缀之情。当然,事物不能以一概全,但不是有举一反三的话吗?那么,依据上面说的这些,设想《格萨尔》的传承中吸收汉文学的可能,或者不尽是不根之论。如是,则我要大胆建议:可再深入寻觅与研究一下汉文学之对《格萨尔》的构成、发展所起的作用。这里必须说的是:所谓"汉文学"的作用主要指民间及民间文学而言。

至于唐代以后的情形,没时间说了。但是以前料后,趋向也许类同。

再说印度的事。印度与西藏仅一山之隔,两地之间的文化交往或山南对山北的藏族影响,好像已经很有些年头了。佛教的引入、藏字的仿制,都是例证,据僧人所写记述,吐蕃的第一代"国主"或教主,就是生在印度云云。《格萨尔》史诗是否也有印度的影子?我没有研究,也没有本领去研究。不过,我也曾经因此而联想过。

我听说,以前曾经有人指出,格萨尔只是个民族,不是人名,对不对?我只能听之,唯唯否否吧。不过,在文献中,我倒是的确知道有国名叫憍萨罗(kosalo),唐僧取经就记录过这个国家。说它面积六千余里,四境山岭,林薮接连,土地膏沃,人户殷实,人体伟长,肤色略黑,风俗刚猛,人性勇烈,邪教正教(或者就是巫与佛吧)都信,"异道杂居"。这个描述,啊呀,很像藏(吐蕃)地与藏民,这是我的感觉。据史家称,"憍萨罗"亦被译作"果萨罗",它曾是释迦牟尼的生身地。在恒河以北,近尼泊尔国。古时,这一地域有好些国家，都很落后，有的尚在部落时代，都先后被摩揭陀国吞并了。这个摩揭陀就是天竺，汉文写作"身毒"，大概就是印度吧。唯有憍萨罗不服，它与摩揭陀战争很多年，始被平服。这里如果有史诗的话，必定会生动地追颂这个果萨罗的，就字音说，"果萨罗"就是"格萨尔"。印度英雄史诗《罗摩衍那》的主人公正是果萨罗的王子与邪恶斗争的故事，他在史诗中是以胜利者的姿态出现的。那故事的情节和结局，几乎可与《格萨尔》相比拟。就是它那种在语言使用上善于比喻、敢于玄想的手法，也很可能会让《格萨尔》悄然效仿。

正如前面所说，既然东方的（如印度的）史诗能影响西方的（如希腊的）史诗；既然同一神话（如果萨罗）并不专为一民族所有；既然史诗的"有些模型，是世界各地到处可见的原型"；大致的故事轮廓也有些近似；而藏族与印度之间的历史关系又曾有佛的缘起，史诗的名称又偏偏是格萨尔，那么，设想史诗也不会排斥印度史诗的模式，是不是可以呢？至少可以当作学术议题加以考察。这种民族之间的文化因应，不光印藏，就是印汉之间也还不免某些闪烁。《西游记》讲猴事，《补江总白猿传》也讲猴事，学界就有主张乃仿自印度的。是否如此，不是也可以考究的吗？

这个问题虽然是个假想，是当作疑问提的，但是说史诗受外来影响，特别说受汉、印文化影响，好像很有点冒险啊！自己又不了解这部史诗的研究状况，究竟这个问题是否早已有人提出，是否有了肯定或否定的结论，所以我的想象，显得十分冒昧。然而既然二"冒"了，那就恕我三"冒"吧：冒失。

四是在研究《格萨尔》史诗中，可不可以试探向两个"困难"方面下点工夫。

关于《格萨尔》，国外也有研究的，有的甚至被捧为"权威"，他们的论定也时不时地被征引。我不了解人家的真实情况，很难置喙其间。外国好的学术成果，已经验证并且有所启发的，自然要"拿来主义"。但是让我看，《格萨尔》的研究权威应当在中国。资料在中国手里，也最丰富、完备；另外是以马克思主义理论为指导原则。有了这两条，又经过实践检验，我看就足以雄视世界，不必"妄自菲薄，引喻失义"。至今或许还没有做到这点，这要加倍努力，一要进一步发掘、整理已有的民间藏品，"竭泽而渔"；一要用心钻研和理解马克思主义经典，使自己的工作能够饶有特色，并显示先进的发展方向。

马克思主义经典作家，对于西方古典史诗有过精深的研究，例如荷马史诗，他们在自己的著作中（如《家庭、私有制和国家的起源》《〈政治经济学批判〉导言》《摩尔根〈古代社会〉一书摘要》等）迭次征引史诗故实，以论证关于古史的特点。但是他们不光引史诗以证史，也对史诗本身作过经典的鉴定。现在让我念这一段文字："例如史诗来说……在艺术本身的领域内，某些有重大意义的艺术形式只有在艺术发展的不发达阶段上才是可能的。如果说在艺术本身的领域内部的不同艺术种类的关系中有这种情形，那么，在整个艺术领域同社会一般发展的关系上有这种情形，就不足为奇了。困难只在于对这些矛盾作一般的表述。一旦它们的特殊性被确定了，它们也就被解释明白了。"① "但是，困难不在于理解希腊艺术和史诗同一定社会发展形式结合在一起。困难的是，它们何以仍然能够给我们以艺术享受，而且就某方面说还是一种规范和高不可及的范本。"②

这几段文字说的是两方面的事，一是史诗与一般社会发展的关系；二是史诗本身的事。这里边又涉及三个问题：（1）史诗这种艺术形式，只有在艺术不发达的历史阶段才出现；（2）初级阶段的这种艺术形式为什么至今还能给读者以艺术的精神满足？（3）史诗的哪些方面构成了"高不可及"的样品或标准，为什么？

正确理解和表述这几方面，都存在困难。这说的是研究希腊史诗方面的问题。如果把《格萨尔》喻之为中国的荷马史诗，那么，相比之下，我们这个史诗是否也有这几个"困难"呢？如果有的话，人们的研究可否也向这种困难进军呢？当然这需要做很多学术基础工作。

上面所引述的两段话，是马克思出于政治经济学论断的需要和证据而说的，他是从整个文艺现象的战略上或宏观上作理论的概括的。《格萨尔》研究，据我所看到的论证文章，至今尚在奠基阶段，各文各书大致都是做"战术"性的尝试。这些都很必要，它对于《格萨尔》定型、规范有重要意义。然而这部史诗要成一"学"，要使它成为民族古史的证件，成为政治经济学的构件和补证，战略的、宏观的、理论的探索，解决多个"困难"是必要的。当然，这对于理解史诗之作为艺术、文学的精品也有助益。

蒙古人也说一种民间的神话故事，那名称和藏人的《格萨尔》也差不多，

① 《马克思恩格斯全集》第四十六卷上册，人民出版社，1979，第48页。
② 《马克思恩格斯全集》第四十六卷上册，人民出版社，1979，第49页。

叫《格斯尔》。我过去多少学过点历史知识，所以听人说《格斯尔》故事，总以为那是演绎合撒儿（Gasal）的。合撒儿是成吉思汗的二弟，小成吉思汗两岁。他出生时，正是蒙古高原部落分峙的时候，有"十大强国"，直到他死，都在战乱。《元朝秘史》有很多形象的描绘，他在与泰赤兀人、克烈人、乃蛮人及女真人（主儿乞）的抗击中，非常勇敢，战绩卓著。《元朝秘史》说他身长三度，穿甲二重，力大善射，隔山可以射穿二三十人，战斗中如大蟒一样凶狠，曾受巫人（号贴卜·腾格里）挑拨，被成吉思汗猜嫌，差一点丧命。可以说是个传奇人物。以他为英雄史诗的主角，十分自然。后来听说这个《格斯尔》是藏族《格萨尔》的改版，是后者的蒙古流传。人家都举出了多方的证据，我原来的私心认识，从此收了起来，我相信人家的研究精神，这也就是宋人苏辙说的"吾从众"吧！后来又听说，藏族《格萨尔》也是蒙古人创作，至少是蒙、藏二族人合创的。这就又使我大惑不解了。这怎么可能呢？我想这大概是"山海经"吧：谈蒙藏文化交流史的著录中，好像也没有这种报道。说到这儿，不妨也谈几句这二族的文化关系。也只是浮面的直观而已，算不得定见。

我以为从地理上看，蒙藏之间可谓"万水千山、天遥地远"，并不接壤。两族的社会经济没有互补性；文化上，双方在蓄积上也多上下悬殊，藏文化高得多，双方文化之流，很难有什么"交"；从现象上，在蒙古地方可以发现藏人的建筑文化（如寺院、塔等）、工艺文化（如手工艺品）、佛教文化（如藏文、经卷）、医药文化、文艺作品（故事、史诗、格言、谚语等）遍及蒙古草原，而蒙古有什么文化"交"给藏地？可以说没有什么与人家（不光是藏）相"交"，更不要说成什么"流"了。

藏文化"流"入蒙古，在主体上是一个"佛"字。然而佛文化并不是先进生产力与先进文化的体现，它并没有促进蒙古社会经济的、民族文化的增进和发展，结果恰恰是相反的。《高僧传》所说的佛教所至，社会成员"竭财以赴僧，破产以趋佛"，而佛的从业者都是"抵掌空谈、坐食百姓"，"营造寺院，人民竞相出家"。这说的虽然是十六国时的事，却也很适合明代以后的蒙古情况。曾有书（如《蒙古源流》）说，佛之传入，改变了以往蒙古巫教杀人殉死的恶习云云。这其实是佛教的捏造。蒙古没有这个记录，我看电影的记录，倒是西藏佛地充满了乱杀人、施酷刑的事例，并记入当地的历史文献。佛指巫不好，事实是蒙古行"巫"时，表现出了雄强的、战斗的、进取的英雄气概。一旦佛寺浸寻，情状全变。当年满洲皇太极教训他的诸贝勒说：

"蒙古舍其本国之语、名号，俱学喇嘛，致国势衰微，当以为戒。"这不是完全否定的吗？我自己出生于蒙古，深知藏佛文化对蒙古社会历史的戕害之烈。

不过事情也有变的时候。河湟地区自来是藏人的聚居地，也是他们的始兴地。从 16 世纪开始，蒙古土默特部人及蒙古额鲁特人先后进驻这里，与吐蕃人成并居之势，长达百多年。经明、清二代的征杀，两部蒙古人先后浸衰，或走他处，或就地藏化。至今青海河（黄河）南尚有蒙古四部，果洛诸部中也有二部即蒙古尔津与雍熙叶布。就名称看，应当就是"蒙古津"与"云谢布"的谐音，是明代迁来的土默特部二氏。又据《西藏志》，归西宁府管辖的三十九族中，有八部名"霍尔"某某者。这个"霍尔"又作"夥尔"，在《格萨尔》中曾被看作一个帐王。所指何种，或说是"胡儿"的异称。我看也不必，它大约是指游牧部落。英语中有一个词，写作 horde，义为"游牧部落"，又作 horse，又名"骑兵"，二字音义正好和"霍尔"差不多。那么，以此推衍为蒙古似乎也近似。据说卫藏地方也有蒙古，当然，这些与藏人直接并居的蒙古人最后都当地化了。然而在此以前，二族不免要交流，其中也包括"文化交流"，他们是怎么交流，各有什么对策，什么斗争？各自吸收了对方的什么文化？我看倒是一个饶有意义的事，值得研究。

还有一个工作上的事儿，这就是翻译，即《格萨尔》的文字翻译。《格萨尔》的原始文字是藏（吐蕃）族文字。多地的不同部头多有情节不尽一致的地方，并且因此显示出这部史诗在流传中的不同风格，但是基本结构或主体都保持一致，在书写上都一律是藏文。这一点很重要，它体现了自己的民族特性和语言技巧，要永远珍重这一特性。现在的物质与技术条件也能保证。

我在青海主持《格萨尔》工作时，曾经很注意这个，要求大家保护和整理《格萨尔》的藏文版本与资料。对其他民族的资料（不限于文学的），也主张尊重原语言文字面貌。无论从民族政策或学术研究说，这都绝对需要。当时，基本上也这么做了。到今天，我还不以为有什么错。

但是只保存资料而不看重翻译，应当是一件可惜的事。所谓翻译云云，说的是汉译、英译及其他民族文字的译作，这有助于各民族对《格萨尔》的了解，有助于各民族文化交流，有助于对史诗这个体态的理解与研究，有助于新的诗史文体的创作。这翻译本身也是一种文学实践经验的贡献。就汉文角度讲，汉译周边各民族的文学作品，曾经是无形中的"传统"。现在人们从汉文史书中可以找到这种事例。比如《越人歌》《远夷乐德歌》《匈奴歌》《敕勒歌》《木兰辞》等，就是先秦与秦汉以后各代所译的几种古民族的文学作品，主要是民间文学作品。其后的各个时代，汉译各族，首先是藏族民间文学作品的事例也不少见，今后恐怕还需要继承或光大这个"传统"吧。我在青海主持《格萨尔》工作时，相应地重视了这件事。当时，它的汉译本达到几十部，尽管属于草创，但是获得了很大成果。我写的那篇序言，就主要依据这些译本（当时也有其他记录、考查资料），而国内人们在更大的规模上认识《格萨尔》风貌也靠这些汉译本，并因此而引起相关文艺工作者们的关爱。

把一种作品在文字上译成另一种成品而不失原本风骨，这不是一项十分轻易的活计。这里有几点，我在当年注意过，一是选择定本。《格萨尔》各部往往有不同地区的不尽相同的"版本"（包括口头说唱的），究竟哪一种可以看作较好的标本，作过选择（当然资料本是可以不拘的）。二是订立译书原则。近代汉文中，第一译作大家严又陵先生曾倡导"信、达、雅"三字，历来被奉为译书圭臬。我想这应当在今天也适用。信，就是忠实于原作，不歪曲；达，就是通畅，易晓，不滞碍；雅，是译文优美，不要庸俗，可以为后世译作所师法。他是这么强调，但是他的所有译本实际上并没有都印证这个三字诀。他的译文走的是桐城派的路子，他的"雅"，追求两汉以前的"字法句法"，反对用通俗的语言。鲁迅先生曾经对他的译事，有过很中肯的论述，你们可以去看（载在《二心集》）。在译写时，他也往往先后颠倒，以意笔之，承认"实非正法"。所以咱们还不能笼统地迷信他的说法。我想倒是记取唐僧译佛经的原则才好，这就是"既须求真，又须喻俗"。我看这较"信、达、雅"要便捷点吧。青海当年译《格萨尔》时，实际上就是依这两点做的：真实，通俗。至于"雅"，则求的是尽力做到原文的形象精妙，语言风格，并依据原文，在译文中创造一些汉语无法表达却能翻译原本的新词新句。这一点过去还没有能够办到。三是要译文规范化，可以定个译例。我自己没有译书的实践经验，所说的这些，也只是读了几个汉文译本以后，所感到的印象而已。

谈到希望，我感到现在《格萨尔》的工作形势大好，这就是我一直所热切希望的。实在没有更高的希望了。一定要说的话，只提三点：一是能否有个藏汉词典之类的读物，特别是要有一部格萨尔词典性质的书。二是希望能锻炼出一批专业《格萨尔》翻译的专门人才。三是希望新起的《格萨尔》专家，除熟悉本书之外，也放开眼界，多涉猎一些有关的别民族的资料，汲取营养，以便更好地翻译和研究。只囿于《格萨尔》本身，不是唯一的途径。借鉴外国人的研究与译著，可能不无补助。对不对？参考吧。四是建立"格学"的事。此事至今仍然只停滞在人们的口头上，没见什么结果。

几年前，我曾经跟访谈者提到《格萨尔》的译本的事，并提出参考别人翻译外文的经验。前一阵子阅读旧报，发现翻译家杨绛先生的译事简介，这又使我想到《格萨尔》的译事。现在我把它抄录在这里，以为他山之石。请看她是如何实现在翻译名著时的追求。

杨绛：为译书而学一门新外语

杨绛先生译的《堂吉诃德》，是我国第一部从西班牙原文翻译的译本。1957年……她找来英、法文五种版本比较，发现有的文句差别很大，很难判断哪个最准确。以杨先生的英文优势，她选用英文本来译最便当不过了。但是她认为，要译就必须按高标准从西班牙原文来译，为此，她下决心开始自学西班牙文。到了"文革"前夕，她的西班牙文虽然发音的不大准，但用来译书完全可以胜任了。1978年，她的译本终于问世了，前后历时21年。这个译本因质量优秀，不仅备受称誉，而且持久畅销。是什么力量促使杨先生为译一本书而下苦工去学一门新外语？这种惊人的毅力，正是来自对读者高度负责的高尚译德。不仅如此，《堂吉诃德》第一版是于1605年根据塞万提斯手稿排印的，后来发现拼写、音符、缀字、标点等差错多达3000多处，于是随之出现了多种"编注本"。对此，杨先生做了许多调查和比较，负责地选用最严谨的版本，并在翻译当中，广查英、法、西等多种文字资料，认真考订，对所有异词、疑句和典故都做了详尽的注释。例如，书中有很多西班牙谚语，她在注释中不仅标明典出何处，对主人公没有讲完的谚语，往往还举一反三，举出类似的谚语，使读者对人物形象的感受更加丰富。该做的，做到了，没要求做的，她也主动做了。杨先生这种高标准译书的精神，无疑值得大力弘扬。（摘自《中华读书报》）

这是一位权威、名家的工作态度，她提出的标准，较严又陵先生有了更高的要求，也作出更高的成就，比较《堂吉诃德》译本与《群学肄言》之类的译文，就可证明。我看要学习杨先生的风范。

土鞑原叙

小　序

　　土达固乃"民族碎片"。虽其颠末自具，功著一方，而隐耀潜行于乙部者盖亦尚矣。使无满四奋袂，震及朝野，世复谁氏知有土达其族者。然文臣论此，率操谲笔，且世纪五逝，嗟无驳议，何则？今之谔谔黄发所未敢忘言者以此。向年，我尝裒辑诸帙散志，试为专撰，抉微理乱，用彰此族。本篇即其节录也。文除析其起始、命名、分布外，忞忞焉要在究其果系何族"碎片"。定庵诗云"略耽典章非匡济，敢侈心期在简编"，我意亦同，岂他求哉？疏才浅识，说或支离。今权此付印，非欲自示偶得，实唯方家教正是祈。谨待。临梓草草，赘语如上，聊为序。

甲子年孟秋

一　引言

　　西北地区历来为人们所重视。司马迁所谓"作事者必于东南，收功者实常于西北"① 的话，曾经给后人留下深刻的印象。

　　很早以前，西北地区就具有举足轻重的历史分量。禹、汤、周、秦、汉的事业均起兴于西北，而这里的自然资源亦向为史书所称道。"天水、陇西、北地、上郡与关中同俗。然西有羌中之利，北有戎翟之畜，畜牧为天下饶。"② 正是凭借这种丰饶及"险固便形势利"的地理，"德义"不及鲁、卫，兵车逊于三晋的秦人，"卒并天下"。而这还是截至西汉先代的事，其在尔后的时

---

① 《史记》卷十五《六国年表三》，中华书局，1959，第 686 页。
② 《史记》卷一二九《货殖列传》，第 3253 页。

代里，西北所表演出的伟烈丰功，更不绝于史册。所以只就史学角度说，西北方面也确实很有值得研究的丰富内容。

但是，重要的不仅在于自然条件及史事演进，而且也在于西北社会居民的多元化。班固以为这里向来是"五方杂厝，风俗不纯"①。所谓"五方"，不光指一般地域，也应包括不同种落；而所谓"不纯"，也不光指人们生活方式的差异性，也应指当地居民性格的多样化。司马迁认为"秦杂戎翟之俗"，正是指这种多样化与差异性的。不能低估这种"杂厝"与"不纯"。历史上的成败兴亡、悲欢离合，不正在一定的程度上由以致之吗？事实标明：民族（权且说）因素始终伴随着西北的历史。民族关系史至今具有科学探讨价值。

我所见到的史籍记录表明：诸族丛聚，比邻交接，曾是例如今甘（肃）、宁（夏）、青（海）三省区居民结构的显著征象。在这里，世代的演变、政权的更迭、不时肇端于邻里的龃龉，伴随着各族的兴替。人们可以看到：历史上掀起的每一次大的地区风潮，总不免使某一个或几个"族类"在斗争中显示出他们或多或少、或久或暂地适应当时当地客观形势与利用前人所创造的物质和精神条件的能力，以开创他们自己一族或几族与所居地区的历史文明。但是与此同时，也总有一些社会成分和特定种落，被汹涌的风浪一次又一次地掀出历史正常轨道，而变成如马克思所说的那种"民族碎片"②。

什么是"民族碎片"？民族也者，当然指的是具有其特定的历史源流和传统，特定的语言，特定的经济生活与文化结构，特定的居住地域等因素的人们共同体。而所谓"碎片"云云，则指的是那些被驱逐、被破灭的诸族涣散的余落，那些被击败、被分割的诸族零碎和降众。就局部看，这些人也许分散地聚居在一个狭隘的村寨，也许继续着他们传统的生活方式，保持着他们固有的风俗习惯、固有的语言和对本族历史的情感。然而，就总的方面说，他们都已是他们各自原来母体的残部。他们与祖族的离异，是有别于征服民族而又丧失其作为民族的某些因素，从而不成其为民族的族人。这是一种无法支配自己命运的人。他们沦落到这样的地步，"而且他们甚至缺乏民族生存的首要条件——众多的人口和整片的领土"。③

已经是"民族碎片"，或者如恩格斯所说是民族"零星的残余"，他们所

① 《汉书》卷二八《地理志下》。
② 《马克思恩格斯关于殖民地及民族问题的论著》，第362页。
③ 《马克思恩格斯选集》第一卷，人民出版社，1995，第553页。

能蓄积的力量，当然不足以窥视中原大族的"神器"，更无法自辟"国祚"。综观历代发展规律，在大多数场合，他们虽然在经济上，可以勉强维持惯有的生产与生活方式，而在政治上，则总是唯别的大族、强族的鼻息是仰。针对欧洲的一些民族状况，恩格斯曾指出那些"零星的残余"是："它们的民族性和政治生命力早已被消灭，因此它们在近一千年来总是不得不尾随一个更强大的民族即他们的征服者。"① 这个揭示，在一定的程度上似乎也适用于我们西北地方特定历史时期的"民族碎片"状况。

但是，有时也不能一概而论。问题是：征服者作为特定历史的产物，随着时间的推移，不免转化，而尾随者按照历史的法则，也在作他们"自身的生产，即种的繁衍"②，也在演变。人们可以看到，"民族碎片"在历史上并不限于一种。随着历史的发展，他们在层累化、重合化。他们所处的历史境遇，迫使他们不得不适应新的生活条件，学会当地的多数人的通行语言，学会与不同的邻族过从的能力，积累所以"尾随"的经验。然而，他们原来作为民族的那些特征，仍然具有一定的稳定性，他们与别族，首先是征服者族仍然保持着一定的性格差别。他们就是在这样的历史命运中生聚养息，一方面维持他们自身的物质需要，而同时也繁衍他们的后代。他们终于形成一种不可率意忽视的存在。当"强大的民族"对自己的尾随者"急其羁绊"，强制逾分，以致使他们忍无可忍，而特定的社会政治条件又已成熟时，这些"民族的碎屑、残余"也会瓦合而鸣，为挣脱自己的困境而寻找出路。对此，人们是可以从中国的史书中，逐代地找出一些实例的。我在这里，只就明代的一个"民族碎片"——土鞑及其斗争，略作述评。

二 土鞑的出现及其分布

土鞑，作为一种不全同于汉族的共同体，不经见于其他地方而仅仅出现于西北，首先是上述三省区；不惊世于上古而仅仅骇俗于明代（也是及于清代某种记录）。"瞻彼阪田，有菀其特。"这似乎是一种奇特的现象，然而究其实际，却也还是历史的因素造成的。正所谓"无滋他族，实逼处此"吧。

---

① 《马克思恩格斯选集》第一卷，第 552 页。
② 《马克思恩格斯文集》第四卷，人民出版社，2009，第 16 页。

在朱明建国九十余年内所修诸实录，都不及"土鞑"一词。在那里，凡
涉及西北各地诸族者，概书之为"番""夷"等。从 15 世纪 60 年代中开始，
土鞑云云，被载入官书。

> 宁夏左参将都督金事丁仪奏：……灵州千户所并九渠等四里土达军
> 民，虽自国初归附……①

成化四年，明王朝的史官又记录说：

> 六月，镇守陕西太监刘祥等奏：开城县土达满俊即名满四等三百余
> 人，抢掠苑马寺官马，杀死土官指挥满涛所带官舍十七人，旬日哨聚一
> 千余徒。……
>
> 秋七月，陕西镇守等官复报：固原土达满俊等反，半月之间，遂有
> 四千余众。②

可以说，这是"土达"一词见于官方文字记录的滥觞。其后明代诸史书
的叙述，大概无不以此而次第。但是，《明宪宗实录》也还是采录自各边官的
疏奏牒报，因此，"土达"作为族称之见于地方文录，应当还要早些。

一般说，明代诸《实录》特别是它在记录"胡""夷"等事迹的时候，
并不总能使人相信它的可靠性，然而它的上述报道，却不容忽视。正是这条
史料及踪此而书的诸记录，才使得后世的读者不但更加相信"达达"而
"土"的"土达"这个族名的确实存在，而且也可以使人借此约略窥见它之
所以被载入籍录的隐由。

固原土达之闻名于史苑，主要是由他的领袖人物——满四等的奋袂起事
而引出的。一簇附庸郡县而默默无闻的"碎片"，竟经首义者的一声号召，致
公然拘杀朝廷的命官，牵走皇家的苑马；猝然大举，使西鄙震骇，"中外汹
汹"，统治者劳师动众长达八月之久，始告蒇事，不能不算是大事，祸出非
常。欧阳修说："大事则书……非常则书。"③ 在史官们看来，以之刊入皇朝

---

① 《明英宗实录》卷一八八。
② 《明宪宗实录》卷五五。
③ 欧阳修：《新五代史》。

典册，不光足以夸耀宪宗"圣武"于万世，而且也能借以警戒敢于"逆命"的"边裔"。这大概就是土达之所以被著录的潜意。然而值得惊异的是，据《实录》而修撰的《明史·宪宗本纪》及有关列传，却只载满四、满俊，而不见"土达"这个族称。正是因此，在这里，人们应当铭佩满四们的造反及《实录》的记述者们。可以设想，使非如此，后世如何得悉土达其族及其与四围诸族的关系史呢？

《明宪宗实录》只记录了固原土达满四举事的略历，但是，史料所示，土达并不止有满四一支，其居地也并不限于固原和开成一隅。明人杨一清以为：

国初，散处降夷，各分部落，随所指拨地方，安置驻扎。①

这里所说，只是一般的安置"降夷"办法，即：（1）所有"降夷"的安置，都以"分部落"为单位；（2）所有"降夷"部落的安置，只能限于被"指拨地方"，不得任意驻扎。土达在当时如何分部，不得而知，但是，他们被安置的地方，却不限于固原一地，而由此也可以了解到他们的部落也遍及不少地方。

方孔炤说：

成化四年，给事程万里言：初，安置土达于宁、甘。种类蕃息。②

所谓宁、甘云云，说颇漫漫。同书又说：

灵州千户并瓦渠③等四里土达。④

杨一清说：

其四，防御灵州土达。⑤

----

① 杨一清：《关中奏议》卷三《修复茶马归制以抚御番夷——疏》。
② 《全边略记》卷四《陕西延绥略》。
③ 《明英宗实录》作"九渠"。
④ 《全边略记》卷六《宁夏略》。
⑤ 《关中奏议》卷七。

又有人说：

> 灵州地方，系当要冲。今命尔在灵州驻扎，其横城堡，清水营一带，俱听尔管辖，抚恤土达军民。①
> 土达……散处灵州、瓦渠、金积四里。②

是灵州、金积、横城堡等地有土达。

> （隆德）指挥郭溯。……所领土达八百余名，已调到曹雄军营……③

是隆德有土达。

> 平凉、高桥多土达。……平凉诸土达……④

是平凉等地有土达。

> 别选安、会二县，临、巩、凤、凉土达民壮……⑤

是安定、会宁、临洮、巩昌、凤县有土达。

> 岷、洮、河州，富有土达、土人……⑥

是岷州、洮州、河州有土达。

> 永乐十年七月，上以土达终怀反侧，命徙入兰县就粮。⑦

---

① 《嘉靖宁夏新志》卷一《中路参将》。
② 《秦边纪略》卷五《宁夏卫》。
③ 《关中奏议》卷七《乞思议罪——疏》。
④ 《全边略记》卷四《陕西延绥略》。
⑤ 《全边略记》卷四《陕西延绥略》。
⑥ 《全边略记》卷四《陕西延绥略》。
⑦ 《全边略记》卷四《陕西延绥略》。

是兰县有土达。

> 本镇所属陕西都司管，操领官军并守备固原、靖虏、环、庆、兰州、河州、洮州、岷州、西固、城、阶、文等处实在并事故官军、土达……①

是今甘肃东南一线的诸多县境都有土达。

> 国初以来，安置土达于宁夏甘、凉等处。②

是甘州、凉州有土达。不但如此，叶向高更指出：

> 国初，虏降者皆处以边地，谓之土达。③

是有明的边远地区，多有土达人在住居。但是，这里的所谓"边地"，应当依然是有限定的。黄河以东的沿边各地，如辽东、蓟州、宣府、大同等镇所辖州县，史籍不见有土达屯聚的记录，而且也不见有"土达"这个族称，因此，这里的"边地"云云，主要指西北地区的沿边各地。地理坐标向人们揭示：北起今宁夏的灵武，东逼今甘肃的庆阳、环县，西自张掖，南迄与今四川的交界和今青海东境的分界处，都有土达族人散居。有点有面，占地广袤，共千余里。他们活动得如此之广，"降夷"之，不能不使人叹为少见，而明廷对他们的处理，其用心亦不能不使人有深且刻的感觉了。

三　土达的名称

首先，"土达"一词，在明代诸载籍中，往往有不同的写法和称谓。

严从简说："陕西固原土鞑满四……"④ 是土达亦写作"土鞑"。

郑晓说："满四，固原土胡也。"⑤ 是土达又被称作"土胡"。

---

① 魏焕：《皇明九边考》之《固原镇·军马考》。
② 《明宪宗实录》。
③ 《四夷考》。
④ 《殊域周咨录》卷十八。
⑤ 《今言类编》卷四。

"有土达，乃元之部落，谓之降夷。"① 是土达还有 "降夷" 或 "降虏"②
这类称号。

方孔炤说："巡抚朱英言：……移甘州之土夷；安哈密之残夷……"③ 是
土达或亦以 "土夷" 名之。

"凉州土寇将为变，亟请剿，乱遂息。"④ 是土达且名之为 "土寇"。

所有以上这些 "达" "鞑" "胡" "夷" "寇" "虏" 等，都只是对 "达
达" "鞑鞑" "胡虏" "北夷" 的略写，是它们的同义语。而在当时，实际上
指的都是蒙古。在明代行文的习惯上，这几乎成了定例。《元朝秘史》的蒙文
原字 "忙豁勒" 即蒙古，明人一律译之为 "鞑靼" "达达"⑤，《华夷译语》
对此的译写，亦遵此例。《明史》虽非明人所修，然亦因循明人旧例，赫然
写道：

> 鞑靼，即蒙古，故元后也。⑥

明代嘉靖间，岷峨山人更简直地说：

> 北胡……今止曰鞑靼，俗曰达子，又……曰贼、曰虏。⑦

既然 "达达" 一词被等同于蒙古，那么，土达达被看作土蒙古，恐怕就不是
不自然的了——虽然史书不见有这种说法。

由于习惯地把 "土达" "土胡" "降虏" 等与蒙古等同，因而在明代官私
载籍中，都认定他们都是 "国初" 明军北进时蒙古族的降众，或者说，他们
都是元代蒙古人向明王朝的归附者。

《明英宗实录》说："灵州……土达军民，虽国初归附。"⑧ 从何处 "归
附"？史无明示。

---

① 《秦边纪略》卷五《宁夏卫》。
② 《四夷考》。
③ 《全边略记》卷五《甘肃略》。
④ 《明史》卷一六〇《魏源》，第4357页。
⑤ 叶子奇：《草木子》卷四下《达达即鞑鞑》。
⑥ 《明史》卷三二七《鞑靼》，第8463页。
⑦ 《译略》。
⑧ 《明英宗实录》卷一八八《景泰附录》。

杨一清说："灵州……土达军民六百户，俱系洪武年间，山后节次归附人数。"① 地方志书亦载，有多人于明代初年来自"山后"者②。这里的所谓"山后"云云，颇不明确。揆其方位，当指贺兰山以北。《明孝宗实录》说："李晟上言：窃谓虏自也先以来……又在贺兰山驻牧甚久……或谓：先在贺兰山，即小王子也。今在山后……"③

据此，则以"山后"拟之为贺兰山后，应当无误，而山后所居则为蒙古。引文所谓"小王子"，乃指蒙古成吉思汗十五世孙以后诸可汗而说的。所谓土达军民从"山后节次归附"而来云云，指的就是从贺兰山后投降的蒙古人。高岱所谓的"残元部落"④ 的降附者，叶向高所谓的"虏降者"⑤，指的也是这一带的蒙古人。

但是，以为所有土达都是"山后"来的，则属误会。这可以从"国初"明军的进向中去窥察。

据《明史》，元亡明兴，朱元璋立即挥兵攻向西北。洪武二年（1369），徐达渡陇，服秦州，下伏羌、宁远，入巩昌，元总帅汪灵真保等降。克西宁，元豫王败走，明军尽收其部落辎重。冯胜兵至兰州，元将上都驴迎降。迫临洮，元将李思齐不战降；洪武十三年（1380），沐英攻亦集乃路，渡黄河，登贺兰山，涉流沙，七日至其境，俘元将脱火赤，尽降其众，"获其余部以归"。濮英军逼赤斤站，获元幽王亦怜真及其部曲而还。在其他地方如庆阳、平凉、河州、瓜、沙等，情况也多类似⑥。足见元人之降于明军者，所在辄有，并不限于"山后"。史书说：

> 明兴，诸番部怀太祖功德，多乐内附。⑦

多"内附"，这个话不是托空的。所谓"番部"，这里主要指蒙古。⑧

"内附"者并不都来自"山后"，那么，是不是都族出蒙古？这是可以考

---

① 《关中奏议》卷六。
② 《嘉靖宁夏新志》卷三。
③ 《明孝宗实录》卷一二五《弘治十年五月条》。
④ 《鸿猷录》卷十一《平固原盗》。
⑤ 《四夷考》。
⑥ 参见《明史》有关诸人列传。
⑦ 《明史》卷一五六，第4284页。
⑧ 据《明史》列传四四考证，"番部之称，殊为率混，直称蒙古，方合史家记录之体"。

究的。

正如前文所说，在明代，人们习惯于将蒙古与鞑靼视成同一。甚至在《明史》中，一部蒙古传竟赫然写作鞑靼传，然而认真说，二者是有区别的。"鞑靼"一词，早在蒙古出现以前就见诸文字记录。最初，它指的是蒙古族以外的人。以后，随着历史的演变，它的内涵越来越广泛了。蒙古从其始兴起，就自名"蒙古"而从无以"鞑靼"自号的。王国维说：

> 蒙人本非鞑靼，而汉人与南人辄以此名号之，固为蒙古人所不喜。①

国外的学者也指出：

> 明代汉人记录，称退居塞外之蒙古人为鞑靼……但蒙古人的记录中，绝无此事，仍称蒙古。……要之，蒙古人自来皆自称蒙古，绝不呼称鞑靼。②

这些论定无疑是确凿有据的。实际上，在一些史书中，蒙古与鞑靼也是并列的。如：

> ……沙漠之间，是鞑靼、萌古子地分，两国君长，并已拜降了……辽于沙漠之北，则置西北路招讨府……镇摄鞑靼、蒙骨……诸国。向来北边有蒙古、鞑靼等。从东昏王时，数犯边境。③

明人于慎行甚至报道：

> 蒙古一族不知与鞑靼同出否？……今北虏隶鞑靼馆；其文书谓之达达字，奏文则蒙古字也。④

---

① 《观堂集林》卷十四《鞑靼考》。
② 箭内亘：《鞑靼考》。
③ 《三朝北盟汇编》卷二一、九、二二九各引文。
④ 《谷山笔尘》卷十八《夷考》。

在这里，二者是分列的，即使在蒙古人的典籍中，蒙古与鞑靼、忙豁勒与塔塔儿也并不混淆。① 这就足以证明，说达达（鞑靼）"归附"云云，还不必贸然说就是蒙古人"乐于内附"。

其次，明军所攻降的前元部众，无论就其统帅或士卒，很难说他们都必定是蒙古人。元王朝的军队，并不都由蒙古人组成，这是可以从元代的兵志中参证的。即使蒙古军，其成员也并不单纯。《元史》载李忽兰吉奏书说：

> 今蒙古、汉军，多非正身。半以驱奴代。②

所谓"非正身"，对蒙古军说，就是非蒙古人。蒙古军不以蒙古人组成，由什么人组成？"半以驱奴代"。"驱奴"是什么？

元人陶宗仪说："今蒙古，色目人之臧获，男曰奴，女曰婢，总曰驱口。"③

《新元史》又指出："军人之所掠买者谓之驱口，又名撒花人口，亦曰投祥户。"④

"驱口"在军队中也称"军驱"。"驱口"主要是汉人、南人。蒙古人虽也有被卖为"驱口"的，但在律例上向被禁止，并在实际上每被勒令赎回。既然蒙古军的半数不是蒙古人，则归附明军者就很难说都是"达达"人。值得指出的是，李忽兰吉本人是陇西人，他自巩昌随汪世显起家，每在西北地方用兵，晚年也终老巩昌，对元西北部伍情况十分熟悉，而他的前引上书又是在至元十年（1273）正当世祖忽必烈大兴兵戈的时候。如果在朱明王朝建国前近百年的时候已经如此，那么，明"国初"所面临的蒙古军，恐怕就更不必是蒙古人了。

事实上，据《元史》，蒙古军之在西北者，为数也未必很多，"诸蒙古军士散处南北"⑤。忽必烈以后，虽曾"命亲王将重兵镇抚西北及和林，内建五卫以象五方，置都指挥使领之。凡诸卫、诸万户皆屯垦，以赡军食"⑥，显示

① 《元朝秘史》卷五。
② 《元朝秘史》卷一六二《李忽兰吉传》。
③ 《辍耕录》卷十七《奴婢》。
④ 《新元史》卷九八《兵志一·军户》。
⑤ 《元史》卷九九《兵志二》。
⑥ 《新元史》卷九八《兵志一》。

了他对西北的重视。但是，这里的"西北"所指乃在岭北行省，而不是甘、宁、青三地区，由于忽必烈三子忙哥剌被封为安西王，分驻六盘山的固原及长安，因此，这一地区不免屯聚蒙古军，但是，为数不会很多。至元十四年（1277），朝廷拨四川蒙古军七千人隶王府，就是一个间接的佐证。往后至元贞元年（1295），安西王率军北征海都，其军的妇孺每乏食乞赈。大德十年（1306），开成一地大地震，毁王府，死王妃，势力大衰。到至顺元年（1332），安西王几代均获罪，嗣绝。可以说，他这一系统的蒙古军已经绝少。而这一区域的"镇戍"和"镇遏"任务，则均归巩昌总帅汪世显的汪家军所充当。汪军并不是蒙古军。明军进兵西北所遇元王朝军力，主要地正是这些及新来的外军。如果说"归附"，那主要的也就是这些人。据此，则那种以为所有的降人都是"土达"，都是蒙古人的说法，尚嫌论据不足，至少是可疑的。

再次，就明代诸史书所载，蒙古人之被明军所俘及因诸种原由而降明者，率皆被安置在京师及其附近，如保定、河间、真定、清河等地[①]，不见有控制于西北的记录，而且，也还没有"土达"这种称号。这些"降人"既散处此地，直到明正统十四年（1449）发生"土木之变"，始终不见有迁他们于异地的迹象。其后，他们虽被勒令遣发，但都以随军南征的方法徙往西南，对付那里起义的苗民，也还没有"徙戍"到西北如甘、宁、青地区的迹象。据此，居于西北的土达之与作为"降人"的蒙古之间的关联，似乎甚少可能。

最后，史书所谓"残元部落""虏降者""降夷"云云，几乎都是汗漫之词。"中国而夷狄则夷狄之"，这是历来统治者的伦理准则，也是政治准则。不论前元王朝如何施行"汉法"，其当政者也不只是蒙古人，起而统兵抗明的将帅又多有非蒙古出身者，而在明人看来，他们都属或等同"夷""虏"。明人高岱就曾指出，李思齐、张思道、扩廓帖木儿三人为"陕西之虏"，说前二人为"李、张二虏"[②]，而这几人本身并不是蒙古人。因此，这种泛称，实际上指的都是"胜国"的余众，而所谓"胜国"云云，却包含了各不相同的族属，不必确指蒙古。

就"土达"一词说，其本身似乎也颇发人深省。所谓"土达"，应当即意味着达达人的土著。土著也者，按照惯常的理解，就是历来住居本地的人。

---

① 见《明史》邹缉、刘定之、于谦等传。
② 《鸿猷录》卷五《论曰》。

以此类推，土达应当也就是世代定居于此地的达达人。然而从明的"国初"到成化初年，虽及百年，而以三十年为一代，不过祖孙三世，且"降人"原来均系域外"内附"者，并非土著，称之为"土达"，岂不勉强？被俘或归降明王朝而被安置于京师及其附近的蒙古人，为时也及于百年，并不曾被目为土著而称为"土达"或土蒙古，这就又提供了土达迥非蒙古的反证。

综合以上，不妨认为：土达确是前元的降众，然而他们不必就是蒙古，或者说，蒙古不必是他们的同族，他们也不必是蒙古在元亡之后的"民族碎片"——尽管他们与蒙古或者保持着较与汉族更为切近的历史关系。明人混二为一的说法，未足视为确凿有据。

四　土达渊源

土达不是也不源于蒙古，那么，它来源于何族？可以设想，它大概是达达人的"民族碎片"。

达达即"鞑靼"，其语义未详，或说即"番人"。英文 tartar，意为"强暴者"，人们以之拟为"鞑靼人"。鞑靼人最初居于突厥人之东，契丹人之西北，后逐渐散处阴山。史书说他们到唐代末期，"以名见中国"。① 至 12 世纪时，部落广为扩散。

李心传说："鞑靼东接临潢府，西与西夏为邻，南距静州，北抵大人国。又有白、黑之别。"② 临潢府即今内蒙古巴林旗，西夏即今宁夏贺兰山区，静州即今陕西米脂县，这个区域显然已境接宋的北边。

王观堂曾以为鞑靼可分为东鞑靼、西鞑靼与南鞑靼。他说："唐末五代以来，见于史籍者，只有近塞鞑靼。此族东起阴山，西逾黄河、额济纳河流域。至北宋中叶，并散居于青海附近，今假名之曰南鞑靼。"③ 这就是说，早在元王朝兴建以前，鞑靼人已遍及于今甘（肃）、宁（夏）、青（海）三省区了。王国维先生的揭示信而有征。

《元史》载：至元间，朝廷曾使人探求黄河源。临州人朱思本就黄河所流各地名称指出："……自洮水与河合，又东北流，过达达地，凡八百余里；过

---

① 《新五代史》卷七四《鞑靼传》。
② 《建炎以来朝野杂记》乙集，卷十九。
③ 《观堂集林》卷十四《鞑靼考》。

丰州西受降城，折而正东流，过达达地古天德军中受降城，东受降城凡七百余里。……大概河源东北流，所历皆西番地，至兰州凡四千五百余里，始入中国。又东北流，过达达地，凡二千五百余里，始入河东境内。"①

　　这里说了三个"达达地"。日本蒙古史学者箭内亘以为：第一个达达地，系指居于贺兰山方面者；第二个达达地，是指住在阴山一带者；第三个达达地，是概括以上所记黄河流域的全部达达者。② 这个话是不误的。朱思本的记录，是他依据"从八里吉思家得帝师所藏梵字图书，而以华文译出的"。这部图书撰于何年，梵文对"达达"人如何称呼，都不曾注出，然而，它也标明这一流域早已居有鞑靼人。

　　王观堂说：

　　　　鞑靼南徙之后，与沙陀、党项诸部杂居。故此部中颇有他种人，而其与党项之关系尤较沙陀为密，故昔人多互称之。③

据此，朱思本所说兰州以西，"皆西番地"云云，还不必理解为那里就一定没有鞑靼人。

　　《元史》又载："甘肃等处行中书省所辖军民屯田——宁夏等处新附军万户府屯田：……（世祖至元）二十一年，遣塔塔里千户所管军人九百五十八户屯田……"④

　　这里的"塔塔里"，应当就是塔塔儿、达达儿，亦即鞑靼。据此，甘肃、宁夏乃至今内蒙古鄂尔多斯市境内均有达达人并设千户所屯田。又，泰定三年（1326）八月，"迁黄羊坡民二百五十户于鞑靼部"⑤。这里的"黄羊坡"应当就是王延德《使高昌记》所说的黄羊平，地在夏州（今陕西横山县）西北，贺兰山东麓，境接兀剌海路。兀剌海亦为族名，它应当就是王延德出使高昌时所见的欧羊梁劲特族，为九姓鞑靼之一，地在今阿拉善境。⑥ 这几条史料不但可以看作是对朱思本所记的具体注释，而且也是对王观堂所谓各族杂

－－－－－－－－－－

① 《元史》卷六三《地理志六》，第1566～1567页。
② 《兀良哈及鞑靼考》卷下，第二五页。
③ 《观堂集林》卷十四《鞑靼考》。
④ 《元史》卷一〇〇《屯田》，第2568～2569页。
⑤ 《元史》卷三十《泰定帝二》，第672页。
⑥ 《宋史》卷四九七《外国传六》。

民的证明：鞑靼地有时迁入黄羊坡户，甘肃军民及新附军屯田有鞑靼来人。

但是，达达或鞑靼，毕竟尚是泛泛的概念。史实表明，鞑靼人内部正有着不同的称谓。宇文懋昭说鞑靼人有生、熟之别，黑、白之别：

> 鞑靼人……其近汉地者谓之熟鞑靼……其远者谓之生鞑靼。
> 宋通鉴云：鞑靼有黑、白。①

赵珙也说：

> 鞑靼始起……其种有三，曰黑、曰白、曰生。②

李心传说亦同。③ 黄震更师其说。④ 但他们说的黑、白之分，只限于生鞑靼，则是有违史实的。

居于甘、宁、青三省区的鞑靼，属于何种？对此，史书并没有专门的记叙。但是，并非没有线索可寻。据《元史》：

> （至元）十一年……五月，便宜总帅府言："本路军经今四十年间，或死或逃，无丁不能起补。见在军少，乞选择堪与不堪丁力，放罢贫乏无丁者，于民站内别选充役。"……诏延安府、沙井、静州等处种田白达达户，选其可充军者，签起出征。⑤

这是一条足以说明问题的史料。"便宜总帅"即汪世显一族，当时任职者为其孙汪惟正，静州即今陕西米脂县，与延安府都属陕西；沙井即沙井堡，地在今兰州东界。这说明：西自兰州，东迄陕西北部，都有白达达种田户。而朝廷同意便宜总帅府建议，从白达达种田户内选择壮丁补充军役，又透露出这一地区的驻军也有白达达人。这个实在情况，不啻是对朱思本所记的进一步印证，他所谓的"达达地"也者，原来就是白达达地。据此，则李心传

---

① 《大金国志》卷二二。
② 《蒙鞑备录》。
③ 《建炎以来朝野杂记》乙编，卷十九。
④ 《古今纪要》。
⑤ 《元史》卷九八《兵制》，第2515页。

所说与西夏为邻、南抵静州的鞑靼，尚有黑、白之分云云①，就很不可靠。而白鸟库吉博士所说"在辽、金、元时代，散居在贺兰山方面的这些鞑靼，就是字面上叫做白达达、白鞑靼的人，他们是同宋人所称的黑鞑靼相对应的"②，则应当不尽属凿空之谈。

值得注视的是这些白达达，按照朱思本所记，从青海东去而延及天德（今内蒙古乌拉特境）、中受降城（包头西）、东受降城（今内蒙古托克托县），即延及于阴山山麓。而据汉文史册如《大金国志》等，那里的鞑靼居民中正好也住有白鞑靼，足见两地的白达达实际上是连成一片的。

白达达种类，据《译史补》《新元史》所记，也不是同一的。在这些史书中，至少举出了十五种之多，而汪古族则是其中最为显要者之一。《新元史》说：

> 汪古部乃白达达十五部之一。本为布而古特，亦曰贝而忽特，辽人称为乌而古。屡降屡叛。后为金人所抚，属西北路招讨司。大定后，北族（即蒙古）渐强，金堑山为界，以限南北，而乌而古有帐四千，居界垣之冲要，屏蔽山后诸州。蒙古谓长城曰盎古，又伪为汪古。③

这是说，汪古人居阴山，为金王朝守界而成为它的屏蔽。话不错，但不甚全面。它不限于阴山。

"汪古"一词，诸书写法各异。《元朝秘史》作"汪古惕"；《圣武亲征录》作"王孤"；《元史》或作"雍古""瓮古"，或作"汪古"。屠寄以为"雍古"与"汪古"并非一种："雍古惕本回鹘遗种；汪古本突厥沙陀种。"④其实，这种分别亦可不必。多桑说："汪古部守此长城，蒙古人名此长城曰ongou。汪古部不论本于长城，抑本于中国人名阴山之汪古山，然此民族之实在名称，未能知之也。"⑤

作为一种白达达，汪古部族人除居于阴山一线外，亦如前述，也居于贺

① 《建炎以来朝野杂记》乙编。
② 《白鸟库吉全集》，《塞外民族·鞑靼》。
③ 《新元史》卷一一六《阿剌兀思剔吉忽里传》。
④ 《蒙兀儿史记》卷一五四《色目氏族表下》。
⑤ 《多桑蒙古史》上册，第54页注①，中华书局，1962。

兰山左右。《元史》说，泰定三年八月，"……罢甘肃札浑仓，徙其军储于汪古剌仓。"① 假如这个"汪古剌"也与汪古人有点关联，那就又增添一项证据。

汪古人这个白达达之住居贺兰山的历史已经很久，这可以从汪世显这一世家看出。据《元史》：

> 汪世显字仲明，巩昌盐川人。系出汪古族。仕金，屡立战功，官至镇远军节度使，巩昌便宜总帅。金平，郡县望风款附，世显独守城。……癸卯春（1242），皇子（斡阔台三子阔端）第功，承制拜便宜总帅。秦、巩等二十余州事，皆听裁决。赐虎符……中统三年（1262），论功追封陇西公。延祐七年（1320），加封陇右王。②

《蒙兀儿史记》也说：

> 汪世显……系出汪古部族。……正大二年（1225），领同知平凉府事。四年（1227），领陇州防御使，分治陕西西路，行六部郎史。西路度支空乏，世显发家赀，倡率豪右助边，邻郡效之，军饷以给……天兴元年（1232），蒙兀大举攻汴……世显遂代为便宜都总帅。

汪世显家世在《金史》中无专传，但有节略③。清人钱大昕据此以论《元史》及《元名臣事略》，认定此撰"汪世显传不可信"④，而于汪世显族属"汪古"，却一无疑词。从汪世显的族源可以看出：住在贺兰山左右的汪古人也是早在金代就为金王朝守边，按其方位，他们应属于金的西南路招讨司。汪世显死后，其子德臣、良臣，孙汪惟正、惟和以及其诸后继者，都相继任元王朝的巩昌便宜总帅兼本路诸军奥鲁总管⑤，"统巩昌、平凉、临洮、庆阳、隆庆五府及秦、陇、会、环、金、德顺、徽、金洋、安西、河、洮、岷、利、

---

① 《元史》卷三十《泰定帝二》，第672页。
② 《元史》卷一五五《汪世显》，第3649～3650页。
③ 《金史》卷一二四《郭虾蟆传》，中华书局，第2708～2710页。
④ 《十驾斋养新录》卷九。
⑤ 奥鲁：《元朝秘史》卷九作"阿兀鲁兀"，汉文译作"家每自的"即自己家的，总译作"老营"指的都是军队的后方族属。

巴、沔、龙、大安、傶、泾、邠、宁、定西、镇原、阶、成、西河、兰二十七州，又于成州行金洋州事"①。汪氏一族直到元亡明兴，仍在原巩昌地区，并有成员任明王朝官职，至今漳县仍有汪家墓地②。可以看出，汪世显所代表的汪古人势力，已遍及甘、宁、青地区了。

除汪氏家族之外，尚有赵氏家族，曾经父祖子孙历任陕西行台侍御史、安西路总管以及平章政事等官职，而死后更被封为国公的按竺迩、赵世延就是这一家族的代表。《新元史》说：

> 按竺迩，雍古氏……（成吉思汗）二十年，从攻西夏、积石州，围河州，破临洮，攻德顺，又从攻巩昌，皆有功。太宗即位，以按竺迩为元帅，镇删丹州。……金将汪世显守巩州，按竺迩奏记皇子阔端，请遣使招之，皇子遣按竺迩往，世显果降。
>
> ……子国宝……子世延。世延诚可用，然雍古氏，非汉人……③

又有马氏家族，居静州之天山而"以财雄边"的月乃合，最为著名。

> 月（乃合），字正卿，其先属雍古部，徙居临洮之狄道。金略地，尽室迁辽东。曾祖帖木儿越哥，仕金为马步军指挥使，官名有马，因以马为氏。祖把扫马野礼属，徙静州之天山，以财雄边。宣宗迁汴，父昔里吉思辟尚书省译史，试开封判官，改凤翔府兵马判官，死国事……④

昔里吉思又名马庆祥，《金史》有传。传亦言其"居临洮狄道"，但说其先世自"西域"来而不言汪古。⑤"西域"只是地理概念而不是族称，其族属当以《元史》为准。

另有郝氏家族。这一家族以郝天挺为代表。

> 郝天挺字继光。出于朵鲁别族，自曾祖而上居安肃州（今甘肃酒

---

① 《元史》卷六《地理志三》。
② 乔今同：《甘肃省漳县元代汪世显家族墓群——简报之一》，《文物》1982 年第 2 期。
③ 《新元史》卷一四九《按竺迩传》。
④ 《元史》卷一三四《月乃合》，第 3244～3245 页。
⑤ 《金史》卷一二四《马庆祥》，第 2695 页。

泉）。父和上拔都鲁。太宗、宪宗之世，多著武功……天挺英爽刚直……
又擢陕西汉中道廉访使……寻除陕西行御史台中丞……子佑……小字朵
鲁别台……迁陕西行省参知政事，拜陕西行御史台侍御史。①

郝氏不是汪古人而是朵鲁别，即《新元史》所列的郭儿路乌特或朵鲁伯族②，
但却是白达达人。

《新元史》载有昔里钤部其人：

> 昔里钤部，河西人，自其父答尔沙必吉以上七世相西夏。……其先
> 本沙陀部长，从唐赐姓为李氏，以别于西夏国姓，为小李。后又伪为昔
> 里。答尔沙官肃州。……太祖围肃州……遂率部曲来降。……③

《蒙兀儿史记》说，成吉思汗攻破沙洲，昔里钤部家族"八百有六户得免
死，归其田业"④。昔里钤部及其部曲，看来也是汪古人或白达达。

白达达是不是蒙古人？历史要籍均回答说不是。"非蒙古而归入蒙古者，
曰白达达。"⑤

> 似蒙兀而非蒙兀者，则称白塔塔以别之，亦称白鞑靼。⑥

汪古人既属白达达，其不是蒙古，十分明显，马可波罗曾游历甘肃、宁夏至
阴山一线。就他亲见耳闻，记录：

> （天德）地方在我们的世界中，被称为戈格（Gog）和马戈
> （Magog），但是，土人却称他们为翁格（Ung）和蒙古尔（Mangul）。这
> 两个地方各住着不同的种族。戈格人住在翁格，鞑靼人则住在蒙古尔。⑦

---

① 《元史》卷一七四《郝天挺》，第4065～4066页。
② 《新元史》卷二九《氏族表下》。
③ 《新元史》卷一三一《昔里钤部传》。
④ 《译史补》卷六《蒙古部族考》。
⑤ 《蒙兀儿史记》，《昔里钤部传》。
⑥ 《蒙兀儿史记》卷一五三《蒙兀·代族下》。
⑦ 《马可波罗游记》，上海书店出版社，2000，第72页。

这里的"翁格"乃是汪古的异译，"鞑靼"则是蒙古的误称，二者不是合之成一的。

那么，汪古人的族源何属呢？

《元史》说："阿剌兀思剔吉忽里，汪古部人，系出沙陀雁门之后。远祖卜国，世为部长。"[1]《元史》的这条记录主要地寻源于阎复在 1305 年（元成宗大德九年）所撰《驸马高唐忠献王碑》[2]，应当可信。

宋宁宗嘉定十四年（1221），宋人赵珙曾到"鞑靼"地考察，撰有《蒙鞑备录》，书说："鞑靼始起地，处契丹之西北，族出于沙陀别种，故于历代无闻焉。"[3] 赵珙所到之地，实际上就是白鞑靼即汪古族的居地。他的记录恐怕主要是听自白达达人的传说。所谓"鞑靼始起地"实在指的是汪古人的"始起地"，因此，他的记录与阎复所撰碑前后辉映，确认汪古族人源于沙陀——不论是阴山的汪古或是贺兰山方面的汪古人。

沙陀系何种？

《新唐书》说：

> 沙陀，西突厥别部处月种也。始，突厥东西部分治乌孙故地，与处月、处密杂居。
> 处月居金娑山（阿勒泰山）之阳，蒲类（今巴里坤湖）之东，有大碛，名沙陀，故号沙陀突厥云。[4]

《新五代史》也揭示：

> （唐）太宗破西突厥，分其诸部，置十三州。当时，西突厥有……处月、处密诸部又其小者也。……后百五六十年，宪宗时，有朱邪[5]尽忠及其小执宜，见于中国而自号沙陀，以朱邪为姓矣。[6]

---

① 《元史》卷一一八《阿剌兀思剔吉忽里》，第 2923 页。
② 《元文类》卷二三。
③ 《蒙鞑备录》。
④ 《新唐书》卷二一八《沙陀传》，第 6153 页。
⑤ 《蒙兀儿史记》说："主因惕，白塔塔儿种，突厥沙陀遗类也。突厥语谓沙陀曰朱邪。《禹贡》所谓诸野，《汉书》所谓渌邪、居延，《唐书》所谓处月，《秘史》所谓主因，皆朱邪二字音转。"（卷一五三，氏族下）
⑥ 《新五代史》卷四《唐本纪四》。

庄宗……其先本号朱邪，盖出于西突厥，至其后世，则自号沙陀，而以朱邪为姓。①

这就是说，沙陀原为突厥族，突厥分为东西二部之后，归西突厥，属处月种而为其别部。至 9 世纪初，始与内地通，因其驻地有大沙碛，故以沙陀自号。"处月、处密、伊吾诸种杂。其风俗大抵突厥也。言语稍异。"② 沙陀属处月种，情况当然亦同。

当公元 8 世纪末，吐蕃赞普攻陷居于北庭金满洲的朱邪尽忠，徙之于甘州而役属之。808 年（元和三年），朱邪尽忠与其子朱邪执宜乘吐蕃被回纥攻破的时机，悉众三万落循乌德鞬山（今杭爱山）而东走，吐蕃赞普以兵追击。朱邪尽忠且战且走，傍洮水，奏石门，部众转战略尽，尽忠也战死在途中。沙陀人在朱邪执宜率领下，士才二千，骑只七百，杂畜骆驼以千计。窘迫无已，叩欵灵州，请归唐河西节度使范希朝。希朝处之于盐州（今陕西定边县，在长城线上）。后范希朝迁驻太原，朱邪执宜亦率沙陀随迁，居于定襄。执宜死，其子朱邪赤心被唐王朝任为太原行营招讨三部落军使，赐姓名李国昌。872 年（唐懿宗咸通十三年），李国昌被任云州刺史大同军防御使，拒不受命，其子李克用任之。881 年（中和元年），唐王朝诏命李克用于鞑靼，任为雁门以北行营节度使。次年，以平黄巢功，李国昌任为雁门以北行营节度使，随后又封为陇西郡王。李克用死后葬于雁门。这就是以雁门李氏为代表的沙陀人的经历。他们由西域而甘肃而宁夏而阴山，足迹所涉，正是汪古人的移徙之地。汪古人自称沙陀之裔，绝非偶然。

《新五代史》说：

沙陀无文字传记，朱邪又微不足录，故其后世自失其传。至（朱邪）尽忠孙始赐姓李氏。李氏后大，而夷狄之人遂以沙陀为贵种云。③

这或者是汪古人愿意自号沙陀一系的另一方面的想法。据此，则汪古人（也

① 《新五代史》卷四《唐本纪四》。
② 《新唐书》卷二一五下《突厥下》，第6055页。
③ 《新五代史》卷四《唐本纪四》。

应包括其他白达达人）之居于阴山及贺兰山一线，已不始于辽金时代，而应上溯到公元9世纪初。但是，如果从突厥人之入居盐州算起，则沙陀——汪古人的历史，恐怕还要早些。

且看：

（隋）开皇十九年（599）十月，长孙晟奏："染干（即东突厥沙钵略汗子）部落归者日众，请徙五原，以河为固，于夏、胜两州之间，东西至河，南北四百里，掘为横堑，令处其内，使得任情畜牧。"上从之。①

（唐）贞观四年（630），从文彦博议：处突厥降众东自幽州，西至灵州。设都督府以统其众。②

初，咸亨中（670~674），突厥有降者皆处之丰、胜、灵、夏、朔、代六州。

调露元年（679），于灵、夏南境以降突厥置……六胡州。③

这就是说，隋唐时即公元6世纪时，从贺兰山至阴山地区，已有了突厥一系的居民。从那以后，又经过了几个政权，更替过几个王朝，很多社会状况当然不可避免地有了变动，而居住在那里的居民，也有过相当之移徙。然而，属于突厥系的沙陀后裔——汪古人或白达达，似乎终于定居下来，而逐渐成了当地的土著。所谓"土著"，据颜师古说，即"谓有城郭常居，不随畜牧移徙也"④。白达达既然已经是土著，那么，在"达达"一词之上冠以一个"土"字，称之为"土达达"或"土达"应当是顺理成章、约定俗成的了。值得注意的是，在当地拥有巨大势力的汪家族及赵家族，正是被明人看作"土"人的。钱谦益记述明军进攻西北的巩昌、临洮等地时，曾有"土官汪灵真保降"，"土官平章赵脱儿挟李思齐出降"⑤的记录，而这二人正是汪古世家。这里的"土官"实际上应当理解为土达之官、土著之官。

宋元时代，史书不见有土达这种称号。但是在民间，这种称号恐怕实际上是存在的。明人魏焕说：

---

① 《通鉴纪事本末》卷二六《突厥朝隋》。
② 《通鉴纪事本末》卷二八《太宗平突厥》。
③ 《通鉴纪事本末》卷二九《突厥叛唐》。
④ 《汉书》卷六一《张骞传》，第2690页。
⑤ 《国初群雄事略》卷十《李思齐》。

> 土达……部落开城等县，仍号土达。①

明代初期安置前元降人，"仍号土达"的"仍"字，正说明至少在元代就存在这一特定概念。它与云、贵、川、桂等西南地区实行土司制度的"土人"显然不同。明代以后，直到清末，"土达"一词依然能见诸文书。例如《固原州志》，就载有左宗棠所撰《剿办固原东山土、回各匪，擒斩巨逆疏》，说：

> 窃平凉之固原、泾州之镇原、庆阳之环县，壤地相连，周千余里。其近固原东境者，俗呼东山。……地形辽远，山势丛错，兵燹之后，人物凋残。土、回各匪，乘间出没……②

这里的"土、回"，指的就是土达与回回。

又清人无名氏撰有《七笔勾》，其中一笔写到：

> 塞漠沙丘，土达、番、回畜类稠，性情似猪狗，形容如禽兽，见了茗与茶，呵呵连拍手。国法森严，此地偏遗漏，因此上，把礼义廉耻一笔勾。③

这里有极尽污蔑之能事的语句，一派统治者御用文人的口气，但是，它却明白地道出土达一族的存在。足见土达族人直到19世纪中，依然实际地存在并发生着历史作用。

近人陈丕士在20世纪20年代，曾到过宁夏。他记述说：

> 在甘肃时，我曾到过产麦区，固原人烤一种叫"鞑靼头"的面包，这种非常可口的、完全由面粉做的面包，在宁夏也能买到。④

面包而以"鞑靼"命名，或者正是那里有鞑靼人住居的反映，这个鞑靼应当

---

① 《皇明九边考》卷九《甘肃镇：边夷》。
② 《固原州志》卷七《艺文志》。
③ 谢彬：《新疆游记》，第48页。
④ 陈丕士：《中国召唤我——我参加中国革命的历程》，商务印书馆，1983。

就是土达。又足见就是在当代，土达人也还曾经是现实地存在过的。

　　土达实际上就是白达达，质言之，就是汪古族的"碎片"。他们来源于突厥系的沙陀族，移居于西北地区已经很久，而到辽金时代，竟已逐渐成了当地的土著并形成一方势力。金人利用他们守边，他们中的一些显要家族于金亡之后，又仕于元统治者。明兴，归附洪武。史书说他们来自"山后"，并不确切；说他们就是蒙古，也失于穿凿；说他们于"国初"始被安置在西北，很难足信。明人记述之所以失误，可能有多方面的原因，然此不在本篇叙述范围，兹从略。

　　青海土族自称"白蒙古"，应即史书所述"白鞑靼"。土族地理分布甘、青交界，正是汪古氏统治区。它是否与汪古人同属，很可考究。如是，则土族应是土默特孑裔。此事我另有专文论述。

青海"花儿"原始

前　言

　　1958 年 4 月，《民间文学》刊出了郭沫若院长的文章：《关于大规模搜集民歌问题》。文章指出："收集工作展开了，研究工作要跟上去，像比较比较各省各县的；少数民族和汉族的；这个民族和那个民族的民歌有什么不同、有什么特点，就是应该研究的题目。"这是他在回答《民间文学》编辑部的访问时说的。这话对青海民间文学研究会的工作极具指导性。

　　1960 年，全国第三次文学艺术界代表大会前后，青海民间文学研究会继 1958 年之后，有计划地组织了大规模全省民间文学艺术的调查，我当时称之为对地方民族民间文艺状况的"摸底"。"摸"的目的当然不仅在"观风俗，知得失"，或如赫尔德所说的推动"启蒙运动"，实在是为了创造与发展青海地方文艺的事业。一般说，一方面，书面的、更高级的文学作品，往往源于民间作品，"因为摄取民间文学或外国文学而起一个新的转变，这例子是常见于文学史上的"①。另一方面，也是鲁迅所说："现在的文学也一样，有地方色彩的，倒容易成为世界的，即为别国所注意。打出世界上去，即于中国之活动有利。"② 我们"摸底"的初意就是这个，就是为了发展地方新文艺而汲取民间资料。

　　这次调查，历时一年，所获空前。最突显的有二，一是关于"格萨尔"的，这是史诗资料；二是关于"花儿"的，这是民歌资料。一诗一歌，并陈辉映，这也是青海民间文学的最普及、最具特点和影响最为深远的两大特点。它们不光展现出各自的丰厚底蕴、文学特点，而且也提供了发展新型地方文

---

　　① 鲁迅：《且介亭杂文·门外文谈》，人民文学出版社，1973，第 77 页。
　　② 《鲁迅书信集》（上），人民文学出版社，1976，第 528 页。

艺可以引据、吸取的生动素材。这样的收获,实在始料未及,大家都很高兴。问题正如郭老所说在于研究,而这种研究在当前困难的条件下,甚难使人潜心,但是也还在摸索。

"格萨尔"史诗的事,这里不谈,光谈"花儿"的事。

我对"花儿",老实说是外行,既不会唱,也不了解人们历来对它的研究以及这种研究的成就,但兴趣是有的。

1940年初版的张亚雄《花儿集》及1962年载于《民间文学》第6期的王浩、黄荣恩《"花儿"源流初探》,是我所看到的较为实在的研究成果。后者的论证,实际上恐怕是对前者一些论点的质疑或否定,当然各是其是。不无兴趣的是尽管双方意见不一致,却都提出一个共同的话题,这就是"花儿"的起源问题。张氏说:"'花儿'一名,复不知始于何时?"① 王、黄说:"'花儿'究竟最初起源和形成于何年代、何族、何地,现尚无比较深入的考据。"他们异口而同声。问题的提出,当然很重要。原始要终,历来是探求事物本质的方法,不了解"花儿"之"始"即起源和它的"终"即成果,不但难于了解它之所以流传及保护它的途径,也不易于寻得所以发展、提高及改进它的方法。所以在这个话题上,应当有个说头。

一

"花儿"又称"少年"。如果后者乃指男子,那么,前者就指的是女子。女子之所以称"花儿",我看当是由"花子""贴花"而来。据《中华古今注》,秦汉以来,历代女子面上贴各色、各式、各种质地的"花子",以为美妆。先是皇家宫女,后演而及于民间,以后为女性特有,因称女子为"花子"。"花子"即"花儿"。有一本叫做《江湖通用切口摘要》的书,说江南把少女称为"多花子",可见视少女为花儿已经是一种世俗。在青海民歌中,唱少年、少女之间的私情蜜意占有很大的比重,唱歌的本人也都是少男少女。因此,名这种山歌为少年,很切题,而与之对照,称之为少女——"花儿"也不违理。前述《民间文学》所载王、黄二同志的文章,以为"花儿"不是歌名。恐怕太过执一了吧。至于《"花儿"漫谈》说,"花儿"是一个富有象征性的名词,它意味着旺盛的生命、多彩的青春、健康的思想,这又是一己

---

① 张亚雄编《花儿集》,中国文联出版公司,1986,第131页。

的推想，未必贴切。老实承认"花儿"就是指少女，有什么可回避的呢？

"花儿"本质上是民歌、山歌，是口头文艺，是一个没有管弦伴奏的天籁之声。这种歌在总体上说，类皆不通文墨或识字不多的社会成员，在生产和生活中因世事的感触、景物的兴发以及自身的际遇，心有不甘，虑意百结，于是不假思索，天然成句，脱口而出，寄情于声。当他们曼声而唱，有扬有抑，亦顿亦挫，婉转咏歌时，往往能自押韵调、自成一格，俨然自由诗体。唱者本人就是鲁迅先生所说的，"不识字的诗人"。① 这样的歌唱，历史已经很久。明代人冯梦龙说："书契以来，代有歌谣。"② 这只是就书面而言。若从口头说，可以说有人而有歌。高尔基所谓"从远古时代起，民谣就不断地、奇特地伴随着历史的"，应当适合了我们这个议题。这里的"民谣"，在字面上实在就是民歌。《尔雅》以为徒歌为"谣"，清刘熙载以为，"通乎俚俗曰谣"③。徒歌即《说文》所说的"独歌"，即没有乐器伴奏的歌唱、通俗易懂的词句。

那么，作为民歌的"花儿"如何呢？张亚雄提出了所谓"葩经"的说法。说《诗经》就是"葩经"，这个"葩"就是花的音变，"葩经"就是"花经"，也就是"花儿经"④。以此而论，《诗经》出于西周至春秋末，因此，"花儿"的起源被推溯到春秋时代，是吗？

我看这是张氏一己的推演。《诗经》本名《诗》，"经"是汉以后新加的。《诗》十五国风，即十五国民歌，其流布地方遍及今山西、河南、湖北及秦陇等省县，并不及于青海一地。"葩"与《诗》挂钩，当自唐代开始。去春秋已近两千年。韩愈《进学解》有"《春秋》谨严，《左氏》浮夸。《易》奇而法，《诗》正而葩"之句。所谓"葩经"云云，自此而始。清人小说《品花宝鉴》三十五回，就有"集葩经飞花生并蒂"语句。韩愈是在评价各书的特点，而不是给书命名。他的意思是卦爻之术，变化莫测，但所示的道理却可以理解或效法，而《诗》的义理正而"无邪"。孔子就说，"《诗》三百，一言以蔽之，曰思无邪"⑤，词藻华丽美饰。"葩"即华。据此，《说文段注》："葩训华者，单木花也，亦华丽也"，"葩经"也不过说是

---

① 《且介亭杂文·论"旧形式的采用"》。
② 《序山歌》，载郭绍虞主编《中国历代文论选》第三册，上海古籍出版社，1980，第231页。
③ （清）刘熙载《艺概》，上海古籍出版社，1978。
④ 张亚雄编《花儿集》，中国文联出版公司，1986，第131页。
⑤ 《论语·为政》。

美丽的诗篇，不是书名，何来"花儿经"？且《说文段注》没"花"字。至于训"葩"为华，据《一切经音义》，只是"秦人"有之，并不普遍如此称呼。"葩经"就是"花儿经"的立论，不可成定。"花儿经"在周时就有，只是臆造吧！

张氏还有一个论断，说"花儿"是汉语的蒙藏民族歌，是仿照蒙、藏二族语言音节而制造的山歌。"花儿"在西北地区都是以当地民族语言唱的，"出产'花儿'的地方多少带一点部落时代的古风，儒化的色彩甚淡"，如此等等。照此说来，"花儿"似乎起源于蒙、藏二族！甚至"花儿"一词本身也是蒙藏民族的语词之汉译。这对不对？我不懂藏语，无从考查。蒙古语中，绝没有"花儿"语音且意如山歌的语词。有一个形容雄鹿追情雌鹿的语词"兀哈儿"，去"兀"，则"哈儿"与汉语"花儿"一词声韵相近。然而，把青年男女互相传情的口头歌唱，喻之为"牡鹿""牝鹿"，显然蔑之太甚，怎么可能借用？

不妨假定，尽管西北边疆各民族也唱他们自己语言的民歌，却不必自称"花儿"，也不必就是汉族民歌的"花儿"。汉语"花儿"自有自身的特色，自身的渊源，不可以与当地民族歌谣相混淆，它们之间恐怕不存在彼此源流的关系。至于"儒家色彩甚淡"云云，如果就孔子、孟子学说及宋学性理虚伪观念而言，这是任何山歌都有的特色，不止"花儿"。明末江苏长洲人冯梦龙就曾说，山歌"虽俚甚矣……而借男女之真情发，名教之伪荣其功"[1] 特大，这"名教"不就是儒家"伪荣"吗？而山歌是反对的。因之说这是"部落时代古风"云云，应当不足为据。

二

历来有个说法：青海是"花儿"的故乡。这当然不能说有错。"花儿"的唱人、语言、情节等，都是在这个地方落脚的，青海人对它也有浓重的情感。它有青海的籍贯当然不言而喻。然而，就渊源说这里可不是它的始发地，换言之"花儿"的祖籍不是青海，其起源也不自青海建省始。

"花儿"之称，在民间应当早就存在，最初大概并无定字，在口头上只是发"Huar"这个音，在字面上可以写成华儿、滑儿、骅儿、画儿、化儿、划儿等，为什么叫做"Huar"，是什么含义，恐怕没有谁去解释的。而文人及词

---

[1] 《序山歌》，载郭绍虞主编《中国历代文论选》第三册，第231页。

曲家们在吸收民间口头创作时执意写成"花儿",用意恐怕也只在它"华丽"这个意义上,或者出发于对女性的推崇吧。如若不是,那就不妨设想民间所唱的都必定是有确切名称的,如茉莉花、水莲花、杏花、山桃花等。后来略实名而漫名之曰"花儿"。"花儿"这个写法现已定型,而且历年已久,那么,据约定俗成的规律,我们也就随声吧。在字面上,"花儿"一词,王骥德《曲律》已有记录,所载越调过曲四十五章,其中就赫然有"花儿"一曲,王氏是明中会稽人,他的统计均以南方曲调为准。然而《曲律》所载"花儿"并不是始见,在元之前已经有了记录。最早见于宋元时代,明代继之。这里试摘几曲:

> 《陈巡检梅岭失妻》:"越调过曲·《花儿》:牡丹正开,开在盆中,万花都无赛,汲水浇花荫花开,莫令水荡花飘败。"(《旧编南九宫谱》卷六)
>
> 《张协状元》第二八出:"净唱《花儿》:三文买着状元,五百姓名及川县,两本直你六文钱,要千本交五贯文。"
>
> 《小孙屠》第十九出:"(旦上)唱《花儿》:荒郊傍晚,星月相将渐望日沉西,车马游人尽稀散,潜步两情厮绾。"

以上三戏均为古杭九山书会才人所编。"书会"是专门写戏的团体,古杭九山在浙江省,"才人"是专门编写剧本或说艺的人。上述这个揭示很重要。(1)说明"花儿"一名,早在宋元时代已经在书面上出现。(2)它乃作为南戏中的一种曲牌,被角色所歌唱。角色中有男性(净),也有女性(旦)。(3)表明"花儿"在南戏中,是被作为"过曲"使用的。"过曲"云云,是指曲牌套数中除前头的"引子"和后头的"尾声"之外的部分。它是曲牌中的主要成分。(4)写戏文的乃至理论南戏南曲的,多是南方人,特别是江苏、浙江地区的人,他们所据以创作的曲调,除继承先代曲调之外,主要来自民间的曲调,首先是江南的民间"徒歌"。历来民间的创作都具有广泛的影响,"花儿"也如此。"才人"们的编写"花儿",正是南方歌曲有"花儿"的反映和使用。鲁迅先生曾说:"歌、诗、词、曲,我以为原是民间物。文人取为己有,越做越难懂,弄得变成僵石。"[1] 这话非常中肯。

---

[1] 《鲁迅书信集·致姚克》,人民文学出版社,1976,第492页。

　　"花儿"是南曲，那么，它这个"南"具体是什么地方和属什么调门呢？我看就是"吴歌"。这是一种久远的民间歌曲。《晋书·乐志》说："吴歌杂曲，并出江南。东晋以来，稍有增广。其始皆徒歌，既而被之管弦。盖自永嘉（307～310）渡江以后，下及梁陈，咸都建业，吴声歌曲，起于此也。""起于此"，何指？建业，就是今日的南京。这就是说，"吴歌"是东晋以后，兴发于并流布于以建业（南京）这个六朝（晋、宋、齐、梁、陈、吴）金粉所在的都城为中心的江南一带的民歌。这是一种什么歌？明代昆山（江苏松江）人陆容说："吴中乡村唱山歌，大率多道男女情致而已。"[①] 明代江苏苏州人冯梦龙，编有当地时调集《童痴二弄》，书中三百五十六首吴歌都是歌唱"男女私情"，偶有讽世之作，用词率用吴语，间以白话。明浙江钱塘人张瀚更指出其歌的历史背景："东坡云：（江南）'其民老死不识兵革，四时嬉游，歌舞之声，至今不衰。'夫古称吴歌，所从来久远，至今游惰之人，乐为优俳。人情以放荡为快，世风经侈靡相高，虽逾制犯禁，不知忌也。"[②] 因为唱"男女情致""男女相与之情"，因为"放荡"，因为"吴声含思宛转，有淇濮之艳"，所以"吴歌"又被称为"艳曲"。宋人郭茂倩所说："艳曲兴于南朝"[③]，明人李开先所谓"艳词"，即指这个"吴歌"。"吴歌"当然只是江南山歌的总体名称，它应当包含了众多的歌调，而"花儿"正是其中之一。

　　"吴歌"在江南一直盛行，宋人郭茂倩编《乐府诗集》，用整整四卷的篇幅录取"吴声歌谣"三百余首。明初江苏昆山人叶盛报道："吴人耕作或舟行之劳，多作讴歌以自遣，名唱山歌，中亦多可为警劝者"[④]，直到近代史学家孟森（江苏武进人）犹指出，"吾乡小南门德安桥每年七月三十日，必有唱山歌之会。分为两派，各推善唱者比赛，始而各自夸其山歌之美富，继互相诮对方山歌之不能敌己，又其后则成互相谩骂之歌，此皆人胸中富有旧歌，又能临时编造恶毒之语为歌，则渐至无本可据，而一造有不敌，则以殴打终焉"[⑤]。这里说的山歌，当然就是吴歌，而"花儿"当亦包括在内。

　　包括"花儿"在内的吴歌，既然广泛并久远流行于以南京为中心的江南

① 《菽园杂记》卷一，第 11 页。
② 《松窗梦语·风俗纪》，第 139 页。
③ 《乐府诗集》卷六一《杂曲歌辞》，中华书局，1997，第 884 页。
④ 《水东日记》卷五《山歌》条。
⑤ 《明清史论著集刊续编》。

一带,那么,它和青海地方的"花儿"怎么谈得上源流关系呢?问得好。下面就作一点探讨。

<h1 style="text-align:center">三</h1>

谈"花儿"的源流,需要从甘肃、青海农业区的汉族移民说起。这里不妨摘录几个调查报告:

顾颉刚先生《浪口村随笔》说:"河州人相传为南京大柳树巷人;洮州人相传为南京纻丝巷人,俱谓自明初迁去。西宁人亦云然。洮州有歌曰:你从哪里来?我从南京来。你带得什么花儿来,我带得茉莉花儿来。洮州无茉莉,此歌必为初之移民之遗语而歌云者。"①

又顾氏《西北考察日记》说,临潭地区"此间汉回人士,问其由来,不出南京、徐州、凤阳三区。盖明初,以戡乱来此,遂占为土著。其有家谱者,大都皆都督金事、指挥金事及千户、百户等功名,若赵、若马、若柳皆自谓南京纻丝巷人"。

王树民《陇游日记》:"临潭……移民所见之族谱有金氏、赵氏、包氏、杨氏、陡氏等五种,参以口头谈话所得,知此地居多为明初自苏、皖等地迁来者,或著明其先世里居,或仅称为明初自南京应天府纻丝巷来者。盖明初对此地之移民有二类:……另一类为纯粹移民。当在地方既定之后,自人口稠密之江南,大批移民以实此虚边。纻丝巷或为其时集合之地点,犹北方之有山西洪洞县大槐树移民处也。"

我这几年在省内湟中、湟源、贵德、乐都等县,与群众的接触中,也发现与顾、王二先生类似的说法,有的说最初来自南京朱家巷,是江南的移民;有的墓碑即书"原籍南京,拨户来(西)宁"。

这里说的是朱家巷,而顾、王二先生说的是纻丝巷,西宁地区的墓碑又有写成南京竹子巷、珠玑巷。都是南京,都是巷,而写法却如此歧异,哪个为准?竹子、纻丝、珠玑,都是人工实物,是商品形态。明人顾起元(江苏南京人)《客座赘语》说:"南都(南京)大市……国初建立街巷,百工货物买卖各有区肆。"以竹子、纻丝与珠玑为"行口"分巷成"区肆",不无可能。然而把这些行业的人移往边塞,既不能落脚屯田,又不能习于作战,有

---

① 《明初西北移民》,载《浪口村随笔》,辽宁教育出版社,1998。

什么必要呢？因此，我想这些名称，很可能是"朱家巷"一名日久天长的讹传。那么，这个朱家巷如何呢？

《天潢玉牒》说："明太祖高皇帝先世江东句容朱家巷人。"江东句容即南京。

《罪唯录》说："（明）德祖玄皇帝……姓朱氏，世居金陵句容通德乡之朱家巷。"金陵指南京。

据此可知朱家巷乃是一个村庄，不是城内的里弄。句容虽属南京畿辅，却不是那个石头城，实际上它距南都尚有百里之遥。

明初移民办法，我没有考，以村为单位迁出的可能也许有吧。然而不论江南何处人，在追溯历史时，都愿意说祖籍是朱家巷，原其微意，或者更可能是以这个皇家祖先的居地为荣吧！至于前述王树民先生所说的移民集合地亦如山西的大槐树那样，恐怕不能类比。山西大槐树是逃荒流民们的约会点，而南京的移民是有计划的排迁。

为什么要移民西北？主要有两方面的原因。一是消极的，朱元璋平定诸地（或诸农民起义部）后，担心事后被反抗，乃大事迁民。亦如周灭殷，"悉殷顽民迁于洛邑"一样。"终洪武之世，徙民最多。"① 王锜（江苏吴县人）说："吴中素号繁华。自张氏（即张士诚）之据，天兵（即朱元璋兵）所临，虽不被屠戮，人民……戍远方者相继，至营籍亦隶教坊。"② 这就是说，以南京为中心的吴中人民跟随张士诚举义斗争几年，一旦被朱元璋占据，心中不服，为了镇压或减缓吴人的不满，于是在杀戮之余，大量迁往西北边远。朱家巷的人可能也同此用意吧！二是积极的，这就是屯田守边。那是对付西北各民族的造反的，屯田分军户、民户两种。军户永为军，世袭制。驻卫所军有从征军，有归附军。前者是朱元璋原有部队，后者是被朱战败而归降的张士诚、陈友谅部，二者均系以南京为中心的江南籍人。民户只耕田，不参加战守，受地方辖制。有时聚族而迁，青海同仁县就有"吴屯"即江苏移民所屯；有时就另由"谪迁"（即犯罪者）或平民屯田，这样的屯田人数很多；也有江南富商大贾自家出钱，招募江南游民来屯田的。

青海初民来自江南，不唯民间有口碑与墓刻，也有其他方面的征兆可资。

（1）清人宋起凤（河北人，晚年居浙江）说："甘肃地处西北，临黄

① 《明鉴》一。
② 《寓圃杂记》卷五。

河……男女皆操吴音。盖明初，高皇帝徙秣陵（即建业，南京）人戍此，至今语不易。妇饰亦如吴官髻，长衫，但不纨绮。"（《稗说》）青海地农业区原属甘肃，这个"吴音"，应该也包括青海话。青海汉语"我"称"瑙"，我看这就是吴语"侬"的音变，其他如"地"音"字"、"梯"音"此"、"树"音"富"、"说"音"佛"等语音，也不免使我怀疑有吴音讹变的可能。

（2）王驾诗《古意》："夫戍萧关妾在吴，西风吹妾妾忧夫。一行书信千行泪，寒到君边衣到无。"萧关在甘肃，这里有吴人戍边，然而萧关云云，也可以不是确指，而是泛指包括青海在内的西北地区。

（3）顾颉刚先生《浪口村随笔》说："至岷县境，即见当地妇女服饰迥异外间。履首上翘，所谓凤头鞋也。发髻峨峨，所谓云髻也。这种鞋式、发式、衣式，我在本省几个农业县的汉族家中也看到过。"

既然江南人口不论军民大量迁入，自然也带来那边的风俗与文化，而蓄积胸中、可以脱口唱出的"吴歌"与"花儿"以及一些时令小曲，也不会不随之而来，并以这种家乡曲调来抒发他们身处异地的悲凉情怀。明初，朝廷虽禁止军伍唱谣词小曲，然而天高皇帝远，远迁边军哪管得许多，且据说"诸王之国必以词曲千百本赐之"①，何况远方边军。至于随军"营妓"更会以吴歌随身，军犹如此，遑论民户？事实上，移民们也在挂心这个文化伴侣，前引顾颉刚先生的报道"你从哪里来？你带什么花儿来？"就是一个可资证实的消息。

今天的"花儿"，经过几百年的波迭，揆之情理，当然有了很多的变化，无论声调、词情等，绝不会与明初（更不用宋元）所流行者一模一样。前人曾比较南北歌调说：南主清丽、和缓，今青海"花儿"未必如此。然而"花儿"这个名称依然存在，它的一些特点依然存在。例如"花儿"的"令"，这是一个"花儿"唱法中普遍存在的惯语，而这个东西，在元曲中早已使用，有各式各样的"令"，如寨儿令、叨叨令、太平令、哪吒令、六么令、阿忽令等。它一般被当作时令小曲看待。青海的"令"也不少，据说有近百种，但含义及用法却大有变化。张亚雄说："'花儿'的'令'是代表体系、流派之间的特色。"②而在另一处却又说，"'令'是什么呢？就是'花儿'的帮腔，过问的一句惯语"（同上书），这话究竟如何理解，看来张氏没闹清，我也真

---

① 李开先：《小山乐府序》。
② 张亚雄编《花儿集》，中国文联出版公司，1986。

被弄迷糊了。又如"叶儿"这个概念，元代称"小令"为"叶儿"，张亚雄说，甘肃也有这个词，却又说这是内地人模仿西北民族的山歌的称谓。这就又走味了。

四

在探究青海"花儿"的源流诸途径中，历史比较的方法，或者是可以采用的一种。前面已经说明青海"花儿"源于吴歌，那么，比较二者的特色，很可能更加充实这个论点。惭愧的是，我对二者的研究都不在行，无法具体而微地予以阐述。这里只就自己粗浅的理解，提供几点背景资料，借作参考：

（1）吴歌（当然包括古"花儿"）演唱均用乡音（以建业或南京为中心的地区），用土语、俗语。冯梦龙搜辑吴歌，出《山歌》十卷，除一卷白话外，九卷三百五十余首，全系吴音。即《晋书》所谓"吴声歌谣"，《山歌》大都作为民间传统继承下来了。一种民歌而没有地方语词和地方音色，很难取得歌唱效用。清人黄遵宪说："山歌每以方言为喻，或以作韵，苟不谙土俗，即不知其妙。笔之于书，殊不易耳。"[1] 这话是他为冯氏《山歌》题记而说的。说得不错。这里征引一个故事以为谈助，是宋代一个浙江钱塘和尚记述的。南朝时，杭州人钱镠被封为吴越王，他衣锦还乡，"为牛酒大陈乡饮，镠起、执爵于席，自唱还乡歌以娱宾曰：'三节还乡兮挂锦衣，吴越一王驷马归。临安道上列锦旗，碧天明明兮爱日辉，父老远兮来相随；家山乡眷兮会时稀，斗牛光起兮天无欺。'时父老虽闻歌进酒，都不知晓。武萧（即钱镠）觉其欢意不甚浃洽。再斟酒，高揭吴喉，唱山歌以见意，词曰：'你辈见侬底欢喜，别是一般滋味子，永在我侬心子里。'歌阕，合声赓赞，叫笑振席，欢感闾里。今（指宋代）山民尚有能歌者。"（宋僧文莹著《湘山野录》卷中）

这是一个绝好的例证，它表明吴越王前面所唱不是民间的东西，听者不晓，以致唱者感到冷场，没什么"欢意"。很显然，那是文人的造作，鲁迅说过："歌、诗、词、曲，我以为原是民间物。文人取为己有，越做越难懂，弄得变成僵石。"[2] "僵石"怎能动人？所以吴越王又以本来面目歌唱，反应立即不同。它表明吴歌的土语与乡音特色及这种特色具有社会效用，当场听众

---

[1] 《人境庐诗草笺注》。
[2] 《鲁迅书信集·致姚克》，人民文学出版社，1976，第492页。

雷动，历几百年还在民间传唱。明人徐渭（浙江山阴人）所谓"凡歌，最忌乡音"的断言，这里证明是片面的。

青海"花儿"不也是乡音土语吗？我听过歌手的高唱，一点也听不懂，歌者声情并茂，我却茫然呆坐，而当场的青海老乡却十分理解，和歌动情。这和吴歌特点颇相一致。我想这里恐怕有吴歌"花儿"的历史遗韵吧！

（2）明人王骥德曾说："南曲有用'者'字、'兀'字、'您'字、'嗏'字"[1] 作为衬字、垫字入歌的。青海"花儿"不也是这样吗？张亚雄曾举出例证。这里再录一阕吴歌歌词：

> 大小个生涯虽弗子个同，只弗要朝朝困到日头红，有个没弗来顾你个无个苦，阿呀！各人自己巴个镬底热烘烘。（天然痴叟《石点头》）

你看，这里既是土（吴）语，又多衬字，非常口语化，非常生动，完全是民歌声色。青海"花儿"有没有这样的影子呢？我看是有的，恕不举例了。不妨说古吴歌"花儿"与今青海"花儿"实在是脉络相通的吧！

（3）张亚雄说："青海也是花儿的故乡"，"清明、芒种的时候，农夫们在田间拔草，那是场面最大的花儿大合唱"。[2] 一点也不假，我亲身体验过这种场面。我的确曾为这个场面所感动，那种情景不由得使我联想到同一季节江南地区的插秧场面。有一个浙江人戴九灵写过一首《插秧妇歌》，句虽不多，却能见情："青袯蒙头作野妆，轻移莲步水云乡。裙翻蛱蝶随风舞，手学蜻蜓点水忙。紧束暖烟青满把，细分春雨绿成行。村歌欲和声难调，羞煞扬鞭马上郎。"青海农田没有插秧之说，但有拔草季节。拔草（即于田垅间拔去杂草）惯有妇女们任之，届时，妇女们头戴"凉圈"，身穿各色鲜净衣衫，成排成簇地蹲在禾苗间拔除杂草。而"花儿"歌声也随之此起彼落，毫不顾忌了。那种放浪形迹，衣帽盛饰，宛如遍地花开，真是不亚于江南风姿。这种习惯，我想或者原先正是江南风韵的异地移植与因时遗余吧！

关于青海民歌"花儿"的渊源问题，暂时就说到这里。总括以上，我的结论有以下几点。

（1）"花儿"不是什么"葩经"。它是青海民间文艺的蓄积，是不识字或

---

① 王骥德著，陈多、叶长海注释《曲律》，湖南人民出版社，1983。
② 张亚雄编《花儿集》，中国文联出版公司，1986。

少识字的青年男女借以倾诉爱情、控告社会的口头号角。它与每个社会成员息息相关。关于它的历史源流、形成与成长，它的艺术特色与社会功能等，都有广大的探索空间。过去也曾有人进行过这方面的工作，张亚雄先生是滥其觞者之一，然而先前迈出的脚步只是为后人留下了一点空谷足音，用历史唯物主义的观点，做更大规模、更加深入的研究，还需要志于此者的努力。"花儿"历史渊源的研究，大有学术与现实的价值啊！

（2）"花儿"作为伴随人民历史进程的文艺形式——民谣、山歌、"艳词"与野曲，历史悠久，恐怕很难计其岁月。有口即有唱，有情即有歌。然而，作为文字记录、书面信息，"花儿"这个概念最早出现和有案可查的却是始于宋元时代。所谓"葩经"出现于周初及春秋时代云云，无非属呓语一类。说"花儿"产生于唐代以后亦嫌汗漫。

（3）"花儿"应当属于流行于以南京为中心的江南吴歌系统。它起初是民间的"徒歌"，后来被"才人"们吸取，写入南戏，并被当作越调过曲，而由男女演唱。戏曲的催化作用极强。在戏曲的影响与推演下，"花儿"流行更为广泛，更为发展。不论旧时代政府、家庭及舆论如何颁发禁令，家规庭谕，社会啧啧，都不能绝灭"花儿"的兴发。

（4）14世纪的70年代，朱明王朝大肆移民，以南京朱家巷为代表的吴人被迁向西北，迁居青海，同时江南籍贯的官兵也屯戍于青海诸边。吴人来，吴歌也随之而来，江南的"花儿"遂也成了西北的"花儿"。二者一脉相传。说"花儿"起于西北诸少数民族，不对，说"花儿"就是以青海为故乡，也欠确切吧！

（5）"花儿"主要歌唱青年男女间的情事，被称为"艳曲""艳词""野歌"。但是也有其他情调的歌唱。江南"花儿"移向青海，初时可能原样照搬，而后慢慢起些变化。今日的青海"花儿"，恐怕已大不同于吴歌时代了！这需要调查研究。

"靠边"札记

批儒尊法，报刊风靡。日前，又得阅某名人于 6 月 19 日在天津市的讲话传抄稿，共两份，均为打印本。内容基本相同，但文字互有增减。通览全篇主题，唯一地在于表彰法家并以一系列帝王将相作为它的例证。由于讲话的对象是"两个写作班子"，而讲话人又具有很高的政治权威，因此，或者可以肯定：这个"讲话"是为当前和今后批儒尊法运动厘定评论的基调的。不难设想，两个写作班子作为法定代表人，必然紧锣密鼓，会大肆吹奏这种曲调的。

在现实的政治斗争中，宁愿矫枉过正，强调"法家"的历史价值，实事求是地使人们重视他们的社会作用，从而为当代的某些行动寻找历史依据，并不是一定没有科学意义，然而必须尊重历史的真实，不能率意矫饰。古人说："观览古戒，反复参考，无以先入之语为主。"（《汉书·息夫躬传》）看来，讲话人是缺乏这种精神的。立论凿空，信口雌黄，其胆量之大，实在令人吃惊，而其所说的动机，亦不能不使人深置疑意。也许，这份传抄稿是居心叵测的伪托？然则更有必要如讲话人所要求的那样，予以"补充"和"纠正"了。

我的这些札记是被剥夺一切权利而承命"靠边站"的时候，在"斗室"中在毫无原始参考资料的情况下暗自写下的。也许有失据的地方，侥幸时也可能有进一步稽核的机会。

一 讲史的纰缪

1. 讲话人说："火药是怎么传到西方的？是成吉思汗征伐欧洲时一直打到莫斯科、匈牙利时带去的。"无稽。

首先，成吉思汗没有征伐到莫斯科、匈牙利。他于 1219 年秋，率蒙古军二十万进攻中亚。花剌子模被他征伐之后，他又进兵至顿河流域。1223 年终，他从里海北部草原回师蒙古高原。1227 年，在围攻西夏中兴府的战役中，死在清水河县的西江。1237 年，成吉思汗的孙子拔都从蒙古高原挥兵西征，至俄罗斯的东北境，一个月内占城十四座，包括莫斯科在内。1241 年，拔都又驱师南下，进入匈牙利，次年，更到达亚的里亚东岸。这就是说，莫斯科、匈牙利之被蒙古军攻占，已在成吉思汗死后十余年之后。成吉思汗并没有参与其事。

其次，拔都打到莫斯科、匈牙利，是否带去火药，于史无证。

再次，火药传到西方，早在蒙古军征伐欧洲之前。火药最重要的原料之一硝，大约在公元八九世纪时，首先被传入阿拉伯，被称为"中国雪"，其在波斯则被称为"中国盐"。硝传入这些地方以后，当地的医生用以治病；炼丹者以之制"仙丹"，炼金、银；作坊则借以造玻璃。10 世纪时，"火药"这个名词始正式确定，并被运用于军事器具上。十二三世纪时，阿拉伯的商人把这种物质带到阿拉伯，从此，阿拉伯人也开始制造火药和烟火。蒙古军征伐中亚时，阿拉伯人得到利用火药发射的火器，然而当时的欧洲人还并不了解这种发明，直到 13 世纪后期，欧洲人才将有关火药的记载，从阿拉伯文译成拉丁文，开始获得制造火药的一些知识，至于如何配制火药，更要晚到 14 世纪以后。这就证明：火药传入西方是阿拉伯商人的功绩，无关成吉思汗的征伐；火药传入阿拉伯早在成吉思汗之前；火药传入欧洲也不是由蒙古军充其媒介，而时间也在成吉思汗死后百年左右。

最后，欧洲人知道火药，并不一定就等于莫斯科、匈牙利人也知道火药，更不能说从阿拉伯人处得悉火药，完全是莫斯科、匈牙利人的贡献。

2. 讲话人说："扶苏是个尊儒的，秦始皇……把他派到蒙恬驻守的秦国边境当监军去，就是现在的陕西米脂地方去守边，我在米脂时见过扶苏的庙。……"

首先，扶苏是否"是个尊儒的"？史无明文。秦始皇竟然要他去做"监军"，而"监军"一职，却历来是由亲信充任。秦始皇如果被视为"法家"，那么，他决不会要一个"尊儒的"人去充"监军"。既然以之任为三十万部队的"监军"，足见他也还是与秦始皇一线的人物。

扶苏去充任"监军"，据史籍，实由于他谏议秦始皇不应坑杀诸儒生一事，讲话人可能据此而论定扶苏为"尊儒的"，这很有点武断。建议不用坑杀的办法对待罪儒，并不一定就是"尊儒"。秦始皇如果根本反对"儒家"，那么，他怎么可能令"儒家"去教育他的太子（即扶苏）？按照他的命令，他的太子只能由"吏"去教育，从而扶苏的思想，也只能接受"吏"的影响，而不会与"儒家"发生什么关联。事实上，终扶苏之世，不见他有"尊儒"的事迹，相反，他最后被赵高、胡亥杀死，恰恰说明他倒是与他父亲——秦始皇颇为一致的。反过来说，这个扶苏如果真的是一个"尊儒的"，那么，赵高与胡亥为什么不与之沆瀣一气，搞起所谓"复辟"（姑照讲话人的说法）活动呢？老实说，"尊儒"也好，"反儒"也好，扶苏与秦始皇一样，都是封建统治阶级中的人物，"尊儒"固然无碍于他的反人民，而"尊法"又何尝使他爱人民？陈涉揭竿而起，正是对所谓"尊法"的统治者们的回答。因此，以为"尊儒"就一定坏，"尊法"就一定好，毫无历史依据。

其次，蒙恬驻守的秦国边境，据史籍，称作上郡。揆诸地望，在今陕西榆林县东南一带，不必专指"米脂地方"。"米脂"一名始见于宋，它是因米脂水而得名、而设治，当时名之为"米脂寨"。金代升为县。秦始皇时，这里尚是一片荒野。上郡并不直逼边境，在它的北方尚有九原与云中二郡。至于"扶苏庙"云云，史无载笔。唯据传说，在今陕西绥德县城西有一大土丘，即为蒙恬葬墓，而在城内的高山上，则有为扶苏立的碑石，勒为"扶苏之墓"，而庙则荡然不见。讲话人断定在米脂城内见有扶苏庙云云，则显系臆造。

3. 讲话人说："为了防御匈奴的入侵，就修了长城……我去过雁门关，真是雄伟、壮大得很，了不起，是很大的工程。"这里的穿凿太多了。

首先，长城并不始于秦始皇，战国时即已有齐、燕、赵、秦等长城。长城的建筑之初，也并不专是为防止匈奴，而也为了他们之间的相互防御。公元前5世纪初，匈奴族本来就散居在黄河流域，其后，他们逐渐被冠带之国驱走，并被一道新筑的长城所阻，无法还返。秦始皇统一各国，联各国长城为一线，其目的仍在巩固所夺匈奴领土，并不是什么"匈奴入侵"。

其次，雁门在战国以后乃至汉代，都是中国沿边的郡名之一，地在今山西省代县西北，当时有没有所谓"关"，于史无稽。据《代州志》，唐代时，曾经筑关于雁门上，所谓"唐置关于绝顶。元时，关废。明初，移今所。两山夹峙，形势险险……"云云，即指此而说的。足见雁门关是明代修筑的，唐以前并没有什么"防御匈奴"的"关"。

再次，今存雁门关构筑甚小，几乎只有象征性质，根本谈不上什么"雄伟""壮大""了不起"——虽然它高踞在山的"绝顶"。把矮小说成"壮大"，显系把没有看见说成看见了。《吕氏春秋·先识》说："瞑者目无由接也，无由接而言见，谎。"讲话人正是这样。

4. 讲话人说："异族吃马奶，饿了用锥子扎马屁股，喝血，没有后勤之累。"说甚可疑。

首先，北方游牧民族的对外战争，不能说根本"没有后勤之累"。例如匈奴，公元前133年，汉武帝在马邑，就曾以重兵分击匈奴辎重。公元前119年，卫青、霍去病所击匈奴，"单于闻之，远其辎重，以精兵待于漠北"。（《汉书·匈奴传》）什么是辎重？即军中的器械、材料、粮秣、物资之谓，也就是讲话人所谓的"后勤之累"。至于其后的"异族"之行军，也无一没有自己的"后勤"的，这应当是常识。

其次，"饿了"就"喝血"，这在战场上不必一定没有。"异族"的匈奴人如此，其他游牧人如此，同族的汉人也如此；古代如此，今代也可能如此。这算不上是"异族"人特有的解决饿肚子的办法，只有深居在楼阁的"有闲者"才视之为奇俗。事实上，古代游牧人无论在平时还是在战时，正常地用以解决饥饿的办法，依然是劳动生产，绝没有专门把问题的解决寄托在一把"锥子"和"马屁股"上的史例，否则，他们何必那些"辎重"？公元前1年，汉哀帝使中郎将韩况送匈奴单于到休屯井，"况等乏食，单于乃给其粮"。（《汉书·匈奴传》）"给其粮"，不给他一把"锥子"使之刺"马屁股"，正说明匈奴这个"异族"人并不是以喝血为生的。

再次，通阅史书，不见有于"控弦"之外，并身藏"锥子"的士卒。就是在今日，人们也实在难于觅得从"马屁股"上取血止饿的事例。

最后，既云"吃马奶"，则与"喝血"有什么相关？

5. 讲话人说："在汉朝时，女人还是比较自由的，当时女人还可以有面首，你们懂吗？面首就是男妾，也就是说，女人也是可以讨小老婆的。"

首先，"面首"一词，只指强壮美妙的男子，不必就是"男妾"，就是"小老婆"。《宋书·臧质传》："臧质……纳面首生口，不以送台，免官。"不能就说是臧质不把"男妾"或"小老婆"送官。在这里，"面首"是与"生口"即"牲口"并论的。所以胡三省说："面取其貌美，首取其发美。"据此指"面首"为"男妾"，至多只能具有引申的意义。

其次，据《宋书·前废帝纪》："山阴公主淫恣过度，谓帝曰：'妾与陛下，虽男女有殊，俱托体先帝。陛下六宫万数，而妾唯驸马一人。事不均平，一何至此。'帝乃为立面首左右三十人。"这就是说，女人之有"面首"只是始见于刘宋王朝，绝不是什么汉朝。此是其一。其二，"面首"只是一个王朝的一个"山阴公主"所特有，而不是所有的宫廷如此俱有。其三，"面首"只是作为满足"淫侈过度"的"公主"的需要而出现的，是皇帝的特别恩典，不是什么"女人比较自由""女人可以讨小老婆"的例证。历史证明，任何封建王朝时代的女人不光没有什么"自由"，甚至也没有自主的权利。把一个特出的淫妇的个别事例，拟之为女人（特别是占人口绝大多数的劳动妇女）普遍的自由，这只能令人不解。

此外，试问：汉朝的什么地方有这个自由的表现？人之自由不自由，标志只是有没有"面首"吗？如果此条而为定则，那么，我们今天的社会里，必须使每个女人有"面首"，否则，社会主义的自由就可能被视为空话。这不谬之又谬吗？

6. 讲话人说："唐时，女人还可以作女道士，也比较自由。"

其一，女人充道士，各个时代都有，不必限于唐代，然讲话人特举"唐时"何也？大概是指武则天吧。因为在唐代，与其说道教盛行，还不如说佛教更盛行，做尼姑的应当较女道士更多些吧。宫中人而充女道士，突出的是武则天"女皇帝"。

其二，武则天据说也是一个美人。被选入宫后，充太宗的"才人"，专侍候男人睡觉。当时，她曾与"太子"有些勾搭，徐敬业说她"陷吾君于聚麀"，就是说，她诱使皇帝与太子二人同时满足自己的性态，指的就是这件事。太宗死，她与其他的嫔妃一起被废为感业寺的尼姑（不是道士）。高宗即位，她又被召回，陪侍这位早先的姘头睡觉。等到高宗死，她接连废去两个皇帝，自称"皇帝"。此人生性淫浪，宫帷为之秽乱。史书是载了的。

其三，从上面的史实可以看到，武则天充"尼姑"是被动的，不得不去的，不是"自由"的；即使她在做"尼姑"时期较自由，也绝不是一般女人"比较自由"的征兆。

其四，将一个淫荡的、其野心一时无法得逞的女人被送入寺庙，竟奉之为"自由"的化身而予以赞许，想干什么呢？

7. 讲话人说："一直到宋以后，女人就倒霉，南宋更厉害。"

何此据而云然？是不是因为宋以后的皇帝中没有女人可以有"面首"，可以假充女尼去伺机的记录？是否因为从那时以后特别强调女人的贞节，特别谴责女人"人尽可夫"肆意宣淫的行为？一切封建的道德、贞操，都应当打倒，然而把不能有"面首"当作女人"倒霉"的证明，则是不道德的。

8. 讲话人说："武则天……代表中小地主……为什么女人不能当皇帝？

有二十万人上书，主张武则天当皇帝，说明有社会基础，代表面广。……比李世民的阶级基础厚。"终于画龙点睛，道出了这个武则天。

作为一个历史人物，武则天当了几十年女皇帝，是有其因缘际会的，她在皇位上的公事私德，有不同的论定，这不是不允许的。封建史家因为她是女的，冲决了一姓承位的围墙，因而贬之斥之，当然不必唱和，然而因为是一个女的，又阴谋得逞而当了皇帝，就歪曲史实，则是可笑的。

首先，她是否代表中小地主阶级？武则天是今山西省文水人。其父武士彟靠经营木材起家，"富于财"，显然是兼商业的大地主。徐敬业说她"地实寒微"，就是指她不是"士族"，而出身于地主土豪。由于这个大土豪最早结识唐高祖，因而因缘当上了工部尚书，被封为应国公。武则天就是以这个大地主的女儿的身份，被选入宫中充当"才人"的。她在宫中养尊处优，及至擅权之后，以更多借口大肆兼并土地，一脑子的豪强皇权思想，怎么会有中小地主阶级思想，她又何从代表中小地主阶级的利益？即使她"代表"了中小地主利益，又能说明她的什么历史进步性？

其次，所谓二十万人上书请她当皇帝云云，完全是雌黄的口吻。在封建专制时代，皇位一律实行父死子继、兄终弟及的世袭制度下，公然有人上书反对这个传统，这是最被视为大逆不道，要"大辟"从事的。因此，在正常情况下，这是不可能出现的事情。

再次，所谓二十万人上书的史实，典籍并不见记载。个别稗官间有此说，然而难以觅得佐证。可以设想，这种所谓"上书"的事，甚至是武氏的授意或捏造。据史书，武氏夷灭李姓宗室，诛戮功臣宿将，裁剪重臣大权，尽封武氏一族，"秽乱春宫"，权倾满朝。等到权势既成，即四处密布特务，残民以逞，那些"北门学士"们更为其策划出谋，遂其野心，所谓"二十万人上书"云云，不过就是这么捏造出来的而已，她有什么"社会基础"？退一步说，即使真有"二十万"人"上书"，也还算不上什么"阶级基础厚"。第一，直到武则天死，唐人口已及三千七百余万，以二十万较之，百不及一，其数可谓之极少；第二，即使二十万人，其中也未必都诚心拥戴她，仰其鼻息，被迫从事者当大有人在吧！以此而言她当皇帝的"社会基础"比太宗李世民大云云，从何谈起？值得一提的是，恰恰在武则天时期，豪强势力暴涨，土地兼并激烈，逃亡户数增加，阶级矛盾尖锐，削弱了封建统治。

最后，武则天当女皇纯粹是靠阴谋诡计得逞的，王夫之指她为"逆皇"，是"妖淫凶狠"之尤，说"武氏以妇人而窃天下，唯恐士心之不戴己，而夺有司之权,鬻私惠于士,使感己而忘君父,固怀奸负慝者之固然也"。王夫之被报刊宣传家们意之为"法家"人物,据说他有一般法家了不起的"进步",而正是这个"进步"人物,恰恰不买这位同样是"法家"人物的"女皇"的烂账,这就不免给了武则天们以当头一棒。

9. 讲话人说:"日本军国主义用的就是孔孟之道;就是孔老二的徒子徒孙。"滑稽之至。

日本侵略者是法西斯主义,是纳粹希特勒的东洋版,是屠杀中国人民的刽子手,怎么成了"孔孟之道",并且是"徒子徒孙"?从马克思主义立场观点看,这种倡言有失无产阶级的品德。试问:"孔孟之道"也,"孔老二"也,有没有侵略别人、强占别国领土、消灭中国的史实?

10. 讲话人说:"蒋介石就是大儒。"这是"红本"上所没有说过的,这更不是党的话。

试问蒋介石一生所言所行有什么"儒"可言?独裁卖国,遍设特务,镇压革命,无一不是血雨腥风,罪恶累累,我国大好河山之残破,让侵略者深入国土,就是这个祸国殃民的坏蛋有以致之的。把一顶完全不相干的"儒"帽硬是往这个生物的头上掼,只能作一种解释,即别有用心。只是为罪魁开脱,只是歪曲历史,只是为某种进一步的政治行动制造张本。

蒋介石的反革命历史,早已论定,我们与全国人民几十年的反蒋斗争,绝不是反"儒"斗争,是两个阶级、两个时代、两种政治目标和两种思潮的决战,任何无视这个分歧,就是颠倒是非。

11. 讲话人说:"看《聊斋》就知道宋朝时就踢足球。"因此,她要听众不要"民族虚无主义",西方有的,中国早就有了云云。啊哈!

首先,宋朝算什么?中国的"足球"早在宋之前就存在了。宋朝有"足球",焉能称作一大发现?

"足球"就是所谓"鞠"。钮树玉《说文新附考》说:"蹋鞠,以皮为之。今通谓之毬子。""蹋鞠"亦称"蹴鞠",刘向《别录》说:"蹴鞠,黄帝所造,本兵势也,或云起于战国,古人蹋蹴以为戏。""以为戏"的说法并不完全,除"戏"而外,它也是用以练兵习武的。《汉书·霍去病传》有"穿域蹋鞠"的记述。注家也以为,"鞠,以皮为之,实以毛,蹴蹴而戏"。又《唐音癸签》载:"唐变古蹴鞠戏为蹴球。其法:植两修竹,高数丈,络网于上,为门以度球,球工分左右朋,以角胜负。"依据这些记载,足见宋时并不是中国足球见于史籍的起始。只是至宋时,踢球更广泛而已,一部《水浒》不就是以踢球为线索，而引出整个故事的吗？何必一定要从《聊斋》去证实？《宋史·礼志》说："打球，本军中戏。太宗命有司详定其仪，三月会鞠大明殿。有司除地竖木为球门，左右分朋，亲王、大臣及节度、观察、防御、团练诸使等，悉预两朋，帝亲率击球。"讲话人以为宋时才有足球，使球史后延了几千年，似乎也近乎"民族虚无主义"了吧！

其次，宋时的所谓"毬子"，毕竟不同于今日的足球。球的装制，固然不同，而踢法也未见得全出一辙。不论如何，今日中国的足球制法、踢法，终究还是来自西洋，而不是师承自宋时。即使你如何的不"民族虚无主义"，也是无可奈何的事啊！汲取他族的可用文化，并不有辱于本国的自尊。抱残守缺，硬是以为一切先进的、科学的东西，我们的祖先均已留有，借此以洋洋自傲，岂不成了鲁迅先生早已辛辣地批评的那种人吗？科学技术如此，足球亦如此。在这里，不妨附带问一句：你坐的汽车是不是我们的《封神演义》中早已载了上去的呢？可叹的是对所谓"民族虚无主义"的理解，也还需要从头学起呢！

12. 讲话人说："游牧民族每到秋高草肥的时候，就出发了（轻骑二匹马，重骑四匹马来掠夺我们，因为我们是定居）。……"

首先，"游牧民族""掠夺我们"，难道只是"因为我们是定居"吗？今天，"我们"依然是"定居"，而"游牧民族"却并没有"来掠夺我们"，这当如何解释呢？就是在古代，"游牧民族"来"掠夺"我们，也还不是惯常的，彼此和平共处的时候，到底要更多些吧！

其次，"游牧民族""掠夺我们"的时候，也并不是"每到秋高草肥的时候"，这是有史可证的。例如公元前的匈奴人，他们的"轻骑"或"重骑"南下的时候，春、冬、夏各季节也都是有过的。刘邦的平城之役，不就是在严冬的时候吗？而到"秋高草肥"的时候，也不见得他们"每"来的。平城战役之后的几十年，边境安宁，就是明证。但是，也有这样的情形，即"每到秋高草肥的时候"，"我们"反而驱兵去"掠夺"那些"游牧民族"。汉代的霍去病、窦宪深入漠南北，大肆焚掠破毁；明代的北出"烧荒"，不就是史例吗？"我们"之所以这么办，为了什么呢？难道只是由于他们是不"定居"的吗？

又次，所谓"我们"者，究何所指？如以"我们"为共产党，则"游牧民族"不曾"掠夺"共产党；如以"我们"为中国，则岂不以"游牧民族"为外国吗？如以"我们"为汉族，则又何必把自己系在封建王朝的破车上呢？

再次，不能把"游牧民族"的南下，一律指为向"定居"人"掠夺"。具体的事要具体分析。"游牧民族"的到边，情况是复杂的，有的是来"关市"的，有的是骋贡的，有的则是为了反"掠夺"的。假如中原王朝不搞经济封锁，不侵占牧场，不推行"以夷制夷"，不实行"刑以威四夷"的政策，那么，"游牧民族"的所谓"掠夺"云云，从何谈起？把一切恶名无条件地加诸"游牧民族"身上，算不得说理文章。

最后，将千百年来北方各民族一律称为"游牧民族"，这是什么意思？为什么不把汉族称为"定居"民族而要以中国名之？窥其潜在的思想，无疑是不承认这些民族也曾建立了自己的政权和自己的国家，并与中国有着平等的历史地位，然而这是铁的事实，一条舌簧如何能抹杀？

13. 讲话人说："历来的农民运动都是打倒孔家店的。"是吗？

首先，这还不能一概而论。陈涉起义，兵锋直指秦始皇，然而却聘请孔子九世孙，深通大义、秘藏《论语》《尚书》《孝经》等儒家书籍于壁中的孔鲋为太傅或博士。只此一例，就足可驳倒这个论点。更有一例。唐代的黄巢是著名的农民起义领袖。他攻克长安，自称皇帝，国号"大齐"，而他本人却是一个儒生，即属于"孔家店"的。在他的军中公然流传说："逢儒则肉，师必覆。"大意盖在杀戮儒生，或打倒孔家店，战事必败。据此，起义军不但不"打倒孔家店"，反而是保护的。正是由于这样的情况，所以1919年，五四时期，人们提出"打倒孔家店"的口号，始具有破天荒的意义。

其次，历史的事实证明，"历来的农民运动"也打倒"法家店"。法家源出于儒家，他们是一丘之貉，是手心与手背，都是封建专制时代的产物，并且也都是为封建王朝效力的。在农民的起义者看来，管你是什么"家"，只要你为残酷的剥削者帮腔，只要你压在农民头上，都是列入"打倒"之列的。

再次，农民运动如果"打倒孔家店"，也从来不以"法家"而自居。他们有自己独立的口号、自己的纲领和自己的举措，这较之身为共产党员却偏以法家自居，恐怕不知要高明、进步多少倍。必须懂得：以"孔家""法家"等观点去解释历史现象，并不是马克思主义的阶级观点，也解决不了历史发展的问题，只能增加人们认识上的混乱。

14. 讲话人说："现在有很大的儒，蒋介石就是，苏修也是。"

首先，所谓儒、儒家、儒学，都是在特定时代、具有特定内容和代表特定阶级利益的概念，不能用之太滥。《汉书·艺文志》说："儒家者流，盖出于司徒之官，助人君、顺阴阳、明教化者也。游文于六经之中，留意于仁义之际，祖述尧舜，宪章文武，宗师仲尼，以重其言。"试问：现在有谁是这样的呢？林彪虽讲什么"克己复礼""成仁"之类的混话，而其实质不是什么"宗师仲尼""祖述尧舜"，而在于以此为幌子夺权篡党，能算什么"儒"！如果引征几句孔孟的话，就算是"很大的儒"，那么，《毛选》中也有这种引征，难道能说他的思想是在"宪章文武"吗？

其次，蒋介石不是什么现在"很大的儒"，他虽曾署名发表了《中国之命运》一书，推行什么"新生活运动"，并且也亲自祭孔（夫子），然而他的阶级利益实在是要施行一党专制。不是说要看行动吗？蒋介石的行动本身最有力地否定了他是"儒"的断语。

再次，苏修怎么也竟成了"很大的儒"？这能沾得上边吗？我很怀疑，蒋介石也，苏修也，都是象征的意义，而心中是别有所指的。那么，究竟指谁呢？应当明说。不是提倡"舍得一身剐"精神吗？

15. 讲话人说："中国儒家统治两千多年。"这是不正确的，要进行研究。可以说，儒法斗争两千多年，这提法比较确切。

说"儒家统治中国两千多年"，是可以成立的。孔孟之道在中国的影响，两千多年来，的确占有统治地位。在封建和半封建时代，它被列入统治阶级的思想体系之首。汉代以后，没有一个王朝和统治者，不以儒学及儒家者作为是非标准、评选标准的。一切敢于"造反"而抗衡儒学的，无一不被视作大逆不道、罢黜于地下的。"独尊儒术，废黜百家"，并不止于董仲舒所在的那一个时期。试问：能举出一个史例以证明不是如此吗？

儒、法之间有无斗争呢？不能说他们彼此之间没有分歧，然而要具体分析。第一，他们之间的"斗争"并不代表两个根本利益相对立的阶级，不过是同一阶级的同一思想的不同派系之间的斗争。质言之，即使他们"斗争"到殊死的程度，也并不构成历史社会的动力，它不是阶级斗争。第二，据《汉书·艺文志》，法家也还是儒家的分支，"孔子既没，诸弟子各编成一家之言，凡为九：一曰儒家流……四为法家流。……"足见绝对地分化二者，并无力证。例如汉代，从高祖到宣帝，一直也在儒、法并用，王、霸兼施，不必有什么"斗争"。汉元帝欲独倡儒学，宣帝即告诫说："汉家从来儒、法杂用，独尊一术，于国不利。"足见把二者分为势不两立的观点，纯属无稽。第三，二者的根子只是一个，其对普通老百姓的仇恨并无二致。如果硬要区别二者的不同，那也只能这样看，儒是"道"，法是"术"，"法"只是为实现"道"而提供服务的。两者相辅相成，各尽其用。因此，说中国"两千多年"

历史只是"儒法斗争",而抹杀阶级间的斗争,否定劳动人民思想对统治阶级思想的斗争,显然是令人不解的。

16. 讲话人说:"魏、晋、南北朝也不讲儒学。"未必。

首先,南朝的梁武帝就大兴儒学。他所制定的"五礼"(吉、凶、军、宾、嘉)就有一个余卷。他又设立五经馆,由国家供给生活费用,学生毕业就给官做。南朝的儒生们甚至把经学混入佛学,兴佛即所以兴儒,怎么说"不讲儒学"?

其次,北朝儒学虽不及南朝那么进取,然而亦有其无可争衡的地位。太学、乡学、私学到处林立,甚至统治阶级的子弟也要儒生之著名者为之教训;西魏的宇文泰极重儒学并厉行《周礼》;北周的武帝把儒学列在三教之首;鲜卑人渐染汉俗,儒学曾起了作用。

至于魏晋的儒学更不必赘述。当时一些有名的儒学大师,不是在很长时间以后,还发生着影响吗?

17. 讲话人说:"法家对内,都是反抗高压的,对外是反抗侵略的。"

如果按照这个观点论事,很多现象无法解释。例如秦始皇,据说就是"法家人物",那么,此人专政的时候,他反抗了谁的高压,不是他自己实行了对人民的高压吗?博浪一椎是旧贵族们对他的反击,陈胜起义是人民对他的抗争。贾谊说:"一夫作难而七庙隳,身死人手,为天下笑者,何也?仁义不施,而攻守之势异也。"难道说,这些人都是反抗"法家"高压的"法家人物"?讲话人无疑是同意这个定论的,即商鞅、李斯都是"法家"。然而我们根本看不到他们是如何"反抗"他们自己所手定的"法家"高压暴政的史迹。李斯甚至反对进攻匈奴。如果以为匈奴是"侵略者",那么,李斯不赞成向匈奴用兵,岂不成了"法家"的对立面吗?在以后的历史事迹中,这种情况也不胜枚举。我们甚至往往能发现这样的规律:法家都实行对人民的高压政策,而在国内厉行高压的时候,同时也就是对外推行"侵略"、屠杀异族的时候,很少有例外。"法家"并没有什么值得绝对歌颂的价值。

18. 讲话人说:"汉武帝名义上尊儒,实际上是反儒的。"谁能同意这种意见?

首先,汉武帝"尊儒"并不光是"名义上"而已,那是诚心诚意的。如果说他"独尊儒术"不尽恰当,那么,他"罢黜百家"总应当承认是真确的吧。他即位的第一件大事,就是亲自考选儒生,而董仲舒、公孙弘等则列为首位。他对董、公孙等人的主张是言听计从。儒家的公羊学者当时那么风行,与汉武帝的"独尊"有极大关系。由于武帝的"雄才大略"，原来奉行的所谓"黄老"学说，至此已大见冷落了。说他"反儒"，从何讲起？

其次，自然，武帝也重视"法家"，然而他也崇敬道教学说。他数次东巡，大筑台、观，广派方士以求神仙。他深信巫蛊，并因此而酿成杀人事件，绝不能说这是什么"法家"思想与行动。因此，企图用一种臆造的尺度去"钦定"一个历史人物，实在并不高明。

19. 讲话人说："赛福鼎同志告诉我，'有些回族同志说，汉族同志批了他们的圣人，也等于批了我们的圣人，我们穆罕默德也和孔老二一样'。"

这是两回事，不能混为一谈，更不能巧借此说以夸张"批儒"的普遍意义和积极作用。

穆罕默德是伊斯兰教的教主，其所创经义被视为宗教经典，而孔老二则不是什么儒教之主，他所创立的一套也不曾被视为宗教的圣经。汉族不信儒学，不失其为汉族人，而回族不信伊斯兰教和穆罕默德，则失去作为回族成员的资格。"批孔""批儒"不致引起全民族的反感，而"反穆""批伊"则有冒犯全族的危险。

既然二者有严格的不同，则"批孔"并不能被视为就是"批穆"。

对儒，我们并没有特定的政策，而对伊斯兰教，我们却是有特定的宗教政策的，我们反对人为地制造"批穆"的运动。如果把"批儒"的性质普遍化、政治化，以为批孔就是"批穆"，思想上的批判演为政治运动，要在伊斯兰教中也应"批穆"，这不但是违反党的政策，而且是在蓄意挑动民族间的裂痕，在全世界的范围孤立、陷害自己。因此，这种说法是十分反动的，有破坏性的。

20. 讲话人说："让步政策根本不存在，只有赤裸裸的镇压。"哪来的让步政策？历史哪有什么让步？从来没有的。这样的武断！

首先，在各朝代的阶级斗争中，彼此为了战胜对方，而使自己占据统治地位，采取灵活的、曲折的斗争方法和策略，并不是不可能，让步政策作为权宜，无可厚非。以为在斗争中只能有一个"左"的、永不后退的、笔直的、不管阶级力量对比、不管形势利益的拼命、盲动的办法，这是任何阶级，不论反动的或者革命的阶级，都不会承认的！

其次，即以当代的历史斗争为例，也可以驳倒这种论调。中国共产党与国民党的斗争中，不就有让步的经历吗？中国共产党停止没收地主的土地，停止武力推翻国民党的方针，苏区改为特区或边区，接受国民党的指导；而国民党也停止内战、独裁和对外不抵抗的政策，并采取了有利于发展人民力量的措施。1945年，重庆谈判产生的"双十协定"，实际上也还是双方互让的结果。这是有《毛选》可以作证的。

再次，从理论上说，马克思主义是承认让步政策的。列宁说："改良就是在保持统治阶级统治的条件下从统治阶级那里取得让步。"[①] 列宁在这里明确指出，人民可以指望"从统治阶级那里取得让步"。毛泽东同志也说过："'为了更好的一跃而后退'，正是列宁主义。把让步看作纯消极的东西，不是马克思列宁主义所许可的。"[②] 又说："让步是两党的让步：国民党抛弃内战、独裁和对外不抵抗政策，共产党抛弃两个政权敌对的政策。我们以后者换得前者。"[③] 又说："在不损害人民基本利益的原则下，容许作一些让步。"[④]

最后，所有这些史实与观点，一个"权威"岂能不了解？然而为什么苦苦反对"让步"呢？一般地说，这是令人莫名其妙的。然而如果从今天的阶级斗争形势看，也许就可能找到一点线索，这就是要"打翻在地，再踏上千万只脚"，就是要"揪住不放"，反"让步"正是这个迹象的论据。

21. 讲话人说："汉武帝在用人方面也是了不起的。他用的霍去病、卫青，都是原来平原君的奴隶。"

霍去病、卫青的情况，不妨放到后面再说，这里先说这位汉武帝的"了不起"。

汉代的社会性质，至今仍有不同的看法。但不论如何，汉代的奴隶是极多的，卫青、霍去病就是这些奴隶中的两个。他们的经历并没有证明他们特出的才能，然而他们之所以竟然爬到将军的位置，实际上只是因缘于裙带关系。假如不是这样，奴隶中饶有本领的人肯定不少，为什么没有获得宠任呢？就这二人的任用说，恰恰证明汉武帝没有什么"了不起"。

二　关于卫青、霍去病

讲话人对于这二人，给予了几乎达到荒谬地步的评价，这是必须辩证的。

---

① 《列宁全集》第三十七卷，人民出版社，1986，第107页。
② 《毛泽东选集》第二卷，人民出版社，1991，第538页。
③ 《毛泽东选集》第一卷，人民出版社，1991，第258页。
④ 《毛泽东选集》第四卷，人民出版社，1991，第1160页。

首先，看汉武帝的政策路线。

这个统治者即位时，只有十六岁。称帝之初，尚难于说他的什么"雄才大略"。他承继了文、景时代的积累，算是国富民盈，唯清福是享。但是，他也曾注意到两方面的建议：一是"削藩"，即剥夺诸侯们的权力，以加强自己的专制势力。二是"扩张"。他一方面"通西域"，从那里谋取"天马"与异物；另一方面向匈奴启衅，扩展自己的领域，并迁内地的"罪犯"到那里，从而分化统治中心的反抗暴政的人民。

为了给自己的统治增加活力，他采用儒、法交织的手法。骨子里贪暴，而面子上又"仁义"。他的宠臣汲黯说他是"内多欲而外称仁义"，这是很切中的论定。如果离开阶级本质而一味夸张这个统治者的"了不起"，是不符合马克思主义观点的。必须了解：他正是在这个原则上使用卫、霍，而卫、霍也只是为了适应他的"多欲"的政治胃口而被送上历史舞台的。不了解这一点，就无法认清这二人的价值。

其次，看卫青、霍去病的本事。

卫、霍二人都是私生子。卫青的母亲被称为卫媪，曾是汉武帝姐姐平阳公主的佣人，后嫁于卫氏为妻，生下一男三女，夫死，又与平阳公主家僮郑季奸妍，卫青就是这时的私生子。卫青出生，卫媪无法抱养，乃由郑季携到自己家里。在郑家，卫青受到郑季正妻乃至诸兄弟的歧视，待之如僮仆，整日牧羊，后渐长大，乃经其母卫媪向平阳公主乞情，得为骑奴。霍去病的情况亦颇类似。霍的母亲即卫青同母异父的第二个姐姐，这个姐姐在平阳公主家充歌女，与公主家吏霍仲孺相好而生霍去病。去病长大后，也在这位公主家为奴。讲话人所极力强调的"奴隶"出身即指此而说的。其实，应当知道：

（1）汉代的奴隶事实上是分作"官奴"和"私奴"两种的，这种奴隶绝不等同于奴隶社会的生产奴隶。生产奴隶是作为社会的生产力而出现的，他们只是会说话的工具，没有任何自由和权利。而汉代的奴隶却只是作为家内劳动力而出现。在这里，他们的劳动并不生产劳动价值，他们的主人对他们拥有所有权，可以转卖、赠人，然而却不能随便杀死。他们是可以拥有自己财产、可以用钱赎买的奴婢。这些人虽不及自由人高贵，却较奴隶的地位要高得多。卫、霍就属于这一种。

（2）官奴婢的来源，一般地说，都是因犯罪而被没入官的。卫、霍二人的先人究竟犯了什么罪，致使妻女被役为官奴，史无明文。然汉初，被视为犯罪的有二：一为"叛乱"，二为商人。如果他们的先人确是因此而犯罪，那么，他们的出身原来也不见得低贱到哪里。

（3）这样的奴婢有着不同于奴隶社会的奴隶的特性。一方面，他们"戏游无事"（《汉书·贡禹传》），由官家"税良民以给之"，足见他们的寄生性很强；另一方面，他们往往倚主人的势力，横行霸道，无恶不作。《汉书·霍光传》说：霍光的家奴与魏相的家奴在中途相遇，互不上下，"霍光奴入御史府，欲踢大夫门，御史为叩头谢"。霍光的"监奴"甚至可以为其主人出谋划策，后来竟能和他的女主人奸通。《羽林郎》唱道："昔日霍家奴，姓冯名子都。依倚将军势，调笑酒家胡。"一个大将军的家奴尚且如此，更何况一个皇族公主的家奴？而卫、霍正是这样的家奴。这样的"奴隶"，岂是一般平民所能望其项背的？

（4）卫、霍在其主人家，是否与自己的女主人有什么勾搭，当然不得而知，然而卫青成为公主的"骑奴"，时常伴随身边，应当是得到宠信的吧。他之所以得以进入武帝宫中，卫子夫的关系固然可以成为促成的因素，而平阳公主的保荐，也未必没有一点作用。事实上，卫青终于与这位公主结成了夫妇，并得到武帝的承认，不好说这只是偶然的吧！

所有这些，讲话人所特别强调的"奴隶"出身，原来不过如此。简直可以说，卫、霍的成分与出身，并不光彩。

再次，看卫、霍的所谓功勋。

卫青从公元前129年到公元前123年，六次出击匈奴，虽被认为常胜不败，然而他的胜利没有一次是起决定性作用的。夺取匈奴河南地可能算是他最光彩的一役，然而这一次战役却是武帝特意安排的。当时，匈奴的主力在东线，河南地并没有多少战斗能力，除了几个不是匈奴单于嫡系的王子而外，守在边境的主要是一些"伏伺者"。武帝不要他转战于东线，而把这个便宜的肥肉故意让给他，当然也就成全了他。因此，卫青很轻易地以突然袭击的方式，绕道攻击匈奴河南地的后方而显示了自己的威风。在其他几次战役中，也可以此类推。历史的现实是：不论卫青如何因战功而显耀，匈奴的主力和有生力量并没有因卫青的出击而消灭，甚至也没有削弱，而他所统率的士兵和将领却每次都被匈奴击败和被俘。有什么可夸耀的！他所俘虏的除了妇孺老幼及非战者而外，又有多少是战场生擒的呢？卫青自己恐怕实际上是避了战的。他的战功很可能是冒领的。

霍去病的状况，颇多类似。

卫、霍的各次出征，带给汉武帝的损失十分严重，却并没有使匈奴屈服。

直到贰师被俘，这位"雄才大略"才开始觉悟，承认战争政策的失败，轮台悔诏，又强调农业生产了。

匈奴没有屈服，但汉兵所受的残破，却是巨大的。扬雄在他的一篇赋里，对此作了十分形象的描述（见《汉书·扬雄传》）。

"匈奴未灭，何以为家"，这是讲话人赞叹不置的霍去病的壮语。真的如此吗？（1）直到霍去病死去很久，匈奴始终未被消灭，而这位骠骑是否始终没有"为家"呢？不是！他的确建立了自己的家业，他的子孙甚至都被封为"侯"；（2）他没有死时，就建立了自己的家业，而且他刚从战场归来，就到河东见生父霍仲孺，为他建造起府第，而当时的匈奴并没有被灭；（3）霍去病的壮语并不是他的创见，充其量不过是抄袭了当初秦始皇的先祖去非的话而已。实在也是学舌与拾唾之低下者。

就军事上说，霍去病不过是一个不通战术、盲目乱撞的骑奴而已。汉武帝让他学兵，他断然拒绝，说什么"学古兵法"！他驱兵苦斗，不恤部下的疾苦，兵士饿得嚎叫，而他却把给养原样载了回去。士卒疲于沙场，他却一味"穿越"踢球以为戏乐。所谓"英雄"本色只此而已，有什么可吹嘘的？

三 关于卫夫人

讲话人说："汉武帝的皇后卫夫人（卫青的姐姐）要宣传一下。"为什么？

卫子夫是平阳公主家的婢媪卫氏的三女儿，生来美艳，被充为平阳公主的歌伎。汉武帝访问公主家的时候，公主使众歌伎为帝助酒，其中也有卫子夫。武帝一见，大为赞赏，不禁高叫："好一个平阳卫子夫。"平阳公主为讨好武帝，就使她为武帝更衣，武帝乘机收妍了她，并带回宫中。平阳公主为她盛妆一新，临行时，对卫子夫说："以后尊贵了，不要忘记我。"

卫子夫被拥入宫中后，遇到了皇后陈阿娇，这是一个容不得人的女子。她问武帝：把这个女人带进宫来要干什么？回答是：平阳公主的家奴，进宫是要她劳役。武帝心里明白：自己原来只是一个胶东王，后来只是阿娇的母亲馆陶公主的协助，才成了太子，又由太子而继了帝位。况且当初娶阿娇时，也曾发誓"金屋藏娇"，现在如何能得罪这位"可人儿"。因此，他硬是将卫子夫打入别室，并与皇后订约，永锢冷宫，不再私见。从此，卫子夫被深锁一宫，一年之久，不见武帝一面。

由于宫中女子太多和其他方面的原因，武帝意欲经过挑选放出一批。他把这些女子集中起来，以便做出选择。卫子夫亦在其中。武帝点名到卫子夫，自然勾起旧情。再看这位旧情人，仍然那么楚楚，而卫子夫则请求放出宫中，说自己死了倒无所谓，倘被皇后知道，恐怕也会连累皇帝。这位皇帝情人却安慰她说，昨晚得一梦，她要为自己生一子。于是又在宫中……

卫子夫得到武帝的宠幸，大大激怒了陈皇后，陈皇后便时刻寻机谋害，然因自己始终不孕，在武帝的责让下，也无可奈何，她只好去乞求自己的母亲（即馆陶公主，亦称窦太主）。二人密商之后，企图从子夫的弟弟卫青身上下手。她们突然逮捕卫青，欲私刑杀害，然被公孙敖救出。武帝得悉后，大怒，率兴封卫子夫为夫人，卫青为建章监侍中，又迁为大中大夫，卫青的同母兄弟姊妹，也一并加封。卫青兄向不著名，因他人为贵戚，名之为卫长君，领职侍中（在帝左右，掌乘舆服物）；大姊卫君孺，既嫁与公孙贺（后任汉丞相），贺亦因妻升为太仆；二姊卫少儿与陈平曾孙陈掌结合，陈掌因而受詹事职（掌皇后太子家事）；就是救命的公孙敖等亦被任为大中大夫（管议论事）。当时，都中民歌讽刺道："生男无喜，生女无怒，独不见卫子夫，霸天下。"这话不假。卫子夫凭什么"霸天下"？

卫子夫受孕得宠，武帝已弃陈皇后于不顾。陈氏失败之余，竟召巫人楚服为之祈禳。事被武帝得知，立即把巫者处死。宫女连坐者三百余人，陈皇后亦被废去，册书、玺绶俱被收除，徙入长门宫，情同罪人。她虽曾使人以千金买得司马相如为之撰《长门赋》，叙述自己的清冷凄苦和对皇帝恢复宠信的企望，借此希望武帝回心转意，然而卫子夫从中作梗，这怎么可能呢？她终于死在长门了。

卫子夫连续生了一男三女，为此终于被册为皇后，真是荣极一时。后来武帝又爱上一个王夫人，也生了一个男孩子名闳，由此而成了卫子夫的劲敌。对此，卫子夫岂能甘心？但是，她的车轮已经不能由自己推动了。她倒霉在所谓巫蛊事件上。

由于武帝信任方士，因而巫觋时时出入宫中。卫子夫的大姊是公孙贺的老婆，所生之子名敬声，官任太仆，胡作非为，因罪而下狱。当时，公孙贺是丞相，他为了替儿子赎罪，企望以逮捕大侠朱安世为手段，武帝允准。但是，他没有料到朱在狱中竟然上书，告发了敬声的罪行，并且指出敬声与武帝亲女阳石公主私通，又使巫人祷禳祭祠，诅咒宫廷，在甘泉宫驰道旁，埋木偶作祟。此书一上，武帝大怒，公孙贺、敬声以至阳石公主都被赐死。

武帝有个绣衣直指使者，叫做江充。此人为了邀宠，专门侦察正臣贵戚的行径，罗致罪状，在武帝面前，陷人于死地。武帝有病，他竟一口咬定是巫蛊为祟，并以武帝旨意，四处查办。他说太子据（卫子夫所生）得知武帝有病，面有喜色，并事先在太子和卫子夫的宫中埋下木偶，然后，借搜查为名，从地下掘出，扬言要上报武帝。太子惧，即先发制人，假传帝旨，征调武士，捕了江充，立即处死，同时告诉卫子夫，发车马武库，使士卒守住宫门，而江充的余党跑到甘泉宫，说太子造反。武帝乃发兵攻太子，经过六日夜的厮杀，太子战败，出走城外，武帝收了卫子夫的玺绶，卫氏亦投环自杀。太子在湖县被围，无路可走，闭门自缢。

以上就是史书所说卫子夫的一生。由于撰史者的角度不同，所述可能不确切。但是，根据当时的记录看，卫子夫可能并不那么规矩，倒可能是一颗野心在抱的。平阳公主当年临送她入宫时所说的话，正是让她去干一番事业的。她入宫后，时刻逼迫陈皇后，其意显在夺嫡。陈皇后因祷禳而被废，未尝不可以设想，正是她的阴谋诡计！她被封后，其亲戚一一被列入宫中，甚至掌握了军马大权，显然也是要有所作为的。武帝晚年体弱多病，这为她的野心得逞创造了可利用的机会。她为了战胜王夫人及其所生儿子闳，巩固自己的地位和太子的权力，不见得不会乘机设计例如巫人木偶之类的勾当，去进行暗害。等到事难奏效时，她率兴使太子发动武装宫廷政变以夺取权位，不怕冒天下之大不韪。

一个歌伎出身而带上主家的使命进入宫中，在经过一度寂寞之后，即利用自己经过乔装的美貌和诮媚手段，巧施阴谋，排斥异己，网罗朋党，不惜采取一切可能的手段，直至武装力量去保持自己的地位和扩展自己的权力，置那个"雄才大略"于不顾，这是触目惊心的。然而历史昭示于人的是，即使在浑浑噩噩的皇宫中，不论如何狡诈，在权力平衡中也不见得胜券必操，卫子夫终致事败身死，与独裁者先后同归于尽，终究大概也是必然的。

卫子夫除了上述而外，没有任何可夸示于人的。她既无推动历史的尺寸之功，又无半句可以指示的"理论"；既无令人仰望的隆德，又无"英明"的天才。试问对这样的一个女人（哪怕曾经是歌伎或明星），"要宣传一下"，价值何在？难道要人们学她的榜样？走她的途径？利用她的"经验"？"古为今用"塑造一个现代的楷模吗？当时，长安都中有"卫子夫霸天下"的议论，要"宣传"，我看就照此去揭示吧，看看她的嘴脸！

四 关于吕后

讲话人说："吕后要作单独一条，突出宣传一下，汉高祖死后，天下大乱，吕后掌权，又重新统一天下。吕后主要是执行法家思想，是汉高祖的思想。"

吕后本名雉，字娥姁。有妹名吕姿，兄吕释之，都是吕公所生。吕公的原籍不详，因避秦乱而到沛。沛县令因此而与吕公交厚，优礼相待，足见这个吕公的出身，也还不是一般平民可比的。为了庆祝故友相聚，县令为吕公设宴，城中人均为之送礼，刘邦亦躬逢其宴，也就在这次会上，吕公竟将吕雉许给刘邦为妻，并且当晚成婚。

举义后，刘邦辗转各地，吕雉独宿空房，却与舍人审食其私相妍度，视同夫妇。

刘邦称帝，吕雉受封皇后，其妹吕姿嫁给樊哙，其兄被封建成侯。从此，吕氏家一时权倾宫内外，而吕后也在这个时候，诛除异己，热望擅权。

吕氏在宫中，嫉恨一切美人，而对于得宠的戚夫人尤恨之入骨。因这个戚氏不特受到刘邦的优渥，而且也生了一个男孩，取名如意，并且其聪明水平远过于吕氏所生之子。吕后所生之子，据刘邦说，很不肖于自己，因此，有废太子而立如意的打算。而戚夫人也有这个想法，企图借此防止吕后的谋害，她的这个算盘显然具有防御的性质。

废太子并不是如意的事，它受到了朝臣们的反对，尤其受到了吕后的破坏。在重臣中，周昌、叔孙通是其中反之最力的。吕后深结他们，力谋扩充自己的权力。张良为她出谋划策，她又网罗"商山四皓"，造成尾大不掉的势力。刘邦虽然不满，然而已无可奈何，他曾手指"四皓"而谓戚妃说："我本欲改立太子，但这四个人极力维护。他们的羽翼已成，我已无能为力了。"并且对戚妃说："人生有命，得过且过吧。"乃引吭高歌："鸿鹄高飞，一举千里，羽翼已就，横绝四海，当可奈何？虽有缯缴，尚安所施。"据说，刘邦歌罢，情绪凄楚。

陈豨造反，刘邦亲征，后方诸事，尽由吕后、萧何操纵。就在这时，这个吕后大开杀戒，族诛韩信，烹醢彭越，而罪名都是"莫须有"的。为什么这么凶狠？很显然，她是要消灭一切功臣宿将。但是，这并不是她唯一的目的，她甚至也希望刘邦尽早死去，在她的淫杀政策下，淮南王英布被迫起义。

且不论他的举动有什么意义，而对刘吕政权却是一个打击。刘邦因病体初愈，意欲太子盈出征，而吕氏百般反对。不得已，刘邦只好亲自出征。战场上，刘邦身受箭伤，一蹶不起。后卢绾亦被迫揭起叛旗。他曾明白地控诉说："往年族诛韩信，烹醢彭越，均由吕后设计。今高祖病卧，政权统由吕后挟持。此人阴贼好杀，专仇异姓诸臣。"卢某自幼与刘邦同里，其灰心也如此，其切齿者亦如此。在他看来，吕氏是刘氏支持的。

随着时间的推移，刘邦似乎也感到，吕后是有野心的，如一味信任和纵容的话，并不有利，那将使自己更加孤立。所以战过英布之后，他对吕后在行迹上是已有疏远的意思。他在病中，吕后和太子去探望，表面上都要受他的斥骂。后来，他听说樊哙与吕雉勾结，要在自己死后尽诛戚夫人和其子如意，立即大怒说："她们盼我死，可恨之至。"即命陈平、周勃去杀樊哙。然而这二人并没有遵命。吕后的跋扈有加无已。

刘邦的病，日益沉重。他愤于吕后的行为，拒不吃药就医，并将吕后和医生从宅中叱出。吕后一走，刘邦立即召集群臣，屠杀白马而誓："此后，非刘氏不得封王；非有功不得封侯。如违此约，天下共击之。"他并要陈平速去荥阳与灌婴驻守，以防各国乘丧为扰。外事布置以后，又暗召吕氏入宫，安排朝中的人事调度。吩咐他死后，由萧何任相；萧死后，由曹参代理；曹之后，由王陵、陈平、周勃任之，并说："周勃朴实少文，然能安刘氏者，非他不可，宜用为太尉。"刘邦死后，的确也这么办了，足见吕氏也遵从着刘邦的旨意。

刘邦一死，吕后立即与审食其在宫中秘商夺权的计谋。他们秘不发丧，假传圣旨，召集诸将托孤，乘机诛杀，即以篡权。又召乃兄吕释之协商，立盈为惠帝。为了利用诸将，并缓和人们对自己的不满，她又未敢一意孤行。

吕氏一旦窃取了政权，即从戚夫人开刀，制造出什么"人彘"，显示了她绝灭人性的残忍。与此同时，她将后宫嫔妃，或姻或出，一扫而尽，以灭其宿愤。她深知自己树敌众多，乃召征男女二三十万建筑都城。越时几年，一座周达六十五里的牢城，终于建成。

吕后的对外政策是"卖国主义"。匈奴公然致书辱她，她都甘心忍受。

这个吕氏与审食其的秽事，有加无已。由于过分张胆，终于传入惠帝的耳中。惠帝在吕氏的挟持下本来形同傀儡，然而他也在忍无可忍的情况下，借故将食其囚于狱中（后被朱建救出）。

吕后对于惠帝并不放心，出于监视的需要，竟将女儿鲁元公主的女儿嫁给惠帝，使外甥女与舅舅结成夫妻。

惠帝立七年死了，吕后立即以其兄弟吕泽的儿子吕台、吕产为将军，分管南北禁军，防卫宫廷。又将宫中所生婴儿纳入张后申屠，假充太子，并将其生母杀死。从此，大封吕姓。吕氏王侯，遍及上下，汉刘法统一时濒于危亡的境地。

以上就是史书所叙吕后的行径。不管史家的策法如何诡谲，在我们后世人看来，汉王朝以反秦专制而建起，实际上是代表了当时农民起义的利益的，它当时面临的任务显然在于建立正常秩序，巩固内部统一，而不是发起有害于此的事端。吕后从一开始就具野心，胡作非为，这就证明：

（1）吕后人品极坏。她从来没有用自己的行为证明忠实于刘邦及刘邦的事业。她不但以自己的肉体肆意供刘邦以外的男人纵欲，而且与这种人一起扯刘邦的后腿。

（2）她谈不到什么"法家"思想、"法家"路线。她的一生不过是一个荡妇的历史，一个阴狠的女人的秽行记录。她与"四皓"勾结，不是恰恰表明"儒家"的典型吗？

（3）她对匈奴隐忍而对南越扩张，是什么"法家"行为？

（4）刘邦从很早起就对她不信任，"非刘氏不王"正是排她的。她自以皇后标榜，而实际上却是以刘氏的叛逆者示人的。她是以刘邦为自己的脸上贴金。

（5）刘邦一死，她屠杀功臣，排除异己，结党营私，使朝野上下织成一张她烹调政权的密网，彻底破坏了汉初的政治设施，是一个野心家。

（6）吕后不是"统一天下"的英雄。"统一"是她破坏的。正是她的行为，迫使诸王叛变，造成战乱，"天下"起而反对她是必然的，因而也是不为过的。

对于这样的女人，"宣传一下"干什么？我看只能揭露，只能用她的"镜子"照她自己及步她后尘的人。

五　关于法家与儒家

讲话人说："凡法家都是爱国主义者；儒家都是卖国主义者。"莫名其妙！

不论"儒""法"，都是统治阶级利益的维护者，它们也许流派不一，而其根源却无异出，它们的学说没有一条是为人民的根本利益说话的。任何时代，人民，只有人民，才是国家的主体。所谓"爱国"必须体现在爱人民这点上。不爱人民的"爱国主义"哪里去找？试问：奴隶主阶级、地主阶级怎么可能居然爱起他所剥削的对象？怎么要爱怜自己敲骨吸髓的阶级对手呢？怎么会减少、取消对被压迫阶级的压榨而使自己沦于饥寒交迫的境地呢？这不是够滑稽的吗？

"儒家"有一套假仁假义的外衣，以掩饰其残酷的剥削罪行。"儒家"一肚子男盗女娼，阴狠恶毒，道貌岸然，而内心卑劣，这是他们最可耻的一点。然而在对外关系方面，他们却严格主张：

（1）严格的华夷之辨。一部《春秋》，据说就是这方面的典型。他们自尊自大，鄙夷四邻各国，"中国而夷狄，则夷狄之"，"夷狄之有君，不如诸夏之无也"，就是他们的灵魂。在这里，岂能看不到所谓"卖国"的倾向。

（2）化夷为夏的政策。他们强调民族同化、绥远、柔夷、怀朔。他们总是企望用这一套"软刀子"屠戮四境各民族，总是要各民族"内外""称贡""奉正朔""仰天朝"。有什么"爱国主义"，有什么"爱国"主张？

"法家"到了韩非子时代，已是集大成了。他们似乎不讲究什么伪饰。他们压迫、剥削人民，历来是赤裸裸的、血淋淋的。他们对邻族的关系是采取公然扩张、征服的政策。春秋时的"启土"，秦汉时的北掠，无一不是这一政策、主张、学说的体现。他们的民族界限同样是明确的，他们就是要实行大民族主义，而且是毫不掩饰的。如果把这誉之为"爱国主义"，那么，天知道这样的东西怎么会获得名为共产党员的推崇。

孔子、孟子没有"卖"过什么"国"，韩非子也没有"爱"过什么"国"，这是有史可考的。为什么要凭空捏造？尤有甚者，在社会主义中国，自诩马克思主义的权威，为什么提倡这个？根据何在？用意何在？可以确信，如果把这种思想付诸实施，用所谓"法家"的"爱国主义"对待世界各国，对待国内各民族，那必然的结果是断送革命，断送我们过去已经取得的成就。

这篇讲话还有不少可疑的地方，这里只谈历史方面的，以后再谈其他方面的。

第三卷

斡亦剌惕探源五议

因缘曾霸一方天。

驱雨摧风终黯然；

千秋大业知谁是？

更从纷纭究当年。

——斡亦剌惕探源口占

这次会议的论题之一是探讨斡亦剌惕人的族源。从头迈步，适获我心。是一个好题目。

族源即一族的来源探讨，应当是一族历史考察的开宗第一章。人类自从演而成为特定的民族之后，究其各自的文明起始与文化传统，无不渊源有自而又异说纷呈。毕竟如何定其归属，剔其谬说，几乎是论叙族史诸题的先声，未有族源问题不厘清而可以造次侈谈典章的。这甚至可以说是古今的治史通则——特别是在历史新时期。

当中国社会史论战前夕的时候，由于政治实践的需要及史事考察的必然，中国"人种"（主要指汉族）的来源，曾是考证家们视为先决的热衷课题。一时西来说、本土说，颇多争衡。蒋智由、章太炎、丁谦等人都曾荟萃众说而独出心裁。时至今日，他们当年的结论，显然已属明日黄花，其道不永了，然而，他们那种敢于冲决儒学传统，启迪史学的首创意义，却是未可言非的。随着"人种"由来的聚讼，关于禹，关于夏乃至关于"中国""支那"等称号的历履"寻根"，也曾接踵而至。虽亦各执其是，亦多俾于史学。汉族是国内的兄长民族，他孕育着几千年的文化，保存了丰富的记录，而犹有族源问题亟待究论。其他兄弟民族，首先是北方各族的族源讨论，应当是事有必至的了。

我国史坛对于国内各族，首先是北方各族的记叙，一般说，向有成例。

二十四史无不（也有例外）列有各族专传，而在各专传中，又无不溯其远源并及近流，虽每涉荒诞，亦细涓不弃。姑不论其撰写初衷如何及可信与否，要之，总为后世的研究提供了允为宝贵的佐证，而历来国内外有关学术人员之能有所创获，在一定程度上也借助于这些书面记录。对于斡亦剌惕的史事，大致亦不例外。

自从《元朝秘史》被发现并被录出之后，蒙古史事遂在一些人中蔚为"显学"。乾隆的"十全武功"完成之后，新疆的历史地理状况引起朝野的重视，而嘉庆中一些学人如洪亮吉、祁韵士、徐松等谪戍伊犁，并根据调查所得，结合旧籍写出诸如《西陲要略》《天山客话》《新疆识略》等著名撰述之后，尤大开人们的视野。梁启超说，边徼地理的研究，由这些人发其端云云，我看，在很大程度上说，不为过分。其后，随着国境风尘的演变，接此余绪的代有学人。魏源、龚自珍等均为晚清时代的屈指之首。由此契机，斡亦剌惕历史亦被拥上学坛。

对于斡亦剌惕的历史发展，近百余年来，中外学者有了很多的研究，也提出了很多问题，其中族源问题颇吸引人们首先是蒙古学人的注视。这自然可以罗致若干原因，而希望厘清先民的来龙去脉，为其他诸历史问题的探索初辟蹊径，恐怕是原因之一。公元前527年，周景王批评籍谈数典忘祖，说他承其先祖专管典籍，却不懂历史渊流，忘了晋人的传统。这个古老的批评，人们希望它不再适用于今天。

在学术上，族源问题的论究，据我看，涉及面颇不狭窄。就其领域而言，似乎可以包含四个方面：一是种族归属；二是姓氏订定；三是源地与起始；四是始祖人物。斡亦剌惕的族源探讨，不光指其总体而言，也包括它所系属的四个组成部分。而不论何者，在探究中都应当包括这四个方面吧！这里既有人类学、人种学、民族学的东西，也有地理学、谱牒学与历史学的东西。不难设想，这些方面依然薄雾轻笼，唯旧说是因，族源真相是无由窥见的。至于斡亦剌惕的社会组织、政治制度、生产方式、典章文物等，虽也有个渊流的问题，也需要并力追溯，然而，这不便列为族源考究的范围，兹不赘及。

很惭愧，我在斡亦剌惕的历史海洋里，很少涉足。以往虽然偶或零星地拜读过一点有关的述作，却不求甚解，略无研究。因此，对于斡亦剌惕的族源问题，实在没有置喙的资格。这次"西游"忝列盛会，完全是为了"拜佛"取经。以下所说，不过是半知半解，无甚高论，权充谈助。为免繁复，这里所谈各点，不一一征引原文。

一

探讨斡亦剌惕及其四部人的族源，亦如探讨整个蒙古族的历史问题一样，困难重重。劈头一个难题就是资料。斡亦剌惕曾经有自己的文字，有自己的书面载籍。但是战火摧残，反动统治，使这些文物典籍丧失殆尽，以致人们的考证不得不借助别族的记录，而这却不称意于人者，比比皆是。国外及藏文资料权且不谈，仅就汉文资料而言，就不免令人叹其简陋而憾其或伪。魏源认为："儒者著书，唯知九州以内。至塞外诸藩，则若疑若昧，荒外诸服，则若有若无。故赵氏翼谓葛尔丹败于土腊河，马尔塞不于归化城邀其归。……至声教所不通之国，则道听臆谈，尤易凿空。"就是乾隆皇帝吧，也在他的《准噶尔全部纪略》内说："自古无不志外夷，而实者少舛者多，非以其方域所限，言语不通耶？得什一于千百，加以鱼鲁亥豕，甚堪信者鲜矣。"这二人在这里不特承认汉文记录的失实，并且也指出所以致之的原因（当然是远非全面的）。斡亦剌惕的汉文史料，也不免他们所说的情况。足见在使用有关斡亦剌惕的资料中，完全深信不疑是孟浪的。

12 世纪中以后，称雄于蒙古高原，始而与金人抗争，终则取而代之的，迄为蒙古。《元朝秘史》《亲征录》及《辍耕录》虽曾列有诸多族名（如兀良哈、斡亦剌惕等），而能与蒙古平分秋色的绝无一个。到了 14 世纪后半叶，明人的笔底行间出现了蒙古（鞑靼）、兀良哈、瓦剌三者平列于朔漠的写法。这是前此绝无仅有的突变。17 世纪后期纂修《明史》，其外国列传亦赫然三者并列，俨然各不相属。由此演绎，法国传教士张诚（任康熙时的译员，参与中俄边境谈判）在他的关于鞑靼历史考察的概述中，也将卡尔梅克（斡亦剌）分出，而与喀尔喀、蒙古并列为"三类"。这或者是后来所谓外蒙古、内蒙古、西蒙古称谓的滥觞吧！可以设想，史家的这种分类，恐怕未尝不是着眼于蒙古内部政治势力的消长，及它对于中原王朝中、东、西边境所造成的紧迫感而致之的。质言之，它的被强作分类，多出于中原王朝政治统驭的需要，而不是蒙古本身成族的写照。然而，这种分列既载诸官书，而朝廷的政策亦俨然分而施之，遂使一分为三而三不合一的人为区划逐渐在人们的潜意识中留下阴影。整个有清一代，斡亦剌惕始终被当作独特的大部出现，以致龚定庵指出，蒙古与瓦剌"实一而二也"，而斡亦剌惕似乎亦曾以此自居而讳言与蒙古的同一。

斡亦剌惕一名，最早出现于 13 世纪时的《元朝秘史》。从那以后，这个名词的汉文写法，曾经有过历史的变化。大致上说，13 世纪到 14 世纪中，各书多据《元朝秘史》作"斡亦剌（惕）"，当然，间亦有作"猥剌""外剌"的；14 世纪中到 17 世纪中，各书都作"瓦剌"；到 18 世纪中及其以后，史书中则或作"额鲁特""厄鲁特"或作"卫拉特"。这种不同写法，自然是审音译字的不同反映，但是也还有斡亦剌惕本身的变化成分在内。有人说，上述不同写法只是"斡亦剌惕（oirad）"一词的音转或异译。其实呢？恐怕也不尽然。据我所知，在清末乃至其后，蒙古人对此是有不同称谓，因而也有不同写法的。对于居于天山北麓的蒙古人称斡亦剌惕（oinad），而对于一般属于这一族的蒙古人，则呼之为 ogeled，与"额鲁特"音近。在汉译《蒙古源流》中，卫拉特与厄鲁特也并不等同，而是二者并列的。这种不同书写究竟始于何时？是起于蒙古人自己，抑或由清统治者指使？作此区别的依据何在？一时难于明述。然而，以为它们——"斡亦剌惕"与"额鲁特"为一音之转云云的欠确切，则是无需繁言的了。

"额鲁特"一词，蒙古语义为"高大""壮伟"，"额鲁特蒙古"汉义即"高大的、壮大的蒙古"。斡亦剌惕词义何在，史无明文。有人说，斡亦剌惕即"林木中百姓"之谓，此说或者先昉诸外国而由屠寄师承，后人又协其旧谱乃更弹此调。我想这个解释是可以一疑的。首先，"斡亦剌惕"要释作"林木中百姓"，则必须写作"斡亦因阿剌惕"。"斡亦因"依今读，可释为"林木的"，"阿剌惕"可释为"人民、百姓"，然而这与"斡亦剌惕"原文声韵就大不协调了。其次，13 世纪时，蒙古人称"林木"为"槐"，不作今读"斡亦"，所以"林木中百姓"一语，蒙文就十分准确地写作"槐因亦儿坚"，而不作"斡亦因亦儿坚"。"o"与"u"是两个声母不同的字，不容混同，不能以今读代古读。再次，在《元朝秘史》中，"斡亦剌惕"与"槐因亦儿坚"并列，为两个概念，并不相混，也不互替，足见二者不是同一。最后，《元朝秘史》的译文也分得极为明确。"斡亦剌惕"一词旁译为"种名"，并不确指含义，而"槐因亦儿坚"一语的旁译，则为"林木中百姓"，很明显，前者是专有名词，后者是普通语句，译者的区分非常科学。据此，则那种以斡亦剌惕人也曾在"林木"中居住为由，强使"斡亦剌惕"变为"斡亦因阿剌惕"的说法，是应当重做考虑的。

也有人说，斡亦剌惕就是"近亲""相近"的意思。蒙语中的"斡亦剌"一词，确有此意，其说不无可以自圆的方面。然而，它是谁的"近亲"？与谁相近？谁的附近？是斡亦剌惕的自称，还是别人的他称？这个问题不解决，这个倡言还难服人，还难说反映真实。

一族的命名当然可以独具含义。人们尽可遵照"名从主人"的古义，阐明其隐寓，这对于考察族源问题多有助益，然而也不必牵强。摩尔根在他的《古代社会》中曾指出，一个部族发展到一定时候，一般会出现命名以相区分。在通常的情况下，这种名称必然是依据什么偶然事件以取得，而不花费心思去定名，并且一个族的自名与他人的称呼往往也不一致。摩尔根的说法受到恩格斯的肯定，并写入了他的《家庭、私有制和国家的起源》。我看这个规律，应当也适用于斡亦剌惕人当初的命名情况，因此，斡亦剌惕人的名称命义，也可以不必操之过急。国外一些撰写者强作解人，甚不足以为依归。

二

斡亦剌惕一名何所自来？似乎也是忖度者多而实证者少。明人如叶向高、严从简、罗曰裦等多以为斡亦剌惕来自地名，说猛哥帖木儿据瓦剌，而分众为三，或说脱欢立脱脱不花为可汗居漠北，而自己居瓦剌，如此等等。总之，是以地名部的。清人魏源蹑此成说，而认为斡亦剌惕命名实导源于"兀鲁塔山"，此山正是西域地名云云。就作为社会成员的某个个人说，因居地而命字的不必没有先例，张之洞称为张南皮，康有为称康南海。而以地名命部、命族的例证却少经见。我以为在氏族、部落时代，部落的名称实际上就是部落的姓氏，元人陶宗仪也是把"外剌歹"当作"氏族"，而列入蒙古七十二种的。这里的所谓"种"，应当就是《元朝秘史》所说的"兀鲁黑"（uruk），即家系亲族，这正是命名的依据。其地之有名，实由某部命之，地名正是由部人、族人命之始闻于世，使无斡亦剌惕人居住，斡亦剌惕其地何从自名？试检《元朝秘史》所载诸部及诸氏命名之始闻于世，何尝有一个例证来自地名？不光蒙古人，即鲜卑人之得名亦类多如此。所以我想，此说颇涉不经，难以落实。

也有人以为斡亦剌惕实因人名而依托的。《钦定皇舆西域图志》以为额鲁特就是阿鲁台，魏源批评说，阿鲁台与瓦剌世相仇杀，而额鲁特正是瓦剌的孑遗，岂得以仇国为其祖呢？《清一统志》又以为斡亦剌惕就是乌喇特之声讹，此说显然失考。斡亦剌惕早在成吉思汗时就进出于大漠以北，而乌喇特据《表传》，则是哈撒儿的十五世孙时始以此自号，且乌喇特与斡亦剌惕牧地亦自天各一方，东西遥距万里（比万里长城长吧），二者如何可以混一？然而，以人名混为部名的还不止于此。

20世纪40年代，有人又撰专文，论证斡亦剌惕实即匈奴时期卫律的后裔。其依据：一说斡亦剌与"卫律"读音一致；二说卫律被匈奴封为丁零王，其地正是斡亦剌惕人所居者，以称"王"的卫律名部落，理所当然云云。清人有云："有利必有害，论相反者或适相成；见智亦见仁，道同归者无妨殊辙。"我很赞成这两句话。各种意见都应当敞开，这不会无助于学术讨论的深入的。

我以为名称读音相协，并不足据。其一，一个名称与甲称相近，也可能与乙、丙称同音。斡亦剌惕一名也是如此，这在前面已有证明，你能说只是与"卫律"一词相同吗？如果与"卫律"一名相同，因此就认定斡亦剌惕是"卫律"其人的后裔，那么它也与"斡耳朵"（帐殿）音近，是否也能说斡亦剌惕是帐殿的族裔？此其一。

其二，卫律是长水（在今陕西蓝田县）"胡人"，他只身逃归匈奴，被封为"丁零王"。但是膺此"王"号不必就居于丁零之地。他日夜教匈奴单于穿井筑城，治楼贮谷，并亲自与"秦人"（即汉族人）共同戍守，说明他始终在单于的"龙庭"，不在他的封地；他与"秦人"共住而不是与丁零人共住，他的那个"王"爵，不过是向丁零人众征收赋役的凭证，正像元代漠北诸贵族封"王"于内地某省州县，征收那里的赋役而并不身居当地一样，他怎么能繁殖那样整个一个部族的子孙？

其三，斡亦剌惕族人按照氏族社会的遗制，只能选举本部的人为首领，或者以这个首领的名称命部，非本部族人是不可能任部长，也不可能以其名称部的。钱大昕指出"古人甚重祖宗，不轻附会"，斡亦剌惕亦难出此例。须知"非我族类，其心必异"的成见，不是只限于汉族古代的。因此，斡亦剌惕即卫律之说，甚悖情理，且无一点证据。春秋时的狄人狐突说："神不歆非类，民不祀非族"，这是一个"少数民族"出身的晋大夫所说的话。我想他的这个概括，不必只限于春秋时代和只限于"狄"人。斡亦剌惕似乎没有"祀"与"歆"卫律的先例。

其四，请考虑这点：一个部外人由于"王"于此部，因而竟能充这个部的创始人，那么，也可以设想，清代征服准噶尔后，曾任松筠为当地将军，其职权至少与"王"相埒。据此，则当地的族人必然也是以松筠名部并演而成为他的族裔的，是这样吗？让斡亦剌惕人自己说吧！在这里，我倒想试举一个瓦剌人的史例，1449年（明正统十四年），瓦剌的也先在"土木"一战中，俘虏了明王朝的英宗皇帝朱祁镇。次年，他要明的使臣传话朝廷，把这位俘虏迎接回去，说："你们的上皇""留在这里"，"做不得我们皇帝，是一个闲人，诸事难用"。为什么汉族皇帝做不得瓦剌人的皇帝？他没有说，这里"族"的界限和当时的思维准则或者是原因之一。15世纪中的情况当然大不同于公元前2世纪的情况，然而以后况前，举一反三，卫律王不能"王"斡亦剌惕，因而亦不能为斡亦剌惕的族祖，其道理应当是可以理解的。

其五，如果以为卫律当时"拥众数万"，都是汉族"降人"，而这些"降人"自成部落并因卫律而自名斡亦剌，因而斡亦剌惕人不过是汉族的后裔云云，这是不是"徒然强傅"，可请方家讨论。不过，我以为这种说法不能看作"强傅"，而是自古有之的。古书不是说黄帝的子孙，"或在中国，或在四夷"吗？明人罗曰褧曾更指明：各民族"揆厥所元，则皆中国帝王及贵臣之苗裔矣。如鞑靼始自夏后，兀良哈始自高辛。非虚语也。盖高辛氏以前，大抵人类尽若禽兽，散然无主。天育异类，必使中国人显赫其地，以开创之，始知君臣上下，相治至今矣"。这里的"夏后""高辛"，据传说，都是黄帝的族裔。卫律虽不属"夏后""高辛"，但以其所部汉降人为斡亦剌惕部祖，是极易使人感到其思路或者有罗氏衣钵的因袭之嫌。这种观点，记得鲁迅曾经有过评论，可以参考。

对于斡亦剌惕及其所属四部——土尔扈特、准噶尔、杜尔伯特和辉特，过去也曾有过一些解释：（1）认为"卫拉特"即四大部。"四"即蒙语的"都尔本"，这里释卫拉特为"大部"，不见于蒙古语词。（2）认为"土尔扈特"者，意为"迁徙不定的商人"，这个解释无当于蒙语释词。按，蒙语与"土尔扈特"声近者有"turgut"一语，蒙文义为"控制，抑阻"。或者此部原为"被控制者"？这当然不能是它的姓或真名。清人以其"无姓"，要给它定姓为"恭博"，殊涉滑稽。（3）"准噶尔"者，据清人解释，意为"左翼"。国外亦准此不另。蒙古族自成吉思汗以后，其部伍历来分为左右翼。16世纪时的蒙古可汗（或"小王子"）亦分其部众为左右翼。释为"左翼"，意亦可通。但是释"准噶尔"为"左翼"，那么其右翼是谁呢？就地望而言，它对任何位于天山北麓的可汗说，都不处于"左翼"，因此，这个解释似不足以为定论。蒙古语称"砖头"亦为"准"（jung），蒙古语称"房子"为"噶尔"（ger）。如以此为准，则"准噶尔"应释为"砖房子"，即"有砖房的部落"，而不是"junggan"。以当时准部所处社会经济情况看，这个解释似较"左翼"

云云，更较切近，音审亦近准。是否妥当，容待再议。（4）杜尔伯特者，前人释为"四"，"四"何所指？据说即指《元朝秘史》所述成吉思汗十一世祖朵奔篾儿干的四个侄子的后代，即"朵儿边氏"云云。此说之不经，至为明显。蒙语与"杜尔伯特"音近者除"四"这个词义外，尚有 durbe 一字，蒙语意为"逃亡，跑散"，据此，则"杜尔伯特"应即"逃亡，跑散"者，不是什么"四"者。但是，不论准噶尔、杜尔伯特，大概都不是原来的称谓，也不是他们的自称，据史书，他们实际上都姓"绰罗斯"（亦作鲜罗斯）。"绰罗斯"是不是他们的"姓"，且置不论，要之"绰罗斯"才是他们的原有部称。"绰罗"与蒙语"qol"声近，蒙文意为"荒野，偏僻之地"。"和硕特"一词，义为"双重"，这里大概多指与皇家的关系而言。清秤以为"和硕"乃"有福之义"，当是译义而说的。但是，"和硕特"云云，亦不是此部的姓氏。据史书，它姓博尔济吉特。博尔济吉特乃成吉思汗一系嫡姓。既称"和硕特"，则所谓姓博尔济吉特者，殆非确实。史家疑它"当是冒姓，未必本姓"，恐怕不为无因。此外，又有"辉特"一部。执其语音与蒙语"hoitu"切近，蒙文意为"后来，北面"。这与史书所说，土尔扈特西迁以后，辉特补之的说法颇一致。但此部原先曾否为一部（史书说它微贱，而不名）和它究具何名，于史无证。这样，"四卫拉特"实际上不是由四部组成，而是三部，即绰罗斯、和硕特、土尔扈特。这与《明史·外国传》所谓瓦剌在强臣猛哥帖木儿死后，"众分为三"的说法，完全一致。

从以上陈述中，可以看出：（1）斡亦剌惕的命名并不能确切指其含义，单纯以语音解释也不能完全解释人们的疑问。其所包括的各部名称，先前的解释多具臆度性，而且也并不是各部的自称。它们原来究有何种名称，史多阙文。清人以为"四卫拉特，三有姓，独土尔扈特无姓"，并非的论。上述各点表明，即所谓"三有姓"者，也还可以另议。古人说："古之有姓氏，有谱系者，必公卿大夫之族……若夫草莽市井之人，丛丛而虱虱，不出于黄炎，其先未尝有得姓受氏之荣也。"这当然指的是中原汉族姓氏说的，但他说的一般"草莽"谈不到"姓氏"与"谱系"的话，却也适用于草原的游牧人。斡亦剌惕四部既如前述，则所谓"无姓""冒姓"云云，应亦可信。（2）斡亦剌惕、瓦剌与卫拉特，不能是厄鲁特、额鲁特的一声之转。它们各代表两种名的单位，也标志出各自的历史阶段。（3）斡亦剌惕所由以组成的分部，并不始终如一。14世纪中，瓦剌分部为三，后来称"四卫拉特"。17世纪时，这四部又越出天山山麓而四方迁徙。18世纪后期，又有五部、七部的分化，居地就更散漫了。（4）清人龚之钥曾说，瓦剌原为元统治牧奴，"其初甚贱"，元统治者衰亡，始称强西北。这个说法或者不是龚氏自造，而是在他"出塞"之后听自当地传说的。根据本文以上对卫拉特及四部名称可能的译意看，他的反映也许不误。

<h1 style="text-align:center">三</h1>

斡亦剌惕何所族属？《元朝秘史》具其名而无确指。波斯史家剌施德《史集》以之列入蒙古诸部中。元人陶宗仪也指为蒙古七十二种之一。《明史·外国传》更确切载明："瓦剌，蒙古部落也。"清代有关官私各书，无不都指为蒙古。《清史稿》并称之为蒙古三强部之一。

但是，对于北方历史诸游牧部落，史书往往有"别部"之谈。所谓"别部"，无疑针对"本部"而言。成吉思汗一系贵族（"牙孙"）历代当权，成为"阿勒坛兀鲁黑"（金族）之后，博尔济吉特一系自是蒙古"本部"，其余则可能被视为"别部"。过去陈寅恪先生曾以为，"凡与吾国邻近游牧民族之行国，当其盛时，本部即本种，役羁多种其他民族之部落，即别部"。这个规定，我看可以，但是，不妨补充一句，即"本种"云云，不光指"本族"，也指当权的"本族"嫡系，非此即为"别部"或"别种"。明人慎懋赏说蒙古"种类不一"，其"别部"有泰赤兀、塔塔儿、克烈，"各据分地"。塔塔儿、克烈不说，泰赤兀为成吉思汗一家族属，均列之为尼伦一族，号称"来源纯洁"，也视为"别部"，足见它不必只限于"其他民族之部落"。明人叶向高指出："瓦剌者，元别部也。"这个"元"，恐怕既指当权的蒙古"本种"，也指成吉思汗嫡系，首先是建立元朝并即汗位者一系。说它是"别部"，就是说它原来既不是"元"的"本种"，也不是它的嫡系。揆之史实，叶氏所谓不为无据。明人肖大亨熟悉"北虏"情况，他曾怀疑瓦剌是"元"的"苗裔"，也不必说事出无因。

"别部"之称，不光由于归属不同，也与归属的时间有关。14世纪初，剌施德把活动于蒙古高原的游牧人分作两部分，一部分称之为"古昔就称蒙古"的部落，尼伦一系各部被归入这一部落。另一部分称之为"现今称蒙古"的部落，斡亦剌惕被划入这一行列。"现今"称蒙古即属于蒙古，那么，"古昔"称什么与属于何族呢？剌施德认为属突厥种。屠寄亦承此说。柯劭忞据旧说，划游牧人为黑、白、野三种鞑靼（塔塔儿）。他以成吉思汗一系诸族为黑鞑靼（黑塔塔儿），而以斡亦剌惕为白鞑靼（白塔塔儿），"八河及黑失惕地面以北的林木中百姓"为野鞑靼（野塔塔儿），并说白鞑靼是"非蒙古而归蒙古者"。这样，所谓"别部"云云，原来竟是"现今称蒙古"而原非蒙古的白鞑靼（白塔塔儿）！他的这个说法，在《蒙兀儿史记·氏族表》亦得到反映。很明显，这种划分，在各部纷争，互不上下，尚无统一的局面及集中的汗权出现的年代里，似无所谓。然而，它却为以后"本部"与"别部"的区分，提出了论据。

必须指出，《蒙古源流》以为，成吉思汗的十一世伯祖都蛙锁豁儿的四个儿子组成四姓卫拉特云云，是不必以为信史的。书之为"四姓"或"都尔本"（"朵儿边"）可以，呼之为"卫拉特"则不得认为就是这里所说的斡亦剌惕。萨囊所述14世纪以前史事，多嫌附会。沈曾植于附会更以笺注附会，使人反而昏昏。

斡亦剌惕在14世纪初时所说的那个"过去"时代，是否属突厥种，这要看它的处境。

据史籍，斡亦剌惕最初兴起于谦河上游，位置在萨彦岭与唐麓岭之间的川野之上，即所谓八河绕流地区。"八河"被名为"色奇孜没涟"，这是个蒙古语、突厥语混称的词。八条河水的名称在西书中译音不一，有人曾经因此以为无法找到准确对音，就不能确信其为蒙古名。据我看，除个别者外，各河基本上都可以看作蒙语（大概也可作突厥音读）音读，并从河名的含义中约略捉摸各河的状况。至于各河是否都由斡亦剌惕所命名，则无从说起。与八河流域比邻的是小谦河、贴儿速河、乌斯河等流经地区，这里住有撼合纳、益兰州、乌斯等部，往北则是乞儿吉斯部。据考察，这些部落从人种学、语言学、社会学方面看，都有突厥系特征。史书说他们语言与畏吾儿同。由于不可避免的交往（不论战争、交换或其他方面），不用说，他们互相影响也影响及于四邻。斡亦剌惕人如何呢？宋人孟珙曾北游燕京，据他调查，白鞑靼颜貌清细，"父母死，则氂其面而哭"，并说其国由成吉思汗的公主管政事云云。这个记录，历来被人们认定是指汪古部而说的，其实，据我看，这恐怕也适用于斡亦剌惕。它不也被指为白鞑靼，并且斡亦剌惕的部主忽都合别乞，不也以成吉思汗女扯扯干为媳吗？而"氂面而哭"，正是突厥、回纥旧习，足见指斡亦剌惕为突厥系，尚非无文可稽。

但是，整个谦河流域（包括它的源头诸水）所居并不都属突厥种人。据史书及考古，那里也住有其他种人，各种部落都先后或交相活动于此，与这里的地理条件有极大关系。

　　谦河上游及八河地区，据地理学家考察，那是中西伯利亚南部的森林草原之岛。气候条件虽不免大陆性特点，然而水利多，又夹在两岭之间，既适于牧猎，也适于农田开发。由于它在地理坐标上是东西南北的交通要隘，因此不特交换发达，而且文化也很不凡。历代王朝统治者在这里设治，元统治者也曾在这里设置达鲁花赤。史书记载这里曾驻有包括蒙古、乃蛮、回纥等族驻军，也屯有很多汉人工匠及"匠户"。木华黎南征时的汉降人十余万被迁至漠北，其中很可能也迁到这里。人身北来，文化随之，而久住不迁，甚至与当地通婚的结果，其影响于人和受人影响是不可避免的。斡亦剌惕人杂居其间，其族的特点，恐怕也不会始终止于突厥吧。国外的考察家，米努辛斯克、乌丁斯克所发现的所谓"米努辛斯克文化"，不就提供了这些证据？而这里正是八河流域的附近。

四

　　斡亦剌惕部的形成，应当很早。冯承钧先生曾经以为它是 12 世纪以后出现于史籍的蒙古部落。出现于 12 世纪以后的史籍，不必就是它的历史实体的开始。据《元朝秘史》，斡亦剌惕一出场，就以成吉思汗的对立面而引人注目。详其情况，大概早就雄强于漠北了，史书不是说"土绵·斡亦剌惕"吗？"土绵"即"一万"的意义，引而言之，实际上表明了斡亦剌惕人之众多。因此，可以说，斡亦剌惕的形成及其历史，应当追溯到更早。

　　追溯斡亦剌惕远源，不能与他们所处的历史地理环境绝缘。勘查标明：北纬 52°以北，西自阿尔泰山，东至大兴安岭，基本上是一种台地。那里森林茂密，苍然成海，禽兽竞逐其中，生涯自为天地。狩猎其间的人类，至少从 13 世纪开始，历来就被称为"林木中百姓"。这个名称即到前清初期尚沿袭不变，康熙皇帝就循旧说名之为"树中人"。何秋涛也说尼布楚以北，西至金山，有"树中人"之称。"树中人""林木中百姓"云云，都是外地人一般的泛称，是概念的抽象化。它们内部包含哪些名号的部落集团，即使《元朝秘史》也略无所指，但是可以想见，不同的集团是存在的。据汉文史书，丁零与乞儿吉思就是其中最使人注目的。公元前，丁零与匈奴齐名，五、六世纪时被写作"铁勒"，"乞儿吉思"在公元前 3 世纪被写作"坚昆"，五、六世纪时作"契骨"，七、八世纪时作"黠嘎斯"，据说它"种杂丁零"。黠嘎斯内部有没有或有何等分支，不及检阅，唯当时说他们有三个别乞"共治其国"，并于唐贞观二十二年以后历次遣使与中原通好，似乎他们已分成三部。14 世纪时，波斯史家仍明确指出，"林木中人"地区，又出现了诸如不里亚惕、豁里秃马、巴儿浑、兀儿速惕、康合思、秃巴昔、兀良哈（林中的）等人。而在谦河上游诸水流域，出现了除乞儿吉思之外，如乌斯、撼合纳、益兰州等不同部族，斡亦剌惕亦为其中强大的一个。我设想，他们或者正是乞儿吉思人的演化。按照姓氏命名规律，如果"乞儿吉思"为姓的话，那么，斡亦剌惕等或者就是它的氏，而这个"氏"，一旦形成，就独立成姓。随着部众的增殖再分诸"氏"，这也就是蒙语名之为"牙孙"的传统法则吧！

假如承认上述的这个说法，那么，我想，斡亦剌惕一名也来自乞儿吉思。乞儿吉思至隋唐间，部族已称雄强，他们住牙青山，有部主，有号令；栅木为垣，聚帐成城；文字语言略同回纥；身高面白（一说"黄赤面"），有汉李陵后裔之讹传。由于其部长众称阿热，部落用以"阿热"为姓。阿热之前，乞儿吉思每为回纥所凌辱。至阿热出现，回纥已不能自逞。史书载，阿热与回纥抗争二十年。回纥势蹶，阿热称汗。乃迁帐于赌满山，这显然是一个南进的动向。"赌满"即"贪漫"，实在也就是元人所谓的唐麓岭现今的唐努山。他是否意在抗爱山的回纥牙帐，很可考察。从 9 世纪中（唐会昌时）开始，阿热氏每与唐王室交聘（《唐书》谓之"来贡"），唐武宗并要阿热"著宗正属籍"（可惜我们今天已看不到这个"宗谱"），直到 10 世纪中，契丹勃兴并建辽于北方，阿热部犹每南下聘问。《辽史》所谓黠戛斯与铁骊、回纥等交相"来贡"，"献鹰鹘"云云，恐怕指的就是阿热部。值得注意的是：阿热者，岂不是可以拟之为斡亦剌吗？"阿"读若"e"，与"斡亦"声近；"热"读若"r"，与"剌"音协。因此，可以说斡亦剌即"阿热"，这是同一名称在不同时代和不同史家的异写，亦如"坚昆""契骨""黠嘎斯"是乞儿吉思在不同时期和不同译音的异写一样。而审其活动于唐麓岭下，正也是谦河上游八河之地，二者亦合。设使此说可允，则斡亦剌惕历史源头，不但可以上溯一千余年，而且他的踪迹几乎不曾从史书中断过。既然他在 11 世纪时，已能凭独自的力量与辽人折冲，那么，铁木真马首西向，他敢于与草原各部（以扎剌儿部长扎木合为首）结成联盟，操弓抗击，不应当是不可以理解的吧？

春秋互换，斡亦剌惕人的历史一直在变动中。到 13 世纪，当大漠以北的草原部落和森林之民不舍旧习，争相掀起生死予夺的风尘时，斡亦剌惕似乎已分成了两个部分。一部分仍营狩猎，仍居于"林木中"，这就是"土绵·斡亦剌惕"；一部分则已兼营牧畜，居于"林木"与草原交界地带，这就是以忽都合别乞为部长的斡亦剌惕，"释迦院碑"的问世，更多少证明它早已在南迁。"林木中百姓"历来瞧不起草原牧民，这部分人居然趋向牧畜，这不能不说是迈出的一个重大步骤。按照恩格斯所说，那正是第一次社会大"分工"。所以当这部分斡亦剌惕人为成吉思汗军队做向导，去招降前一部分斡亦剌惕——"土绵·斡亦剌惕"并取得成功时，人们应当理解，那也正是草原部或畜牧经济向"树中人"或狩猎经济的"招降"吧！

史料证明，当斡亦剌惕首先是忽都合别乞长部的草原斡亦剌惕，以其本名出现于记录的时候，这个部已接近于儿族联盟了。剌施德说它自古以来就人口众多，并分为不少支派，而且都各具名称，然而他没有举出究竟是些什么名称。《蒙兀儿史记》说它包括五个部落，一阿里黑兀孙，一赛音惕，一阿富，一兀古儿真，一察罕。王充曾说，古代人既有"本姓"，又有"氏姓"。本姓以限婚姻，氏姓借表支派，这个说法其实与摩尔根的说法是一致的，它未必不适用于斡亦剌惕部人。无须疑问，斡亦剌是这个部族的"本姓"，是它的始祖，而其所属五部则或者是它的"氏姓"（当然也可以不是），正是这样的结构使之成为一族。什么是"族"？中国的古书认定，"族者凑也，聚也，……生相亲爱，死相哀痛。有会聚之道，故谓之族"。斡亦剌惕族不正是这样吗？

从并入成吉思汗的"兀鲁思"之时起，斡亦剌惕就是蒙古汗国右方的重要支柱。它亦步亦趋，唯汗国之命是从，忽都合别乞首先就与博尔济吉特氏的"黄金家族"结成了儿女姻戚。其后，随着成吉思汗马蹄踏处，汗国版图不断延伸，而斡亦剌惕人的身影也逐渐越出了原先的八河地区。不无兴趣的是，斡亦剌惕的趋向主要在西方。木华黎的蒙古南下骑兵有弘吉剌、亦乞烈恩、兀鲁兀、忙兀、扎剌亦儿、汪古惕，甚至有契丹、女真，却没有斡亦剌惕人。元朝建立，整个忽必烈一系专权的皇元帝国，亦没有斡亦剌惕人的声息。有人以为斡亦剌惕人也散布于内地，恐怕是千虑之失，《元史·列传》就是证明，那里没有任何一个斡亦剌惕人的专传。是不是有点奇怪？仔细想来，也还不是无因的。托雷一系与术赤、窝阔台乃至察哈台一系的对立，就是原因之一。

整个阿尔泰山左右以远广大地区（包括林木中百姓），都是术赤后人、窝阔台后人的封地。他们在那里建立了钦察与窝阔台汗国，原西辽版图则是察哈台汗国的势力范围。斡亦剌惕与这几个汗国都有婚姻关系，也都有利害关系。所以当上述双方在几十年中抗衡时，忽必烈们是不会指望斡亦剌惕的。不特如此，有迹象表明，他们反而宁愿使斡亦剌惕人告别故乡，而向西北远航，以缓和和林的不安因素。不是吗？13世纪中，旭烈兀西进波斯时，斡亦剌惕的女主即成吉思汗的公主扯扯干，就组织起斡亦剌惕军作为右翼，连同他们的家属随同出发。人们可以看到，察哈台汗国的哈敦正是斡亦剌惕人，她也正是当地斡亦剌惕人的后盾。伊儿汗国也有大量的斡亦剌惕人，在先，窝阔台并任一斡亦剌惕人为那里的断事官。剌施德报道，旭烈兀的三代后裔合替汗时，多达数万的斡亦剌惕人愤然举起反旗，在他们万户的带领下，毅然向西西里亚进军，成为当时的重大事件。

当然，斡亦剌惕人西迁，不止是军事原因，其中也有别的因素。例如他们不愿放弃牧业生涯；他们的语言风习与西面几个汗国的民族相近；从阿尔泰山麓经过天山北麓直达里海和伊朗地区，有适合放牧的辽阔草原；那里是忽必烈们鞭长莫及的地方等，这都是从积极方面说的。从消极方面说，自然界所加予的各种灾害，人口繁殖的促使及内部争执等，也都易于迫使他们走上征途。由于东方的民族习俗不同，那里也没有更多的良好牧场，也没有什么可依赖的强大力量如西方汗国那样，他们就只好本着牧人历史迁移规律，沿着历来游牧民从东而西的迁徙路线，如匈奴、吐谷浑、耶律大石等那样西向而走。后世的人们只在西方，例如今日的新疆地区、当年的察哈台汗国及窝阔台后人封地（如塔尔巴哈台、雅尔地区）看到斡亦剌惕人，绝不是偶然的。实践证明，西迁是可取的。那里的确为他们的生存与发展提供了必要的社会与物质条件，而尤其重要的是这种长距离的迁移，对于他们认识世界及改变内部制度方面起到了客观影响。

随着时间的推移，西方的斡亦剌惕终于壮大自己，而成为西北地区举足轻重的有生力量。到14世纪中，忽必烈一系的皇权被朱元璋取代，博尔济吉特家系从此一蹶不振，而西北诸王封地的势力却拥兵自雄。至正中，汝、颍"红巾"分路北上，大都城危在旦夕，窝阔台汗的七世孙阿鲁辉帖木儿，挥兵数十万直趋和林，遣使苛责忽必烈五世孙妥欢贴木儿（明人称之为顺帝）："祖宗以天下付汝，汝已失其大半。你把国玺给我，我自己来干。"他凭什么有这么大的口气？我看一凭窝阔台、术赤（包括察哈台）一系与托雷一系的宿怨，一凭各封地力量的拧结。在这里，斡亦剌惕的分量可以说是有矣也，这从1368年元亡之后的形势可以看出。在那里，瓦剌与鞑靼之间围绕汗位继承事所兴起的争衡，竟达百余年。终于始则打起"瓦剌可汗"的大纛，继则以"大元天顺可汗"的称号，君临蒙古。直到瓦剌的可汗也先于1456年死去，鞑靼"小王子"（妥欢贴木儿七世孙）统一漠南北之后始告终结。瓦剌的势力岂能算小？应当说，瓦剌与鞑靼的斗争，实际上是当初西北三汗国一系与忽必烈一系斗争的继续；是汗权"正统"与汗权"篡夺"，是坚持蒙古传统与反对这个传统斗争的继续；是"别部"对"本部"斗争的继续；是"在野"势力向当权势力斗争并取得胜利的继续。可惜后人对这种斗争还没作出足够的研究。

五

可以设想，在长达几百年与鞑靼忽必烈一系之争中，斡亦剌惕内部可能是有了变化的。首先，由于他们迁移西方以后所处的环境及经济文化的交往，可能不免感染突厥色彩（本来就有）。史家们考察证明：迁移到西方的蒙古人迅速地突厥化了，散居在伊尔汗国及察哈台汗国乃至钦察汗国的蒙古人，就已经突厥化了，斡亦剌惕即使不"化"，也难免不与"化"沾边。14世纪中，他们分成三部。三部部众如何，未便猜测，而三部的统治者，至少其名号马哈木、太平、把秃孛罗，就启人疑窦。太平或者可以是蒙古名，窝阔台的六世孙就名太平。马哈木则很像是突厥名，蒙古人名此者似无前例，而把秃孛罗则恐怕就有点蒙古、突厥语的混合了。"把秃"为蒙语"坚固""结实"，"孛罗"乃突厥语"钢"。在世界上族与族之间的同化并不罕见，重要的是探其渊源，如果（说的是如果）以"渠帅"姓名推定其族别又从而估计其部众，则斡亦剌惕（瓦剌）的三部渊源，似乎也有几个族的问题了。其次，事实上它内部的部落组成，确也有了变动。它曾经有过五个、三个部组成的时候，而在公元17世纪中，斡亦剌惕（卫拉特）又包括了四个分部（氏）。清人以为，它们原来都是元统治者驼、马、牛、羊四牧场的牧奴，元室不振，遂起而叛其主。此说无的据。正史不如此说。据清人史籍，四部部长各有渊源而又含混失考。

和硕特被认定为成吉思汗二弟哈布图哈萨尔的后裔。其后十七传而至博贝密尔咱乃称卫拉特汗。这个说法颇多疑漏。（1）也速该把阿秃儿妻诃额仑生四子。次即合撒儿，人称之为拙赤合撒儿或搠只合撒儿，无称哈布图哈萨尔者；（2）据《宗室世表》，拙赤合撒儿有子四十，知名者五人，传七世而绝，无传十七世者；（3）拙赤合撒儿小成吉思汗两岁，当生于 1164 年，卒年未详。以三十年为一世，十七世当为五百一十年。从其中年算起，已到了公元 1707 年，进入清代的康熙年间。卫拉特至清代康熙中即准噶尔被荡平之后始称号，焉有此理？（4）卫拉特一般均被看作斡亦剌惕、瓦剌的异写，则斡亦剌惕一名早已著于世录，何用拙赤合撒儿十七传？（5）拙赤合撒儿封藩辽西，不在西北。（6）拙赤合撒儿一系乃蒙元诸帝的宗室，号称"和硕"，其意云何？前人疑其冒姓，事出有因。然其究竟何所从出，无考。

杜尔伯特与准噶尔同姓绰罗斯。据说是元臣孛罕（一作孛汗）后裔。六传至也先，生子为二部祖。这个"孛罕"是谁？史竟阙文。不过，这个说法却不免使人想起古畏兀人那个"不古汗"。剌施德在谈到乃蛮时，说太阳汗和成吉思汗对抗之前，当地的首领是一个称作"不古汗"的人。说不古汗不光是一个伟大的令人尊敬的领袖人物，而且是一个使许多部落恋念的"君主"。乃蛮人被视为突厥系属，居于阿尔泰山东麓，与斡亦剌惕毗邻，不古汗之受斡亦剌惕钦仰应当必然。另，有汪古人居于阴山及贺兰山一线，亦如斡亦剌惕一样，被划入白鞑靼。史书说他们系出沙陀突厥，在塔尔巴哈台西南，始祖称"卜国"，元人文集又称之为"卜古"可罕或"普鞠可汗"，是回纥的首领，开初居于薛良格河流域，后乃迁移"北庭"。这里所说的"北庭"，专指别失八里（今准噶尔盆地东南沿一带）。这个介绍，极易使人联想到杜尔伯特和准噶尔的"孛罕"。"孛"与"不"、"孛"与"卜"声近，所谓"孛罕"当即"不古可汗"？

土尔扈特部据说其始祖是"翁罕"。翁罕何来？张尔田以为就是克烈部的王罕，《蒙古源流》作"克哩叶特之翁罕"。这么一说，土儿扈特原来竟是克烈一姓。克烈部当初亦居森林，为"林木中百姓"，后来南下而与汪古人接壤。它有较诸部为高的发展水平，王罕在各部中亦享有崇高的声望。克烈部与汪古、畏兀儿、乃蛮一起曾被剌施德归入"有君主的突厥系部落"。就这一方面说，指土尔扈特脱始于王罕，或亦可能，张氏所注未可厚非。但是，也还有另一个翁罕，这就是曾经参与成吉思汗十三翼之战的巴牙兀惕氏的翁罕。薛良格河的上游有九条源头，巴牙兀惕人就屯驻这里。这里的原野曾是一个"诺颜"的禁地（禹儿惕），有兀孩——客列术氏族的一个斡亦剌惕人为之守护。这个部落的左翼有千夫长，名叫翁古儿，成为孛罗忽万户的司膳官。后因中都破灭，金人逃走，成吉思汗使忽秃忽与翁古儿去收帑藏。翁古儿受贿，成吉思汗极为愤怒。这个翁古儿，《蒙兀儿史记》作"翁罕"。土尔扈特的翁罕是否即此人呢？史书谓土尔扈特人"姓不著"。如此翁罕，不欲引以为"著"，或亦有之。

　　这点考察当然远不足以云缜致。但是寻绎缀次，毕竟也还可以看出斡亦剌惕内部氏族的变迁。顾炎武说，"男子称氏，女子称姓。氏一再传而可变，姓千万年而不变"。揆之斡亦剌惕史事，顾氏所说的变与不变，信乎不假。各部氏族代有变动，但其为斡亦剌惕则始终不易。

　　考察一个族的渊源，具有重要的价值。本文只就姓氏等方面着笔，提供一点看法，然而认真索其幽隐，也还需要从社会制度、风俗习惯、族际交往等方面去别开蹊径，以证其真。我想这些方面是有游刃余地的。

准噶尔地纪行

告老未还乡，却闲里偷忙，被一个不曾料及的机缘所驱使，有幸到卫拉特的故地——今新疆天山北麓周行一匝。当然是匆匆地。

斡亦剌惕（卫拉特）的发祥地，历来是心向往之的。这自然不是在年轻时的心境里幻化那边的美妙风物，企望享受一点"烟云供养"。多半倒是萌芽于一种民族历史的情分，一种"乡土"的恋念。

被称作归化城土默特部及其所在的地方，记录载明：曾与斡亦剌惕部及它的领地有过为历史命运所撮合的关系。一方面，斡亦剌惕的先祖例如也先可汗，曾亲自观衅于土默特地面；另一方面，土默特的阿拉坦"索多"汗，也曾驰骋于斡亦剌惕的牧野。双方有兵马相向的时候，也有握手言欢的事例。两部与两地的交接中，斡亦剌惕地面可能不无土默特的族遗，而后者中之有前者的血胤，也未尝不可以设想。事实上，据记录：归化城地方在清康熙、雍正及乾隆时，确曾被清统治安插过斡亦剌惕（额鲁特）人众。特别可能引以同情的是，土默特人曾因维护自立而抗击满洲兵锋，终于战败而被剥夺主权，成为一种隶属；斡亦剌惕部从噶尔丹汗、阿睦尔撒纳汗以后，不也一样沦为别人的役属吗？魏源说，清人驱蒙古人驻屯新疆各地，有察哈尔而没有土默特。为什么？"同病相怜，同忧相救"，恐怕是他们"怀隐忧而历前"的关键所在。既然情同境同，那么，正如斡亦剌惕人或许愿意到土默特一游那样，一介土默特后人设想去斡亦剌惕故地见识领略，不必那么疑怪。但是，在新中国成立以前，真正得以成行的可能性是不存在的，那不仅现实的政治制度不允许，即自身也举步难前啊！

新中国成立，现实因而起了变化。1954年11月，不辞严寒，欣然首途新疆。这是一次艰苦的旅行，循着当地同志的指引，的确了解到不少前所未闻的有用资料。但是，极少有关斡亦剌惕的历史与非历史情况。三十余年过去了，自己的岗位与所事也变动随之。1979年5月，出于学术研究的实际需要，遂又触发了重去新疆的念头，然而有可能如愿以偿的两次机会，都怅怅地失之交臂。1981 年 8 月，中国蒙古史学会在乌鲁木齐举行第三次学术年会，同时，中国北方少数民族哲学及社会思想史学会也在该地召开成立大会。两个学会我都义不容辞，然而都因故未能出席。1982 年也是冰结风凉的时节，新疆召开当地的民族文学学术讨论会，特邀赴会，也因故未能成行，只致函及七律一首为歉。说来至今仍然抱憾无及。

今年（1986 年——编者注）5 月 17 日，由新疆师范大学和内蒙古师范大学联合发来请柬，说将在 8 月 10 日至 16 日，在新疆博尔塔拉蒙古自治州首府博乐城，由他们两所学校主持召开斡亦剌惕史学术讨论会，请我以特邀代表身份届时出席。叫去斡亦剌惕故地，这不是空谷足音吗？当然应命，借偿宿愿。填《归字谣》：

走！千里行程不怕苦。有道是，胜读十年书。

这也正是当时的意兴。

17 世纪时，江苏人徐弘祖，自号霞客，忘情宦途，遨游四方。他不辞偏隅，踪迹远及秦、晋、云、贵。对所见各地山水，刻意笔致，而与当地民族风情，亦每有涉猎。在"学而优则仕"的时代，他竟能如此放怀烟霞，老以殉身！钱牧斋说他是"千古奇人"，不胜叹服。曾经有人设问："张骞、甘英之历西域，通属国也；玄奘之游竺国，求梵典也；都实之至吐蕃西鄙，穷河源也。霞客果何所为？"是呀！徐霞客襆被三十余年，力避邪说，以考察自慰，究竟是为了什么？吴江人潘耒不无揣测地回答："夫唯无所为而为，故志专。志专，故行独。行独，故来去自如，无所不达意。造物者不欲使山川灵异，久秘不宣，故生斯人以揭露之耶？"

当然，霞客确是"游乎九州，独往独来"，自专其志，自遂其趣，他确是揭露了前人所不曾发现的很多地理迹象。至今，人们都异口同声地承认他的那部《游记》极具地理科学价值。这里应当强调的是霞客的笔锋，也触及了各地，首先是云、贵地区"土司"和当地几个民族的风貌，并且也抒发出自己的情怀。云南人唐泰赋诗："形影无偕狎老魅，语言叠转通诸蛮"，"鲲鹏见妒蛮夷骇"云云，正是指此而说的。执意报道"蛮夷"，当然未必是这位旅行家的初衷，但是，他在这些方面猎奇，从地理学的见地唤醒人们瞩目民族，也未始没有可以肯定的学术价值。他身历南北，又岂止山川灵异的揭示呢？

对于我的这次"西域"之行，是不是也可以发此一问："果何所为？"我不是徐霞客，当然不如潘耒所说，志在揭露当地山川"灵异"，而是一如前面所示，意在出席会议——斡亦剌惕史学讨论会，意在向与会诸同仁请教，意在向当地问学。就这点说，此行确有仿佛"穷河源""求梵典"的性质。

长久以来，我私自认定斡亦剌惕部人才是真正蒙古历史的中坚。当然，也曾有人否认它是蒙古族的一部分，说它实际上是说蒙古语的"芬人"云云。按西方的立论，"芬人"原来是匈奴西迁后留下的孑遗。这就将斡亦剌惕与匈奴的历史渊源浚之一通。我不愿就此一说多所置喙。但是，就我所已感觉到的迹象说，这至少不是后世斡亦剌惕人自己的说法。在文字记录（例如汉文记录）中也没有否认它是蒙古的部分，它与蒙古的历史瓜葛。

最初，斡亦剌惕出现在蒙古的西北方。正是他们开发了谦河流域，或者说创造了斡亦剌惕文化。他们的地理环境，使他们传统地隐现于浩瀚的林峦森谷，并在这里结成了他们的社会——林木社会，而与草原社会并列于蒙古高原及它的西北地区。成吉思汗兴起，他们服属蒙古，并协助其结束大漠以北的纷絮局面，显示了他们非凡的腕力。蒙古人在西北的三大分封汗国建成时，斡亦剌惕人凝聚自己的气力，构成了察哈尔汗国的中心支柱。在蒙哥时代，他们又以远征军右翼的雄姿，佐旭烈兀进出于中亚各地，缔造了另一个汗国，重新架起了沟通东西交往的桥梁。到了14世纪后半期，创建在中国的元王朝被朱家掀翻，末帝妥欢帖木儿从大都健德门北走以后，蒙古的"黄金氏族"已越来越被历史的浪潮冲击为岸下的泡沫，所谓"北元"的统继，已经没有什么能力予以维系了。而斡亦剌惕（瓦剌）人则起而代之孛儿只斤一系的法统，在战鼓声中树立了"瓦剌"汗国的大纛，并与左邻右毗的各王权峙立于东方世界。托欢之后，也先应当称得起是它的铁中铮铮者。也先（额森）其后，斡亦剌惕一度浸衰，但是，曾几何时，他们又统一各部，肇建起号为"准噶尔"的汗国，而与俄罗斯人、喀尔喀人折冲于青山碧水之间。噶尔丹、阿睦尔撒纳就是在族人中声望籍籍的不世之雄。一部《卫拉特法典》及完整的托式文字，他们珍藏起那么多的古时口头传承及文献资料，并继续创造自己新的历史与新的文明，反映了他们累积起来的文化高度；而不断地掀起反抗暴虐势力的坚韧斗争，则又标志着他们维护自己社会与民族尊严的节操。他们那种英迈的、坚毅的经历和不竭的追求精神，实在可以说是其他蒙古人未能望其项背的。我甚至敢说，如果蒙古族的历史到18世纪中期，尚有值得注目的话，那不在别处，恰恰正在斡亦剌惕——准噶尔部。《诗》云：

"高山仰止，景行行之。"斡亦剌惕在我的仰望中，的确有一种可敬服的形象，而因此也就不免迸发出企望再去看看、再去拜访的心萃。

但是，风云的变幻往往大有出人意料者在。斡亦剌惕人的成就，到了18世纪，竟然意外地遭到毁灭性的挫折。"数十万户中，先痘死者十之四；继窜入俄罗斯、哈萨克者十之二；卒歼于大兵（即满族军队——引者注）者十之三。除妇孺充赏外……此外数千里间无瓦剌（斡亦剌惕——引者注）一毡帐。"这是《圣武记》直言不讳的。为什么会如此轮替？有道是"从古不闻伤心史，曾是甘心自招来"。究其原因，不能不从前清政府对各族的"征服"政策中去寻找。远的无须追溯，即对斡亦剌惕的侵陵说，康熙时代的驱兵进剿，就已在追求"歼魁系孥"的目的，到乾隆时，那位被戴上"敷文奋武钦明孝慈"圣冠的皇帝，更以"叛"罪加诸斡亦剌惕头上，然后恣其兵锋，终至酿成上面所见的残局。马克思曾经指出："一次毁灭性的战争就能够使一个国家在几百年内人烟萧条，并且使它失去自己的全部文明。"斡亦剌惕所遭遇的不是一次，而是几次这样的"毁灭"。所以人们在清人的"艺术之宫"内，不期然可以看到这样的图景：当一个伟大的民族之光正在昏冥的月色中荧荧将熄的时候，一小撮衮冕们却正为自己的"武功"十全而在盛宴中捻髭狂醉。这种艺术的画面实在是历史画面中的写照。

然而，"残雪压枝犹有橘，冻雷惊笋欲抽芽"。斡亦剌惕的名号被绝笔于汉文史书，而它并没有因此终止自己的呼吸。他们不论如何继续被人揉搓，如何被人逼上坎坷的野径，人们始终能够发现斡亦剌惕人在垒垒冢墓间，到底还在继续其先代传统，继续其"人类自身的生产，即种的生产"。这实在是令人惊奇的事。屈灵钧曾经以困惑的心情提出百十多个问题，特别是历史人事问题，要"天"回答。他意有所指地问：为什么殷人既有了天下，反而被人所代替？时至今日，人们不妨也写篇《天问》：斡亦剌惕的中道殒坠是怎么来的？它为什么孕育着那样的牲牲之力，却又终于中道而沮了？如何看待他们自己以往身世的浮沉，如何利用他们自己的历史遗产与民族传统，又如何评定历来各国史家对他们的历史和历史人物的论述与考定？他们如何认识自己与蒙古，首先是和土默特部的关系？多少年来，他们又是如何艰难地经营自己的游牧生涯？假如人们把"天"比拟为客观存在的事物，包括斡亦剌惕人自己在内，那么，倾听一下斡亦剌惕人发自心底的声音，应当有助于斡亦剌惕史的公正的解释。那种像颜之推所讥笑的"闭门读书，师心自是"的态度，不过是依人抱胯而已。这次学术讨论会以斡亦剌惕的族源探究，它的社会制度与史料整理等为议题，十分切要，这正是"天"所应当回答的。但是切要的不光是议题，并且也在于开会的地点。

博乐城位置在博尔塔拉蒙古自治州的中心，是它的首府。自治州北界阿拉套山，南限科古琴山与博罗克努山，总面积七千余平方公里。这里被人称为"西来之异境，世外之灵壤"。最初，它在地理上的名称可能是无所谓的，乌孙时即称乌孙地，悦般时或者又称悦般地。"博尔塔拉"的语意可以译为"灰色原野"。如果这是蒙古语或突厥语，则这地名当肇始于回纥或察哈尔时期，约当公元 7 世纪或 13 世纪时。这里的自然资源从它的存在之始，大抵就与畜牧相伴随。乌孙与悦般都曾经是古"行国"的先声。远嫁乌孙王的王建女细君所唱"穹庐为室兮毡为墙，肉为食兮酪为浆"的歌词，就是倾诉这里的乡俗的。其后，历经乌护（回纥）、西辽及察哈尔汗国，风情都保持他们先代的传统。但是，博尔塔拉不仅是游牧民族的摇篮，它也曾经是东西方交通的冲要。匈奴、柔然及耶律大石西迁，应当经过这里；所基泰、萨尔马提人东移，也或者在这里留下过足迹。13 世纪时，成吉思汗进兵河中（今苏联的撒马尔罕），经此而过；耶律楚材随军西行，记其道里有《西游录》；全真教之丘处机奉成吉思汗诏旨，亦西访经此，撰有《西游记》；旭烈兀西征从此策马；刘郁出使伊儿汗国，循路而过，他的《西使记》载有行程；阿里不哥与忽必烈争雄，曾以此地为枢纽；察哈尔后裔及贵由汗子"归命"忽必烈，阿里不哥遣阿剌不花与之交锋所在博落脱儿；察哈尔重孙阿鲁忽与贵由汗子禾忽被阿里不哥所迫，西退而至游牧之地字劣彻里换扎孙及普剌城之间，都是今博尔塔拉与博乐城的异译。至于西方的柏朗、卡尔比尼、鲁布尔克、海屯王子等出使蒙古汗庭时，也都途经这里，并在他们各自的"行纪"或多或少地记述了这一地区的风土传闻，就更是早负盛名的了。14 世纪末，斡亦剌惕复振，势力影响波及这里。至准噶尔时，噶尔丹、策旺阿拉布坦、阿睦尔撒纳等更将他们的汗帐索性设在此地，号令盛行一方。乾隆进击阿睦尔撒纳时，也以此地为会师所在，其所谓"大营盘"云云，所指即在博乐。可以看出，博尔塔拉及博乐城与游牧人的关系，尤其与蒙古斡亦剌惕的历史是多么密切，与东西方文化交通的关系又是多么紧要。就是在今天，这里也还是斡亦剌惕人聚居区之一。历史圣地，令人神往。这次会议选择在这里，集斡亦剌惕史学者，尤其是蒙古族学者于此论学，岂不千载难逢？因此，借出席会议之机，印证文献所记，以行万里路而补读几卷书之不足，在当地听当地人的心声，看当地的风采，并向当地人表示思慕之情，正是此行之所以兴冲冲的所在。

但是，这次出行，并不如我事先的想象。按照收到的《通知》，8月4日从北京出发，在新疆逗留23天，当月27日原程返归，总计连往带回，相继24个日夜，闷闷然辞我而去。周匝行程不下三千余里，交通食宿开支多达800余元。未尝不可以说这是新中国成立以后困顿最重、花费最贵、印象最杂的一次赴会。

在24天的活动中，除用7日的时间逐逐于听取大会发言、小会讨论而外，1日在家休息，16个整天全疲于道路奔驰了。9月初，两大学就要开学，无暇继续会议，宾馆亦另有任务难于延期留住，与会者亦各有本职，未便滞驻，而要游览全境，就不能不邻邻速速，栉风沐雨了。时间既有限制，条件也欠周备，因此，驰骛之间，行色侻偬，风尘仆仆，沿途所经，多是匆匆一瞥而已，能谈得上什么对各地底蕴的洞悉？这较之霞客那样的从容步游，流连察访，实在无法同日而语。与我50年代那次旅行比较，也逊色不少。但是，不论如何，敷敷衍衍，脑海中总算增加了些微的印象，而因此也就增加了不少涉世的教训。这正是所以不惮走笔的诱因。

1986年8月30日夜

出席一种学术会议，当然不是什么苦费身心的大事。但是，"无困在于预备"，所以也还需要作些打点。行装已决定力求轻简，随身衣物而外，一切从略。

赴会乘飞机，8月4日下午2时起飞。这次远行不期而竟有伴侣二人，均是中国社会科学院民族研究所专研斡亦剌惕史及新疆史地的学者。

32年前，赴新疆考察时，也乘飞机。那是苏联人驾驭的较小型飞机，或者就是称作"伊尔"的型号？乘位只限二十余人。记得当年飞越六盘山至兰州一段上空时，上下升降疾变，升时，乘客无不窒气，降时，又无不恶心反胃。妇女体弱者人人惊惧。事隔这么多年，其风险印象，至今不灭。这次飞行，飞机不论升降与水平前进，都极平稳，这大大消减了我行前的不安心情。我们三人同坐中舱11排，承二位旅伴的照顾，我临窗而坐。舱内气温适中，亦颇恬静。几位空中小姐衣饰雅洁，意态娴好，服务不违民航规定。飞行一小时，免费供餐一顿（小盒米饭，肉几片，酸瓜一点，饮料一盏）。不能说华美，但是，差可充作"慰胃"性点心。即吟得一首：

半盘白粲一杯酒，三片烧鸡是珍馐。

咫尺案边权尝尝，轻簏不摇亦悠悠。

饭后，服务员收拾食余以去，并赠纸制折扇一把，标明"民航"，以为纪念。虽不精致，却适用。

飞机实际上在沿长城西飞。据报高度在万米以上。凭窗极目，纵横无碍。万里碧空，一尘不染。古人讲：不登高山，不知天之高也。高山比之飞行，又何足道？有时飞越云层，就立即看到霭霭白涛，翻滚机下，远者奇峰叠素，近者飞絮流绵，其诡谲变幻之状，绝不是地上笔墨所能写照，而人的胸襟，也顿觉与之壮阔起来。飞机穿出云峦，大地的山川风物与沙漠烟树又历历在目，蜿蜒地伸展在望眼的尽头。可惜没有图示，也不见机务人员报告，所以究竟飞临什么地方，一无所知。依据飞行的时间及地貌，大致可以判断所见地方。沙漠连垠，丘谷起伏，著名的腾格里沙漠、巴丹吉林沙漠是否即此，无法确指。因想汉以后，前凉、后凉、西凉、北凉及南凉等均建国于此，不知对此沙漠作何浩叹？北边极目处，似有水泓一片，不知是否即古居延泽？凌空而视，这一广漠之地似乎也很难说什么扼制所在。汉将路博德何以在这里筑起什么"遮虏障"而且横列张掖、酒泉二郡？这个"障"是否还在？倒想下去看看。

下午4时许，忽报飞机已临嘉峪关，这是长城的西端，一如山海关是它的东端，向来被视为"天下第一雄关"。已到了古人所谓"中外巨防"，乘客们争相引颈俯瞰，我亦侧面凝望。确是山峦起伏，回合如城。近酒泉西的绝岭上隐约矗立，当是"关"楼建筑，形势端的雄险。林则徐发戍新疆，过此有《出嘉峪关感赋》：

严关百尺界天西，万里征人驻马蹄。

飞阁遥连秦树直，缭垣斜压陇云低。

天山巉峭摩肩立，瀚海沧茫入望迷。

谁道崤函千古险，回看只见一丸泥。

这个人真了不起。吟诗只道山关形胜，而对自己的政治遭遇，倒无半点牢骚流露，这倒是足可感叹的。我亦有七律《过甘肃走廊》一首：

平生不解凌霄志，岂知随缘又登天。
身轻碧落空八极，心远红尘闲九边。
瀚海蒸蒸云海水，轮台漠漠烽台烟。
风掠雨洒一阵已，江山文藻有无间。

嘉峪关既过，河西走廊即被抛在后面，而巍巍祁连山脉更不及反顾了。

下午 5 时左右，飞机越过一脉山岭，已愈来愈降低它的高度，人们也愈来愈真切地看到鳞次栉比的房舍。那是市区。人们收拾行装，准备下机。很快即如人们所料，机身冉冉降落在乌鲁木齐机场。真是万幸，总算到了目的地。机轮贴地，一颗悬心也因而落实。三人相互招呼着，各提行李，随众鱼贯步出机舱。在舷梯上举目四望，空空荡荡，不见景色异样，唯扑面而来的是已经偏西的日头所倾泻的灼热，不禁一怔，"赤日炎炎似火烧"，贾季说"忧日可畏"，这虽隐喻人事，而就气象说，话亦写实。匆匆挤出机坪，即见万头攒动中，有"斡亦剌惕史学术会议"的标识高高举起，原来是本次会议筹备处的人员来迎接。我们立即挪步向前，终于聚拢在它的麾下。接站先生系新疆师范大学的职员，承他热情招呼，总算身有所归。他告诉这里今日气温是 33 摄氏度，啊哈，海拔千米以上地区，竟与北京气温不相上下，真不可想象。我随其他出席者簇簇地被拥上一辆面包汽车，直奔新疆师范大学招待所。所在乌鲁木齐的北端，亦为大学院内的一角。出乎意料的是，我竟被挤入一间与内蒙古来的名为乌勒济纳仁其人同在的二人房间，"问姓惊初见，称名忆旧容"，此人我过去曾认识。一阵寒暄之后，据他说，也是来出席本次会议的。傍晚时，又与会议主持人内蒙古师范大学历史系主任金峰教授相晤，当然免不了诚挚地道几声辛苦，感谢他们的邀请。

宿舍是新建的。院内杂草丛生，瓦砾狼藉，室内也谈不上什么设备。这没什么可怪，它本来就不是迎宾的旅馆。不论如何，总比战争年代舒服得多。这里因为不是营业单位，又届暑假，所以对客人的服务是一概谈不到的，一切自理。食堂另在一里之外，就食时，宿客自到会计处买饭票，遵时凭票自找座位即可，不必自带碗筷。

8 月 5 日，上午报到，填了会议规定的统计（登计）表。所携论文，亦交了会议办公室，随身包装从此又轻便多了。下午，会议办公室发了有关文件、规定及各位学者的论文。从 4 日晚到 8 日晨，在这里共住了 4 夜 3 日，房费每日每床 8 元，4 日共支 32 元。被请应邀，住房也出钱！这是始料未及的。

为什么要在这里闲住？据说是为了等待各地未来的学者。终日没事，吃饭而已，一日三餐，早晨稀饭、点心，午晚饭四菜一汤，每日交费 3 元，共支 9 元。

每日清晨，照样出去锻炼，绕空场轻跑三圈约一千多米。有《十六字令》：

> 跑，管甚神衰并耆老。身常健，心清节自高。

这一日，发觉报到的人已陆陆续续，楼房终于"塞满"了。应当特别记下的是，青海和硕特部代表，东北的伊克明安、杜尔伯特代表，内蒙古阿拉善、额济纳的代表也都来了。当然素昧平生，但是又有似曾相识之感。这些被从斡亦剌惕故地遣发四处的斡亦剌惕子裔们，不远几千里来此聚会，互通消息，这本身就给人以难忘印象。当然，他们中绝大多数并不从事学术研究。有感写七律《与会者》一首：

> 千里苍茫谁自春，万家争传一族尊。
> 不堪圣朝刀俎计，忍将国部骨肉分。
> 昏天黑地疑无路，清风好雨又有村。
> 而今兴会来八极，数典还多旧子孙。

这个"子孙"即瓦剌子裔。

居闲三日，拭目翻阅诸人论文，除间有零星史料及现实情况简介外，殊少学术灼见，大多仍在"雷池"限内彳亍，"惊倒邻墙，推倒胡床"的文章是不存在的，且有不免一失者。但是，能有人就此族抒发识见，投其一心，也应以千两视之。天朗气清，偶亦缓步出门是在晚饭之后。

乌鲁木齐城位置在天山北麓，乌鲁木齐河上。这条河水流经所在，今天已不易觉察。除在闹市桥头见有河渠，却是水浅流细之外，其他分支似乎多已成了潜流暗河。"乌鲁木齐"一词历来解释不一，一说是原为突厥语。《地名辞典》以为"争论"之义，维吾尔与准噶尔之间在此冲突相攻，故名。如依这个说法，则"乌鲁木齐"之名，最早不会出现于准噶尔部称雄以前即 10 世纪晚期，此说恐怕未必。另，突厥语称"谋取利益的人"为乌鲁木齐。西域向来善于经营商业，乌鲁木齐或者曾经是他们的中心所在，故因人事而名地。如这个说法可信，则"乌鲁木齐"的起始恐怕就已很早，至少当在 10 世纪左右。二说它原为蒙古语。《中国地图册》以为是"优美的牧场"云云。蒙古语称"吹鹿哨的人""制造奶皮子""稀酥奶油的人"，都有近似"乌鲁木齐"发音字。《中国地图册》所说不知所据。我想，蒙古人或斡亦刺惕在这里出现以前，应当就有这一地名，因此，蒙古语解释，未必反映历史真实。乌鲁木齐当然是历史古地，汉至北魏时为且弥地，隋时契苾居此，唐以后为回纥所占，蒙古时代为察哈台封域；斡亦刺惕崛起，和硕特部主驻此，固始汗南牧青海草原，准噶尔汗进占。乾隆攻灭准噶尔，始在乌鲁木齐河畔兴建城堡，长广不过三里。后来又在堡北扩建新城，周约五里，这大概算是这个城郭的雏形。随着人口的聚集，城圈渐有演为"市"的趋势。城北有鲤鱼山，中有红山。山上筑有寺宇，红墙赤楹，飞檐矗立，俗称"红庙子"，据说是本市的象征物。以前它被命名"迪化"，新中国成立后自治区建立，废迪化，改名乌鲁木齐。区域已经不全是旧观了。

　　三十多年前，我曾来过这里。那时所看到的市容，在记忆中已十分模糊。但是，那种冰天雪地，街道狭窄，屋宇简陋，旧迹宛然的印象，至今不减。三十年后如何？在想象中，它大概又有了新的风貌吧。

　　8 月 6 日，上午就便洗了一件衣服，找熟人请教当地的状况，或不遇，或与我一样初来，一切茫然。既不得要领，遂循着人家的轨迹，踱到就近店铺，花 4 角钱买一幅《乌鲁木齐市交通游览图》，图颇精细。就图所示，已见市区与原有印象有了出入。全市成一南北狭长格局，大致与一条称作"和平渠"的水道走势相同。但是究竟以何物为中轴，不明显，和平渠是否即乌鲁木齐河？不悉。然则何以不恢复原名？

　　下午，同所旅人纷纷结伴上街。我精力不济，乃按图漫步街心。绕行一圈后，总的感觉是北自红山，南至三甬碑，西自火车站，东至二道桥的范围内，可能是繁华的集中区。红山拔地而起，土石尽赤，顶上建筑亦近红色。一寺庙侧立老树苍绿中，岸然俯视人间，似乎也属胜地之一。一路所经，商铺栉比，公路设施如公园、旅店、剧场等错落其间。各汽车干线也都交绕在这一街轴之上。街道宽阔，区落整洁，林木成荫，花木葱郁。曾记清人纪昀戍此，有诗："半城高阜半城低，城内清泉尽向西。金井银床无处用，随心引取到花畦。"现在看来已成了过时话。但是"花畦"仍然不难瞥见。也曾信步走入红山商场、外贸大楼及几家店铺，货品充足，不输内地，琳琳琅琅，十分耀眼。大道两侧也多有摊贩买卖，倒也市声嚣嚣，颇不落寞。过往行人，往往摩肩擦背，大有熙熙攘攘之势。但服当地诸民族服饰的行人，却几乎不见。高楼大厦，互比高低，连绵接续，眼难望穿。在一些交汇之区或盛景地方，每有装饰性雕塑之类。尝见人民公园门口，或什么名称的交叉路口，专门开辟出一块并不广大的水域，中有丘阜林木，其间又塑造一对白马，一母一驹，素洁俊逸。母马仰头作企望状，驹马俯首饮水，二马偎依，神态栩栩，显现出一种和谐的、恬静的、极具人情气息的形象。它的工艺水平，我不敢妄作雌黄，而它所烘托的气氛，却不禁使我驻足凝视，并把自己也化入它所隐寓的环境之中。在经历了十年的"空前"，饱尝暴力所赐之后，能有一种安适的、平静的、遂愿的生活，该是"惊弓之鸟"们的久慕之情吧！有《马塑》绝句一首：

> 不向骄骁自成天，翻从闹市博恬闲。
> 俯仰原无随人意，良辰美景鸟喈喈。

但是，恕我直说，整个城市规划殊少自己的特点，不过是迹近内地格局的翻版。这里是个多民族的地区，首府应是民族地区的集中缩影。本来我设想，无论从建筑风格、街巷命名、标志牌识、饮食经营、衣物商品、花饰图案、公共设施，以及足可供人观瞻的方面，都能染有诸民族的色泽、格调、性格、风貌与气质，然而这个设想并没被证实。这较之三十多年前尚保有其特点的印象看，不免叹为逊色。所以绕行一匝后，所得这方面的感受，极其浮浅，而堪作纪念的、有用的物作亦不曾购得，这真有点"惆怅无因是殊色，恓惶终得嗤雷同"了。也试图究其原因，却终不可得。是各民族本来没有特色？是政策不许？是各族人民反对？是没有条件？能力？是？……也曾企望看到一些有关准噶尔部的遗地、遗迹与遗物、遗典，看一点曾被流寓在这里的历史人物的遗址等，但是，均问津无路，终于不得其门而入。所以夕阳斜照，也只好嗒然回步，仰屋自憾。有绝句《初访乌市》一首：

> 欲寻旧迹浑不得，新楼新衢竟纷然。
> 历览才半已尽兴，多从雷同阙般般。

八月的乌鲁木齐，正是"瓜果之乡"呈其优势的季节。国内外游客接踵而至。继南宁之后，第三届全国少数民族运动会也在这里举行。五十多个民族的选手们，连日纷至沓来，为此，街头店角，花花绿绿，多有关于它的招牌，及书有"欢迎""庆祝"等字样的大小不一的横幅标语。这当然也是一时的装点，并且不免显示了地主好客迎宾之意。随各地运动员而来的，据说尚有相应的号称"参观团"的人们，这是一些怎样并抱有如何的"参观"目的的构成，无足挂齿。人既辐辏，天也发热，所以据说运动会的闭幕式，也一时称盛。我们的会议办公室亦曾约十几个人前去赶凑热闹，而被邀者无不欣欣然奔竞而去，我只恹恹然恬退以坐，正所谓"红尘闹热白云冷"也。当然，我恭祝这次大会成功。

8月7日，依然仁足企待赴博市，除一朝一晚应酬前来访者外，无所事事。同室者终日碌碌于市肆，归宿甚晚，实在也无从剪烛西窗。白日太热，出门多所怯步，晚饭后，向办公室结算三日伙食账，明日将离此西行，去博尔塔拉目的地。事毕，照例独步林荫道旁，缓步当车，倒也得以自赏。有律句《缓步》一首：

> 鹅步逍遥夕阳天，掌中翻玩健身圈。
> 未能免俗观嚣市，不得要领数长街。
> 苍松渐老惊风雨，丹鹤权时怅云烟。
> 星斗仰止依旧是，雪鸿指爪路八千。

8月8日拂晓，人们遵命起身盥洗，先后集合在大楼下，翘足候车。晨光熹微中，意外地发现各人所携装囊，无不彭彭然"于囊于橐"，这不禁使我大为惊疑，干吗？出席学术会议还需这样吗？也许人家是以有关书籍、资料及文稿随身吧。如此一想，翻觉自己的简束相形见绌。

八时，车一大一小终于来到。年老者被挤入小车，我是率先被拥入的。余外的旅行家们则拥上大车。人多车少，而东道主又乘机挟其私匿数人"先入为主"，占了整整的一排座位。这不免激起了客人先生们的辞色了，于是纷纷抗议，居然有了"夺席之争"。结果，当然是"私匿"们败诉下车，"戴凭"们胜券在握，夺席而坐。诸位坐定，汽车发轫，很快即背着阳光，驶出市区，首途西征。有小诗《西行启程》二首。

> 听说博乐去，欣然便束装。
> 有暑岂嫌酷，无风翻觉爽。

> 笑语都兴致，携助互沾光。
> 矍铄安敢老，千里试一闯。
>
> 晨舞何须待荒鸡，玄奘与今行更西。
> 携得行囊先捷足，凉露璀璀草萋萋。

也是兴高采烈的。

一路顺风，道途坦荡，车亦平稳。路边林木葱翠，禾稼苗苗，正如车内乘客一样，洋溢着一派生气。

岂料好景不长，车行郊外不及十里，一车忽然戛焉抛锚，原来这段路面正在翻修，交驶不便，往来车辆又失常规，于是一辆农民所驾拖拉机在慌忽中不免唐突了一下。车既被撞，事故顿成，司机遂借口不行了。大家只好喃喃晦气，下车等待处理。照例这不是立时能见结果的，人们被迫站在灼热的阳光下，"分享"过往车马掀起阵阵黄尘的"无偿款待"。道旁有一小屋，似是一茶栈，进屋确见地上堆了不少西瓜。人们兴之所至，于是三三五五，接踵而入屋吃瓜。宛如屈原所唱的"众皆竞进以贪婪兮"。价格便宜，约10斤重的瓜只收3毛钱。屋主为中年人，四川口音，据说父女二人来此时间不长，为什么离乡，不详。屋子也是新建，新近落脚，不过是在过往行人中卖点茶饭，谋点蝇头小利，实在也没有长远打算。生意不旺，而地税却不少收，日子并不好过云云。看来人倒是规矩、朴实的，人们在屋内围着瓜堆或立或蹲地吞咽各自所得，其当仁不让的形态似乎很应了韩愈的诗句："娄酣大肚遭一饱，饥肠彻死无由鸣。"这个景象不知是否有人摄入镜头？我因忌吃不洁物，又不愿给人以"满堂饮酒，独一人向隅"的印象，遂默默偷身出屋，借树荫伫立。四野眺望，只见川荒石乱，田禾不治，那种萧索的样子，明示久旱不雨。近处虽有浑水一渠，却不知流向何处。我的同路人中，一些年轻好事者又相引奔走于瓜田李下，及时寻乐。真可谓"放浪形骸之外"了。不知怎的，我忽然联想到宋人的一阕《南柯子》："十里青山远，潮平路带沙；数声啼鸟怨年华。又是凄凉时候在天涯。"也许眼前景物略有所似吧！我自己不也在"天涯"吗？

走出屋门的不只我一人。后来一些相识和不相熟的先生也相继来到孤树荫下、断垣近边。因为多年不见，彼此不免互道暌违，他们也谈一些奇闻怪事，学界的憾争的确令人难解。马克思说，不学无术是一种悲剧，但是从人们的谈吐中看来，这种悲剧依然在一些人中排演。有人混迹学界，盗名欺世、胸无点墨，却"教授"是膺；俗不可耐，却强作解人；道貌岸然者往往蝇营狗苟；坐井观天者每每师心自用。至于结纳同类、辄立门户，闹"石渠分争、党同伐异"的故事者，亦不乏例举。不意在社会主义社会中，在堂堂学坛上，在同志之间，竟出现这一类"怪石供"，而且久久不衰！这里似乎有个人的品质成分，也有体制缺陷，足见改革一途，是非走不可的了。

"车来了"，一声呼唤，吃瓜的人们一面抹净嘴角，一面蜂拥而出。我们在道旁无聊的嗟叹者们，也应声进入车厢。一阵忙乱，忽然发现一位"浪迹"者不知去向。大家只好克服焦急，屏营恭候。移时，他来了，笑吟吟的。人既齐位，于是又驱车出发。离开这段烂路，前途又平坦了。车外风物飞驰，车内情绪盎然。乘客们以自己的交谈伴奏车轮的滚动。"昔我往矣，杨柳依依。"目力所及，沿途气象又复可观了，有绝句《路见》一首：

> 康庄一路又飞骋，旷地高天足清平。
> 风光最解征人意，萧森翻然作婷婷。

去心如归，几个小时的困顿似乎已经全忘了，很快即抵昌吉。

从乌鲁木齐到昌吉约 37 公里。昌吉原来也是斡亦剌惕地。乾隆破准噶尔后，为巩固他的战果，筑起宁边城，嗣改昌吉，大概因昌吉河而名。昌吉或者是蒙古语的音译，义为"悬崖绝壁"，大概水源于峻岭，因此得名。我们经过这里，没有停留，所以这个城究竟是什么样子，有什么古迹，都未能窥得。据说这里出煤炭，过去开掘矿穴，每有火焰伴出。今时如何？

从这里再往西行 39 公里，即到呼图壁。呼图壁当即 13 世纪时的古塔巴，为蒙古察哈台汗国地。斡亦剌惕兴起，迁准噶尔呼剌玛部牧地。准噶尔被灭，清人曾经在这里建起景化城。"景"字当拟清政府，"化"字即意示对斡亦剌惕的对策。纪晓岚曾流放于此。据他说，这里经常出没鬼怪，他的《笔记》录有事例。"呼图壁"一词就是"鬼怪"之义。这里早年颇产黄金。青海的回民多有来此从事耕牧的。

由此西行 47 公里，至玛纳斯。玛纳斯大概因河得名。"玛纳"当是蒙语，义为"雾"，可能河域多雾得名。斡亦剌惕被灭，乾隆在此筑绥来城。"绥来"当然是指未服或已服的被征服者说的。早先绥来城有南、北、中三城，为绥宁、靖边、康吉。光绪初始并称一。在清末，这里几次掀起战乱，但也曾经是一方繁富的阜地。牧于焉耆的土尔扈特人，每年都来此售马。现在"绥来"一名已经抹去，仍称"玛纳斯"。呼图壁及玛纳斯均一驶而过，未得瞻仰。

又西行 16 公里，直抵石河子。从昌吉以来，这一段路很可称意。车行安稳，满目苍翠。同车的歌瘾们喉管发痒，竟小声唱和起来，可惜杂而无方，终不及钟磬之锵铉。

车至石河子停驶，请大家略作休息。石河或者是清水河的俗称？清水河内，旧称产碧玉，有大至数十斤重的。这里曾经有城墉旧址，《西域水道记》以为"阳巴勒噶逊"。阳巴勒噶逊即蒙古语的"城堡"。13 世纪中，小亚美尼亚国王海屯东来谒见蒙古可汗蒙哥时，曾经路过这里，在他的《行纪》中，名之为"仰吉巴里克"（蒙古语为"好看的城堡"）。所以它也是对东西交通有过贡献的所在。这里距乌鲁木齐 150 公里。该打尖了。

既云"打尖"，人们不约而同地争先离座下车。路侧场地又有瓜摊。于是过往行人又能在稀小树荫下，断乱石阶边，发现学者们一簇簇、一摊摊地捧瓜啃吃，那种形状及吧嗒之声，足可以称颂。记得孟子曾说，陈仲子三日不食，耳无闻、目无见。井上有李，螬食实者过多矣。匍匐往，将食之，然后耳有闻、目有见。这里的"陈仲子"，所食当然不是螬吃过的李子，但是形象好似也是"三日不食"的样子。我自己不屑，不敢效尤，怕泻肚。不过人皆豪吞，我独冷眼，似乎也不凑趣。左顾右盼，一家餐馆跃然肆在路边，遂旋踵入内，设备简朴，整洁清静。承主人招呼，坐在一桌旁，要一瓶当地产的啤酒，自斟自饮，倒也清凉。主人为我结账后即有事出去，堂内一时无客，又不免扫兴，不过这路程倒是惬意的。有五律《小憩》记之：

> 联袂三百里，驱车逐景飞。
>
> 高歌增闲兴，软语免余悲。
>
> 瓜摊人簇簇，酒案我绥绥。
>
> 吩咐山杜鹃，莫唱不如归。

从小馆出来，碰上一位旧识，他也是不吃烂物的，自带糇粮，十分方便。据他说，"石河子事件"即在这里演出。我始终没有弄清他说的是哪个"事件"。传说石河子已不是昔日的光景，新中国成立后的历年建设，终使它享有"小上海"的盛誉，足见其繁荣的程度。另说，上海青年男女来此"支边"

落户的很多，或者因此而膺"上海"称号？不得而知。但是，它不是本次旅行的重点，人们无缘探访，我自己也没有不胜翘企的动机。

约摸一个时辰，车又开始启动。从此西行 35 公里，抵沙湾子。此地民国初年始设县，据说境内有盐池。旧时，蒙古人取之以运往阿尔泰等地。最早尚有蒙古帐落，今日如何？只可以想见。

又西行 66 公里，至奎屯市。"奎屯"一词，审其声韵，明显是蒙古语，义为"寒冷"，这当然是指气候而言。我们在车内，又一晃而过，所以也没有甚感受。行 15 公里，随即又达乌苏，时间已过了中午。会议办公室决定在这里午休，吃一餐午饭。奎屯旧为驿所，现为市，当属乌苏辖。这一带的水流分支不一，按水色或水质，分别有乌兰乌苏、察罕乌苏、喀喇乌苏等。"乌苏"一名或即因水而得名。

乌苏在汉时为乌孙地，岂"乌孙"即"乌苏"的音讹？斡亦剌惕张帜，地为奄有。先是布尔古特的台吉尼玛驻牧，后为阿睦尔撒纳所据。准噶尔破败，地又变色，划为土尔扈特东部二旗，自成一盟。民国初，该部王爷帖勒塔尚留学日本。久居北京，兼通日语、汉语与蒙古语。几处佛寺如察罕乌苏新寺、承化寺等多著名一时。光绪时，这里建厅，民国改县。全境地沃水饶，耕牧咸宜。前人游者，曾说盛产柳花茶，奎屯所产最佳，但量不甚多。据云柳花丛生在老柳树上，入夏开花，尖瓣重叠，花色青绿，与柳叶相似，味清香而略苦，瀹以清水，可当茶喝，名为"柳花茶"。花愈小愈珍。细品起来，不逊龙井。乾隆至光绪时，还曾有人以之入贡朝廷云云，这当然只能是姑妄听之。清时，内地士子被流放于此者，大有人在。他们本来有饮茶习惯，但是这里向不产茶，于是以所谓"柳花"代茶，权以自遣与慰人，所以实在也是造言者引以自嘲的说法。有绝句《柳花》一首：

> 行国从来资乳酪，不知柳花亦香茗；
> 谁将自嘲作风雅，尽是游宦带罪人。

但是，也曾试图寻找"柳花"，只是已届孟秋，恐非其时，难于觅得。

乌苏是四通之地。乌鲁木齐至伊宁，阿克苏到克拉玛依，都交汇于此，可谓通衢。会议办公室早在一星期前，就向这里的招待所接洽，我们的乘车一到，招待所即已安排了休息室及饭菜。饭不坏，价 2 元，颇实惠。饭后我被塞入三铺位的房间，只假寐一时即出门访察，一无所得。我想墨子和杨朱观点各不相能，却都在这"衢"口痛哭而返，可能也是无所适从、一无所得吧！

下午3时许，又出发西行。道路仍为沥青铺面，可称平滑。车内香烟缕缕，空气已有点沉重了。车越开越快，乘客也越来越疲，人们的闲谈已为冷落所代替。"更行更远还行。"车声之外，万籁俱寂，举目四望，景物渐成灰色。为什么同样的天地而万象竟致有殊呢？我想起了早年的战争，首先是征准噶尔的战争。因此不免低吟《乌苏》一首：

> 渐行渐远渐荒疏，高山流水有似无；
> 若非钦明刀兵恶，此地当现耕牧图。

民国以后，战乱依然，被毁加多，已二百余年了，而战争、荒乱迄无宁时。新中国成立后，百废待举，一时不能及此，茫茫的原野，尽是衰草丘石，毫不可怪。因为不怪，人们不免眼波沉沉。我写道：

> 传言西疆宜采风，兴味萧然路重重。
> 千里颠簸心欲碎，终日轳辘耳已聋。
> 鸿胪满座频顿首，宰予一枕双曲肱。
> 强将望羊凭惺眼，天光日色迓昏昏。（《车中小寐》）

人们吃饱喝乏，无所用心，瞌睡十分自然。我身边一位也是年岁欠轻的座主，一路总是"困酣松眼，欲开还闭"。别的旅伴也大致一例三部曲：始则睡眼蒙眬，继则东倒西歪，终则鼾声迭起。宋人陈与义有"不奈长安小车得，睡乡深处作奔雷"的诗句，很可称用于此。一笑。我虽然也间有瞌睡，但是，始终不曾入睡，这大概要归于自己平时身体锻炼的效应，也许还要归因脑海的不暇。很多事情、回忆、想象、感慨总是不断地萦绕，接连地袭来，欲罢不能。心有专注，神不二驰，睡魅其奈我何？

汽车西向疾驶，司机先生十分辛苦。他是汽车公司的还是学校的，不曾动问，反正乘客支费15元（车票价）。随着车轮的滚动，离乌鲁木齐越来越远了，而距精河越来越近了。从乌苏西行98公里抵建设兵团91团农场，又西行60公里而抵精河。

精河旧时亦作"晶河"。此河名亦似蒙古语，义为"冷"。源出南山四乌图津，这样看来应当作"津河"。《西域水道记》说，准噶尔语"精"与汉语的"蒸"同，精河即"蒸河"，谓其河滨沙石，燥热如云蒸云云。蒙古语"精"，固然不无"蒸热"的含义，但是它也有"寒气"这种含义。据此，则精河实在也有"寒凉之河"的微义吧！徐松所谓，尚难确认。精河南北流向，源于南山。长二百余里，北入艾比湖。我们经河桥而过，见有河水，并不汹涌。精河亦为古乌孙地，后为蒙古察哈台汗国所属。14世纪时，斡亦剌惕鄂奄有之，嗣相继为噶尔丹、阿睦尔撒纳所领有。阿启、满人据之。初设安阜城，继建丰润堡，终置精河直录厅。民国改为县治。地瘠沙多。旧土尔扈特部曾游牧于此，称"精"或"晶"土尔扈特。穹庐毳幕，踪迹不绝。清人又在这里屯驻察哈尔旗兵，土部牧地亦不能自专。现为博尔塔拉蒙古自治州属。

进入自治州境，当距博乐不会太远，人们刮目外望。据我看，精河境内景物并不足色。地势倒还平垠，但是并不那么肥美。除远处（当是兵团所植）一匝葱郁而外，目力所至，均是草木稀疏，砂砾裸露。初秋时节，当是景观夸美的时候，而呈现在眼前的却触目枯黄，蔫弱不振，临风摇曳，似在残喘。犹不见畜群，也不闻鸟鸣。唐人李华渲染古战场说："浩浩乎，平沙无垠，复不见人。断蓬枯草，凛若霜辰，鸟飞不下，兽铤亡隙。"我几乎怀疑他说的就是这里。乾隆杀准噶尔的战场不就包括这里吗？从那以后，这里恐怕很少经营，植被被损，牧落迁徙，所谓胜地云云，徒具虚誉而已。现在虽然出现了建设兵团，自治州政府也在百计经始，终究一时难改当年战争所致的残伤。但是，据说精河的西瓜之大，允为全疆之冠，而且保藏时间最久。这里也曾经是产盐的胜地，晶莹雪白，绝无杂味，都出自境内各湖。现在如何？汽车穿路而驶，不及停歇，致未能请教当地。

过精河县不久，天气真的忽然反常。弥天黄尘，横空而至。立时，四野昏黑，气温骤降。那滚滚的尘雾，随狂风的吹逼，由远而近地从我们的车前飞速掠过，煞是吓人。幸亏人们及时把车窗关合，否则难免"以皓皓之白而蒙世俗之尘埃"了。风尘刚过，蚕豆大的雨点又迎面袭来，车篷及玻璃立即砰嘣作响，随即"屋漏"不止了。虽然还没有"床头屋漏无干处"，但是，人们的行李堆放处及几位座主的衣帽，已经不免"沾溉时雨足"了。路越来越不平，车也颠簸更甚了。面临这种际会，人们的情绪随之不安。有怨天的，有尤人的，有自叹的，也有互勉的。车中的雨水愈积愈多，差不多每人的脚下都踩着一层瀸湿。风过尘散，雨声依渐渐沥沥，而日头已经进入禹谷了。"快到了吧？"看来人们也着实不耐了。我自己虽然也切望立即到达，但是也只能无奈，依然强打精神，矍矍然侧身临窗窥望，摄取每一个可新双目的景象。有律句《精河风霾》一首，专记这一段行程：

长桥一过路失规，已散愁云翻成堆。
车中闷福人不奈，座上艰辛我欲颓。
昏天黑地惊沙急，摧枯拉朽苦风威。
更堪衣单逢雨漏，心冷神伤兴也飞。

从精河行车 67 公里西至石台。时已昏晚，人们悉心有待，已不暇顾及这里的暮色了。石台是此行的歇脚点。西行至此再行五里，即转而北走。北驶 28 公里即达博乐城。这一程很觉紧张。车内寂寂，车外淅沥。晚 12 时 30 分，向导宣布目的地到达，人们精神为之一振。拭窗注目，似亦不类空旷。"悄悄复悄悄，城隅隐林杪"，欣喜之间，顿然想起了白居易的这句诗语。

很快在林木夹道中即驶入州委招待所。车身既停，人们立即于昏暗中匆匆地各自收拾自己的行装，拖着疲累的身子涌入大楼的前庭，而夜雨潇潇，仍无歇意。移时，我被安置在一个单间（216 房号）。麻袋一撂，即开浴室拟先洗洗尘垢，然而已有人在内沐浴。怎么回事？原来是一位非住户私行入内（当然是串通所内公务员）。只好静候。久之，这位浴者始披着浴巾出浴，扬长而去。等到我洗刷澡盆，放水入沐时，已是冰凉彻骨，不敢沾光了。浴既不成，只好等待催饭。久候不置。据说早已过时了。结果是众人酒足饭饱，我却只能枵腹自叹，说什么好呢？"心之忧矣，自诒伊戚"，谁让你有此一行。颓颓然登床觅睡吧！然而竟百感交集，辗转不寐。我回思这一路所见，深疑此次会议在极大的程度上，似乎只是旅游伪饰或变种而已。无论从此行的成员、他（她）们累累的衣箱包裹，绝口不谈学术，按官衔分房，或者从组织者的办事倾向看，几乎无不令人困惑，乃浩叹曰：

仆仆醉翁欲何求，借光学坛作优游。
可怜毫勤谁顾得，徒令委身伴去留。（《嘲旅》）

9 日休息。早饭后，会议秘书通告大家向宾馆办理食宿手续，并且公布了会议作息时间的安排，住房每日 2 元，先交 10 日共 20 元；饭票每日交 1 元（余由会议补贴），先买 9～10 日的共 9 元。

既不开会，即利用时间洗换衣服及洗洗头发，整理沿途记录。此外，也出去踏察一下住地。我们住的是一座三层楼房，楼下有厅，厅通食堂，面积中等（约300余平方米）。食堂顶上（二层楼）是礼堂，食堂与礼堂两边有双层小会议室，宿舍就在餐厅的两侧及上层，均列在正面。看起来，所有这些均联成一个建筑，并用不大的院墙围住。但是，这个所在究竟位于全城的哪个方位，始终没有辨明。

我们借住的这个宾馆，只是机关招待所的性质，远不是自治州属最大型、最高级、最被重视的宾馆。来客是较一般的住宿者及一般会议的出席者。即使如此，我想象应当具有它的民族特点，但是它并不曾显示出这种特点。据说馆中的服务员中，倒有些是蒙古族青年，能用蒙古语接待来客，是否有别族如维吾尔、哈萨克等族？不悉。至于汉族出身者当然所在多有。

明日就要举行会议的正式开幕典礼，这是一次具有历史意义的学术会议。蒙古人聚会在一起，专门探讨斡亦剌惕问题，这应当是首届。如果人们能够设想，二百余年来，不但在国内不曾有人专门全面地而不是片面地、公正地而不是偏见地、如实地而不是歪曲地、历史地而不是反其道而行之地深入探讨斡亦剌惕历史问题，甚至连"斡亦剌惕"这一名称也被湮没这种状况，那就不难理解这次会议可能发生的影响。每一位参加会议的同志都应当发挥自己的作用，都应当要求自己严肃认真作出贡献，都应当保证这次会议的质量，都应当从会议的学术性中获得启发，引出教训。在这里，那些自认与被认为的斡亦剌惕子孙们的作用尤其具有特殊意义。我自己并不熟谙本次会议所定的议题，因此只抱学习、考察态度。但是，除了提供论文以充引玉之砖外，自己还应起什么作用，对今后的研究应有如何的建议？也应采取积极态度，尝试着作些考虑。也许，这些想法将被证明是多余可笑的。有律句《祝会》一首，以记当时想法：

兰台消息归雁传，不眷南云度阳关。
探颐相借攻错石，疑义互抛引玉砖。
二百年前惊宿怨，八千里外祝新欢。
济济一堂夸盛举，莫将经营作空谈。

8月10日，原定上午9时开会，会场就设在食堂上面二层楼的大礼堂。台前上空正中悬挂"卫拉特史学术讨论会"的红色横幅。出席的正式代表92

人，列席代表亦有几十人，其中有教学、研究人员，有的是一般行政人员，有的则据说是各地编修志书、出版部门、党政民族统一战线机构的官员。可以说十分杂驳，真的应了古人所说："有形者，有形形者；有色者，有色色者。"

这次会议就涉及的地理分布、民族源流与出席的人员等方面说，本来应当是国内唯一的、首次的大型会议，因此，会中有人提出，为什么不写"中国斡亦剌惕史学术讨论会"这样的问题。对此，会议主持人金峰教授作如下解释：事前，也曾如此考虑过，但是，一加"中国"二字，在规章上就成了全国性会议，而开这个规模的会，就必须国务院批准，那就很费周折，并且肯定是开不成，至少是现在开不成。你要强开，就是非法的，等等。又说：不加"中国"二字，在程序上就简便多了。只要主办单位申请上级批准，所在地方权力机关同意即可开会。这次会议即这么办的。原来如此！

时间已到，会场内也"济济有众"，座无虚席了。我自己整齐衣冠，庆幸准时开会，然而竟近至 10 时左右才算开始。人们不免啧有烦言。怎么回事？原来据说是专等几位首长！

等待的首长们终于光临了。主事者率先拍掌，人们遂也噼噼啪啪以为响应。首长从而阖堂的人们坐定之后，一位司仪者又宣布主席团人选。当然照例，本地的党政首长、大学的教授以及……都是入选的。出人意料的是，不才如我者竟也被附骥唱名！岂不咄咄！无法谔谔，只好赧赧然登台以主席团成员自"居"。但是自觉不屑，也只堪冷冷地坐在首长们的背后应景。

一切就绪，终于宣布"现在开会"。首先郑重其事地朗读会议议程，随即依次敦请在座的官长讲话。开头是客来首长，接手是地方党政领导人。他们所讲大旨都在支持、鼓励这次会议，认为这次行动是斡亦剌惕学术史上的创举。情意热切，令人感兴。以下则据说是中国史学会主席、两个大学领导人等。他们的尊姓大名本来已报，只是愧不切记了。我们聆听教诲之后，这个开幕式就在人们一阵应景式的拍手中，离开座次，一哄而散。有专吟会场的绝句《掌声》一首：

> 陈套依稀旧调来，学坛疑似官衙台。
> 阖望掌声轮番起，未知所以第几回。

长久以来，有关舆论界迭次呼吁，不要把学术会议开得"官"气十足，致喧宾夺主，"官长"风采，而学者神沮，这其实也是认真治学的学者们一向的希望。而这次会议的揭幕式却似乎不此之图，在现象上未能免俗。下一个节目是等待吃中午饭。这倒真是一个意外的会啊！

中午，其实是一个颇具规模的宴会。这当然不是"享以训共俭，宴以示慈惠"那层古意，而是别有所尊的吧。但究竟是地方上请客，还是会议主持人请地方首长的客，没有听清楚。总之，佳肴美酒，通陈大厅。

下午，学术讨论会欢然开始。对此，我曾抱有至望，即席有绝句《希望》一首：

> 东南联袂西北来，文章议论听剪裁；
> 稷下风华今胜昔，宜从平台见高台。

我真的热望从会议中从学术上汲取教益。

这是一次由全体人员出席的大会，仍然在开幕式的那个大厅内。主席们就台上落座后，首先让我发言。何意？不详。本来我没有准备发言，事先也曾向会议领导表示了此意，实在不同意，也只请求在别人发言以后。但是仍然执意要我先说，"您率先发言最适合"。恭敬不如从命，只好照办。

出于对会议的尊重，我曾事先撰写了论文，并在乌鲁木齐时送交会议秘书处。来此之后，此文已人手一册，因此，无需在大会上重作复述，我只就这次会议的必要性，及以往一些学者对斡亦剌惕史事的某种见识说一点看法。在大家的怂恿声中，我斗胆登台。首先，我表达了拥护这次会议及会议所定议题的意向；其次，表示能在这里向大家学习，会见这么多来自各地的斡亦剌惕人与斡亦剌惕史研究者，十分高兴；再次，我说到过去对斡亦剌惕史的研究有成就有成绩，但是，也不免还需商榷的方面。我强调说：（1）从学术角度说，对斡亦剌惕的研究，要不要实事求是？是从真，还是从伪？是直笔，还是谲笔？（2）能否把历史上的客观问题硬牵强于当前的主观需要？或者说，适应眼下的某种主张，而不惜混淆历史真实，是否即学术研究的真谛？（3）不同的学术论辩应当如何进行？可不可以强制一方的论述就范，否则就加以政治帽子并予以"鞭笞"？在这里，我顺便提到1961年议论康熙的文章，突出地歌颂清统治者对准噶尔的悍然出兵与屠杀。它断然指责持不同观点与反对杜撰的人。首先是斡亦剌惕蒙古族学者为"地方狭隘民族主义"云云，而把它片面吹捧满洲封建帝王将相的主旨则自诩为马克思主义。当然，只要对方的论证确实有误，可以批判，可以指责。但是当学术还在争论，还未取得一致，这种口气就可能被看作是以势压人，是在强迫别人闭嘴。我指出：这种东西正是以后"四人帮"借以整治蒙古学者的一个张本。实践永远应当是检验真理的唯一标准。用消灭、削弱一个民族的办法实现异族封建主义"统一"，而在这种"统一"之后，并没有使这个被弄得奄奄一息的民族走上复苏。列宁曾说："认为凡是把一个没有明确而自愿地表示同意和希望归并的弱民族或小民族并入一个大国或强国，就是兼并或侵占别国领土，不管这种强制归并发生在什么时候，不管这个被强制归并或强制留在该国疆界内的民族的发达或落后程度如何，也不管这个民族是居住在欧洲还是居住在远隔重洋的国家，都是一样。"① 马克思主义是反对这种兼并的，不管它打出什么旗号。……我的议意还没有说完，突然从主持会议的负责人手里转来一张纸条，说 15 分钟时间已过，这当然是意在终止我的发言。这是我事先没有听到过的规定。我当即中断发言，顺从地匆匆引退，静听继上者议论。事情这么突然，听众大概也为之愕然了。但是，我发现别人的发言并没有什么 15 分钟的限制，这使我又一次惊奇。有绝句《聊作》一首：

> 只言凿凿不言空，欲将昭昭说昏昏。
>
> 不意一纸飞谕下，避度忍作嗫呃翁。

人之被捉弄，莫此为证。

晚上，浴池没水，不沐而坐。边吃西瓜，边斟酌一篇序言的写法。

11 日至 15 日，一直在大会、小会中冥声问学。一般说，会场轻松，在现象上甚至可以感到稀稀拉拉。诸发言者似乎也未见得一律按照会议议题去努力。从严格的学术见地看，除斡亦剌惕人诺尔布先生以及黑龙江、阿拉善、额济纳、青海等地的同志介绍他们当地斡亦剌惕的状况，增加一点实际信息外，也未见有新的、独具只眼的、敢于突破的学术创意。会后，有绝句《依样葫芦》一首：

> 彼述朱时此述朱，依样拳拳画葫芦。
>
> 以水济水夸学问，侃论岂曾服梨洲。

---

① 《列宁全集》第三十三卷，人民出版社，1985，第 10 页。

坐有虚席，亦证明我的这个感觉大致不谬。

15 日，小会。金锋教授主持，大家漫谈。有人很不同意人们关于"内地"的说法，以为把江河流域各省说成"内地"，言外之意别地都是"外地"，不应当有此亲疏之别云云。我说，"内地"的对立面不必是"外地"，可以是"边地"，历来各非汉民族本来就在边疆。"边地""内地"之说，可以不较，然而以地理的分野抹杀民族的区别，则是不当的。谈到资料的搜集，我以为不可忽视非文字资料，包括地下发掘实物、口头传说及遗迹、遗址、岩画之类。这对于文字资料不足、散失及篡改，民族文化没有得以充分发展的例如斡亦剌惕族来说，甚为重要。这个话当然也是有感而发，并且也是意有所指的。然而，我又一次感到话不投机。很多人的脑海中，所谓资料云云，大概唯一的似乎是文字、成本的记录，此外者则不足道！为学最怕执一。此调正犯此失。

这几天的会议进程中，每晚组织晚会，非常适宜。白天开会，晚间游戏，调节文化生活，融会交情，不无好处。但是，我一般没参加，一方面我有一个为《土默特志》写序言的任务，无法分神去"余兴"；另一方面身体疲倦，无力去混迹热闹。因此，除秉笔而外，倒是与人交谈的多。

我曾与青海（名已忘）先生谈及当地蒙古史事。明代（16 世纪中），土默特地区诸部如蒙郭尔津、云硕布以及俺答子嗣都曾进入青海，并曾奄有广大领域，"青海土默特"的势力及其影响在一个相当时间（至少五十余年）内令人侧目。在此之前，更有亦卜剌等部进入，被诬为"海寇"。在明兵的征伐下，他们日渐浸衰，然而并没有覆灭，至今果洛地区尚有永熙叶部、蒙古尔津部的名号，《西宁府志》把它们列入"番族"。但是，我想这应当是土默特部地的族属，势衰力弱后，被迫而"番"的，其后人恐怕也已不甚了了，以致忘其祖先。是否如此，甚望青海的史学界能够深入调查，这是一。二，土默特隐退后，斡亦剌惕部顾实汗进入青海，称"和硕特"，时间当在 16 世纪。其势力遍及该省从西北到大东南一线，占全省面积的一半。他们如何进入青海，当时青海土默特状况如何，有过什么军事行动？以后青海和硕特以及后来的土尔扈特、辉特、杜尔伯特、绰罗斯等部的下落如何？至今都缺乏具体而微的文字记录。现在，青海的蒙古人恐怕也极少知道他们的历史源流，甚至连斡亦剌惕的部名也渺无所知了。应当说，这二者对于青海自然界的利用、开发是有过作用的，对于当地各族的历史进程也是不无影响的。因此对于他们的调查研究、搜集和稽核新旧资料，写出可靠的、着实的报告与著述，以补正史之不足，是一件十分具有学术和社会价值的事情。他赞同这些建议，并把他的论文赠我，请求修补。此外，他也介绍了现在所发现的土默特人状况。虽然简略，却很增益。这是一位年轻的学术工作者，很令人鼓舞。

在平日闲谈中，也曾与阿拉善、额济纳来的工作人员问问答答。他们谈他们工作的困难，经历的坎坷，民族的现状，以及征求今后如何办的建议等。我曾问及阿拉善同志，六世达赖仓央嘉措是否真的死在阿拉善？当地有没有关于他的传说？他的回答是肯定的，说阿拉善延福寺至今仍供奉仓央嘉措的遗物。这个六世达赖，实际上可能是斡亦剌惕拉藏汗与西藏王朝斗争的牺牲品。他被藏王废除，应清廷朝命去北京，而路经当初立他的顾实汗族人所辖地——阿拉善境，是不无可能的。所以我也相信他说的传闻。阿拉善的和罗哩（额鲁特）降清之后，康熙曾命在归化城土默特安置他的部众（斡亦剌惕人）几十户，并允许在归化城贸易。因此，土默特与阿拉善是有点历史因缘的。与我谈话的同志正是阿拉善王爷的兄弟，我说到这点，正表示两地两族的情谊。

我又与额济纳的同志谈天，问到有个苏剑啸同志，问他认识不。他说我知道这个人，他是赫赫有名的苏宝丰的兄弟，在北京有居宅。现在已查清，苏剑啸同志是烈士。苏剑啸同志 1945 年与我相识。他家境优裕，为了反日，为了额济纳的自治权利，抛家别井，不畏艰苦，冒死从军，最后以身殉职。这是一个多么伟大的形象。额济纳斡亦剌惕族中能出现这样的英雄，应当骄傲！与我谈话的同志也是一位斡亦剌惕人。他的情绪很不错。

内蒙古来的人并不多是斡亦剌惕人，似乎多是蒙古人。我与他们中的若干人也曾有零星的闲话，大抵上限于各自工作的范围，间亦涉及地区及所属部门的一些或有或无的动态。

但是也有出乎意外的耳闻。据说某某某与人争执，极力贬低我向这次会议提供的论文，以为错误，有人则持相反的见解，以致吵声大作。这倒是一个有趣事。我在论文中对一些观点及资料使用有过评议，那或者正是人家的顾及所在？然而她（他）本来可以明确当面向我提出呀！其实，我对她（他）们的文章极少涉猎，我早已了解那种治学之道及文风与我并不相同。当然，允许不同，而我的见解也并不自信无懈可击，这倒要向人家请教的。

这几日，不知何故，几乎隔晚都有来借室沐浴的人。然而却因过时没有热水，致使自己失去洗沐的可能。所以至多只能冷水擦身，为防止感冒也不敢频试。因口吟一绝：

世事复杂人亦难，通明何处讨真禅；

可怜院中苍苍树，忍经酷暑忍经寒。

《土默特志》序言几日来已拟出初稿，但是还须斟酌。几日来，也曾捡几篇论文学习，总的印象是人云亦云、玩弄谀词、言无的据、文缺采笔的居多，间亦有一得之见者，可喜。

8月16日，全体与会人员决定去温泉参观并说要与当地斡亦剌惕人联欢。这事牵涉到当地的负担，怎么与人家接洽商定的，不了解，我也不想打听。但是，这无疑是会议中的好事。听说自治州政府对此颇为关心。前些日子降大雨，路途淹为泽国，很难行驶。州长亲自勘察，以便找到一条可绕行的道路。多么感人啊！斡亦剌惕人的朴质与热忱，天亦有情，道路竟被找到了。除了寻路外，更组织温泉人民做了相当的准备工作，可谓极尽欢迎之能事了。

温泉镇在州的极西，大抵以地多热水而得名。那里也是斡亦剌惕人至今放牧的基地。炽热的泉水，神秘的古墓与石人，山崖的岩画，哈尔布呼和的古城址等，都是史学家们所应当领略的。特别是斡亦剌惕人的当今风情，尤其有助于历史地识别这个民族的古今之变及前后承袭之迹。所以温泉地方亦极富吸引力。然而我决定放弃此行。9时许，人们登车出发了，院内一片岑寂。我着意定夺我的这篇文稿（序言）。

午饭时，一位当地的教师（或校长）忽然由另一桌走来，问我东西旅行者路经的博乐，是今天的这个博乐吗？我说，他们经过这个地区，至于是否即现在这个城市，则不便肯定。我并提出耶律楚材、丘真人、鲁卜鲁克、卡尔比克及海屯等人的记录，他说没有这些记录。人之固执如此，我复何言？

黄昏时，人们从温泉归来，情绪各不相同，有的满意，有的抱憾，有的则说你没去也好。

晚上，我被通知到州人大常委会主任家赴宴，我不禁愕然。转而又想，这或者是州的决定？为免物议，而不能借表对客人的礼遇，乃以私人宴请的形式招待会议人员中的少数人。有的去政府主席家，有的去州长家，有的去人大常委会主任家。我与另一同志即去此家。人家很热诚，也很客气。看排场，人家是做了准备的。一列长桌，盛馔相待。我自己颇不自安。素昧平生，而又无功受禄，这怎么得了？所以一切言行都很拘谨，饮食亦很克己。大致上请一吃一，随缘而止。但是，这次聚会给我留有很可称道的印象，极具民族特点：（1）民族的酒饭。马奶子酒、奶茶、整块的羊肉、羊肉焖大米饭。

吃肉吃饭均用手抓。几种菜肴亦以牛羊肉烹制。（2）有酒有歌。宴会一开始即有妇女盛饰清歌敬酒。妇女不以年龄限，她们或为主家的妻女，或是友邻的善歌者，或为文艺团体的佼佼者。所唱词调全是斡亦剌惕民族所固有、全系民族民间所喜闻乐唱的精品。音韵高亢，声调宛转。一曲初止，另一曲又起。一杯饮罢，歌者又斟，直至终席，始各散而去。有时，她们的歌声也激起主人的兴奋，因而出现全座共鸣的动人场面。情景融合，密不容间，煞是感人。因想，执板清歌，以侑酒宴，本来是游牧族的惯习，随着历史的推演，这种传统已呈没落，不意斡亦剌惕人依然有此"侑觞"固习，实在使人感叹系之。（3）酒令之别裁。饮食间，从骨肉中拣出一块小骨，借此一问一答，语塞者则罚饮。例如问："这是什么？"答："某某骨。""干什么用的？"答词很多，其中首先描述骨的形状，所加比喻十分生趣；其次说它的用处，并历数各代英雄（从成吉思汗始）对它的使用法；最后一语道破，指出它不过是一块只堪喂狗的吃剩的小小骨头而已云云。整个问答过程，妙语迭出，十分风趣，生动地显现出斡亦剌惕人语汇的丰富及民族性格的诙谐。（4）在座的人中包括了几个民族成分，他们都能以不同的语言对话说笑。主人介绍：斡亦剌惕人一般都能兼通几种（维吾尔、哈萨克、汉等）语言，说这是环境使然，为了生存，必须如此。足见斡亦剌惕人适应客观现实能力的强大，但是它依然保持了民族固有的传统。我看这是最重要的。

归家后，填《想见欢·斡亦剌惕小夜宴》一阙，专记此会：

> 马酒羊羰酥酏，侑觞歌，射覆新趣，身影正婆娑。心相印，人相庆话无多。千里兴会，和两泪盈窝。

这次聚会人数不多，但一切遵礼如仪，席间那位同志曾摄下几个镜头。至晚十时许，在细雨蒙蒙中，我二人被送回住地。我自己一直是暗自愧恧的——无端吃人家的饭。

8 月 17 日，上午，专门举行仪式，宣布会议结束。当然免不了人们的讲话、总结讨论会的成就、对地方的谢意、向当地政府赠致锦幛等。

应当肯定会议的成就，对此，可能各有说辞。我自己以为这次会议的意义大概主要在于精神与影响。在不定的程度上，它是对斡亦剌惕民族情感的呼唤，斡亦剌惕学术研究的（也有教学的）提倡，自然也是他们二校有关方面合作的增进。是否还有未便说明的作用？不便臆测。至于在学术上的价值，则并不差强人意。首先原定会旨、议题并没有完全落实；其次，解放思想、敢于突破成见、多所创新的学风，并不存在。为什么要因循？这样的习惯常此不去，又奈学术研究何？有《转应曲》一阕：

> 开会，开会，语尽学行三昧。经营至此归休，无聊更加心忧。忧心，忧心，迎风抱膝低吟。(《吟开会》)

但是，自治州及新疆方面对会议十分支持，甚至可以说是仁至义尽。我将永远不忘。为此，曾写过这样的祝词与谢忱："盛会多借鼎力助，题此以献至敬心"，"此番已结友谊带，永谐博乐共婵娟"。然而这只是心声，并未献出。

下午，无事。人们纷纷出门。有的妇者竟至新样靓妆，裙履而出，可见衣备之丰！我无衣可换，但也继大家之后，缓步上街观览一下镇容。

博乐早著盛名。早先不必说，即在 17 世纪时，也还是斡亦剌惕人的重地之一。后来策旺阿拉布坦可汗也以此为号令中心。清兵进入，以此为驻扎要地，号为"营盘"。历史几经蜕变，到今天，它已成了崭新的镇城。既步一周，深感规模不小。在州、市政府的领导下，镇容很好，街道宽绰，横竖朗洁。树林虽多半新栽，然丛绿相间，风光不废。触目所至，不见更多的层楼大厦，但店铺栉次，亦颇繁荣。所有市肆中心，大致多以历览，印象极佳。斡亦剌惕古地终于出现这样的文化中心，实在是一个历史巨绩。斡亦剌惕曾经不幸于历史，然而却得幸于当今。社会主义促进了他们的繁荣，激发了他们进步的奋志，他们的先世地下有知，应当是欣慰的吧！唯地方工业及文教设施，无缘得睹底蕴，是为一憾。据说镇内居民总共三四万人，并包括民族成分十几个。斡亦剌惕人在其中占多大比例，不得其详，街上也不见有多少是他们的形象。康熙五十九年，土默特官兵曾被征调攻击策旺阿拉布坦，死四十余人，其遗冢不知是否在这里？欲看不能。从北到南，观历一匝后，有《十六字令》一阕：

> 惊，楼台树色触目新。佳丽地，故地千里亲。

博乐是好地方。

晚上，又是宴聚。盛馔罗列，食客满堂。主持人代表与会者向地方领导人致谢，地方上的党政领导，包括州书记、州长等都出席了，也有自治区的民委主任。这是很必要的，他们的确支持这次会议。但是，他们中的讲话同志频致谦让。大家纷纷离座向这些领导同志致酒，非常诚挚。我不在首席，行动又不便，致未能跻身上去，敬表祝忱，深觉慊慊。尤其不安的是竟有同志向我敬意，实在意外。作为本次会议主持人之一的女负责人特来敬酒说：您能出席我们的会议，特别感到"光荣"云云。这话很使我疑虑，那为什么一开始就那么使人不愉快呢？

会议的一得是印发了一些文件，自然内中不无可取，具有学术性质。

今日，将会议文件一包向邮局托寄回去，支 2.7 元。这就轻装了。人们都这么办。

晚睡前，洗一洗，准备明日去伊宁。

8 月 18 日，早饭后，辞别了，要结账。计房费 10 天 20 元，伙食费 9 元，也不算贵。借了别人的饭票，也归还了人家，并致谢意。

天朗气清，人们的情致盎然。终于发轫了。两辆汽车也很得力，开足马达疾驶而南去。出镇后，经过博乐故城址。但是，车不停驶，致未能亲去凭临。不过，一路所过，已经是满目葱郁，阡陌交纵，实在也看不出什么遗址了。行 28 里至五台，已进入乌伊大道。从此转而西向，中经四台，60 里抵三台。五台以后，沙阜联续，接近入山。四台以西，夹路层峦回合，南向而驶，越走越高。凭窗送目，殊少景观。至三台，已经是赛木里湖的东滨。这里的"台"云云，指的都是清代行军的记程排号。"台"即军台、台站、驿点。因为岸临三台，这里的湖亦被称为"三台海子"。

事先，会议主持人大概与州领导达成协议，在湖边也即在州的南境边口举行告别式聚会，同时，出席会议的各地学人也希望在这里流连一下。所以车到这里，自然中辍，而州领导人的车，也同时到达。车即熄火，大家也就争先下车。风力侵肤，人们无不加衣敛扣。我也缓缓离座，独上丘阜，回身眺望，不觉一爽。触景生情，宋人的佳句油然跃上心头："登临送目，正故国晚秋，天气初肃，千里澄江似练，翠峰如簇。"这里倒是很形似的啊！只是"江"应换作"湖"。

这个湖很大，一眼望去，除近处外，不见涯际。据载，湖呈近方圆形，据传南北长约六七十里，东西宽约四五十里，总面积约近千里。最深处约近三十丈。当年，耶律楚材过此，说山顶有池，周围七八十里。丘处机则说那大池方圆几二百里，显然不确。湖的西、北二面极处，茫茫然峙立一列屏峰，高低隐显，白雪皑皑。南壁石山，自然成障，只有东面岸上，展现出一片不大的原野，平垠坰场，细草芊芊，而牧场尽头，依然是坡陀回合，渺无间断。南山高耸，就在我的身后。山色赭赤，怪石嶙峋，其间松柏森森，葱茏叠翠。伫足仰视，顿觉自小。丘处机曾说："参天松如笔管直，森森动有百余尺。万株相倚郁苍苍，一鸟不鸣空寂寂。"这个说法，看来至今也还写实。这里一反高原干燥特点，空气湿润，岚蔼漫然。脚下沙土酥松，宛若毡毯，每有矮树婆娑其间，或伏或曲，状如螭龙。海水清澈，一碧连天，海风徐来，爽气袭人。波推浪涌，声彻涯岸，那闪烁的水花，疑是朵朵荼蘼。《诗》说："瞻彼洛矣，维水泱泱。"其实较之这里，它的"泱泱"何足称道？不意高山之上，海拔 2073 米的空间，竟会出现这样一个"玉界琼田"似的水域，真是令人惊奇。曾因事被遣戍伊犁而路过此地的清代学人洪亮吉，写过一篇《净海赞》，说"历数宇内灵川秀壑，笠履所至者，或同兹幽奇，实逊此邃洁，诚西来之异境，世外之灵壤矣"。他的话似乎重在"世外"，这或者与他当时的心情有关，然而所为"邃洁""幽奇"，我看还是传神的。饱览湖光山色之余，不禁有即兴七言绝句《赛里木湖》二：

> 岂意高山竟展湖，平波一碧明镜如；
> 千重浪挽荼蘼结，大现亦自有媚妩。

> 湖畔离披百草平，流云闲眄浅涉明；
> 一匹瘦驼俯又仰，未须人间有牧人。

赛里木湖的名称曾经几度翻新。以前怎样被名，不及详考。但是，至少在 13 世纪时就有两种叫法。丘处机称为"天池"；小亚美尼亚国王海屯则书之为"苏特固尔"，义为"乳海"。我想这"苏特固尔"一词，很像是蒙古语音，"苏"即"乳"，"特"当即"台"或"歹"的音讹，义为"有"。"苏特"即"苏台"，义为"有乳"；"固尔"或即"豁罗"的声谐，义为"河"。"苏特固尔"或"苏台豁罗"，按准确的说法，应是"有乳的河"。以湖为河，或即海屯未审二者的区分所致。实际上，赛里木湖应称之为"地堑湖"，因为它的成因在于造山运动致地层陷落所致。赛里木湖的孕成不正是天山所赐予的吗？"赛里木"一词很近似蒙古语"赛鲁木勒"一字，义为"雕刻品"。引申地或浪漫地说，"赛里木"正是天公所雕的精品啊！

据说，原来赛里木湖内不产鱼类，但现在已有鳞类可产。湖亦有潮汐，风极大，岸上行人或羊只每被卷入湖内。但是，这个现象此次未曾体现。湖的东北方岸上有古乌孙墓群，也不曾见及。赛里木湖在民间的传说很多，其中每有涉及斡亦剌惕，首先是噶尔丹、阿睦尔撒纳的英雄事迹者，出神入化，奇想妙喻，人民的语言艺术及推演才藻，把这些历史人物推到一种令人倾倒的高峰。可惜，至今没有人认真去收集并整理。我想，斡亦剌惕既然能艺术地塑造《江格尔》，他们一定也能文学地再造噶尔丹与阿睦尔撒纳、策旺阿拉布坦的吧！

赛里木湖是伟大的湖，深沉的湖。它埋藏着丰饶的资源，也应当蓄积着斡亦剌惕的悲欢，它的浪澜回旋了湖底资源的自然呐喊，而它的风尘或者也在翻滚着人间的奋发吧！

人们震惊于这里的山水风物，不免徜徉而延伫。携有照相机的"旅游"者们则借一种背景，摄下自己的尊容。我自己没有这种东西，也不想借别人的光以为虚影，只是独自向脱俗的劲松仰慕，向渊博的平湖问字。

地方当局真是人情练达，处事周至，他的斡亦剌惕负责人竟亲自驱车，陪同他们的客人不远百里而至州的南界——赛里木湖滨。正所谓礼之郊送了。

当人们正忘怀于山水之间的时候，州人已在湖畔路边铺下了长长的"地衣"，意在权作"祖帐"。摆好了几桌，烹就了羊肉，酿得了奶酒，准备为客人饮饯。这样的"礼之隆，谊之敦"，不仅使人受之有愧，而且不期然使人想到《仪礼》所说的那个"郊劳"或者"祖饯"。中国的古礼竟然至今保持在斡亦剌惕族中（虽然一些封建时代的细节已变）！然而他们的客人们却茫然失措，不知所以了。会议的主持人（复为领队了）在等待这一切就绪后，四处大声招呼，要"游客"们赶快前去就饯。我自己始终愧于（也拙于）应酬，不敢僭越而踞坐首席，专待礼敬。也有人拉我入其座，目睹这一切，怎么敢呢？我始终对主人怀有至诚的敬意，然而我始终亦以"布衣"自敛。有绝句《谢礼》一首：

> 一掬真诚氍毹开，左肴右戴饯客来；
> 不辱尊大承郊礼，愿将华祝三致台。

我远远蜷坐在西边的侧位，与众人一直承礼于盛饯。虽然面前亦陈设一点品食，却极少受用。只在主人逐一当面向大家劝饮时，始"却之不恭"地呷一口乳酒以示敬而已。这一次宴会，应当是博乐之行的极点，"胜地不常，盛筵难再"，身临其境，百感交驰。很想写点什么，一时心手不应，惭愧之至了。有绝句《可怜》一首：

> 一介布衣心坦然，应酬哓舌愧真禅；
> 可怜怀里一支笔，无才仰学王子安。

席间，主人又向每个人馈赠书画一套。计《博尔塔拉蒙古自治州概况》、《博乐塔拉》（画册）、《新疆博尔塔拉蒙古民间短调歌曲选》（托忒文）、《新疆博尔塔拉蒙古民间长调歌曲选》（托忒文）等。两种歌集尤为不可多得的佳品。非常感谢。

饯别既罢，汽车开始发动。首长们如何向主人道别，不得而知，亦如不知他们如何享受主人敬奉的羊肉一样。但是在我的心中，却是拜别的。在主人们的招手告别中，人们登上各自的座位，乘车南驶了。这是惜别，却是快心的事。但越过山峦，沿途风物竟意外地愈来愈不行了。人们左右流盼，不时喁喁相议，大概也是"心摇摇而有待，目眇眇而不见"吧。我自己也不免收拢奇想，逐渐有了这样的腹稿：

> 风光漫道百里川，细草穿沙总一般；
> 百丈高岭百丈赤，十条长河十条干。
> 烟岚有影徒漠漠，苍穹无色空淡淡；
> 翛翛山鸦聒耳叫，反教寥落更不堪。

车行飞快，百无聊赖。车外既无可观，人们也就渐入黑甜，别寻梦境了。一路毫无标识，以时间计，大致已逾二台。车入土山，光秃秃不见一草一木。孟子所谓"人见其濯濯也"，大概就是这个样子吧！但是，在一些沟岔山坳，也间或略见绿丛。丘处机曾说："坡陀折叠路弯环"，这里倒有点仿佛。左转右回，趋势似在下滑，忽然迎面来了两辆小车，招手示意，我们的车遂应声而止。经过相互通问，知道原来是伊宁的文教局的人专程来迎迓的。不用说，我们的领队是洞悉内情的。一说明情况，心灵身捷者立即出面应酬，然后返身从车上收拾起行李，换乘来车，扬长而去。人们示意我去，我则安坐不动，怡然自得。人们实在太笃诚了，他们不了解内情吧！

行 50 里，车很快驶入塔勒奇山峡（俗称果子沟）。这是新疆西部天山南北交汇的峡谷。长约 60 里，宽约半里，北高南低。我们的车明显地在下驶，亦如沟里的水下泄一样。我想，这种北高南低的地形特点，恐怕主要是风沙造成的。几千年的风沙堆积，终使山北的地表与山拉平，而天山对风沙的屏障，使南疆始终保持原有的地势，以致北疆衍为与天山等高的高原，而山南却显得似乎是一个盆地。可以推想，使风沙漫无限制地南吹，地势继续增高，天山无法再能充当一列屏障时，南疆的沙化与地貌的改观肯定是不可避免的，此境的出现是多么可忧啊！而因此我又想到了斡亦剌惕族。在几百年的狂风暴雨袭击下，他们也在江河日下，如果没有一列屏障，他们的历史命运也会荒瘠的。岂但"荒瘠"而已，恐怕他们的令名也会没世而不称的。班固曾经有"兴废继绝，润色鸿业"的话，噶尔丹、阿睦尔撒纳以后的斡亦剌惕人是否想到这层呢？

塔勒奇沟何时形成，无考。但是，它之作为东西交往的通道，应当由来已久。匈奴人、柔然人及契丹人西进时，曾否路过这里？只能据理想象，而从 13 世纪开始，记录已经表明，蒙古成吉思汗西征时，就经过这里。当时山路险阻，必须"凿空"。丘处机说：二太子（即成吉思汗次子察哈台）扈从西征，始凿石理道，砍木筑四十八桥。桥可并车，足见规模之宏达。耶律楚材并有诗作，说："四十八桥横雁行，胜游奇观真非常。"又说："天兵百万驰霜蹄，万顷松风落松子。郁郁苍苍映流水，六丁何事夸神威。"古人有"栈道千里通于蜀汉"的说法，察哈台所筑桥路当亦有"栈道"的遗意。真可谓"伟烈丰功，费尽移山心力"了。可惜，后来这四十八桥残毁了。乾隆间，蒙古正白旗人保宁（谥文瑞）禀朝命，出于扼制斡亦剌惕的目的，在这些桥址的基础上，又改建四十二桥，想见其因陋就简，已不能与四十八桥同日而语了。但是，就是这些，也不但倾圮不见，即在人们的记忆中也已淡泊得很了。这次路过这里，本来是专访这点古迹的，然而所经之处，虽极目搜索，竟无所见。因想：公路尽在沟中，未见有甚阻碍，岂四十八桥另在山上？

塔勒奇山峡风景当得是出奇的幽美。前人曾经介绍说："夹岸峰峦峭耸，上多药材。松树阴森，弥望苍碧。果树丛生，群花竞放，浓碧嫣红，步步引人入胜。山泉成涧，积流为河，奔腾汹涌，或类瀑布，曲折弯环，幽境如画，山水之奇，胜于桂林，岩石之怪，比于雁荡。"比之为桂林、雁荡，当然是不类的，但是，经历过天山北面的荒旱，忽睹此境，有如上之感，是亦十分自然的。身历此境，不光看到风物与北部大不一样，即气象也差别有度。

　　一路所经，不见有村落垣邑，也不见有什么果子。清人所谓"欲访西征元代，迹洞花山果自青红"，并没有实证。不过，在某个山坳之间，洞边草坪之上，偶然也能见到零落的帐幕，或三角形，或穹庐形、篷房形，欣喜见到了"行国"的风貌。"行国"一词的出现，不就是概括乌孙人的"不土著"生活吗？原以为这些帐幕是斡亦剌惕人的居处，但是，出人意外地据说却是哈萨克的营幕！仔细一想，这里正是哈萨克自治州的境域，其说或者不误。而且所见出入的男女，其装束也全像此族式样。他们仍在营牧业生涯。

　　哈萨克人也是阿尔泰语系之一。据传早先的乌孙人就是他们的祖宗。按史说，乌孙人是赤发深目，今哈萨克族人绝没有这个特征，而其头形反与蒙古一类。其实，他们原是钦差汗国的社会成员，因叛离汗国而落脚斡亦剌惕这个居地，始被以"哈萨克"视之。"哈萨克"即"叛走"者的意思。哈萨克与斡亦剌惕间多有不愉快事。但是，在斡亦剌惕称雄时，哈萨克人每伸支援之手；清人攻杀斡亦剌惕，哈萨克地亦成了他们的避兵之处，二者的关系极为切近。因此，当得知这些是哈萨克时，虽不是蒙古，亦不免亲切之感。可惜，车驶加速，无缘向他们问询，所以只希望一路能不时看见他们的幕落，一处，再一处，直到走出这条峡谷。

　　驶出峡谷，野旷川平。车向西南驶，沿途所见，与山北景象绝不类同，但是道路依然并不平直。这中间曾经从原绥定（惠远城）、今霍城地一掠而过。疾驶百十里至午后时，终于安抵目的地——伊宁市。在绥定（水定）并打过一尖。

　　承地方有关部门的热情关照，我们被安置在伊宁宾馆的 5 号楼内，设备周全，这个住所环境可谓优雅。老树新花，堪称茂密，连柯接天，日为之蔽。楼前一列葡萄，别增情趣，推窗仰问皓月，侧耳多有鸟声。据说这里原是我国的领事馆。非并紧要，未及细问。

　　伊宁当是原伊犁宁远县的合称。这里本有多种族人共处，而曾为斡亦剌惕人的总会，噶尔丹、阿睦尔撒纳的汗国，相继奠都此地。这个地方在三十年前也曾来此一访。当时是乘苏联人所驾驶的"伊尔"飞机来的，时值严冬，行走不便，无法遍访全区，除城郊几处村落外，只在市内较称胜的地方（例如斯大林大道等）略作巡礼，总的印象尚称不上繁华，唯民族——哈萨克、维吾尔、俄罗斯等族的风情颇为突出。房舍建筑、居地服饰、饮食习惯、语言文字及乘骑工具等，无不显示出"异域"情调。而家家流水、户户树木的景致，尤为入眼。三十年后来此，当然在想象上会有诸多不同。

安顿伊始，人们即迫不及待地走上街头。我自己略事休息，亦步别人足踪，循街而去。漫步一周后，发现市衢景观大有出人意料者在。层楼触目，街道宽展，市声扰攘，允为荣华，这是三十年前不曾见及的。然而，三十年前的那种"异域"特色，已悄然不复存在了，就是熙熙攘攘者，也率多内地汉人，即使穿白戴帽的哈萨克人（他们是自治州的主体民族）也极少踪迹。睹此迹象，实多感异。有绝句一首：

> 三十年间两度游，前履严冬后值秋。
> 繁花似锦已非昔，古风于今逐水流。

就历史而言，伊宁（也包括伊犁州）地方可历览者甚多。张骞石碑、尧时铜柱，唐苏定方都督府，元代元州府，清人洪亮吉、邓廷桢、林则徐等的谪戍所等，即就关系蒙古及斡亦剌惕者亦不乏可以凭临及遐想者，如海都行营处、噶尔丹与阿睦尔撒纳的汗庭，固尔扎寺（金顶寺）址、勒铭伊犁二石碑、吐虎鲁帖木儿陵墓、索伦与锡伯兵营地、古石像群等。此外如伊犁河、霍尔果斯（阿力麻里）城等，亦可见识。但是，按预计，在这里只住三日，时间这么短暂，要把所有这些都巡览一过，即使走马观花，显然也是不可能的了。

晚上，洗浴一过，尘垢既去，入睡极易。

早饭后，按日程（不知是否如此），驶往霍城，行程百里，中经水定、清水河，在一个居民点小憩一会。这里的西瓜极便宜，文教局同志出钱买瓜请客，人们纷纷品尝。我又一次陷入困境。我深自戒备不敢吃，坏了肚子不是玩的，又且无端受赐，岂可随便。所以自避田垅，骋目四望。后来有人发现我不在瓜堆边，热心地送我一个瓜牙。却之不恭，只此已足，坚谢不再了。

汽车行驶在坎坷的道路上。约一小时，终于在一列不那么茂密的白杨间，发现了一个高大建筑，原来已抵达此行目的地——吐虎鲁帖木儿墓地。

墓地在霍城东北约十几公里处。据说，这里是元时阿力麻里城。陵墓暴露在一片荒野中。四周既没有什么山峦，也不见有什么河流。树木既不茂密，地势也未必形胜，远近所见，只是零落的荒田瘠土而已。墓筑有垣墙，东有栅门，栅门的左旁立有简陋的木牌，"土虎鲁帖木儿麻札"八字就写在它的上面。"土虎鲁帖木儿"是墓主的蒙古名称，"麻札"却是突厥语，义为"洞、穴、窟"，演义释之，亦可云"墓"。陵墓是一个高大的工程，顶端全白，圆形，或者就是所为"兜鍪"即盔形吧。从上到下，通体砖木结构，而以墨蓝琉璃方块嵌为陵壁。色调装饰及整体造型，极其别致，远观近察，颇似习见的中亚地区的阿拉伯等的风格，人们都以为伊斯兰教堂的外形，说或近真。据传，俄国的东方学者维谢洛夫斯基，曾出版过撒马尔罕（今阿拉木图）地方的帖木儿墓的装饰图案，与此不二。陵门东向（这倒也是突厥、蒙古的固习），进门是一个大堂或"天井"一类的空间，高可二十米，深广亦如之，内壁全刷以白色。地面中心有两个长圆形丘阜并列，像是封冢，一大一小。据说所葬即吐虎鲁帖木儿和他的王妃（亦说不是）。丘阜两旁，顺陵壁有狭小的甬道直逼陵墓底层。通道幽暗，没有阳光可入。道有石阶，只可容身。甬道尽头有几个小室布于墓顶的四周。室壁均为石质，极称坚牢，也没有采光设施。下面一室有窗户一棂，凭栏四望，风物一览无余。

通观陵墓内外，给我的印象颇为复杂，神秘、迷惑、奇涩、惋惜等，都是又都不是。这真的是一座陵墓？吐虎鲁帖木儿真的就埋葬在这里？当初的陵寝就是这么个样？没有任何附属建筑？为什么周围没有他的父祖们的坟茔而独自孤立于这片荒野？为什么它的周身没有任何一点人们所习见的蒙古遗风？人间经历了那么多沧桑之变而它为什么竟能保全下来？噶尔丹、阿睦尔撒纳等幹亦剌惕佛教徒对它采取了怎样的措置呢？至今人们是怎样来祭奠他的？我们来到这里，没有任何向导与护陵人，大家多莫名其妙，于是转而要我介绍，这真是难题。我能知道什么更多情况呢？

就吐虎鲁帖木儿的生平说，历史记录本来不多。大致说，他是14世纪前半期即30至60年代初的人。从他即位到他去世，不过十几年的生涯。记录表明，他是成吉思汗八世孙，察合台七世孙（也有深疑此说的），都哇的嫡孙。察合台汗国在其发展中，曾将它的统治权力分别为东西二部。西部中心在河中，即今苏联的撒木尔罕，东部（就是所谓的都台汗国）的中心在阿力麻里，就是现在我们参观的所在。

察合台居于河中，但有时却要到这里来避暑。东部既不经常驻帐，于是分派他的"异密"（教长）来代理。历史的转换使可汗的大权旁落，东部遂也出现了汗廷，吐虎鲁帖木儿正是东部可汗的第一位。他的经历所知甚少，只知道他曾率部西征撒马尔罕，并把它划入自己的领域。察合台汗国曾经有一个汗位以虚的时期，吐虎鲁帖木儿于18岁即汗位之后，填补了这一空当。他励精图治，扩大与巩固了汗国的威势。他笃信伊斯兰教。他死后，汗国又趋分裂不振。他的死，一说因病，一说战殁。死后是否即葬于此，抑或迁葬于此，不得而知。如果他死后就有此陵墓，那么，这个建筑或者要有六百余年的历史了，和明北平城的起始不相上下，或者更早些时日。

吐虎鲁帖木儿汗国已经不复存在，他所从事的业绩也一去不返，但是，他的"麻札"至今仍能被留存，却不能不算是一种侥幸或奇迹。据传，这个陵墓曾被掘开过，死者的头下放有《可兰经》，证明所葬确是吐虎鲁帖木儿可汗。一位蒙古可汗而能有真切的墓地，实在不多见。人们并不曾认识到这一真确的珍贵。除建筑本身或者有所修饰之外，周围设施至今十分荒芜。也不见有什么管理机构与"达尔哈特"，这较之鄂尔多斯成吉思汗陵园的崇隆，实在差得太远。岂伊斯兰教典就是这么主张的？一个人即使尊大如可汗，一旦离弃故土，甚且同化于异族，终将凄楚百世，而不为祖族所齿录，更谈得上什么荫庇其遗族？

出于好意，有人为我摄像于陵前。这是应当感谢的。

参观既毕，出垣反顾，不觉慨然。有律句《吐虎鲁帖木儿麻札》一首：

> 沧桑陵谷已变迁，独惊此筑枉西天，
> 曾否常淋浇花雨，未必不遭烧荒烟；
> 千里坦途嗟幽草，一代宏业慨白鹏，
> 靓饰遗冢徒自傲，孤魂漠漠谁予怜。

从这里出来，又驱车往霍尔果斯口岸进发。那里已是国境边口，有武装部队驻扎。汽车抵达后，承文教局同志协助，暂时歇脚在他们的营地。那是一个很整洁的四方院落。略事休息即整队轮番登上高处，向国境内外漫然眺望。只见彼方地势平坦，间起丘陵。其间沙碛绵亘，也不少绿洲。短桥长河，自南而北，但是，水涸岸浅，不见生色。远处树木森森，隐有村落，当即地图所示的潘菲洛夫？村内掩映红旗，据说乃是彼国的国境瞭望哨所在。从那里通过一架木桥，有公路接连北方。至于双方的界线，可隐约从类似界石、木桩与壕堑、铁丝网的延伸中揣测。据当地反映，近几年，双方颇有交往，货物交换，人员进出，也还平靖。没有来此以前，对于两境毗处，每存神奇，不免幻化，及至眺望之后，反而落实许多。有律句《眺望国境》一首：

> 扶栏径登九十层，万里缥缈任纵横；
> 参差烟树连两域，断续河山分一瀛。

铜驼行前曾荷戟，荆棘丛中还请缨；

凭高兼有怀古意，秋风飒飒唱祖生。

这里的"怀古"云云，主要想的是蒙古斡亦剌惕。两百多年前，斡亦剌惕人不就在这一广旷领域经营他们的社会生涯吗？他们是这里的主宰，何谓"祖国"？列宁说："祖国是一个历史概念。在为推翻民族压迫而斗争的时代，或者确切些说，在这样的时期，祖国是一回事；在民族运动早已结束的时期，祖国则是另一回事。"① 斡亦剌惕正在反抗压迫，他们只承认自己本来居地为"祖国"。当然，斡亦剌惕人最后还是充当了中国的"客帝"的臣民，承认其为自己的"共主"。

从远望处下来，请得有关方面的准许，我们又去进出口贸易货栈（场）去参观。正好迎面驶来一辆苏联大卡车，司机是一名俄族青年。货场堆积有序，物质纵横杂陈，大多是生产资料。进口的都是原材料如汽车、钢材、水泥、木材等，出口的东西未见堆放。据说，进口的东西如汽车质量不够标准，各方面多不愿要，所以货场有充斥之势。因我们只在车内游览一匝，不便下车请教，以致好多事情只存疑而已。

辞别关口，我们又驶向古惠远城。对于这座城市，霍城文管所有专为旅游者介绍的《说明书》。原文摘抄如下：

1763 年，大城和伊犁将军府建成竣工。乾隆皇帝为此城赐名惠远城。城内百货云集，市肆极称繁，有"小北京"之称。与惠远城先后建成有塔勒奇、绥定、广仁、宁远、瞻德、拱宸、熙春等八城，史称"伊犁九城"。光绪九年在旧城北十五里，另建新城，即现在的惠远城。林则徐于 1842 年 12 月 9 日到达惠远，住老惠远城的南街，1845 年离去。

惠远城鼓楼位于城中心。1981 年又加维修。维修工程先后两年整。楼高 23 米，下为基座，上为平台，有石桌八个，石凳三十二个。下以八卦为中心而十字甬道。平台上建有木结构彩楼三层，顶用绿琉璃瓦。远看惠远鼓楼巍峨挺拔，灿灿生辉；近看雕花窗格，朱梁画栋。

霍城县文管所
1985 年 8 月 17 日

① 《列宁选集》第二卷，人民出版社，1995，第 785 页。

这个《说明书》的特点是着眼于前清的满洲统治机构及建筑工程本身。对于当地民族，首先是斡亦剌惕人的居所情况，这个城在镇压当地民族中所发挥的作用，为什么选在这里建城等，都一字不提。不过，该所另一个《古迹简介》，原文如下：

我们伟大的祖国，有辽阔的土地，壮丽的山河，悠久的历史，灿烂的文化，这些历史是我国各族人民在长期发展过程中用辛勤的劳动创造的。正如朱德同志所说："锦绣河山收拾好，万民尽做主人翁。"伊犁是祖国大家庭的组成部分，是居住着以哈萨克族为主体的少数民族地区。全州现有三十六个民族，在漫长的历史长河中，他们共同生活、劳动，为伊犁的开发事业作出了卓越的贡献。

中央提出开发大西北，首先开发新疆，开发新疆首先开发伊犁。伊犁在前清王朝是新疆的首府，是当时全疆政治、军事、经济、文化的中心。霍城县位于祖国西北边陲。是伊犁地区行署的一个边境县，霍城县南北长120公里，东西宽85公里，全县总面积约为5460平方公里。总人口为260925人（1988年统计数，包括团场人数）。

霍城县北枕塔勒奇山，南临伊犁河，西界苏联哈萨克斯坦加盟共和国，东连伊犁州首府伊宁市，是一块气候宜人、水源丰富、土地肥沃、宜农宜牧的好地方。历史上的霍城县曾几度跃升为西域政治、军事的中心，也曾是群雄争战之地。为开发伊犁做好文物保护工作，我们特向前来我县参观古迹的首长和同志们，对我县部分名胜古迹做一些简单介绍，有不足之处，欢迎批评。

《清史稿》记载：历史上的霍城县在汉至晋为乌孙国地，北魏悦般国，周为突厥地、西突厥地，唐为西突厥及回鹘地，宋为乌孙，后入辽。元时为察合台汗国地，阿力麻力为诸王海都行署。明为绰罗斯部，后属准噶尔部。乾隆时准部平，改乌哈尔里克为伊犁。乾隆二十五年（1760年）设办事大臣。二十七年（1762年）设总统伊犁等处将军一员，伊犁将军统管巴尔哈什湖以东，以南天山南北广大地方，伊犁将军是当时新疆最高的军政长官。民国以后废府改县，伊犁将军府被撤销，临解放前夕，惠远城已经是满目疮痍、面目全非了。解放后，惠远城得到党和政府妥善保护，现在惠远是霍城县惠远乡所在地。

伊犁将军府和新老惠远城

1762 年 10 月（乾隆二十七年），当清军平定了准噶尔叛乱之后，清高宗乾隆帝为了稳定新疆形势，命令在伊犁设将军一名。第一任伊犁将军明瑞在伊犁河北岸率领清军和当地各族人民始建城池。第二年也就是1763 年（乾隆二十八年），大城和伊犁将军府建城竣工，城高一丈四尺，周长一千六百七十四尺。乾隆皇帝为此城赐名为惠远城，意为"皇帝赐给远方"。城内驻将军一员，考察大臣、领队各一员，满营驻防兵四千名，伊犁将军府统管巴尔哈什湖以东以南天山南北广大地区和兵马。

城内大街小巷商铺林立，百货云屯，市肆极称繁华，盛况空前，有"小北京"之称。因此，重镇惠远一跃而成为全疆的政治、军事、经济、文化的中心。与惠远城相继建成有塔勒奇、绥定、广仁、宁远、瞻德、拱宸、熙春等八座卫星城，史书上统称"伊犁九城"。同治十年（1871年），沙俄侵占伊犁，古城惠远又遭侵略军拆毁。光绪八年（1882 年），被沙俄侵占长达十年之久的伊犁收回后，老惠远城已彻底毁灭。故光绪九年（1883 年）在旧城北十五里处，即今县治东南约七公里处另筑新城。新城仿照老城模式，沿用惠远之名即现在的惠远城。新惠远城南北长约四里，东西宽约三里，城内有东西南北四条大街，直通四座城门。城郭四角各有营盘一座，专供军队驻扎。新惠远城将军府掌管天山北路之一切军务官廷，都廷衙门掌管全区兵马。将军府内设有将军、都统、领队等 72 个大小衙门及火药、粮饷两大国库和花园、凉亭等建筑。这些建筑因故，有的已不存在，有的即使存在，也因年久失修失去原来风貌了。

林则徐于 1842 年 12 月 9 日到达惠远，12 月 10 日走完了迁戍途程，住在老惠远城的南街鼓楼前的东边第二巷——宽巷，布彦泰将军派给林则徐的差事是掌粮饷的处事。1845 年春，离伊去江南。

惠远钟鼓楼

惠远钟鼓楼位于惠远城十字街中心。大约始建于光绪九年，为新城同期建筑物。相传惠远钟鼓楼始建技工为酒泉兄弟二人，建筑风格斟酌仿造酒泉古楼形式修建而成。它的外观为玻璃瓦，单檐歇三顶，系三滴水的做法。各层平面呈正方形，西观进深各三间周带回廊，目前已是全疆仅存的一座具有较久历史传统的木结构高层建筑，为自治区重点文物保护单位之一。

此楼建于晚清，虽经民国十六年（1927年）及1964年先后两次修缮，但因楼基不固，曾造成全部金柱及绝大部分檐柱歪斜下陷，梁坊拔榫；门窗即非原有构件，窗花又都残缺不整，屋顶则颓坏渗漏，脊兽瓦件损坏过半。更为严重的是，整座建筑已向东北两方向倾斜，偏离中心达24～24.8厘米。为抢救这一古迹，在区、地、县财政、文化部门的关心下，于1981年8月动工，对该工程进行了落架维修，1982年春重新立起的屋架被九级大风吹倒，同年在国家文物局的关心下，从河北清东陵聘请木、瓦、油等技工，用四个月时间重新立起并将三层屋瓦全部挂上，于1983年7月18日全部验收交工，耗资26万元，维修工程先后两年整。

维修后的惠远钟鼓楼总高23.76米，比原地基提高76厘米。第一层为基座层，上为平台，设有石桌八个，石凳三十二个，专为游人休息之处；下以八卦为中心的十字通道，通道顶端为砖供顶，下端为方木钉板层，通道各宽为4.1米，平台上建有木结构彩楼三层，楼顶全用绿色玻璃瓦覆盖。远看惠远钟鼓楼巍峨挺拔，灿灿生辉，近看雕花窗格，朱梁画栋。惠远钟鼓楼的维复，迎来了各兄弟省市游客络绎不绝的观游。古城惠远现已成为伊犁州旅游参观名胜盛地。我们欢迎游客光临，参观指导。

霍城县文管所

一九八五年八月十七日

这虽较前文加详，于我所关心诸点，仍不得要领。既然如此，还有什么更可参观的呢？

车既没有进城巡街，当然也谈不到印象，只是随大家走上鼓楼略作了望。较之周围树木及建筑，鼓楼平台也未见得怎么挺拔。望眼所见不光未足为远，也实际上并没有看到什么略具特色的风物与形势。匆匆下楼，乘车而归。

今日走路特多，身心均有交疲的感觉。当然，承当地的热忱协助，也的确观访了一些此生不易再见的东西，但毕竟太少了。路这么远，有学术价值的名胜四处分散，时间也这么短，恐怕也只能到这样的程度。

返回宾馆，洗盥之后，即等待开饭。饭食不差，既不丰盛，也不俭约，会议秘书前来收取回乌鲁木齐的汽车费，即如数支付18元。又是自掏腰包，不能再住了，快回吧！因问及回京的飞机票，说已经与乌鲁木齐通电话，大概没有问题。但又说："你的工作证留在那里的代买机票同志处吗？"这使我大吃一惊。工作证现在我身边呀！没有此证即无法购票。至此我已经明白，24 日是没有可能乘机回京了。然而当时（8 日）登记机票并收票钱时，为什么也没有提及此事呢？唉！

20 日，住伊宁。今日仍然参观，但是只限于本地，大家乘车去原固尔扎寺址考察。

固尔扎寺亦被称作金顶寺。始建于 1733 年，那正是噶尔丹策凌执政时代。佛教森隆，寺院面积不小。据载说"都纲三层，绕垣周围一里多"。据说1717 年时，策旺阿拉布坦曾遣大将军策凌顿多布挥军入藏，进驻拉萨，尽掳当地各大寺院的神器、佛像与金银重物，以为修建固尔扎寺作准备云云。这个说法有多大的可靠性，不曾考究。但是，固尔扎寺的恢宏堂皇，却不特远胜于斡亦剌惕各大"集赛"（寺院），甚至被夸张成"甲于漠北"。每当年初或盛夏大举佛会的时候，五大"集赛"的僧众固然都要来此诵经，即散处各地的斡亦剌惕佛教皈依者也无不云集礼佛，光诵经者就能聚集六千多人。固尔扎寺的巨大影响曾引起清代统治者的震慑，所以 1755 年，阿睦尔撒纳起义时，清人即借口"叛"变而出兵伊犁，大肆焚掠，固尔扎寺即在同时为其毁灭，亦如明代的统治者遣王琼驱兵征剿青海土默特，并彻底焚毁他们所建仰华寺一样。武力可以毁寺，却无法毁灭寺院的灵魂。因此，一切统治者就转而利用寺院。乾隆征服（其实是"征"而不"服"）噶尔丹以后，乃于 1765年在其统治中心——承德避暑山庄，又建安远寺（即当地俗称的"伊犁寺"），一仿固尔扎寺建筑风格与规模，借此以绥安斡亦剌惕人的愤怒，特别是迎合被强迫东迁的准噶尔达瓦齐部二千余人的佛事活动。

伊宁固尔扎寺与当地海努克寺一样，是西域名胜之一。清人洪亮吉有诗描述："古庙东西辟广场，雪消齐露粉红墙；风光谷雨尤奇丽，苹果花开雀舌香。"诗或不专指固尔扎寺，但是类似。这样的景致当然不会存在了，不过，人们设想在它的遗址上，未必没有一点余韵吧！大概正是在这样虚拟的构想下，才会有访察的行动。

寺址本来在市东北伊犁河北畔，但是确切的地方，就连本地人也说不清楚。我们的司机只能摸石头过河。汽车七拐八弯，总算打听到地方，于是把车停在一个斜坡高地。我随着大家的情绪，却怀着迷离的心情走向前去，心想：我将瞻仰一个怎样的遗址呢？一步步走上高处一看，原来竟是一个高低不平、漫然成片的墟场，不禁惨然。荒无垣闸，寂寥空旷，墓碑林立，坟丘栉比。从残存的碑石上看，所埋者尽是客死这里的各省人氏，男女老幼，军民工商，各行各业的都有。在这个公墓旁又有伊斯兰人的茔地，面积亦颇不小。二者均年久失修，倾圮已甚，致杂草丛生，旷穴朝天，而尸骨毛发亦间有抛露者。面对这个场地，真有毛骨悚然的感觉。

这个坟场始于何时？又为什么要选择一个古寺的遗址？是谁的主谋？难道当年被屠杀的斡亦剌惕人（僧、俗）亦被掩在这里？细审各碑，年代最早的也不出民国。因想，这些人离乡背井，不远千里而来，而终以天涯为归宿，为了什么？邓廷桢说："英雄尽污游魂雪"，难道都是来此征杀的"英雄"？遍查碑石，却又不是。可见倒真的是"游魂"了。我忽然想到明人王守仁（阳明先生）的《瘗旅文》。这个人因得罪太监刘瑾，被谪为贵州省龙场（在省的右边）驿丞，生活悲苦。他看见如我所见的惨状，说："道旁之冢累累兮，多中土之流离兮。"又说："与尔皆乡土之离兮，蛮之人言语不相知兮。"这是一篇作者感伤、读者泪下的文字。我在这时想到它，大概也是意之所近吧！因为这个极不相称的景况，我始终怀疑这里是固尔扎寺的遗址，恐怕是误会。不过，我也想过，当年被满人屠戮的斡亦剌惕人，恐怕连这个墓场也没有吧！土默特人被迫派兵跟随清军来此征达瓦齐，《土默特志》说死去七十余人，他们又葬在何处？王安石曾经在他的《金陵怀古》中说"念往昔……漫嗟荣辱"，我想当年斡亦剌惕汗国的那种历史盛况，竟至国亡族落。荣辱之嗟，岂能没有？有《固尔扎寺遗址吟疑》三首：

岂料当年禅寺址，竟成累累旅人家；
词客慎运凭吊笔，莫将新魂作旧魂。

萋萋墓草瑟瑟风，更有哀哀雁飞空；
千里孤魂难得祭，一把残花聊荐衷。

当年最是形胜地，万方衣冠竞相趋；
伽蓝轮齿今何在，青鸟废窠只此余。
自来风尘常难料，随后陵谷亦易处。
且待盲翁又作场，斜阳古柳论新书。

所谓"固尔扎寺遗址"的参观，说实在话，给我的印象是不浅的。所以离开这个野冢之后，坐到车上，随着车轮的滚动，脑海依然联想沉沉。我想到阿睦尔撒纳与土尔扈特的一些略历，也想到清人以及后来者们的记述。

正如历史实际所表明的那样，今哈萨克族自治州领域，本来也曾是察合台汗国的东部，因此，早年也有人呼之为"蒙兀儿斯坦"。察合台建国，斡亦刺惕人是重要支柱，察合台的后妃与重臣中多有斡亦刺惕人。察合台之后，斡亦刺惕人继之为领土主人，毫不牵强。在斡亦刺惕的历史中，脱欢、也先当然可以是再造之主，而噶尔丹博硕克图汗则应当是继之而起的另一中兴英主，他为统一斡亦刺惕乃至统一蒙古各部，曾作过不懈的斗争。他死后，其任策旺阿拉布坦统治全境。这人也是可以在历史上大书特书的杰烈。至18世纪初，阿睦尔撒纳光复前人旧业，其功烈很可以与噶尔丹并呈。从也先、噶尔丹开始，直到最后，斡亦刺惕人不论如何变换名号，始终以自主、自立，不受任何外力束缚而与邻族平等往来的身姿声闻世界。阿睦尔撒纳迫于其统治集团内部的倾轧，曾有求于前清王朝，其潜在的用心不外是从政治策略上取得支持，亦如欧洲人当初在权宜上取得蒙古或朱明王朝支助一样。所以尽管满清统治者授以"副将军印"，傲然以臣下对之，而阿睦尔撒纳却坚持拒绝启用。他无论对内、对外，都以斡亦刺惕可汗自居，始终以"珲台吉"的菊形篆印签发号令；始终以四部总汗的冠服自饰，而拒绝服用满洲王朝所"赐"的袍褂翎顶。这种坚持民族自主与气节的雄强立场，使他在客观上具有民族历史意向代表者的身价。事情往往这样，本族的欢迎恰恰是外部觊觎者的懊恼所在。

对于恃大称横的压力，不用说，任何一个有尊严的民族都应竭其全力奋起反击，阿睦尔撒纳正是这么干的。斡亦刺惕人对他曾经一度投清始终认为是他的历史污点，而对于他的抗击却又承认是一个楷模。当然，他最终的结果是失败的，这中间也有教训可以解说，然而从统治者的百般诋毁中，不是正反证出他给予借势欺人者的打击是确实的吗？列宁说："一切民族压迫都引起广大人民群众的反抗，而遭受民族压迫的居民的一切反抗趋势，都是民族起义。"[1] 到后来，他兵败内讧，甚至宁愿走死，亦不愿屈服于一时的淫威之下。这不是斡亦刺惕人的历史真实吗？对于噶尔丹、阿睦尔撒纳，清朝及崇清的学者视之为"败类""叛逆"！其实，这是可笑的。在中国，迫于一方的

---

① 《列宁全集》第二十八卷，人民出版社，1990，第154页。

压力而求助于第三者的史例，并不乏见。曹操曾借用乌桓、匈奴兵；刘琨曾借助拓跋兵；李唐曾借助突厥、回纥、沙陀的势力；宋人也曾借蒙古抗金；明人借满人压李自成，清人也借兵蒙古，如此等等。何独斡亦剌惕？其实所谓"关系"云云，只是一种扬言，至多也只限在经济交往，俄国的文献也说如此，它否认有什么武器、军事上的支持。有《浣溪沙·阿睦尔撒纳》一阙：

> 喑呜叱咤一代雄，四部弹冠拜至尊，折节厚施王者风。
> 铁马金戈百万军，扫荡强梁命世功，口碑常在死犹存。

当然，斡亦剌惕中的"败类""叛逆"是有的，这就是那些觍颜事敌、沐猴而冠、听任甚至丧心病狂地自始至终协助外来征服者疯狂屠杀自己同胞、焚毁自己家宅、掳掠自己畜群、绝灭自己文化的跪降者。人民，首先是本族人民的历史判断，而不是异族统治者的"钦定"，是最可靠的。与清御用学者相反，在斡亦剌惕人的口碑传说及文艺创作（如《江格尔》等）中，这种"败类"与英雄，"叛逆"与豪杰之间的界线，是十分明显的。有《调笑令·圣明》一首：

> 圣明，圣明，纶音百事难凭。诛杀异己称惠，分庭抗礼犯罪。罪犯，罪犯，千秋谁来公判。

土尔扈特呢？这也是四斡亦剌惕之一，牧地早先主要分布在雅尔地区。这一部落曾经离开故土而迁往额勒河，后来又有返回故地者。对此，无论清统治者，还是封建史家，都异口同声地渲染说：迁走或者支持迁走是"叛国"，是"反动"；迁回则是"进步"，是"热爱祖国"云云。当然，可以各是其是，但是，必须有个准确的客观标准。土尔扈特的来往迁牧，一般说，完全是生产规模所致，是每年每季都经常进行的；特殊地说，也许是出自具体的、偶然的原因如内部矛盾、灾荒、疾病传染等。而从地缘上说，迁往俄罗斯近地（原来也不是它的领土），以便于与之来往交换，也不能说不是原因之一。在这里，清人所说的什么阿玉奇与策旺阿拉布坦"交恶"云云，是并不存在的。也许有某些扞格现象，但是，只具有偶然意义，他们之间的婚姻关系就不曾中断过。所以生产的、经济的因素始终是迁移、"行国"的根本推力，没有这一条，统治者无论怎样"交恶"，也是不会经常迁徙的。还要考虑：清政府总是极力直接间接地限制、阻碍土尔扈特人（也包括整个斡亦剌惕人）向东谋求出路的试图，如牧场、贸易以及与东蒙古的交往等，这也正是迫使土尔扈特人西走的因子之一。但是，无论去与来，在土尔扈特人的心目中，都只是牧地的转移；都不出本族的传统领域，都只是本部主权的行使，它不是任何外力的臣仆。如果硬要从所谓"叛"与"服"着眼，它充其量不过是对斡亦剌惕总体的"叛"。当斡亦剌惕力谋统一的时候，土尔扈特统治者如果因此西走，客观上形成抗拒，这本身不见得有利于自己及全族的发展，因而是可以视之为"叛"的。但是，这与某些人所说的那种"叛"，意义并不相同。

经过一百余年，土尔扈特人终于又要回归它固有的牧地了。但只是一部分（初时，据说几十万人），另有很多人并没有随之而迁，他们依然留在俄国南部草原（其实早先也在斡亦剌惕领域内）。他们东迁，从根本上说，依然是牧业社会生产规律的反映。在当时，东方故土的形势也无害于他们的东迁，而一些部长们为躲避西方布加乔夫的起义（土尔扈特人亦有参加者），又企望袭取四部的统治权，牧人则寻求迁牧利益，这就是他们东迁的实质。东迁是一致的，但人民与部落者的目的却并不一致。

清人还有一个说法：土尔扈特人东迁，是由于与俄国宗教信仰不合云云。这其实不过是转述东迁上层人物的谎话而已。事实上，他们从 17 世纪中（明崇祯间）西迁，到 18 世纪中东返，中间已经百余年的历史，宗教信仰云云又何曾有什么影响？俄罗斯的对外战争及布加乔夫的起义斗争，他们不是都参加了吗？渥巴锡东迁时，不是依然有很多人留在那里，并供奉圣像和十字架吗？

明明是这样，而秉笔者却偏偏指为那样，不能设想，史学的直笔传统，他们竟至不懂。在这里，我想起了美国反动史学家俾尔德。这个学者以为记载的历史与事实的历史并不一样，他认为每个人都可以依据自己的意念，随心所欲地去写历史。曾经受到马克思严厉批判的英国史家麦考来也认为：写历史不是对过去的事做出判断，而是以过去的史事来支持当前的主张，就是说可以伪造历史。有《调笑令》二阙：

> 研究，研究，荒诞何云优秀，仇杀偏说友谊，敌手妄称兄弟。弟兄，弟兄，曲笔宛若卑躬。
>
> 文章，文章，莫道珠玑堪赏，涂黑抹白随意，诬人凌人盛气。气盛，

气盛，兀的一条闷棍。

当然，这只是调笑。

我的随想还没有结局，汽车已驶到了伊犁河边。在一座颇为着实的大桥上，人们纷纷跳下汽车，徘徊伫望眼前的风物。这是很不错的，到伊宁而不目睹伊犁河，岂不煞了风景。面对这个境地，我也把思绪从零乱中引了出来，又系到了伊犁河上。我下车在桥头凭栏眺望一阵，又独自缓步下桥，顺流迈向河的涯边。

伊犁河名在《汉书》已经出现。史书有"伊丽河""亦列河""伊烈河"等写法。据说：河长二千五百余里，它的下游可能通航。河源不一，或说主要有三，都起始于东方，东高西低，所以河水几经萦回，终向西方泻逝，以巴尔喀什湖为自己的归宿。清人洪亮吉曾有咏伊犁河的诗："结客城南缓步回，水云宽处浪如雷；昨宵一雨浑河长，十万鱼皆拥甲来。"既说了河的声势，又唱了它的特色。三十年前，我曾就此问过当地工作人员，说河中的确有鱼，个大皮厚，没有鱼鳞，揣其形状，很像青海湖的鲤鱼。鱼一般在上游产子，苏联人在双方交界处不知安装了怎样的机关，致上游的鱼可以西去，而下游的鱼却不能上溯，终至这边的产量大受影响。这是三十年前的传说，现在如何，不得其详。

河水其实不浑，但是水量很多。河中有没有鱼，我凝眸细察，无法确定。向东了望，水势十分汹涌，茫茫然绝似从天而瀑，浪激涛推，声震四野。那种声势，不禁使我联想到当年斡亦剌惕的雄飞。浩荡无遮，激浊扬清。这条河水究竟多深，无法估量，渠宽则足有百十米。河内间有浅洲，苇草丛生，临风摇曳。但是，滔滔长河，一泻千里。伊犁河亦如伊犁城一样，曾是斡亦剌惕人的依托。斡亦剌惕人的盛衰欢悲，这条河应当融融与共。据说，阿睦尔撒纳兵败势竭，曾策马一跃而过此河。其壮烈英姿，人们至今赞叹。时间所限，大家遵时上车，我也匆匆结束流连，顺手拣一块赭色卵石，离河而去。有诗三首：

> 伊犁河边洗过手，千里不负此番游。
> 岂信五月跃马志，竟赋滔滔水空流。

> 溶溶浊水自东来，丘阜山峦无不开；

无情西逝千重浪，淘尽兴亡继世才。

桥头览尽天涯色，大地苍茫渺一身；
千古秋风今又是，何处听弹瓦剌筝。

离开桥头，汽车驶向当地一处著名的果园。园名已忘，是否就是当年满洲驻防军塔章京的园囿旧址？也未及打听。这个果园的规模极大，树木品类也不少，而葡萄尤为著名，经营者分明是维吾尔人。果园是国有，私有？不了解。他们的经营方式与收支状况也没人介绍。也许事先作了安排，我们去后，招待者在一个别致的廊亭内，就地铺下花毯，摆上所产桃、梨、葡萄、西瓜等，请来客品尝。旧时记录说，伊宁出五色瓜，我遍履园地，并没有发现，所见的只有"豆姑娘"，倒是多年不见的东西。在亭内吃人家的东西，心里颇有不安，不知由我们集体付钱，还是当地文教部门酬价，不得而知。总之，应当报酬，不宜白吃。但据说，一般外来参观者都不免就此小憩。我们是学术会议的参加者，突然来到这里，究竟为了什么呢？这里既不是历史古迹，也没有文物场所，这好像真有点像列宁所说的"本来是进那个门，却走入了这个门"的味道。

下午归来，考虑到明日就要东返，所以又带疲累的身子上街一趟。依然不见什么特色。本地曾经有点声名的如五色瓜、米丘林苹果、伊犁鱼、烧花猪肉、白桑葚、烧雏等，均不见上市，即使诸种哈萨克饰物与食品也难觅得。至于历史旧迹（首先是斡亦剌惕的）、文物遗存，就更无从窥其面了。只好悻悻然踅步而回。伊犁之行，实在间或抱憾事啊！取经不得如愿，未免虚此一行。

晚饭又是宴会，为什么？不了解。或是地方当局主持？不知出于什么设计。饭后，我仍挂念飞机票的事。不知能否有点令人欢慰的消息。也许明日有？

今日，新疆一位家在这里的先生提一桶马奶酒，请一些同志尝饮，说是家乡的。这是本地仅是的斡亦剌惕人。我因上街未能及时领情。饭后，他来找我，并当面倾一大碗给我，说下午找你不着，现在请吧！我十分高兴，一饮而尽，以示谢忱。总算又见到了斡亦剌惕人风谊。李贺说："珍壤割绣段，里俗祖风义。"岂是之谓欤？特记于此，以垂日后。

8月21日，一早向宾馆算结了房钱，每日每床8元，3日共付24元。应当说是便宜的。这么安逸设备的住室在内地通都大邑，可能要花五倍于此的钱吧！3 天伙食亦只向秘书处交了 3 元，饮食不劣而支钱无多，这也是未曾料及的。不过，会议补贴了多少呢？

早饭一罢，人们即陆续拥上汽车东返。告别伊宁，实在多有打扰了。深祝伊宁更向昌盛。今日路长，不免要困顿，所以在精神上是作了准备的。车仍循原路奔驰，一路不停，车很快即抵二台。这也如三台一样，没什么可观的建筑，不过是交通交换点。汽车在这里停驶，加油，换件后再走。我们的车一到，广场上的赌博之徒立即迎上来拉拢，他们就地铺一小方巾，然后摆弄几张扑克牌，要围观的人以钱作押，借赌输赢。旁边几个同伙，抢先押大钱（50 元），弄牌者假意认输，以为引诱。围观者如不知就里，以为有便宜可拿，遂亦掏钱作注，然而无不输光赔馨。我们这些人竟无人上当，只以讥笑眼光冷观，终使其伎俩无所施授，尴尬而去。人们讪笑，他们自己也没话自解。听口音都不是本地人，然而他们竟不畏远阻来此混迹，并且都一身整齐，足见他们是能够得逞的。

车在果子沟行驶。车内的兴致随着沿途景物而不时变幻着。以后汽车率性停停走走，方便乘客的流连，于是人们时上时下，各见其见。我自己因为来时已领略一过，又不可能更深地尝识全貌，所以始终坐不离席，只想快点开车，早到地点。面对人们的这种无聊，司机也不免滑稽起来。

汽车的马力很足。我既不能入睡，遂又仍回到来时的冥思中。

四十八桥在哪里呢？我想肯定是有的。史书记述，自古环行万里，无不披荆斩棘、开山搭桥。成吉思汗在收服"林木中百姓"及豁里、秃马惕时，就曾严命朵儿伯朵里黑统军，各带锛斧锯凿等工具，砍树开路，并命每人背"条子"十根。凡不听命者，即以这"条子"惩罚。他西征所经，必然也会用其故事。四十八桥不过是果子沟一处而已，别处未必没有。可惜，耶律楚材与丘处机没有详细记录建桥的经过、各桥的名称与样式。

由成吉思汗的行军，又想到察合台与土默特的进军。察哈尔人的营盘，博乐塔拉已有记述，土默特则不见其营盘踪迹。据清史：土默特人在康熙时，曾被驱上征噶尔丹的前线，诸军怯阵，唯土默特人勇敢，挥旗陷阵。《土默特志》也有此记述（即赵征）。但《圣武记》说，远征噶尔丹有察哈尔，没有土默特，因为统治者不信任。如此说来，则所谓"土默特"云云，乃指蒙古勒津（阜新、朝阳土默特）。《土默特志》所述，当作误植，实不足信。归化城土默特人没有参加远征。又想：斡亦剌惕既被夷平，清人心虚，仍驻大军并为此而众建诸城。清官僚中之触怒者，亦每被谪戍此。即使到了清代末年，志锐犹被"左迁"于此。志锐者，这是光绪皇帝瑾、珍二爱妃的胞兄，本姓塔塔儿。谅其远祖，或者也是投降满洲的另族。辛亥革命前夕，因事被遣，后以尚书衔任伊犁将军。他在这里很有些改革的言论。武昌起义，当地军政呼应，推他为都督，不受，被处死。民国初，棺柩被迁回北京。这个人很有点才识。但是，似乎潦倒失志，曾以"穷塞主"自称，而署其堂名曰"待时"，可见其心向。光绪中，曾被遣发乌里雅苏台，任参赞大臣。赴职中，颇注意沿途山河形势与社会人情，有《竹枝词》百首。在任中，他曾发现当地蒙古人古墓，因找不到碑碣而明其所以，竟赋诗自憾。可见是个有心的人。然而他在伊犁，何以竟无一字之作呢？倒也古怪。

爬出果子沟，又走上了来时的荒野。触目空旷，荒瘠无际。除远处隐约几许牛驼之外，真是"窅不见人"。我仍设想，这个迹象大概主要是人祸造成的。假如没有满人两百年前的焚杀，假如自然景观不被残毁，何至于如此？新中国成立之后，政府已作了很多努力，不少地方已是新颜替旧颜了，然而不可能一时泽遍四野，所以这里的这种荒漠，恐怕还要存在很长的时期。有明驼鬞牛散牧，说明荒碛中不无人家。究竟何在，视而不见。牲畜的那种闲逸自随，倒是很有点神情的。有诗《野望》一首：

> 荒草萋萋四野空，牛驼悠悠各西东。
> 任逐牧场寻适意，勉从羁旅不由衷。
> 俯仰亦须乾坤大，进退无虞云林深。
> 纵使不周山重裂，依旧闲散复从容。

又《齐天乐》一阕：

> 芜野巡回三千里，秋光无意葱茏；流波敛碧，细草摇沙，牛驼星散离群。极目苍溟，但穹庐寥落，烟绕孤鸿。胜迹何在，前度游人今又寻。堪叹胞与争锋，便左地黩武，借端诘戎，犁庭扫闾，裂土分民，华黍转首悲空。秽史莫凭，看山荫拔萃，怀贤有松。英烈承垂，口碑更长存。（《途中即兴》）

经过两百余里的奔波，车到精河，暂打一尖。人们各行其是，漫不经心。

或吃或喝，或坐或立，我则自找方便，避不扰人。这里没有树木，滩多乱石，只是大路两侧排列着一些极为简陋的店肆。经营者都来自内地，其供应食品亦多带有各自的乡土风味。我随店主方便，只买了一碗馄饨，不过聊充饥肠而已，结账1元。谈及营业状况，店主只是叹难，也极简单地回答了我关于他们来此的缘由等询问。

休息过后，又东向而驶，大约3小时以后，安抵乌苏。车内一路平静，极少哗笑者，大概都有点疲累了。汽车直接进入乌苏宾馆。这是当地最好的住宿处。与来时打尖的招待所大为不同。下车伊始，人们即按规定各自办理住宿手续，计每床9元，两顿饭支5元。按当时的时价说，依然不能说很贵。这事办妥后，始住入被指定的房间。我住二楼正面一大套间。

8月22日，天大亮，人们都已盥洗，我始一觉醒来。赶快起来洗漱后，一看还不到用饭时间，乃缓步凉台，周览四面，触目所见，尽是新建楼群，很有生气。社会主义就是好！清人洪亮吉谪戍伊犁，路过此处有《乌兰乌素道次》一诗，说："乌兰以北地不毛，极视千里无秋毫；穷荒鸟亦拙生计，啄土饮雪居无巢。居人觌面能欺客，兽复欺人占居宅。……"这种情况现在已看不见了，郊外如何，当然不敢自信。但是，大致依然较荒僻，这在来的时候，已经略有领教。东方太阳露面（这里的时间，大约较北京晚一小时左右），吃饭的人们已经走向食堂，不敢怠慢，也急步奔向院内食堂。饭很实惠，服务态度也不坏。馆内人员多是维吾尔族青年，也有转业军人，都显得精悍，这是内地所不多见的。看来这个以蒙古——斡亦剌惕命名的城市，斡亦剌惕居人反而没有了，否则，这里的工作人员中怎么不见他们的踪影呢？不用说，这自然也是清政府的政策结果。他们把四斡亦剌惕人众强制分迁四处，既不准与外族接近，也不许其内部交往，力谋使之永远保持分裂、落后之状，以利其统治。清皇帝的御旨就明确说过斡亦剌惕人"不识不知""朕有嘉焉"，说"众建王公，各牧其牧"是"太和有象"的征兆。时至今日，斡亦剌惕的族裔们是否意识到这段历史因缘，从而有以自警、自振？

早饭一过，大家即收拾各自的行装，准备首途乌鲁木齐。原来的大车，原来的路，没什么可着眼的。一路平安，心无所虑，想的只是回京飞机票。经过4个小时，乌市近郊景象已历历在目。汽车公路北面远处，有飞机场一处，这岂是我三十年前到此降机的所在？路南有火车站，这是新有的。这里的变化真是太大了，你是想象不到的。马克思主义就是伟大啊！车轮顺着大庆路直驶东南，很快即抵城北的昆仑饭店，时间刚过中午。总算到了，我不由得松一口气。

但是,"行船偏遇打头风",很不凑巧,不光饭店不承认有接待我们的安排,即会议的留守人员也遍觅不着,领队同志很为恼火。约 3 个小时过去了,反复交涉,总算有了着落,我们被安置在饭店后面警卫兵的原宿舍。二人一室,权为缓急。房子破旧,生活设备极差。对我倒无所谓,反正也住不了几天,并且战士们不是曾经住过吗?重要的是那张未到手的飞机票。对此,旅行袋一放,我就各方打听,原来那位留守人员、负责买票的同志根本就没有尽职,当时(半个月前)各人交付的机票钱至今仍压在他的柜内。多要命!我们的住房,原来他也没有与人家接洽。这样的冷漠,实在没有想到。但是,也许人家有人家的困难,不便指责。可敬的倒是领我们远行的新疆师范大学的青年同志,一路辛苦,任劳任怨,令人感动。可惜,我竟忘了他的尊姓大名。惭愧!

这里住宿规定严格。住房要凭工作证,要登记;凭宾馆出入证进入,领证要交押金 2 元;需预先买饭票,这种票也分几等,我们的票当然是末等;住房也要先交房费,房号不能改更。手续比较繁琐。所有这一切,均躬自料理,"会议"已概不代劳了。因为它已经结束了。

我们来时,午饭已过,所以只能等待晚餐。乘这个时候,我收拾自己的床铺,然后换洗两件衣服。我住西向二楼,与我同室的是黑龙江杜尔伯特旗的一位同志,他是蒙古族,但不是斡亦剌惕人。他有喉病,精神委顿,甚讷于说话,应当是一位好同志。我们只谈一些各自的一般情况,交情当然也没法言深。彼此都倦,只仰屋小憩而已。五时半,开始向食堂移步。食堂分设两种,一种是汉族的,一种是清真的。我信步走向后者。这里可以不吃猪肉,也较干净。饭食多有民族特色(牛羊肉、奶茶、糕点等)。这个食堂的服务员是一色的维吾尔族男女青年,都气韵精爽,业务练达,态度谐适。好。晚饭是四菜一汤,蛮不错。据说,这里每日三餐,早点是奶茶或米粥,中晚饭均四菜一汤,花样不一,顿顿复换。但是,价钱不出末等。吃饭时,先放出相应的饭票,十人一桌,坐齐即开饭。食堂以内热闹非凡,各种会议的人员都在这里聚餐,你随时都可以看到。饭菜豪华者有之,朴素者亦有之,而以前者为多。这种时尚,我亦司空见惯。

依然挂念我的飞机票。原订日既然已成废案,只好重新登记。我对办事人员说,我原登记本月 24 日。他说,24 日的机票已经售完,不可能买到。我请示:"那就找最近的日子吧。"他表示可以努力争取,现在正是旅游季节,民族运动会刚结束，来往乘机者拥挤，难办。他说的是实话。我们这一批人也都在发急。所以只能体谅，只能忍耐。

饭后，人们抓紧时间，结伴或相续上街了。我精力不适，只在院内周回浏览。综览这幢建筑，颇觉气派。据说这是最早建设的，现在较它皇堂宏伟的大厦在逐年涌现。宾馆的西面隔路（友好路）而立的是人民大会堂，东边即毗邻新疆师范大学，一条流水南北经它门前而过，那或者就是当年的乌鲁木齐河（俗呼西大河）吧？现在名和平渠，不知原名为什么不可以称？

晚上没事，人们照例孜孜于上街。室内闷热，只好在院内绿林中缓步。

8月23日，仍在乌鲁木齐。整日闷闷，专待机票消息。当地民族委员会负责同志专来宾馆，据说他了解到出席这次会议的人所住房屋条件后，立即吩咐调换房子。正好饭店正楼有人新走，空屋待客，于是很多人迫不及待地搬去，那么大多数人怎么办？只好各自方便吧。也有人劝告我搬家，我谢绝之。又偶然风闻，这位民委负责人是看在他的私人同志（我的同行者）的面子而吩咐调房子的，这就更不能搬，我不想沾这种"光"。

今日有点感冒，不严重。

8月24日，仍在昆仑饭店后院，身体不适，只在室内斟酌那篇序言的最后定稿。《土默特志》的编撰已进行了6年，这中间作为它的顾问，我的确花了不小精力。去年底，下卷稿已定，将于明年出版，序言正是为它而写的。这部书的成功，无论对土默特人，或者对我自己，都具有极大的意义。

清末，曾有当时的"钦差大臣"名唤贻谷的主持编过一部《土默特志》，但质量低劣，至今已近90年，一直未加修订。而从那以后的这多年，尽管经历了几个历史时代，都没有一字之《志》。可以说，土默特人在近百年的岁月里，是"史前"状态，这是反常的。土默特历史经历丰富，贡献很大，文献有存，人才不乏，为什么竟出现这种记录的空白之页而不填充？现在人民要求弥补这个憾缺，而我也有幸得以贡献自己的绵力，以不愧土默特先民的光彩，不论多么艰苦，应当始终是可庆的。所以序言工作，必须精心。

吃饭时，偶然发现食堂外厅有售书点，很觉服务设想得周到。顺便选购了当地出版社出版的五种书，计《西回鹘国史的研究》（日本人著）、《喀喇汗王朝史稿》、《西域史论丛》等共5本，费7元4角5分。这可以看作是此行的纪念物吧。

听说，有些人因等不上机票，遂找各自的关系，竟至飞走了。

8月25日，仍在昆仑饭店后院，无所事事。上午，阅新购书，下午，试拟《土默特志》下卷工作总结，以为上卷工作开始作准备。天热，烦闷，乃就林荫下与人闲聊。又觉无聊，乃成七律《书烦》一首：

> 羁旅无聊何时是，只在仰屋待机间。
> 心烦不耐苍蝇扰，意乱且听鹧鸪嗟。
> 终日失措唯引领，彻夜觅计干瞪眼。
> 权将空寂书咄咄，斯文究值几多钱。

晚上，乘间洗洗内衣。入睡，望勿多梦。

8月26日，仍在后院二楼。饭后踱步上街头，懒散地在林荫下间走间坐。方便时也问问市场行情或寻访一些古迹。在附近一家售民族运动会物品处，买了4斤葡萄干，成色纯净，色泽不像是陈年货，但价不贱，4斤16元。事后，拣路边一靠椅小坐，忽见工作同志某某某疾步走来，说机票已购得，送到会议办公室了。航次是27日的，又说让你多等了日子，实在对不起。天呀！这从那里说起？能在这么短的时间里买到，已是万幸，还有什么"对不起"？倒是太难为人家，深觉劳累了。他略事宕延即握别而去。我也迫不及待，立即赶回把票拿到。票价229元。至此，几日的郁积终于豁然。

明日就要回程了。在家原先预订的事，可幸不会耽误了。家人托我买的东西还没有到手，下午决心上街。午饭一罢，即独自乘1路公共汽车去了本市的闹区，选购了所要的零星物件，总计支86元多。属当地所产。

晚饭后，去宾馆服务处办理手续，算房钱，退余下的饭票，出入门铜牌换回押金。总计支房钱25元，伙食费12元。有人知道我有了票，祝我一路顺风。我也为他们仍要等待而着急。的确，机票在握，心情遽然轻松起来。有《子夜歌·回程》一阕：

> 侥幸握得回程票，心花放彻眉间笑。千里一梦醒，明朝就返京。凉夜沉沉院。欲睡偏无倦，轻歌理行装，秋风正送爽。

这也见得当日心情。晚间，借时与新雨、旧识及办公室同志道别并鸣谢。不论如何，大家共行二十几天，多承照应，总是不易的。

8月27日上街，有专车驶来，遂赴机场。诸同志亦来临车送行握别，谨挥手致谢。一路畅通。到达机场入口处，仍然照例办登机手续。这里对行李、人身检查更严，尤其是金属物件。检查手段先进、省事、安全。我看这很必要，防暴绝对应当。

依然中舱，前舱是日本一个什么团体。他们早于我们订票。这次较新疆航班更令人适意。机身大，设备齐全，服务态度不错，但机上乘务员侵占旅客行李仓的现象，令人讨厌。也是老规矩，供饭一顿，饮料一杯，赠一小物件（系一丝光帆布小腰包）。

飞机航行极平稳。因有来时的经验，所以心绪实在，毫无不安。不大一阵，忽听有人小唱"嘉峪关"！这当然是有所见而发的。是否嘉峪关，乘务员没报，怕也未便真切。但是，想到古人多有关于它的吟咏，倒也不妨再看看。座位与窗口间隔，虽然睁眼探视，也没法一瞥。只好起身到后面贴窗。然而关楼已过，所见者除茫茫苍苍之外，只空自凝目，回首示别而已。归座后，依然抱怨乘务员不及时报道。嘉峪即嘉谷，当是一因山有好水，二因地形不错而得名。唐代地志说，穆天子曾游过此处，西王母也在这里筑室。嘉峪关历来被视为两个世界的交界，古人出关无不黯然神伤。林则徐刚出关即盼入关，说"我来别有征途感，不为衰龄盼赐环"。其实他当时还只五十多岁。"赐环"就是赦罪放还。"环"与"还"谐音，说的都是反话，岂有盼死的道理。相反，入关者又无不喜形于色，洪亮吉《入嘉峪关》就唱："驻马官道旁，生还庆僮仆。"在旧时代，嘉峪关实际上是"戍楼"，其守卒每有"羌""胡"充任。高适就有诗句："胡人吹笛戍楼间""月明羌笛戍楼间"。唐代如此，其前、其后也未尝根绝。利用"胡"人对付"胡"人，"以夷制夷"，曾经被视作历史的得策经验。我这次途经此关，一出一入，并没有悲喜之感，说实在的，倒是无不喜欢的。出关喜见斡亦刺惕，入关喜见家中人。"出关入关耽两喜，悲苦何必挂心间？"基于这个思想，刚才回首一望，倒有点惜别关西了。

在这23天中，虽然未能如愿以偿，但终究看到了一些三十年前所没有见及的事物。它无疑对今后的学习会有所助益，尤其感兴趣的是在博乐等地见到了斡亦刺惕人，他们的代表，他们的风情（当然只是一斑）。他们可以说是清人屠杀中的"遗民"后裔。他们能够得以发展，并且还必然更发展。社会主义制度、中国共产党的领导等，学习马克思主义并按马克思主义办事，是主要原因。真希望他们好。但是，很想知道他们是否认真了解自己民族的古代与近代，又是从哪里了解的？汉文史书的伪造性太大了。想着这些，看着刚才所见，竟凑成《苏幕遮·回音寄》一阙：

驾西风，驱剩暑，先雁飞空，横断塞云阻，回首阳关那边地，烟霭情浓，忍见天山仑。念龙堆，试访古，千里踏破，屈指谁能数？寄语遗噍还振奋，前民伟烈，莫向伪史睹。

用"西域"词牌寄"西域"情事，也算是此次来回的纪念吧！

航程继续。不知是否到了祁连、焉支二山顶上？很想看看。这不仅因它们与当年的匈奴族有过关系，《匈奴歌》提到过它们；也不仅因它曾是月氏的原居地（后西迁而过今新疆）；更不仅因为它与我刚刚经过的天山（亦称祁连）遥相对应，互称南北天山；直接的是我在青海工作时，对它有过瞻仰。然而凌空万里，众山耸列，如何分辨？虽然它经年白雪皑皑，但是白云茫茫，实在也无从隔云而见。所以空有望眼，终难如愿，望无结果，因想到这次会议对我来说，似乎也没什么结果。学术会议究竟应当如何召开，真的是需要研究的问题。这本身恐怕就具有学术与专业性。这个问题不光这次会议存在，凡我经历的各种学术会议都有这个问题。当然，在会议间，各方学术先生们对自己都有所奖掖，即这次会议中也不乏垂青之时。但是，既然不敷初衷，所以从此下定决心，不再出席任何这类"游会"。即座有七绝《自失》一首：

一失虑时千般悔，此行已罹各样灾；
十万文章未显得，取经何必这般来。

确属可笑。

下午，结束航程，安抵首都机场。这次出行，拿的是乘出租的记账单，所行政处同志说凭此易乘车。殊不知情况并不如此。出租车只对现金感兴趣，记账云云，私人不获实惠，却甚冷淡，甚至反而借口拒绝接送。我既然手持记账单，当然无须专待航空公司的送客大车。然而大车已经开走，我却伶仃地求"首汽"（首都汽车公司）帮忙，因为正是它与本所有此记账关系。幸好司机同志不错，愿意接送，然而他又邀来几位女乘客，大家只好挤在小车内，驶向市内。而这几位妇女所去处又很偏僻，所以等到把她们先送到，然后再送我至家时，已经点灯了。这又是从哪里说起？车费反而付出24元！

一进家门，全家高兴。我也不再提心吊胆了。真是万幸。

本文后记

　　本文所记，内容颇多拉杂，可以讽之为苏轼所说的"拉杂变"。但是，所经各地的风物状况，笔者在这 24 日的匆匆经历及学习感想，却也能多少反映出点滴端倪来。明人谈迁曾记述他的北京之行说："余谫昧，不挟一帙，虽好登涉、慕考据，刍荛之口不甚核。碑碣之详不及搜，觌面易失，经宿易忘。余发种种矣，何能为？漫托附车，只自愧耳。"这个人熟谙典故，入清而隐居不仕。他的身世别是一格。但是，他说的这些话，却也是我之所以纪游的私意。爰引其语，以为后记。

1986 年 9 月 9 日

第四卷

《匈奴歌》别议

　　探索隐约于汉文古籍中有关蒙古高原历代各民族的文学资料，对于映照与把捉蒙古文学及其历史发展的脉络，如果不说有直接的，至少不无间接的裨益。

　　今年从一种期刊上，发现了一篇议论匈奴之歌的文章，这可以说是新中国成立以后的首创。但是，见仁见智，议论不必就是定论。由于我也企望在向古代北方民族民间文学的窥探中，作一点尝试，所以这篇议论也就自然地触发了我的笔兴。妄人妄语，以下算是我对《匈奴歌》的一点体会。

一

　　《匈奴歌》，亦如其他可见到的如《阿干歌》《敕勒歌》等一样，不妨看作是产生在蒙古高原的"国风"。例如汉文学史中的《子夜歌》，确如鲁迅先生所说，"会给旧文学一种新力量"（《且介亭杂文集·门外文谈》），那么《匈奴歌》在古代北方文学中，也应当被看作是一种新的养料。因此，它在我国北方民族民间文学史的研究中，应被置于不可或阙的显要地方。号称"赅博"的《乐府诗集》，特别地将它收入集中，并与汉代其他"杂歌"等列，或者不是没有见地的。

　　如果说，汉族的古代民歌在史籍中被保存了很多的话，那么，《匈奴歌》则是被记录下来属于这个民族唯一的一支民间之歌。这加重了它文学的、历史的身价。

　　这支歌亦如古代其他民族的原始歌谣一样，不见有另外的题名。对于汉族古代的无名之歌，后来的"好事者"往往依据歌词内容或歌唱地点冠以标题，如什么《大风歌》《垓下歌》《平城歌》等，而《匈奴歌》则并没有。《匈奴歌》是什么意思呢？顾名思义，大概就是匈奴人所唱的歌吧。

首见《匈奴歌》一名的，似乎是在宋人郭茂倩所编《乐府诗集》的杂歌谣词一类里。在这支歌的题解中，编者引《十道志》说："焉支、祁连二山，皆美水草。匈奴失之，乃作此歌。"似乎这支歌词最早出现于《十道志》一书。《十道志》为唐末梁载言所撰，已经是 9 世纪六七十年代了，绝不能说《匈奴歌》到这时才始被入录。

《史记》《汉书》《后汉书》等，于记述历史事迹的同时，曾录入当时不少人民乃至帝王之歌，但在叙录当时匈奴人活动的时候，却都失载这支匈奴人之歌。《乐府诗集》在编入汉代各歌时，多同时在题解中引入各歌所本的载籍，唯在《匈奴歌》的题解中，却没有看见引入任何记载此歌当时的典籍，因此，可以认为：《匈奴歌》是在匈奴人西迁和从大漠南所隐退之后出现的。或者说，司马迁、班固等修史时，尚未见到这支歌的流传。

最早见到这支歌的歌词，似乎是在《西河旧事》一书中。这部书没有撰者姓名，但据说，它可能系北凉人所编。北凉建国在公元 397 ~ 439 年间。这个年代上距西汉亡国，已届四百余年，即距后汉亡国，也已二百余年。在这四百或二百余年中，曾有不少史志等书问世，而各史书都没有记录这支歌的歌词。换一句话说，既然在《西河旧事》出现以前，都没有这支歌的痕迹，那么北凉人根据什么而录入这支歌呢？很可能，《匈奴歌》是北凉人自己搜辑和编写的。

北凉的统治领域，主要是今甘肃省的西部及青海省的东部。在这一领域，历来居住有不同族源的人们共同体，史书称之为"杂胡"。《西河旧事》是否即卢水胡人所编，无可测定，然而，甘肃走廊及西宁地区既然有不少民族（"杂胡"）在活动，何以偏偏指为在这一地区濒于绝迹的匈奴人的歌词呢？因此，不妨推定，书中所引这支歌被指为匈奴人所唱，恐怕来自传闻，首先是河西走廊的传闻。自然，传闻不必失真，然而以讹传讹的事例并不乏见。结论只有一个：《匈奴歌》为匈奴人所唱之说，究竟有多大的可靠性，这个疑窦似乎历来不曾引起人们的注意。

与习见的论定相反，我倒以为《匈奴歌》很可能是"杂胡"之歌。卢水（在甘肃省民乐县）胡人曾经以游牧为生，牲畜是他们的社会生产和生活源泉，他们保持自己的风习和语言，然而由于他们亦与别族，首先是汉族杂错相处，因而一方面熟谙汉族文化，另一方面又不免在民族间，例如与汉族间孕育着民族矛盾，这就使《匈奴歌》所抒发的那种情调有了依据。事实上，所谓匈奴之歌的歌词也没有表现出匈奴特有的征候，从而也就失去了它专为匈奴所有，为匈奴所独唱的依据。

二

还应当指出：《匈奴歌》的歌词，在诸书中并不一致，它不论在辞意及诗句的顺序上，都存在着差异。《乐府诗集》卷八十四作：

> 失我焉支山，令我妇女无颜色，
> 失我祁连山，令我六畜不蕃息。

明人杨升庵《丹铅总录》卷二、清人沈德潜《古诗源》卷四，辞亦同。但唐人李泰《括地志》卷四所引《西河故事》则倒了过来，作：

> 失我祁连山，使我六畜不蕃息；
> 失我焉支山，使我妇女无颜色。

在《西河旧事》中又作：

> 亡我祁连山，使我六畜不蕃息；
> 失我燕支山，使我嫁妇无颜色。

而在另一记录中，更作：

> 失我祁连山，使我六畜不蕃息；
> 失我焉支山，令我六宫无颜色。

是否还有其他的不同，一时不及遍查，然而只这些比照，也已说明《匈奴歌》是没有什么认真的范本的。孰真孰假，孰为原作，孰为篡改，无法确证。

古人说，"曲合乐曰歌，徒歌曰谣"。那么，《匈奴歌》到底是有乐器伴奏的民歌呢，还是没有乐器伴奏的民谣呢？如果是前者，那么人们不妨设想，歌词绝不会只此四句，而至今只留存这四句者，大概其余各词均散失了。还有，这支歌究竟是民间歌谣呢，还是"王庭"的歌唱呢？在这里，歌词中的"妇女""嫁妇"与"六宫"之间的不同，最带根本性质。如果以"使我妇女无颜色"为原本，那么说它是民间歌谣自然可以不错，而如果以"令我六宫无颜色"为原本，则恐怕指它为统治者之歌要更合适些。不做具体分析，贸然轻信前人成说，甚且加以推演，是不足为训的。

三

高尔基说过："如果不知道人民的口头创作，那就不可能懂得劳动人民的真正的历史。"① 这话不错。但是，也要补充一句：如果不知道人民的历史，也就很难懂得真正人民的口头创作。这个论点也不妨适用于对《匈奴歌》的理解。

最需要人们谨慎的是《匈奴歌》中的两个概念：一为祁连山，一为焉支山。这两个山名都涉及匈奴的历史，也都在史书上有所记载。《史记·卫青霍去病列传》说：

> 去病……出陇西……历五王国……过焉支山千有余里。
> （去病）出北地……遂深入……济居延，遂臻小月氏，攻祁连山……

《汉书·匈奴传》也说：

> 去病将万骑出陇西，过焉耆山千余里……得休屠王祭天金人，其夏，骠骑将军……出陇西、北地二千里，击匈奴。过居延，攻祁连山……

据此，则二山都在今甘肃省境上。祁连山亦称南山。月氏族强盛时，曾占有从敦煌至祁连山之间的广大地区。其后，匈奴西进，它被迫而西迁，其未迁走的部分则据南山守富楼沙城，被称为小月氏。今甘肃省的张掖及青海省的西宁等地区，尽为所有。《后汉书·西羌传》说：

> 湟中月氏胡……旧在张掖、酒泉地。……及骠骑将军霍去病破匈奴，取西河地。开湟中，于是月氏来降，与汉人错居。……分在湟中及令居（甘肃平番县北——引者注），又数百户在张掖，号曰义从胡。

---

① 林焕平编《高尔基论文学》，广西人民出版社，1980，第135页。

同书《邓训传》说：

> 小月氏胡，分居塞内。

这里的所谓"塞内"，指的也是上述地区。焉支山在甘肃省山丹县东，亦世为月氏地。霍去病征匈奴，济居延、臻小月氏，说明当时这一带仍是月氏居地。事实上，焉支读作肉支，这本身也还是"月氏"一词的音讹，而且是因月氏而同名的。霍去病攻匈奴浑邪王、休屠王，竟须逾祁连、焉支二山千余乃至二千余里之遥，这就从侧面说明：祁连、焉支二山原来就不是匈奴的领地，到去病进兵时，这里也已没有匈奴人。既然如此，则二山被汉军攻占或被匈奴人攻占，致引起痛惜的应是月氏和小月氏，匈奴既不在这里放牧，则二山的失与不失，与它有何干涉？而且事实上，正如上引资料所证明的那样，月氏胡所居的这一地区，恰恰是匈奴人攻占的，所谓"取西河地"，就是取祁连、焉支二山地。那是曾被攻占过的地区。"取"了二山而不是"失"了二山，为什么还痛惜？《十道志》所注，迥非有据。因此，未尝不可以设想，《匈奴歌》实际上也可以是月氏胡（也是"杂胡"之一）之歌，未便骤然断定为匈奴人所唱。

据说，祁连山"美水茂草"，而焉支山则盛产胭脂。所谓"胭脂"，《西河旧事》以为是一种颜色，人们取"红兰以染粉……妇人用为面色可爱"。据此，论者以为匈奴妇女都以胭脂涂面，增加美貌。焉支山即胭脂山，此山既失，妇女没胭脂可抹，悲痛之余，乃唱此歌。他们的推论可能就是这样。其实，这很可能是想当然的。为什么？

第一，焉支山的"红兰"，是否可用为妇女搽脸的胭脂？

第二，匈奴族这个"行国"的妇女，是否有脸涂胭脂的习惯？即使有此习惯，是否都采自焉支山所生者？

第三，胭脂出于燕地。《中华古今注》说："燕脂……以红兰花汁凝作脂，产于燕地。"《正字通》也说："燕脂以红兰花汁凝脂为之，燕国所出。""燕脂"即"胭脂"，所谓"燕地""燕国"均指今河北省，不在甘肃，足见"红兰"不必尽产在焉支山。以为焉支山即胭脂山，即出产涂料的山，显然是一种误解。

既然如此，那么因歌中涉及这二山的名称，而肯定《西河旧事》《十道志》所说，其基础也还不够可靠。18世纪法国文学家狄德罗曾说："假使历史的确实性得到公认，诗的艺术将向前发展。"可惜的是恰恰联系于《匈奴歌》的匈奴历史的"确实性"未得到证实，因此这个歌的研究也就不免有点滞涩。

以上是依据匈奴历史，祁连、焉支二山的境遇，以及历史的有关记录等，对《匈奴歌》历史陈说的质疑。

那么，《匈奴歌》真的就不是匈奴人所唱的吗？我想，如果抛开以前的定见，从另外的角度去求索，说这支歌的确为匈奴人所唱的，的确折射出古代匈奴人的苦难生活，那论据也未必不是没有的。这里不妨再作一点考察。

四

先说匈奴的居地。

匈奴即古严狁，它曾是我们北方的一支古老的游牧民族。秦始皇专制，更派蒙恬挥兵几十万北逐，夺河南地，并筑长城阻止其南返。匈奴被逐，乃依阻于阴山之间，建立起自己的社会中心——"龙庭"或"龙城"。汉武帝（公元前156～前87年）北略，攘夺阴山，匈奴又徙帐北走，从此漠南匈奴"无王庭"。（《汉书·匈奴传》）就总的历史趋势，匈奴就是这么个败亡的经历。

阴山对于匈奴至为切要。汉郎中侯应说：

> 臣闻北边塞至辽东，外有阴山，东西千余里，草木茂盛，多禽兽。本冒顿单于依阻其中，治作弓矢，来出为寇，是其苑囿也。至孝武世，出师征伐，斥夺此地，攘之于幕北。建塞徼，起亭隧，筑外城，设屯戍以守之。……边长老言匈奴失阴山之后，过之未尝不哭也。（《汉书》卷九十四下《匈奴传》）

据此，则阴山一脉实在是匈奴单于的"王庭"所在。失去阴山就是失去了"苑囿"；失去了"王庭"，也就是失去了他们在地理条件上的根本。他们伤心而"未尝不哭"，完全有理。

唐人李益有《拂云堆》一诗说：

> 汉将新从虏地来，旌旗半上拂云堆；

单于每向沙场猎，南望阴山哭始回。

正是指此而说的。诗的前两句，描摹汉兵攻略匈奴凯旋而来的威势；而后两句，则是以嘲笑的口吻刻画败亡的匈奴在失去阴山之后的悲痛心情。李益的诗句不啻对《匈奴歌》作了形象性的注释。

必须指出，这里的阴山，实际上就是祁连山。是一山的二名。清人张鹏翮曾到过今呼和浩特市，他在自己的旅行记中指出："十八日，行十五里，次归化城北，蒙古语库库河屯也。……十九日，入城观'甸城碑记'。二十一日，行九里，入祁连山。"（此山亦名祁连，非《元和志》甘、伊、西诸州之祁连山也。）他并引《甸城碑记》原文："丰之为郡，其来尚矣。……郡北一舍，有围绕之山，名曰祁连。中有捷径故道。甸城山谷，比之银瓮迢遥，渔阳阻险，近争一倍。"（《奉使俄罗斯行程录》）足见祁连山指的是这里的阴山。它的位置在呼和浩特以北，不在甘肃境上。

唐人李白有《塞上曲》一诗说：

命将征西极，横行阴山侧；
燕支落汉家，妇女无花色。

这一首诗，无疑可看作《匈奴歌》的花样翻新。它说到了"燕支"，说到了妇女的颜色，然而值得注意的是他明确指出阴山，而不是甘肃的祁连、焉支二山。这是很有助于《匈奴歌》的理解的。

五

阴山就是祁连山。然而"祁连山"究竟是什么含义呢？《汉书·霍去病传》注说："祁连山即天山也。匈奴呼天为祁连。"同书《匈奴传》又说："匈奴谓天为撑犁。""祁连"与"撑犁"发音极近，可视为一致。据此，则阴山竟然是天山了。这需要从语音上略作考究。

匈奴语言随着匈奴族的消亡也已丧失，留存下来的多是片言只语，实在不足以资凭证，然而其中的一些成分却是可能与蒙古语相通的。《匈奴歌》里的祁连、焉支二词，即可拟之为蒙古语。

祁连，应当就是蒙古语的 qegcl，读若"敕勒"。祁连，意为"广漠的、寥廓的"。《敕勒歌》所谓"敕勒川,阴山下,天似穹庐……"的"敕勒",实际上就是"祁连"的音讹。敕勒川就是"广阔的原野",祁连山就是"广大的山"。这与这个山脉的特点相吻合。

焉支即蒙古语 ejl 的音读,亦可读若"阏氏""燕支""胭脂",意为"母亲"。焉支山应当就是"母亲之山",其所指依然是这个阴山。晋人习凿齿以"焉支"即"胭脂","匈奴名妻作'阏氏',言其可爱如胭脂也"。(见《史记·匈奴列传》注引《索隐》文)恐怕是一己的附会。

如果这个分析可以成立,那么,《匈奴歌》用纯粹的汉语译出,应当是:

> 夺去我们广阔的阴山之野,
> 我们的牲畜没有地方牧放了;
> 夺去我们母亲似的阴山之野,
> 妇女们悲痛地失去了美貌。

把"使我妇女无颜色"译成"悲痛地失去了美貌",是否曲解?不是。所谓"颜色",即人的颜面、仪容。为什么"失我焉支山",就使"妇女无颜色"?显然是由于悲痛所致。一脸悲伤,何暇谈及美丽?是否由于没有"胭脂"可擦,因而"无颜色"呢?非也。匈奴恐怕亦如后世的游牧蒙古妇女一样,并没有脸上抹胭脂的习惯。退一步讲,即使有此习俗,一旦无胭脂可擦,也不致如此悲歌吧!

说"使我六宫无颜色"也可以。所谓"六宫",演绎地说,就是诸阏氏。阴山被夺,阏氏一如单于那样痛哭,有什么可难理解的。

以上是根据语言、历史等资料对《匈奴歌》的肯定,肯定它是匈奴人为悲痛阴山之失而歌唱的。

六

可以认为:《匈奴歌》是一支哀怨的歌谣。它是否为一支完整的、毫无剪裁的创作,是否曾经被记录者掐头去尾,因而残缺不全,现在似乎已经无法稽考。然而,它的主题依然是明白的,它在基调上是不免倾向于低沉,但这正是匈奴人现实生活的精神反映,也正是《匈奴传》及李益诗中的那个

"哭"字的印证。有人曾经以为这是一支慷慨激昂、充满了自信的歌唱云云，不知何所据而云然。

即使确定《匈奴歌》为匈奴人所唱，那么也应当明白：全部歌词除了两个山名以外都可能是汉文或汉语的意译，不必是匈奴语句的照录。伏尔泰说："不要相信从翻译的诗中了解原来的诗歌，这就如同把一幅绘画复制成雕版而要它保持原作的色彩。"如果这段话正确，那么人们应当相信：即使汉文翻译非常准确，那歌中的神韵恐怕也是打了折扣的。而且，由于史书只记录了歌词，而没有同时录下它的曲调，因而使后世的研究者无从获悉它在旋律上如何运用他们高低、强弱、长短的声音，这是非常可惜的。时至今日，人们或者只能作历史的比拟，只能以新中国成立前蒙古牧人的唱法去推断，从这些比拟中，使他们那种悠长、抑扬的声韵再现。

有人说，《匈奴歌》是不多见的"珍品"。那么它的"珍"究竟应当如何看呢？从前述的论证中，一般说，是否可以概括以下这么几点：

首先，它比较准确地反映、传达了匈奴这个古老民族在一个时期的社会历史的真实。

当匈奴人依偎在阴山的怀抱，抚育着畜群，逐水草而徜徉的时候，尽管他们内部交织着阶级剥削关系，而"皮裘毡帐资乳酪，俯仰天地任舒情"，也能使他们享得习惯上的自足。牧场与放牧对他们来说，那是天然的试验室，然而人祸横来，牧地突然被侵夺，牲畜大量散失，惯常的生活受到了严重的威胁。他们步入了可悲的经历，《匈奴歌》正是这种经历的真实记录，是它的口碑。明人冯梦龙说的"但有假诗文，无假山歌"十分正确，这不是说它的语词，而是说它的意境——尽管它不是亢进的。正是由于"这种真实性和确切性，民歌获得了任何个人所不可能具有的历史价值"。①

其次，它是特定时期匈奴人的心声。

明人袁宏道说：

> 故吾谓今之诗文不传矣。其万一传者，或今闾阎妇人孺子所唱《擘破玉》《打草竿》之类，犹是无闻无识，真人所作，故多真声。不效颦于汉、魏，不学步于盛唐。任性而发，尚能通于喜怒哀乐嗜好情欲，是可

---

① 拉法格：《文论集》，罗大刚译，人民文学出版社，1979，第11页。

喜也。(《袁中郎全集》卷一,《序小修诗》)

这里说,不是来自模仿、抄袭、搬套,而是来自内心的感受的作品,民间的创作,才是不朽的。《匈奴歌》正是人民不效仿于诗人的"真声",不禀命于强权的衷曲,它不是"闾阎妇人孺子所唱"的什么"之类",而是遭受苦难的匈奴人"任性而发",并"通于"他们自己的"情欲"的倾诉。也是拉法格说的:"民间诗歌是自发的、天真的。人民只是在受激情的直接的和对立时的打动之下才歌唱,他们并不依靠任何巧饰。"完全不错,《匈奴歌》为这一理论提供了例证。

再次,它显示了北方游牧民族民间歌唱的原始特色。

在这里,就技巧方面说,至少可以看出以下几个特点:

一是它的歌词的简洁、用语的朴素。整个四句歌词没有显出任何堆砌、藻饰的痕迹。它没有文人那么多的斧凿,也没有故作显示、卖弄的花招,它讲究的只是准确和洁净。高尔基说过:"真正的民歌是不追求表面的美丽,不追求形式的,而要善于用最简洁,因而也是最美丽的话语从心里说出来。"①这些话似乎也是对《匈奴歌》说的。

二是它的表现形式的活泼、自由。正如前面所说过的,由于这支歌不是匈奴语的记述,因此人们无法窥视它用语的规律和行文的法则,它如何使韵也难于捉摸,然而就已见到的这支歌看,它似乎也是采取长短句结合的形式。它完全从内容的需要出发,而不受字句的拘束。这种文学的特点大概是与匈奴这个游牧民族奔放、粗犷的特点相表里的。18世纪的德国评论家赫尔德曾说:"一个民族越是粗犷,这就是说,它越是活泼,就越富于创作的自由。它如果有歌谣的话,那么,它的歌谣也就必然越粗犷。这就是说,它的歌谣越活泼、越奔放、越具体,越富于抒情意味!"② 这段话应当有助于对这支歌谣的理解。

三是它的反复、叠韵和它的兴、比的使用。这种特点自然不止匈奴人的诗歌中所独有,在它后世的游牧民族中也有,甚至在汉族的古典作品《诗》中也有浓烈的表现。抒发一种情绪,一种希望,总是要比之以外物,兴之以隐喻,然后重叠陈诉,使歌唱的效果益见加重。《关雎》不就是这样吗?《匈

---

① 林焕平编《高尔基论文学》,广西人民出版社,1980,第138页。
② 伍蠡甫主编《西方文论选》上册,上海译文出版社,1979,第440页。

奴歌》亦有此特点。它的一、三句实际上就是叠韵，而整个四句则隐喻了匈奴人内心的蓄积。值得提出的是：它的这种特征，即使在今天的蒙古牧人歌唱中，也似乎是继承传统一样，依然存在。足见它至少在客观上对后世是有影响的。

本文发表于《民族研究》1983 年第 1 期

《敕勒歌》述略

一

这是一支在中国文学史与民间文学史上颇有名气的歌。在内蒙古地区现实地也很为人们所熟悉。

"敕勒歌",顾名思义应当就是敕勒人所唱的民歌。这些民歌自古有之,随处有之。但是,得以留存下来的,却一首也找不到。这里所谈的敕勒歌,是专指公元546年(北朝东魏武定时),敕勒人斛律金所唱的那支《敕勒歌》。硕果仅存啊!

这支歌最初见名于书面,乃在公元7世纪中(唐初期)。

敕勒,是北方历史上的一个族名,亦称狄勒、铁勒,与匈奴族同属。此族人很强勇,不畏外敌。他们敢与称雄北国的柔然汗国抗击,也常南向而攻击拓跋的统治。代王拓跋珪于是北向而攻,敕勒大败,部落几十种被魏人掳获,从此,敕勒人先后一千余落降代(魏)。公元425年(魏太武始光二年),拓跋焘北渡沙漠,大败柔然,并遣军袭击屯驻己尼陂(为贝加尔湖)的敕勒部,部人望军而降者数十万落("落"即幕,即穹庐。每一"落"都包含相当数目的人口),全被强迁于漠南千里之地(那正是以前南匈奴所驻处),完全处在北魏的控制区内。其人口至少也应在百万以上。从公元425年到公元534年(东魏始建)的一百余年,这些原先被迁漠南的敕勒人,已经发生了很大变化。吕思勉先生概括说:他们"乘高车,逐水草,牧畜蕃息。数年之后,渐知粮食,岁致贡献。由是国家马及牛羊,遂至于贱。毡皮委积,文成时(公元452~465年)五部高车,合众祭天,众至数万。大会走马,杀牲游绕,歌吟忻忻。其俗称自前以来,无盛于此会。高车诸部,是时尚未能自立共主,魏人柔服之。既可增益众力,又于富厚有神，实于魏之盛强，更有关系也"①。这个综述，完全以正史记录为依据，很是有识。需要指出的是，这里的"高车"，是敕勒人被迁入漠南后，为这里的汉人所改称，所指仍是"敕勒"。"高车"一词正是"敕勒"语义的汉译。前面已经晓示，"敕勒"亦作"铁勒"，称"车"为"铁勒"，至今蒙古语也是如此。

敕勒人成了拓跋魏统治王朝的支柱。然而，拓跋人的统治自代（今山西大同地）迁洛（阳），结束了近百年的强势，日渐衰微。六十年后即被一分为二，东、西魏出现了。东魏的权臣是高欢，西魏是宇文泰。东西二魏的隔河峙立，实际上是高欢与宇文泰的对抗。

高欢，史书说他姓高名欢，字贺六浑，渤海郡蓨县（今河北省东北地）人。祖父为魏的侍御史，因罪被谪遣怀朔镇（今内蒙古巴彦淖尔市固阳县）。高欢与鲜卑人久所交处，故能鲜卑语云云。我很怀疑这个说法的可靠性。高欢自是高车人，不是汉民，他被姓高，恐怕也还是因高车的"高"而来。他的本名是姓"贺六"而名"浑"，此名正是那个"欢"的音谐，不是什么人名之"字"。名"欢"而字"贺六浑"，也违反汉人命"字"的规律，"欢"与"贺六浑"怎么关联？"贺六"应当是"贺兰""贺赖"的音谐而异写。贺兰部乃阴山地区的强部，是敕勒族中的一姓，亦如斛律是敕勒的一氏一样。拓跋先人在故盛乐（今内蒙古清河地）时代，形势不利时，就投山后贺兰部，暂得庇护。所以贺兰部与拓跋人的关系历来不浅（据传有甥舅关系）。贺六浑作为部的首领，是一位很有本领的人物，有"才雄气猛，英略盖世"的名声。他在击败尔朱氏，维护北魏晚期统治的历程中，起着决定性作用。

公元542年（东魏兴和四年），高欢与宇文泰（西魏）战于玉壁（山西稷山县地），不能胜。天寒，退兵，无功而返。四年后，高欢自邺（今河南安阳地）再次出师击玉壁，西魏韦孝宽坚守，六旬之久不能克。高欢因病，乃旋师而回邺（东魏首都），时在九月。史书说：他"舆疾班师。……以无功，表解都督中外诸军事。魏帝优诏许之"。不但"许之"，甚至未诏老高的罪状。"是时，西魏言神武（即高欢）中弩。神武闻之，乃勉坐见诸贵。使斛律金敕勒歌，神武自和之，哀感流涕。"②

《北齐书》成于公元636年。公元542年唱的歌，近一百年后，世人才知

---

① 吕思勉：《两晋南北朝史》上册，上海古籍出版社，2005，第364页。
② 《北齐书》卷二《神武纪下》，中华书局，1972，第23页。

道有此一歌。此后各书，多据此而录，如《北史》《资治通鉴》等①。但是，这支《敕勒歌》究竟是怎样的歌？什么内容？什么语言？都没有报道。直到南宋人郭茂倩所编《乐府诗集》出现，这支歌的内容与用语，始为世人知晓，而这上距《北齐书》所揭，又晚了六百年。《敕勒歌》唱后七百年间，在书面上竟不闻于世！

《乐府诗集》把《敕勒歌》列入书中第十一类，属《杂歌谣辞》。《尔雅》曰："声比于琴瑟曰歌；徒歌曰谣。"《韩诗》章句曰："有章曲曰歌；无章曲曰谣。"② 郭氏把这支歌列为"杂歌谣"，大概是他没法依此定义它的属性：可能是歌，也可能是谣。其实在汉魏以后，这种分化有时也不分，"歌"与"谣"往往并称。有道是"谣可联歌以言之，亦可借歌以称之"，何足斤斤计之。

郭茂倩介绍原文如下："敕勒歌《乐府广题》曰：北齐神武攻周玉壁，士卒死者十四五。神武恚愤，疾发。周王下令曰：高欢鼠子，亲犯玉壁。剑弩一发，元凶自毙。神武闻之，勉坐以安士众。悉引诸贵，使斛律金唱《敕勒》。神武自和之。""其歌本鲜卑语，易为齐言，故其句长短不齐。敕勒川，阴山下，天似穹庐，笼盖四野。天苍苍，野茫茫，风吹草低见牛羊。"③

这支歌的歌词，从《古乐府》开始直到元代，始终保持上引句法，然而，间也有变动。宋人王灼书，把"天似穹庐，笼盖四野"句，改为"山似穹庐，笼盖四天"④。元人胡三省引文改"笼盖四野"为"笼罩四野"。明人胡应麟说："齐、梁后，七言无复古意。独斛律金《敕勒歌》云：……天似穹庐盖四野。"⑤ 缺了"笼"字。此外，其他书文改动的也还存在，如《南北史演义》就把"四野"改成"四夜"。为什么出现这些改变，不及逐一研究。需要指出的是，这些改动往往以词害义，降低了原文风概，所以应当一律不取。这里所述，还是根据《乐府诗集》。但是，可以指出的是，文中所谓"北齐"者，实说，应是东魏，"北齐"是以后的事；所谓"神武"者，乃是高欢死后的追谥，和歌时尚无此称号。

从《乐府诗集》以及前此的史书所叙中，读者可以大略得知：

---

① 《资治通鉴》卷一百五十九《梁纪·高祖武皇帝十五》，中华书局，1956，第4942页。

② 《初学记》卷15。

③ 《乐府诗集》卷《杂歌谣辞》四。

④ 《碧鸡漫志》，上海古籍出版社，1988。

⑤ 《诗薮》内编，卷三，上海古籍出版社，1979。

（1）《敕勒歌》的内容。汉文七句二十七字，唱赞阴山山麓的敕勒川风物。原词是鲜卑语，后译为汉文。所译是否完整？鲜卑原词已失载，译人也不详。

（2）斛律金唱时，高欢已在失意气沮，愤懑在胸。他权倾朝野，有"震主"之威，又是都统大军的战将，而两次对敌斗争都碰"壁"而退（此中节略，这里不谈），他借无功可说之词，上表朝廷，请解除职务，魏帝（孝静帝元善见）竟也准奏，"优诏许之"。这确然显示了对他的忌怨。这中间，朝中向来忌恨他的诸臣僚的潜毁，也起着促使的作用。可恶的是西魏阵前扬言，高欢中箭，这又使他丧志之余，不免"恚愤"，复起而见"诸贵"以证明不死。而这时，他年纪已迈，可也真的病了（或伤）。次年正月，他就辞世。

（3）高欢被解除职务后，仍有敕勒"诸贵"（统治阶级人物）同情他，这些人大概多是反对五十年前锐意迁洛而改姓的魏帝的。元宏（孝文帝）当时迫于族人的压力，允许反对者可以春去秋来，不必定驻洛阳，称之为"雁臣"。他们认定抛弃祖宗故地，远离本族人众，孤立地深居汉地，刻意推行汉化，"断诸北语，一从正音"，强令废除鲜卑语言，以汉语为"正音"，甚至连姓氏都改变，拓跋改姓"元"，完全丧失民族本色，实在是自取灭亡，背叛祖先。高欢所"引"诸贵，就是这种情绪的人。他在他们面前，专唱敕勒民族之歌，正是唤醒他们的民族之情，故土之情。

（4）高欢与"诸贵"共坐，却专指斛律金用鲜卑语唱敕勒民族之歌，这是很有激情的。敕勒人善于长歌，每逢盛会，都高歌助兴，专要斛律金唱，正是要发挥其特性。

斛律金，字阿六敦，敕勒族。"金"是汉词，"阿六敦"是"金"的敕勒语义。斛律金世居朔州（今内蒙古清河地），与怀朔镇毗邻（怀朔亦属朔州）。此地正是当年拓跋猗卢所居盛乐（盛乐或是"敕勒"的异音），统一右部、创业北魏的发迹之地。斛律氏在涉珪（魏道武帝）时归降，金被任为"第二领人酋长"。斛律金很悍战，性格憨厚笃直，他与高欢关系至切，也是抵制元氏背叛的"雁臣"之一。贺六浑病中见"诸贵"，他也在座中，这就表明他同情这位被撤职却别有用心的老乡。他们都是朔州人。

元魏禁鲜卑语，不准通用，本族语反而成了非法，而"正音"却被定为唯一的"国语"。高欢、斛律金反其道而独独专以鲜卑语歌唱，其对于元家统治的蔑视，实在是明目张胆啊！

敕勒川是漠南敕勒人聚居与建业的基地之一，自然也曾是猗卢的发轫所在。这是一处非常丰饶的地区，自然条件颇好。"这里千里平垠，望眼无遮；沃野绵绵，远接无际，四季分明，不是浑然一派风雪；雨旸和协，总是晞泽及时；植被茂密，广布山野，生物群落，浩如烟海；荒干水（即古金河、黑水，即今大黑河）汹涌于北境；中陵山（兔毛河，通山西的右玉县）宛延于南边，而沙陵河（山黛海）、岱海则并为双珠，分嵌于境的东西二侧，玉界琼田，共辉日月。至于山涧谷溪、百川宜溉者，又名繁不计。古人所谓'饶衍之藏'，这里或许足能当之。唐人唐休璟云：'丰州，自秦、汉以来，列为郡县，田畴良美，尤宜耕种。'"① 这个概述应当是《敕勒歌》的补充，或它的具体化。这里气候宜人，物产丰饶，确是值得歌颂的地方。《魏书·高车传》说：高车人"好引声长歌"，斛律金放声是很自然的。完全可以想象，当斛律金放声长歌，那种苍凉、悠扬、充满豪情的歌声，是怎样的感动人心啊！

但是，敕勒川不止风光好，这里设有州镇，有政制；有人众，有社会；有世事，有史实；有荣耀，有苦难；有壮烈，有悲愤；有今日，也有往昔。敕勒人的民歌不能没有这些方面的反映。斛律金只唱"风吹草低"，而不唱涉及社会风情及自身的经历，在当场的气氛中，绝对不可能想象。试想：全唱只有汉文二十七个字，而且只涉及自然景观，时间用不了五分钟，就能使和唱的高欢心动兴起，"哀感流涕"吗？因此，我认定斛律金所唱，必不止七句，二十七字只是"比"，"兴"尚在后面，而其唱词则必然被史家全部删去了。为什么要斧删？当然是统治利益所驱使，也为史家的撰例所限制吧？近人张熙侯就《资治通鉴》不录民歌所说的话，或者可以参考："余按：《通鉴》中存录诗文，其斟酌处有分寸。诗虽不录，苟可以反映一时之民俗心理，则亦录之。……唯《垓下》《大风》以至敕勒歌之类，抒情居多，去资治之义过远，则不暇录耳。"②

以上是就郭氏书所录而言的。但是，也有根本不认同的说法，对之误解的也或有之。

二

南宋人洪迈说：黄鲁直"集中有《书韦深道诸帖》云：'斛律明月，胡

---

① 陶克涛：《毡乡春秋·拓跋篇》，内蒙古人民出版社，2009，第268页。
② 《通鉴学》，第99页。

儿也。不以文章显，老胡以重兵困敕勒川，召明月作歌以排闷，仓率之间，语奇壮如此，盖率意道事实耳。'余按：《古乐府》有《敕勒歌》。以为齐高欢攻周玉壁而败，恚甚疾发，使斛律金唱《敕勒歌》，欢自和之。其歌本鲜卑语。词曰：'敕勒川，阴山下，天似穹庐，笼盖四野。天苍苍，野茫茫，风吹草低见牛羊。'鲁直所题及诗中所用，盖此也。但误以斛律金为明月。明月名光，金之子也。欢败于玉壁，亦非困于敕勒川。"①

这自然是误解。洪迈辟之，很对。但鲁直以为斛律金所唱乃出于"仓率之间，率意道事实"云云，则恐怕失之一间了。斛律金所唱必然是经过筛选，或者是在场的"诸贵"及高欢推荐与指定的，关键是要适合当时的气氛和需要，须知那不是人们偶然的、消闲娱乐的聚会，可以说是一次沉重的、别有寄意的会晤，率意而唱是未必的。就这点而论，鲁直的判断是不中的的。洪迈按语所指"齐""周"，也不对，应该是"东魏""西魏"。

元人胡三省也有批评，说："洪迈曰：'斛律金唱《敕勒歌》，本鲜卑语。'按《古乐府》有其辞云：'敕勒川，阴山下，天似穹庐，笼罩四野。天苍苍，野茫茫，风吹草低见牛羊。'余谓此后人妄为之耳。敕勒与鲜卑殊种，斛律金出于敕勒，故使之作《敕勒歌》，若高欢则习鲜卑之俗者也。"②

胡三省是贾似道所信任的"朝奉"，他晚于郭茂倩已一百五十年了。宋亡，入元，注《资治通鉴》。他这里说的"后人妄为之"，有几层意思：一是说唱词不是斛律金所唱原词，是后来的妄人伪托的；二是说斛律金不是鲜卑人，不可能用鲜卑语唱；三是高欢是鲜卑人，唱词要是鲜卑语，那唱歌的人只能是高欢本人。

胡三省的断语不必认为绝对无据。《北齐书》《北史》等较原始资料，都没有说斛律金是用鲜卑语唱《敕勒歌》。揭示这一点的是《乐府诗集》，而这已经是七百年以后的事了。郭茂倩凭什么那么说，无人证明，不无疑窦。胡氏斥为"后人妄为"，或者也是因此。但是，当作疑点，可以讨论，要以之确指，则不免失据。

其实，胡氏是在否定《乐府诗集》，他所谓"后人妄为"，实指郭茂倩。

《乐府诗集》是前所未有的一部乐府著录，是"宋以来考乐府者无能出其

---

① 《容斋随笔》卷 1《敕勒》，中国世界语出版社，1995。
② 《资治通鉴》卷一百五十九《高祖武皇帝十五》注，第 4943～4944 页。

范围"① 的编著，所录名篇都是汉代以后各个时期的成品，没有一诗一歌是他自己的"妄"作。对于所分各类作品，他都写了题解，征引浩博，援据精审，"叙述源流，尤为详备。言乐府者，以是集为祖本，犹渔猎之资山海也"②。书中所录《敕勒歌》，其题词也是引自《乐府广题》而非杜撰。所以这部书，包括《敕勒歌》，不但自来受到学者的推许，没有另外的人敢于否定它，而且后来的同类书如《古诗源》《古谣谚》等，都还是以郭茂倩为"祖本"的。当然，《敕勒歌》的汉文原词，也以此书所载为"祖本"。

《敕勒歌》是"杂歌谣辞"，是属于不入"乐府"的民歌。试问有哪一代的"后人"，为这么一首民歌而值得如此"妄为"？"妄为"的用意何在？民歌就是人民之歌，是"国风"。《敕勒歌》是移民漠南、定居敕勒川这个特定地区的敕勒人，在那个特定时代与特定条件下所唱的特定的歌，这是无法容忍任何人"妄为"的。郭茂倩不是"妄"人，是具有识见实学的"乐府"诗家，他的鉴真能力好像不可能使"妄为"的什件如《敕勒歌》入他的书中③。

诚然，斛律金是敕勒族人，他用敕勒语歌唱，可以无碍，敕勒（高车）"其语略与匈奴同而时有小异"④。南迁后，散布于北魏境内，其本族语言在这百多年内，同化于异族的可能是存在的。其通鲜卑语，势所必然。统治民族的语言即为境内的统治语言，不通晓这种语言是不可能的，甚至可能是犯法的。即使元魏（拓跋改元）明令废止鲜卑语，实际上很难禁止，鲜卑语在社会交往中仍被奉为要经。北齐颜之推说："齐朝有一大夫，尝谓吾曰：'我有一儿，年已十七，颇晓书疏。教其鲜卑语，稍欲通解，以此伏事公师，无不宠爱，亦要事也。'"⑤ 东、西魏已经破亡，北齐尚如此提倡，北周崇尚也多类似。所以，斛律金唱，高欢和，十分平常。何况正如前面所述，故意用鲜卑语歌唱，正别有用意呢？所以《乐府广题》说斛律金所唱"歌本鲜卑语"，是有道理、符合真实的。

现在出现了一种新的论调，不管他有意或无意，都是在附和胡三省的断定，认定"《敕勒歌》……歌词原本应是突厥语，而非鲜卑语"，它是"由突

---

① 《四库全书总目·乐府诗集》。
② 《四库全书简明目录》卷19，集部8，总集类。
③ 据说余冠英先生在《乐府诗选》的前言中，以为本书的"'杂歌谣辞'类内收了一些'伪托的古歌'"云云。
④ 《魏书》卷一百三《高车》，中华书局，1974，第2307页。
⑤ 《颜氏家训》卷1。

厥语译为鲜卑语，又由鲜卑语译为汉语。无疑，这首诗歌是融了三个民族的语文因素"①，对这个创意怎么说呢？且看历史记录吧。

"高车……初号为狄历……其语略与匈奴同而时有小异，或云其先匈奴之甥也。其种有狄氏……斛律氏"，"无都统大帅，当种各有君长"。② "铁勒之先，匈奴之苗裔也。种类最多"③。

匈奴曾是北方最强大的部族，自称"天之骄子"。后来浸衰，日逐王比自立而南下降汉，在光武帝的庇护下，打出"南匈奴"的旗号，单于（匈奴的领袖称谓）居于西河郡美稷（今内蒙古准噶尔境），遣诸部屯驻漠南各地。北地（今甘肃环县、庆阳地）、朔方（今内蒙古乌拉特地）、五原（今内蒙古五原县）、云中（今内蒙古和林格尔地）、定襄（今山西左云地）、雁门（今山西朔县）、代郡（今山西阳高）等，沿着今内蒙古中部及山西内、外长城一线地区，都有匈奴部落驻守。南匈奴内乱，单于跑到河套（山西），曹操使他的继位留在邺（今河北临漳地）。这些散居的匈奴各部，虽曾先后建起几个政权，如汉、前赵、后赵、夏、北凉等，但都汉化很深，政制上类同内地的编户。拓跋建魏，匈奴在长城一线者，统统湮灭。匈奴人的这个结局，正是敕勒（高车）的先兆。

匈奴强盛时，敕勒山名在汉文史册，"突厥"其名，则当时闻所未闻。柔然时，突厥始见诸汉文史书。然而，它当时只雌伏在"金山之阳"的一隅之地，并且是以柔然汗国的"锻奴"出现的。敕勒的"种类"多，有的可能接触这个"锻奴"，有的就未必，何有于整体敕勒？后来的学者依据一些记录传说，以为突厥与敕勒（丁零）可能"同祖"，这是分析而来，不必是敕勒人的原始自述。以此而论，拟突厥语与敕勒语（"略与同匈奴"）有相通之处，或者可以理解。但是，"突厥"的词义为"兜鍪"，敕勒却是高车，并不相同。而且在高车时代（漠南时代），敕勒与突厥各在天涯，"相望六千里，天地隔山川"，敕勒人中实无突厥语之可言。敕勒（高车）人众已失去自己统一的中心，完全分部散处前南匈奴居地，彻底成了北魏的臣民，被迫与当地的鲜卑人、汉人以及其他族类共生杂居。其受其他民族，首先是拓跋鲜卑语言的影响，必然随着时间的推移而日益深重，其中汉语的影响也不能轻视。敕勒"略与同匈奴"的语言，也可能与它的前代南匈奴一样，竟至消失了。因

① 刘戈：《〈辞海·敕勒歌〉释文考异》，载《民族研究》1986年第1期，第31页。
② 《魏书》卷一百三《高车》，第2307页。
③ 《北史》卷九十九《铁勒》，中华书局，1974，第3303页。

此，敕勒人通晓、使用鲜卑语，是很自然的。哪里来的"突厥语"？一曲《敕勒》之歌，何需"三个民族的语文因素"？这是可以不言而明的。

胡三省之后，也有唱微词的，这里只就清人吴骞的论定，试作观察。

吴氏以为，"古乐府《敕勒歌》，《乐府广题》：'北齐神武攻周玉璧，士卒多死，神武恚甚，勉引诸贵，使斛律金唱此歌，神武自和之。'余按：史言金不知文字。改名曰金，犹恐难署，至以屋山为识。则金焉能为此歌？故梅鼎祚疑古有此歌，神武当时或令金唱之，以安众心耳"①。吴骞，清嘉庆时人，筑拜经楼，藏书家。梅鼎祚，明嘉靖时人，筑天逸楼，藏书家，以古学自任，能写作，有《汉魏八代诗乘》《古乐园》。二人立论都在藐视斛律金。斛律金所唱的敕勒川之歌，本是既有的民歌云云，是很可能的，但是，不必"古有"。"古"即时代久远之意。高车在漠南至这支歌出现时，虽已百多年，却不能谓之久远。"川"以"敕勒"命名，也只能在这百年之内，百年前，没有"敕勒川"这个名号的。所以，斛律金所唱应该仍是时代之歌，应时与应景之歌，仍有它的时代和地域意义。

识不识字，不是创作才能的准则。孔子删诗三百，其中一部曰"风"，或称"国风"，与"雅""颂"并成诗的"经"，其身价了得！书中开卷即有"关关雎鸠，在河之洲；窈窕淑女，君子好述"（《周南》）。试问这章"经"文，是哪个识字人创作的？刘向《说苑》载有越人歌，词曰："今夕何夕兮，搴舟中流。今日何日兮，得与王子同舟。蒙羞被好兮，不訾诟耻。心几烦而不绝兮，得知王子。山有木兮木有枝，心说君兮君不知。"② 这又是哪个识字人作的？类似例子可以不胜其举。事实证明，不识字，甚至不识或粗识汉字（如斛律金）的人，照样可以作出好歌。我甚至可以断言，识字的人如吴骞、梅鼎祚等，未必能创作如《敕勒歌》这个水平来。他们没有敕勒人的壮烈而又悲苦的经历，没有到过敕勒川，没有经过受到外族欺凌的耻辱，没有民族与群体的生活感情。他们大概也没有战场的体验，所论都是蜗居在他们"天逸楼""拜经楼"里，凭借毕生收贮的古书，信口驰笔的。

我当然相信《敕勒歌》是斛律金所"唱"，史书也是这么介绍的。而且，说它是斛律金所"作"，我也不致如上述梅氏那样深"疑"的。南朝梁的将军曹景宗据说不大识字，可是他破北魏归来，当着"朝贤"的面而作诗："去

---

① 《拜经楼诗话》卷 2 第 25 节。
② （清）沈德潜选《古诗源》卷 1《古逸》，中华书局，1963，第 18 页。

时儿女悲，归来笳鼓竞；借问行路人，何如霍去病。"① 这是何等的气势！无怪"朝贤惊嗟累日"。另一位也是李唐时的武将王智兴，也唱出如此的诗歌："三十年前老健儿，刚被郎中遣作诗；江南花柳从君咏，塞北烟尘我独知。"这样的深沉与感受，藏书楼里的文才能赶得上吗？此外，还有刘宋的沈庆之，手不能书，其口授诗"何愧张子厚"，亦令人敬佩。

人性都是相通的。只要有切身体验，总会触景生情，不论识字与否，都会临场而歌的，尽管将军与战士、富人与穷人、实践者与旁观者截然不同。斛律金虽不读书，也初通汉文，而他也是战场惯用"匈奴兵法"的战将，他照样会有沈庆之、曹景宗式的创作才能。清初一代诗宗王士禛，就是把他与历代武将能诗的曹景宗（梁）、王智兴（唐）、沈庆之（南朝宋）等并列的，并以为他们所作"皆见英雄本色，有文士所不能者"②。这种评价，本身显然已将斛律金列为《敕勒歌》的首创者了。

三

历代的诗家与学者对《敕勒歌》多有很高的评价。我已老不当事，无力做更多广泛深入的探索，只就手边可及的记载而言，就有以下的例举。

宋人王灼，是南宋初时的词曲家，他认为汉时，歌都"奇古"，但是，"东京以来，非无作者，大概文采有余，性情不足。高欢玉璧之役，士卒死者七万人，惭愤发疾旧，使斛律金作《敕勒歌》。其词略曰：'山苍苍，天茫茫，风吹草低见牛羊。'欢自和之，哀感流涕。金不知书，能发挥自然之妙如此，当时徐、庾辈不能也。吾谓：西汉后，独《敕勒歌》暨韩之《小琴操》近古。"③

这里的"山苍苍，天茫茫"，应是"天苍苍，野茫茫"，斛律金"作"，应是"唱"。所谓"徐、庾辈"，指南朝梁人徐陵、庾信。二人弄诗，专变旧体之古朴，崇尚艳丽，"文采有余，性情不足"。与斛律金南北同时。王灼评价《敕勒歌》，以为"近古"，"能发挥自然之妙"，完全摆脱了当时"文藻绮丽"的那种虚浮柔软的格调，真正继承了西汉的风格，看来"斛律金体"一出，"徐庾体"词要掉价了。

---

① （清）沈德潜选《古诗源》卷 13《梁诗》，中华书局，1963，第 322 页。
② 《香祖笔记》卷 11。
③ 《碧鸡漫志》卷 1，上海古籍出版社，1988。

　　明代末叶胡应麟说："齐、梁后，七言无复古意，独斛律金《敕勒歌》云：'敕勒川，阴山下，天似穹庐，笼盖四野。天苍苍，野茫茫，风吹草低见牛羊'，大有汉、魏风骨。金武人，目不知书，此歌成于信口。咸谓宿根，不知此歌之妙，正在不能文者，以无意发之。所以浑朴莽苍，暗含前古。推之两汉，乐府歌谣，采自闾巷，大率皆然。使当时文士为之，便欲雕缋满眼，况后世操觚者。"①

　　他在讨论武人创作时，更说："豪杰天纵特异，未易悬断。他如朱虚行酒之歌、景宗竞病之句、斛律金之《敕勒》、沈太尉之《南国》，皆仓率矢口，匪学而能。"②

　　胡应麟，自称少室山人，藏书家。对历代诗歌的得失，自成见解。主张古朴率真，由衷而发，轻视文藻伪饰。他就是以这样的准则，大力推赞斛律金及《敕勒歌》。作者识字与否，不在他的话下。很有见识。

　　清初沈德潜，熟谙历代诗歌盛衰，深得乾隆皇帝褒赏。他同意胡应麟的见识，也以为《敕勒歌》高古："莽莽而来，自然高古，汉人遗响也。"③ 他在另一处也说："北音竞奏，钲铙铿锵，犹汉人遗响也。北齐《敕勒歌》，亦复相似。"④

　　也是清初人的王贻上（渔洋山人），主张"神韵"说，被尊为诗坛大宗师。他以为"古今武人诗，如沈庆之、曹景宗辈，犹有文士之风。独北齐高敖曹诗：'龙钟千口井，蝉连百壶酒；朝朝围山猎，夜夜迎新妇。'此等语断非文士所能道。若斛律金'风吹草低见牛羊'，则乐府绝唱矣"⑤。

　　在他之后，有翁方纲。这人自称不"讪薄"也不"墨守"王渔洋"神韵"之义，而实际却是此说的卫教者。他以为："北齐《敕勒歌》：'敕勒川，阴山下，天似穹庐，笼盖四野。天苍苍，野茫茫，风吹草低见牛羊。'举此一篇，则后来如坡公'大孤小孤江中央'等篇之类，何烦悉举矣。"⑥ 他又把神韵与格调当作一回事。所谓"格调"，实在指的是气势、风姿，所以他以为"放笔骋气"，自然开阔，"气盛，则言之短长，声之高下皆宜"。《敕勒歌》

① 《诗薮》内编卷3《古诗下》，上海古籍出版社，1979。
② 《诗薮》外编卷1《周汉》，上海古籍出版社，1979。
③ （清）沈德潜选《古诗源》卷14《陈诗》，中华书局，1963，第345页。
④ 《说诗晬语》69条。
⑤ 《渔洋诗话》卷下。
⑥ 《七言诗三昧举隅》。

就是这种"气盛"的杰作。以此为例，就足以压倒苏东坡之类的豪放，他那些"大孤小孤"等篇，无需再说了。这里他已经不谈汉魏"高古"，只就神气立说了。

清末有刘熙载其人。他著有《艺概》一书。其中谈书法，以为"北书以骨胜，南书以韵胜；……南书温雅，北书雄健。……北如斛律金之《敕勒歌》"①。以书法比拟歌词，看似有点奇特。不过仔细想去，也还有点道理。《艺概》一书在内容上共有六"概"，其中五"概"谈文（诗、词、曲、赋、经），一"概"谈"书"。"文"与"书"被清人包世臣喻为双艺，著有《艺舟双楫》。

康有为更有《广艺舟双楫》。其中谈到南、北的书法。所谓"北"，乃指北魏。北魏的书法最具特色，所有书法都在碑刻。魏碑很有声价。康有为断言："凡魏碑，随取一家，皆足成体。尽合诸家，则为具美。魏碑无不佳者，虽穷乡儿女造像，而骨血峻岩，拙厚中皆有异态，譬汉魏儿童之谣谚，自蕴蓄古雅，有后世学士所不能为者。"

他并将各书体列为十家，说："十家体皆迥异，各有所长，瘦硬莫如崔浩；奇古莫如寇谦之；雄重莫如朱义章；飞逸莫如王远；峻整莫如贝义渊；神韵莫如郑道昭；超爽莫如王长儒；浑厚莫如穆子容。"② 他对魏碑及十家的概括都是"瘦硬""奇古""雄重""飞逸""峻整""神韵""超爽""浑厚"，"有后世学士所不能为者"。这无异是对《艺概》所说"北书雄健"的具体化与形象化，自然也是对《敕勒歌》的描摹化。歌与书，都是人情、志气或性格的不同方式的抒发，它们是可以相通的。康有为、刘熙载对北方书法和魏碑的概括，与前述王灼、胡应麟、沈德潜对《敕勒歌》称扬的"汉魏风骨""汉人遗响""高古"等，是多么的相似啊！

历来人们对《敕勒歌》的肯定，得到了胡适的同情，但是，说法更新。他说："且看北方民族英雄文学，我们所有的材料之中，最可以代表真正北方文学的是鲜卑民族的《敕勒歌》。……'风吹草低见牛羊'七个字，真是神来之笔，何等朴素，何等真实！"③ 《敕勒歌》不是鲜卑民族之歌，胡适说得不对。但是，他说《敕勒歌》是"北方民族之歌"，特别表明"民族"，很有

---

① 《艺概》卷4《书概》，上海古籍出版社，1978，第150页。
② 《广艺舟双楫》。
③ 胡适：《白话文学史》第7章，岳麓书社，1986。

特识，实为前此诸家未道。指为"英雄文学"的北方代表，也彻底否决旧时代文人所谓"高古""汉魏遗响"之类的老调。而提到"文学"这种学科的高度，实在开了以后评论《敕勒歌》更为新颖、更加科学的先河。

强调"真实"，并不始于胡适。在他之前，就有人提出过，例如国学大师王静安，就很看重这个。王氏曾有诗歌的"隔"和"不隔"理论，强调写真实、真情和真意，达到真"境界"，景情相洽就是"不隔"，就有感染力。他说："'生年不满百，常怀千岁忧。昼短苦夜长，何不秉烛游。'写情如此，方为不隔。'天似穹庐，笼盖四野。天苍苍，野茫茫，风吹草低见牛羊'，写景如此，方为不隔。"[①] 承认《敕勒歌》写景"不隔"，并与陶渊明"采菊东篱下，悠然见南山。山气日夕佳，飞鸟相与还"相提并论，即意味着承认歌所具有的感染力，承认与陶渊明相近的"不隔"的能力。

王国维在他的国学研究中，北方民族首先是蒙古历史的研究，占有显著的地位。在他的美学理论中，又拿《敕勒歌》作例题，以印证自己的见解，这本身就很非凡。

自宋以来，人们对《敕勒歌》的评论，使它的声望达到了不可动摇的地位。这在新中国，也受到文学界的一致称许。无论大学的教材或专门的文学史著录，都能看到它所占据的篇幅。例如中国社会科学院文学研究所编撰的《中国文学史》第一册，就有这样的论述："……又如《敕勒歌》中那一种浑朴苍莽的草原气息，自然也是北歌的一种特色。'敕勒川，阴山下，天似穹庐，笼盖四野。天苍苍，野茫茫，风吹草低见牛羊。'这是北齐斛律金所唱敕勒民歌。……可知这是一篇翻译作品，这诗反映了游牧民族的生活和环境。中幅写空阔无垠的大草原，景色如画。最后一句见出水草、畜牧之盛。语言简练而有味。全诗一气贯注，音调浑壮。这样的作品正如《碧鸡漫志》所谓'能发自然之妙'，即在民歌中，也是很突出的。"[②] 这样细致的评价，实在是空前的。自然，有的说法还可以改变。例如，"北齐"，斛律金歌唱时还没有这个称号；又如，"游牧"，敕勒川当时已有"粒食"，并不限于牧业；又如，说它不是民歌，"民歌""也是很突出"。但是，它能够指出《敕勒歌》在"北歌"中别有的特色，没有"南歌"的影响与痕迹，并且认为它是"诗"——高于歌，却是很有研究的。

---

① 《人间词话》。
② 《中国文学史》第一册，人民文学出版社，1963，第283页。

在十年"文化大革命"中，也有不惜写它的。如 1972 年出版的刘大杰《中国文学发展史》，就特地描述了这支《敕勒歌》所具有的色彩。①

"文化大革命"结束后，学术气氛空前的热烈。出版物中，依然有《敕勒歌》的议论。1972 年版《辞海》，列《敕勒歌》为辞目专条。其中说："《敕勒歌》，乐府杂歌篇名。北朝民歌。史载北齐高欢为周军所败，曾使敕勒族人斛律金唱此歌以激励士气。……气象雄浑。"② 这条辞目所述，亦有舛误，但核心是肯定这支歌的。

此外，也多有介绍的，这里不一一转引。但是，其中最具权威的是国家文史馆馆长启功大师的论定。他说："《敕勒歌》，古今脍炙。《国风》之下，莫之与京。""'风吹草低见牛羊'，固无愧于'函京'、'灞岸'、'置酒'、'高楼'"③，"之取高前式者也焉"④。他并且从格律和声调方面对之细致分析，实在不简单，前无古人，后无来者。我确实不知道在他之前与他之后，有谁作过这方面的剖解。先生著有《诗文声律论稿》，立论精辟。这里对《敕勒歌》的分析，正是上述著论的演衍。

斛律金《敕勒歌》不光受到学界的激赏，而且对后来的旧体诗词的创作也有影响。就是说，在后人的诗句中，往往能发觉《敕勒歌》的痕迹。例如：

宋人黄庭坚《题阳关图诗》："想得阳关更西路，北风低草见牛羊。"渔隐以为"此语殊有所本"。⑤

金人元好问《论诗三十首》有："慷慨歌谣绝不传，穹庐一曲本天然。中州万古英雄气，也到阴山敕勒川。"⑥

又，元时人柳文肃（贯）《漫题斋壁》："羲和白日经天近，敕勒阴山度幕遥。"⑦

元人袁桷《伯庸开平书事次韵四首》："沙碛共传歌敕勒，阴山那复见

---

① 《中国文学发展史》第一册，上海人民出版社，第 362 页。

② 《辞海·文学分册》，上海辞书出版社，第 218 页。

③ 文中"灞岸"，系指王粲《七哀诗》："南登灞陵岸，回首望长安"句；"函京"，指曹植《赠丁仪·王粲一首》："从军度函谷，驱马过西京"句；"置酒"与"高楼"，指曹植《箜篌引》："置酒高殿上，亲友从我游"，及《七哀诗》："明月照高楼，流光正徘徊"句。均可参阅《文选》卷 50。

④ 《学林漫录》七集，中华书局，1983，第 73～74 页。

⑤ 《苕溪渔隐丛话后集》卷 31。

⑥ 《遗山先生文集》卷 11。

⑦ 《诗薮》外编卷 6，上海古籍出版社，1979。

延陀。"

元人张翥《上京秋月》："歌残敕勒风生帐，猎罢阏氏雪没鞯。"

明人王清《塞北感怀》："梦回绝域乌桓地，战罢空山敕勒营。"

清人胡会恩《塞外截句》："霜月满营歌敕勒，梦回始觉卧沙场。"

清人宝佩蘅《塞上吟》中，竟有《风吹草低见牛羊赋》。

诗例当然还可以举一些，而仅就上面的也可以使人眼目为之一亮。尽管各个时代、各个人物对事物的感受不同，其在文字表现中，却利用《敕勒歌》的形象，以强化诗作的感染力，不是很能说明斛律金所唱，实在具有经典性与功能性吗？

最后，我再举出下面这个诗例，它很有点意味。民国时期，有旗人杨钟羲者，此人很有根底。他所撰《雪桥诗话》，久负盛名。其中载一首七律诗，题为《邺中怀古》。文曰："龙虎谁令出一门，佛狸残祚竟横吞。酒边筝语元忠策，榻底头颅贺拔恩。敕勒歌终消霸气，晋阳宫远恋英魂。鼓山石裂珠襦坏，疑冢空传贺六浑。"[1] "敕勒歌终消霸气"，这可是一句点睛的咏唱。正是这支歌唱了以后，东魏结束，北齐的高欢旗号张扬，而贺六浑也魂归"疑冢"了。《敕勒歌》竟然成了历史的界标。这首诗不啻是一场历史的复述。"邺中"就是魏的首都，"怀古"不就是怀拓跋与高家的沉浮吗？不期《敕勒歌》竟被诗家发挥了如此的效用。

四

《敕勒歌》是北族的历史现象，有其必然性，也有其承继性。作为民间的东西，在它之前，不就有过《匈奴歌》吗？那也是先民的口歌。而它的出名并载诸文字，则缘于偶然。假使它脱离当时的历史际遇，不在那种形势下发挥作用，它无非是一曲普通的民歌而已。依此而说，《敕勒歌》是支有历史价值的歌，它为当世与后世所承奉是可以理解的。

直到唐代，在北族的歌乐中，属于"马上乐"的，据说主要有三种，即"鲜卑、吐谷浑、部落稽三国"，"鲜卑"实指北魏，它的"北歌"，指的是所谓"真人代歌"，所有"代歌"都是民俗之谣，而这种歌的词句，多为鲜卑语。但在当时，这种"歌音辞，虏竟不可晓"。"虏"即拓跋人，他们汉化到

---

① 《雪桥诗话》卷12，北京古籍出版社，1989。

了这种程度，以致连本身的鲜卑语都"不可晓"了。即使魏政权的"乐府"（歌曲来自民歌）也是如此。这就是当时的社会及统治阶级状况。以此而论，则当时高欢与斛律金及"诸贵"们所唱《敕勒歌》而用鲜卑语，确是别有寓意的，他们要借此以振兴北狄①。

民歌，即使是敕勒民歌，也是一样。王灼说："古人因事作歌，输写一时之意，意尽则止，故歌无定句；因其喜怒哀乐，声则不同，故句无定声。"②以此看，敕勒歌"其句长短不齐"，是因为"本鲜卑语，译为齐言"的缘故云云，是未便成理的。北族的语言不同于"齐言"（即汉语），它不可能有五言、七言的整齐划一格律，即使不译为汉文，它也会是"歌无定句""句无定声"的。《乐府诗志》所言，不足信。

"诗言志，歌咏言"，诗歌从来都是人们抒发内心思想情感的方式，其歌情、歌景、歌物、歌事，无不如此。没有人的思情的歌唱是不存在的。王观堂大师曾说："诗歌者，犹写人生者也。今更广之曰：描写自然及人生。可乎？诗歌之题目，皆以描写自己深邃之感情为主。其写景物也，亦必以自己深邃之感情为之素地，而始得于特别的境遇中，用特别之眼观之。"又说："要之，诗歌者，感情的产物也。故诗歌者实北方文学之产物，而非儇薄冷淡之夫所能托。"③这可真是卓见。如以此为准，则《敕勒歌》所歌者，只是自然景观，并不见歌中所应"描写自己深邃之感情"或"人生"的成分，即歌唱敕勒川，也看不出是赞美还是哀叹。在当时的场面上，除了景物外，也应有明显的感情、主观的流露，唱者不应像"儇薄冷淡之夫"。所以，我设想《乐府诗集》所载歌词，是不完全的。歌词或者被译者删去，或者被载籍删减了。可惜。

北方民族的歌唱，历来被乐曲家喻为声情慷慨、劲切、高昂、开豁。明人王骥德曾有《方诸馆曲律》一书，内《总论南北曲》一节，虽说的是明朝境内的"南北"，但"北国之乐，仅袭夷虏"，其说仍然很可参考。这种特色是历史及地域特点促成的，也与这些民族首先是敕勒和高车的生活与斗争经历有密切关系，广阔的牧野，四处的放浪，战马的驱驰及激发的对敌战斗，艰苦的生存环境，祖宗以来的传统等，无不为他们的特点形成提供营养条件。

---

① 参见《旧唐书》卷二十九《乐志（二）》，中华书局，1975，第 1071 ~ 1072 页。
② 《碧鸡漫志》卷 1，上海古籍出版社，1988。
③ 郑振铎编《晚清文选·屈子文学之精神》，上海生活书店印行，1937。

因此，评价《敕勒歌》，本应依照敕勒人及敕勒地自身的特情出发与归结。动辄以"汉魏风骨""汉人遗响"之类的语词，加在它身上，总觉得有点不伦不类。

史书讲敕勒人善于"长歌"，我看这个"长歌"，应当就是后世蒙古牧人所唱的"长调"。一句歌词，曼声抑扬，极尽壮阔、悠然的能事。此亦见证现今的"长调"，原是有所继承的。

《敕勒歌》是一个很可研究的作品。我这里还不能算做研究，只是从历史的角度，关于它的出现，人们对它的误判以及历代歌词家对它的评估，它在后世诗家创作中的影响等方面，提供一点参考资料或线索。虽然这中间也说几许看法，无非即兴而已，并不成熟。

《老胡歌》说史

北方民族的古歌，往往没有特称，多以唱人所属民族名之，如《匈奴歌》《敕勒歌》等。这支歌也没有专称，直以"老胡"名之。"胡"之为称，多指北方民族如匈奴。匈奴人自己好像在汉文中也不讳这个"胡"字，说"北方有强胡。胡者，天之骄子也"。这个说法始于《史记》，《汉书》承之。当然，这是汉人代笔，凭己意而写的。

"胡"应当是汉文的略称，匈奴语的全称本是"撑犁孤涂"。"撑犁"汉义为"天"，"孤涂"的"孤"是汉义的"子"，"涂"是"有"的意思，也可以当复数解，合称则为"上天之骄子"了，这是指"单于"（匈奴部主的徽号）本身而说的。"孤涂"的"孤"与"胡"字音相近，汉文遂以汉语习惯，略去"天之骄子"而单称之为"胡"，即"儿子"。并且把单于的称号，混同为民族的称号，一律呼之为"胡"即"小子"，其实是不可混同的。匈奴自有族名，这就是史书记载的"猃狁""猃允"等，后来改之为"匈奴"，"奴"是汉人外加的蔑词。实际上，这个"匈"云云，恐怕也是汉人略化了。它的全称，不及细考。俟后。指"匈"为"胡"，即指其为"小子""儿子""竖子"，是轻蔑、辱骂。"胡"字本身在语义上也不高尚。

匈奴语与蒙古语多相同。匈奴单于的称号，与蒙古可汗的称号"天地所生，日月所置""长生天气力里"等很近似。蒙古兴起亦在匈奴故地，二者的风习与汉人的经略也前后类同，故汉人习惯上把蒙古族也在文字上称作"胡"。这里的"老胡"，当然指的是蒙古老人，而且是本土蒙古人，不是"东胡""西胡"的老人。

"老胡"一歌，我孤陋寡闻，从小不听说在民间有甚流传，民族志书也不载。唯在几种汉文载籍中，特录此歌，并连带述及歌唱时的节略。

据清人魏源书，说康熙三十五年（公元1696年），满洲大军在昭莫多（在今蒙古国图拉河、克鲁伦河之间）地方，对西域蒙古（斡亦剌惕）准噶尔部进攻，并取得胜利之后，十月，"上（康熙玄烨）还次归化城（今内蒙古呼和浩特），躬自犒劳西路凯旋之师。辍膳，大享士，献厄鲁特之俘。弹筝箎，歌者毕集。有老胡，工箎，口辩。有胆气。兼能汉语。上赐湩酒，使奏伎，音调悲壮。歌曰：'雪花如血扑战袍，夺取黄河为马槽。灭我名王兮，虏我使歌，我欲走兮无骆驼。呜呼！黄河以北奈若何，呜呼！北斗以南奈若何。'遂伏地谢。上大笑。手书以告皇太子"①。

此歌不载于如《东华录》《皇朝藩部五略》《清史稿》，以及曾经亲历昭莫多对准噶尔噶尔丹之战的如张鹏翮、张诚、范昭逵等人的纪行中。很觉遗憾。

魏源很重视中国西北地方史事，他曾参订《元史》，另撰《元史新编》，隐有新意。

《清稗类钞》载有此歌，题为《老胡应声而歌》。其文略同《圣武记》，唯一于歌词后，增文曰："遂伏地谢。圣主大笑，赦之，遣还。俘中多人亦分别赦免。"② 这几句增文何所依据，不明。

清末时，有陈康祺其人，亦录有此歌，题名《老胡箎歌》。文字与上引书大同。不同者乃歌词前加文："回部噶尔丹叛，扰我喀尔喀各盟部，圣祖亲征凯旋。"歌词后增文："众大笑。老胡一歌，传之后世，盖亦天山敕勒之嗣音也。"③ 文中说，"老胡"是"俘囚"。

三书中，《圣武记》以撰者魏源的声名较高，被视为可靠。如以此书为准，则前引另外二书所述，则似需辨明：

（1）《圣武记》只说"老胡"，并没有说"老胡"是"俘囚"。

（2）魏书只说"厄鲁特"，并没有说"回部"。

（3）魏书说"手书以告皇太子"，《清稗类钞》与《郎潜纪闻二笔》均失载。

（4）《清稗类钞》所述"赦"免"老胡"，其他俘囚亦"分别赦免"，其他二书无此文。

这些不同，我看或者都有依据。大概都是依据不同的资料，随意作出或

① 《圣武记》卷三《康熙亲征准噶尔记》。
② 徐珂编辑，无谷、刘卓英点校《清稗类钞选·文学 艺术 戏剧 音乐》，书目文献出版社，1983，第445页。
③ 《郎潜纪闻二笔》（亦称《燕下乡脞录》）卷八。

选录的，不会是杜撰。它们可以互为补充。

关系于此歌最重要的是"老胡"是不是"俘囚"。从魏氏书所述"歌者毕集。有老胡"一句看，"老胡"是歌者，不是"俘囚"。所谓"献厄鲁特之俘"云云，不包括这位"老胡"。且玄烨既"赐之渖酒"，绝不能赐之"俘囚"。"胡"如前之所述，乃专指北方蒙古，不指"西陲"的厄鲁特。

"老胡"能通汉语，所唱也大概是汉语。他唱完，康熙玄烨即大笑，不用翻译就能听懂，就是证明，这个皇帝不晓蒙语，却精通汉文。"兼能汉语"，这在当时的厄鲁特，恐怕做不到。他们没有与汉族接触过，不可能"兼能汉语"。能歌，口辩，有胆识，通汉语，只能是归化城土默特人。土默特人通汉语，从明嘉靖中期（约16世纪中叶），汉人大量出边，遍筑"板升"时就开始了，至清初，已较普遍。

"歌者毕集"，这"毕集"的"歌者"，也是"俘囚"吗？当然不是。他们应当是归化城土默特地方的专业音乐家，文字记录的确有这样的社会职业者。但是，也不必都是本地人。有报道说："康熙时，喀尔喀部有善弹琵琶名赤陵姐者，能弹冰车铁马之声。弹时朔雁俱落，骦骑环听，肃然无声。邻部厄鲁特部噶尔丹汗遣使求之，喀尔喀怒，不与。汗起兵伐之，浸灭其部，以赤陵姐归。喀尔喀部遣臣款塞求援，圣祖亲统六师征噶尔丹。丹战败……赤陵姐随入京师，犹奏技于王公家。"[1] 康熙回师归化城"大享士"时，这个赤陵姐作为"歌者"，弹琵琶者，必然也在其中弹其琵琶，一如"老胡""吹其笳"那样。她当然不是"俘囚"，也不是归化城地方的土著，而是喀尔喀人。

从"老胡"的歌词看，应该当作历史歌、政治歌去考究。歌中的"血""战""灭""名王""虏"等，就泄漏了消息。那是战败之歌。但是，它究竟反映了哪个时代的哪次战事呢？

土默特地区是久战之区，从林胡、土方、猃狁时代，经匈奴、鲜卑、柔然、拓跋、六镇、突厥、回纥、鞑靼，而到汪古、土默特等时期，无不有战马嘶鸣、刀光剑影的场面，实在难于便即确指。据我的直观说，这支歌很像是林丹汗西进或满洲皇太极西攻战事的描摹。史书载："（明）万历末，酋察哈儿（林丹）新立，能雄视朵颜诸卫。会金人（满洲立国称金）勃起，时蚕食其边界，驱杀牛马无数，不能支。既为金逼处，遂悍然有故土（即包括归化城土默特地，亦即汗国右翼地）之思焉。则席卷西行。战胜哈慎（即喀喇

① 《清稗类钞选·文学 艺术 戏剧 音乐》，书目文献出版社，1983，第498页。

沁）、兀摆诸部，无有抗扞者。徙帐宜压宣、云（宣府、大同）。今上（即明崇祯帝）即位，令卜（即顺义王卜失兔）、永（永邵布）辈合纵与插（林丹汗）战，皆战负。插卤（掳）卜酋阏氏与其印，尽夷（即消灭）俺答诸种。遣精骑入套（即河套、鄂尔多斯地），吉囊子孙皆顺首属之。东起辽东。西至洮河皆受此虏约束矣。"① 更有书述："插汉虎墩兔（即察哈乐林丹汗）取板升为穴。……直抵杀胡堡，克归化城，夺银佛寺……卜石兔（即顺义王）西徙避之，遂与习令（素囊子）等盟归化城，以合把乞喇嘛守之……习令色以东西两哨兵马并丰州滩大小板升俱献于插。卜石兔西走河套。"②

二书所述历史及战事状况，可以说正好是"老胡"歌词的注解。这里有血战，有夺取黄河入套，有顺义王诸种的夷灭，有兵马（包括骆驼）的损失，有失败者无可奈何的悲叹。

林丹汗强夺归化城地区是有原因的。

被称为蒙古中"兴"之主的达延汗，曾将汗国分为三翼，除汗这一翼外，有左、右二翼。汗与左翼在一起，右翼三部分分置在黄河两岸，岸西为鄂尔多斯，岸东为土默特——蒙古津与永谢布。土默特领主俺答崛起，被汗封为小汗即索多汗。他利用这个汗号统治右翼，借板升的势力壮大自己，逼明王朝封他为顺义王。这就使中央汗权受到削弱。

中央的汗位传到林丹汗，权威有所加强。但他受到方兴的满洲金的威胁及左翼各部的背叛，于是企图避开这种境遇。而俺答死后，右翼的局势已呈一蹶不振状态，这又为林丹的西进提供了机会。结果如何呢？左翼丢了，右翼也没有站住脚。他在金人的强力压迫下，跑到青海大草滩死掉了。

察罕儿林丹的这次进军，实质上是属于"阋于墙"的斗争，是统治阶级内部的争权夺利，然而影响于当地的安定很是深重。在当时，王权集中较之分裂、散乱，是一种可以肯定的进步，王权失驭只能使地方陷于群龙无首、无所适从的境地。整个"北斗以南""黄河以北"的社会将走向何处？"奈若何"也就是"若奈何"。"老胡"唱时，"音调悲壮"，可见他是痛心这种战争及结局的，他敢于当场"有胆气"如此高唱，可要被看作对皇帝的"犯上"了。所以唱后"伏地谢"，是谢罪？还是谢皇上能听完他的悲歌？康熙听歌后，"大笑，手书以告皇太子"，告什么？告此趣事？告之自警？

---

① 朱健：《古今治平略》卷八。

② 《明史纪事本末》第四册《明史纪事本末补遗》卷三，中华书局，1977，第 1440 页。

再看另一种记录。据《清实录》：公元 1619 年（金天命四年）10 月，插罕林丹汗致书金帝，要其停止征收贡赋，词极骄躁。次年，金帝答书，词甚轻蔑，从此二家已启战隙。南察哈尔与北阿禄察哈尔联军备战，金人也在为征攻察哈尔四处活动，攻朝鲜、攻明，拉拢蒙古各部以孤立林丹汗。公元 1627 年，皇太极即位，次年即开始振军西行。正好喀喇沁等部联合右翼鄂尔多斯、永谢布，在土默特赵城地方与察哈尔交战，遣使至金，要求联兵。金人自然迎合。公元 1631 年（天聪五年），金征兵亲己的各蒙古部落。次年四月，金帝皇太极亲统大军西进。五月，到达归化城，"大军一日之内，约驰七百里，西至黄河纳汉山，东至宣府，自归化城南及明国边境。所在居民逃匿者，悉俘之。归俘者，编为户口"。

"归化城喇嘛朝见，上赐宴，遣之。"

"往掠黄河一带，诸将奏报，蒙古已悉渡河而去。"

"赍书明人：我北征察哈尔，穷追四十一日。我欲收其部民，因还兵克归化城，暂驻军营，以待我进剿黄河兵。近闻察哈尔所遗人畜财物，为尔等容留，此系我未经尽收者，当一一还我。且此部民，原系蒙古格根汗（即顺义王俺答）之人，察哈尔取之，则为察哈尔所有，我取之，则为我所有。以我所有，而尔等取之，不可也。且我边外之事，尔等何得干预。"①

对于林丹汗并吞归化城地方一事，明末清初的管葛山人彭孙贻，也有记录："时，土蛮之裔，既僻处东北，生聚日益蕃。其后，插汉（察哈尔）新主为虎墩兔憨（即汗），雄视诸夷。而清人勃起于建州，蚕食插汉边界，驱掠牛马亡算。插现建州之强，而宣、云诸市，卜失兔主之。卜酋部落亦稍效板升，构土屋以居，势益弱。插部久处荒落，恶衣食。既为建人所逼，翻然有故土之思焉，崇祯元年（公元 1628 年），举大众席卷西征，杀逐俺（答）、卜（失兔）诸部，并其众，径往丰州俺答故地，徙帐压宣、云迤北，拥有八娘子各统部落。插汉既居俺答地，曰：'吾亦欲得金印，如顺义王大市汉物为西可汗，不亦快乎。'插汗掳卜失兔阏氏与金印，各部皆远走迤西。更遣精骑入套，吉囊子孙皆俯首属之。东起辽西，西尽洮河，皆受插要约，威行河套以西矣。

"插之抗衡东人者二年。西都无警。崇祯五年（公元 1632 年），四月，建州四王子（皇太子）勒西路降人五六万西来逐插，插战不胜，盖渡河西徙。

---

① 《清实录》。

"东人烧绝板升，插汉偕套虏走大漠。东人以屯板升，地淫湿，马多毙，乃整众东归。

"崇祯八年（公元 1635 年），清四王子于二月勒四万骑，西逐河套，收插汉余部，四十万部落尽摄于东人矣。

"东人所忌者插也。插折事之。建州无复西顾忧，而东谋朝鲜矣。"①

管葛山人是明代遗民，具有反清思想。《山中闻见录》所记有据可靠。文中所述与其另著《明朝纪事本末补编》相同。前引《清实录》及此书所记，是金人征服林丹汗和整个蒙古部落的史事，如把"老胡"歌印证这里所记，不是也可以符合吗？所以，"老胡"所唱，不光是伤痛顺义王一系之败，亦可视为也在悲愤林丹汗及蒙古诸部的轮替。"老胡"歌是悲歌、怨歌。

"黄河以北奈若何，呜呼！北斗以南奈若何。"当看到这种"奈若何"的句法，而又想象"老胡"唱时的"悲壮"之声，不由得想到项羽的《垓下歌》："力拔山兮气盖世，时不利兮骓不逝，骓不逝兮可奈何？虞兮虞兮奈若何！"这是何等悲壮！当年听杨小楼在舞台上唱《霸王别姬》这四句时，那苍凉气概与声调，不禁泫然泪下。看到"老胡"所唱"奈何"歌词及想象当场的气氛，也不免唏嘘系之。

同样，看到"灭我名王兮，虏我使歌"之句时，也抑不住想起东汉的末代皇帝夫妇，被董卓所逼而唱的两支歌："天道易兮我何艰，弃万乘兮退守藩，逆臣见迫兮命不延，逝将去汝兮适幽玄。""皇天崩兮后土颓，身为帝姬兮命夭摧，死生路异兮从此乖，奈我茕独兮中心哀。"这是垂危之间的哀泣，是对自身命运失望的哭诉。"老胡"的歌，其基调不能不使人与这二人所唱作出比附。

鲁迅曾将《垓下歌》与汉献帝夫妇所唱，归之为"楚声"②。我看"老胡"，也酷似这汉代"楚声"。

歌是情的喷发。如果情势相同，感受不二，则虽非同代、同族，其声情放纵，也必然会是声应气求、楚声同发的。"老胡"发出"楚声"，宜也。

顺义王一系的垮台，有其历史的必然性。但是，也有它自身的原因，如果不起内乱，不沉溺淫侈，不固守陈规陋习，爱护部众，外力是不会侵蚀的。察哈尔能"奈若何"！

---

① 《山中闻见录·西人蒙古篇》，上海书店出版社，1994。
② 《汉文学史纲要》第六篇，人民文学出版社，1973。

　　林丹汗作为一国新起之主，能善待各部，不苟敛国民，团结左右翼力量，也不会为外侮所屈。然而，他们都没有做到。内忧必引外患。满洲人终于趁此纠合蒙古各部，把他绝灭了。从此，统一的蒙古汗国反而变成了小小的金人的臣仆。

　　唐人杜牧有言："呜呼！灭六国者，六国也，非秦也。族秦者，秦也，非天下也。嗟乎，使六国各爱其人，则足以拒秦。使秦复爱六国之人，则递三世可至万世而为君，谁得而族灭也。秦人不暇自哀，而后人哀之。后人哀之而不鉴之，亦使后人而复哀后人也。"① 这话多么沉痛！这对林丹汗国是可以反三的。"老胡"之歌，正是沉痛之歌，正是值得载诸史乘之歌！

　　陈康祺说："老胡之歌，传之后世，亦天山敕勒之嗣音也。"很对。斛律金唱"敕勒"时，正也是东魏与北齐交接之际，很含愤慨之味吧，只是歌词不全，未能完全释放。然而，他所唱的"敕勒川，阴山下"，却正是"老胡"唱歌时所在——丰州川、土默川。以此而说，"老胡"是斛律金的歌唱"后嗣"，"雪花如血扑战袍"是"风吹草低见牛羊"的"嗣音"，我看也是通窍的。只是"老胡"歌的"嗣音"，又在哪里呢？可能是绝响了。

---

① 《阿房宫赋》。

第五卷

蒙古先代传说试探

这里所说的一切，只限于《元朝秘史》。

我曾经在一篇论稿中谈到，《元朝秘史》实在应当看作《蒙古秘史》。所谓"秘史""秘阁"云云，在中国，习惯上乃指收藏文献经籍的所在。班固说汉代"下及诸子传说，皆充秘府"。汉代如此，其后各代，也多类同。蒙古兴起，庶事不免草创，然而不能断定它始终或永远草创。《元朝秘史》本身至少证明：到窝阔台称帝时，已有近乎"秘府"一类的设施，收藏"诸子传说"方面的资料。洪钧说，蒙古自朵奔巴延以上世系，"当是传说得之"。《元朝秘史》所载蒙古世系较《元史》特多，盖以此故。如此看来，《元朝秘史》显然是包括了诸多"传说"的。但是，这种"传说"恐怕不必只限于"世系"，或者也编织了不少遗闻与逸话的吧？

所谓"传说"云云，在中国的辞典中，大致与"传闻""传言"语义差同，指的都是自古流传下来、非亲身经历的口头转述或文字评述。在西方，"传说"（legend）一词则指荒诞无稽、难以凭证的传承而言，它与基督的"圣徒"（使徒）传所述是同义语。《元朝秘史》的"传说"是否也这样呢？当然，传说的东西未必就是证据确凿的东西，可是也不必都是子虚乌有的东西。《谷梁传》说，《春秋》记事，是"信以传信，疑以传疑"。《元朝秘史》几乎可以说是蒙古民族的《春秋》，它大概也是力求这种格式的，只是这种"传疑""传信"在《元朝秘史》中并不十分明显区别，以致有人或者笃信不二，或者斥之为无稽。然而应信应疑，都无例外地牵涉到蒙古历史的渊源及《元朝秘史》所述的依据，自然因此也涉及它本身的学术价值，涉及蒙古历史的进程以及人们历来对此估价的正确与否。因此，探究它所含的"传说"成分及其远缘近因，都是治史者所不免。我自己于此道，尚难说已经登堂，但是，窥测之光，间或有之。这里的陈述，就是它的表露。末学肤受，即鹿无虞的可能是有的吧！现在试从头说起。

　　无须夸张地说，蒙古高原天然地是一位永恒的伟大母亲。尽管她一直不幸经常受着更迭而至的天灾人祸之摧残，然而她在几千年的雨旸寒暑中，从匈奴时代起，始终以自己博大的胸怀，孕育了一代又一代的"行国"肇建者。自然，她也曾经沐浴着后者的尊养；它也是一块巨大的磁场，始终吸引着四方的钢铁骑士，"抱智麇至"。正是在这块广袤万里的舞台上，牧人们相续演出了颇可惊天动地的伟烈丰功，而蒙古则是这种勋业的集大成者。"集大成也者，金声而玉振之也。"（《孟子》）它的影响较其前代远大得多。按一般规律，历代创业者们既经建立起自己的国体与政体，既然与诸文明民族不时折冲尊俎，甚至也拥有自己的疏记与文录，那么，对于毡乡地理的陵谷沧桑，对于人间的兴替进退与悲欢离合，对于自己的世系渊源及社会风情，应当有自己的载笔，至于蒙古人更应有这个条件，然而在现象上却不。据波斯史家说，蒙古人并没有可以获悉真相的记录，就是成吉思汗一系，卓然跃上"黄金"统治者的汗台之上而区别于一般其他各系的时候，也没有什么实质的不同，"蒙古人不知文字，口传其祖先名称与其历史事迹"，这就是他们的结论。我不能说这个结论一定不对，因为一方面刺施特的断定总有所据，另一方面，这种说法在别的记录中也能找到印证。例如在他以前曾经访问过喀喇和林的意大利人普兰·卡尔比尼在其蒙古《行纪》中，就说原当初，蒙古没有文字，成吉思汗时，始以畏兀字书蒙古语。《元史·释老》所载忽必烈诏书，亦有"我国家肇基朔方，俗尚简古，未遑造作"[①]文字的说法。但是，把文字与传说当作因果看，以为基于没有文字，故诉诸传说；反过来说，又以为既然有了文字，传说就不存在了。则恐怕不光有违逻辑法则，而且也不尽反映事实。

　　这里须要辨明的是，首先，没有创造文字，不等于没有使用文字。《蒙鞑备录》与《黑鞑事略》均曾指蒙古人"行于回回者"用回鹘字，"行于汉地、契丹、女真者"用汉字。这里的"行于"，就是"使用于"的同义语。所谓"使用"，不光指信函往来、标识名物，而且也包括史事记录、音译典籍。既然如此，则我很有点猜测汉文字与回鹘文字不光"行于汉地"和"回回地"，恐怕也会"行于"蒙古地的吧？据赵珙、彭大雅、徐霆等人的反映，蒙古人那时使用汉文，是"金国叛亡降附之臣，无地容身，愿为彼用，始教之文书"。这些人既在毡乡，除了为汗国起草诏令及一般翰墨之外，或者也记述他们耳闻目睹的诸凡史事。须要特别提及的是"亡降"于蒙古地方而深通汉文

---

　　① 《元史》卷二百二《释老》，中华书局，1976，第4518页。

的"降附之臣"并不始于成吉思汗时代,这种事迹在他之前的时代,已经屡见不鲜,因此,可以认为以汉文记述北族,首先是以"蒙古"命名的北族的故事,恐怕也有了长久的经历。如此说可见,则蒙古虽没有创造自己的文字,而使用别族文字记事仍是可能的。说蒙古史事全凭口口承传云云,还未便可以深信不疑。

其次,传说与文字并不见得就一定绝对势不两立。文字创立以后,传说就遽然没有了吗?历史实践证明:任何时代,任何史家,绝不可能亲见、亲行,甚至亲闻一切事物。《公羊传》说,《春秋》记事是取"所见异辞,所闻异辞,所传闻异辞"的原则,假如其说不谬,则足见经如《春秋》者,也还不尽排斥"传说"。可以说,"传说""传闻"与"所传闻"是时时不有永远有,处处不有普遍有。当然,在久历祸乱的岁月里,基于诸多客观原因,"传说"可能愈来愈缥缈,愈繁杂,愈趋扭曲,愈失其最初本真,而一些传述者本其一己的目的也从而添枝染色,更使它骇人听闻,令人莫辨。很多"实录""直笔"云云,实际上不过"传说"演义与曲笔杜撰而已,有多少可信者?《史集》记述蒙古人历来被视作"权威",但是,其实它也并不都是亲见、亲闻之笔,不过据"传说"而"传说"而已。因此,就古代史事而言,口口相承是传统,笔之于文字者也多来自传说(或笔者的杜撰),以为见于文字者就一定胜于口头者,实在也还未必。

说《元朝秘史》关于蒙古人首先是成吉思汗一系的先代,原出于传说云云,我倒也不想别置异词,我所要指出的是这些"传说",不是口头的逐代传承,而是文字的依次记述。剌施特《史集》说:蒙古人的历史曾经"用蒙古语、蒙古文递相记录,唯没有编纂整理,多零乱地藏于'秘府'中"。《多桑蒙古史》也引证说:"在(波斯蒙古汗之)档案中,藏有正确无讹之史料残卷若干篇,系以蒙古语言文字写定,然鲜有能读者。"这种以"蒙古语言文字"写定的东西,后世可能参见的为数极少,特别是涉及成吉思汗"根源"的部分,就更令人兴叹了。然而就记事而言,也还不是一无踪影,在这里,我想应当感谢走入毡乡的汉地文人,他们相续记述了蒙古人的"传说",这种记述的片断或者正是迄今能够看到的汉文载籍所记有关史事的原初蓝本。因此,当人们企望稽考《元朝秘史》前卷的记录而已从入手时,不妨检阅汉文载籍,那里的确可以找到一些他们的身影或演化的。现在请让我冒昧地对此作点初步的试验或比较。

(1)关于蒙古的最初、始发时的历史状况,《元朝秘史》没有一字之及。

它只从"苍狼"时代说起,然而史实证明,蒙古之作为北族至少几千年演变的"集大成"者,它的发轫却要远古得多。《史集》载有蒙古先辈的传说:"成吉思汗诞生之于千年前,蒙古人为鞑靼地域之其他民族所破灭,仅遗男女各二人,遁走一地,四方皆山,山名额儿格涅坤,犹言嵚崖也。其地肥沃,避难二人之后裔名曰帖古思与乞颜者。后人繁盛,分为部落。因地限山中,悬崖屹立,不足与容,乃谋出山……因辟一道。……"① 多桑所说是《史集》说的简化,应当可凭。《元朝秘史》为什么略此不叙,这里毋庸细究,有趣的是这个故事,使我不禁想起了《魏书·序记》,那里正有雷同的节略。请看:"……宣皇帝讳推寅立,南迁大泽,方千余里。……献帝命南移,山谷高深,九难八阻……历年乃出,始居匈奴之故地。"又《隋书·突厥传》载:"其先,国于西海之上,为邻国所灭,男女无少长尽杀之,至一儿,不忍杀,刖足断臂,弃于大泽中。……止于山上,其山在高昌西北,下有洞穴,狼入其中,遇得平壤茂草,地方二百余里。"

综观二书所说,大概可以认定与《史集》约略相同。对此,《元史译文证补》卷一说:二书与《史集》"语意颇相类,恐是蒙古袭突厥,以叙先德"。又说:"窃谓唐时已有蒙兀,则其世次多历年所,败于邻部,入山避难,事所恒有,或与突厥同出一源,亦未可知。"以三书语意相类,蒙古与突厥同源。这话当然不谬,但是必须指出,蒙古先世应有不同的族称。前成吉思汗两千年,正是中国春秋时代,蒙古的先世称作"薰鬻"或匈奴。突厥也者,尚是拓跋人之后的称谓,且其名目就语义而言,不过是诸族的政治集合体,远不能以族名视之,所谓"与突厥同出一源"云云,只可能理解为与突厥集合体中某一族同源。这里须要设问的是《魏书》《隋书》所载,究竟根据什么?当然,可能借助"所传闻"并由撰史者私意附会,但是,可不可以设想,蒙古先世使汉人以汉文述史的书面记叙,或者正是它们的临摹蓝本?

(2)《元朝秘史》的汉文总译,一开始就抛出了"苍狼""白鹿"的虚构。对此,我在别的论证中已经有过阐发,这里无须重复。但是,在这一故事的大轮廓中,所表现的也还不无根据。立即使人联想到的是契丹的祖述。宋人范镇《东斋纪事》卷五载:"契丹之先,有一男子乘白马,一女子驾灰牛,相遇于辽水之上,遂为夫妇,生八男子,则前史所谓选为君长者也。此事得于赵志忠。志忠尝为契丹史官,必其真。……予在陈州时,志忠在扶沟

_____

① 《多桑蒙古史》上册,中华书局,1962,第32页。

县。尝以书问其八男迭相君长时，为中国何代，志忠亦不能答，而云：'约在秦汉时。'恐非也。"这是约在 11 世纪晚期（宋熙宗时）的记录。其后在 12 世纪晚时，以叶隆礼署名的《契丹国志》中，也有类似的记叙："契丹之始也……古昔相传，有男子乘白马浮土河而下，复有一妇人乘小车驾灰色之牛，浮潢河而下，遇于木叶之山。顾合流之水，与为夫妇，此其始祖也。是生八子，各居分地，号八部落。"

元人苏天爵说，叶隆礼治辽史，"多得之传闻"。此说亦不必尽然。《四库提要》就说："诸家目录所载……《契丹事迹》诸书，隆礼时尚未尽佚，故所录亦颇有据。"又说此书多"取前人记载原文，分条采摘排比成编"。但是，所谓"原文"究竟何所指对，是契丹文？汉字？而云"前人记载"，亦不明指。度当时情况，或者可以推定是在契丹寄居的汉人（如前述赵志忠）以汉文记录的。因为记述有据，所以这段"传说"的框架，直到 14 世纪中仍被采入《辽史·地理志》。

看到这个叙述，人们不假思索就会惊呼它与《元朝秘史》开首所记，何竟相类尔！简直可以确信，"苍狼""白鹿"几乎就是白马、灰牛身后的变影。你看：都是一男一女；都渡一河而至一地；都配夫妻；都生有八子（蒙古在孛端察儿之前，历八世）；都是灰（"苍"亦灰白色）白（《元朝秘史》原文为"俊美"，非"惨白"色）二色。不同的是水名、地名，动物也互有乖异：一说狼、鹿；一说马、牛。一说二人各自驾乘；一说"同渡"，不言驾乘。这种比较在近人陈述《契丹政治史稿》中也曾有所表述："青牛白马犹之苍狼白鹿，同为图腾。唯一则曰狼鹿相配，一则把之驾乘之神。"指鹿、狼为蒙古人"图腾"，我在以前的论著中已驳其谬，然他作这种比较，则是不误的。很明显，所言不同只具有细节性质，这种不同实在无碍于它在总体上的同一。这就证明，《元朝秘史》所记，亦有其历史文献的依据，绝非只是口口传承。这中间，虽不免依着时间、地点及人为的不同而有所扭曲与繁简，但是虚幻的、生造的构思到底折射着历史的行迹。

（3）《元朝秘史》汉文总译说："都蛙锁豁儿独额中生一只眼，（能）望见三程远地的势物。"这里的"额中"在汉文《蒙古源流》中译作"印堂"，说"其得名多斡索豁儿者，因其印堂中有一眼能视三站之故"。在汉语中，"印堂"乃指人自前额至鼻梁间部位。这个说法实较《元朝秘史》汉文总译高明。明人王琼《北虏事迹》："锁合儿，华言一目也。"这个"锁合儿"即"锁豁儿"，按照这种译法解释，则其含义实在是说，都蛙锁豁儿的一只眼已盲，另一眼健在，并能远视。亦喻其颇多见识，即所谓独具只眼的意思，绝不能以额头只长一眼去解释。因此，都蛙锁豁儿也者，恐怕还只是他的绰号而不是受铭或自铭，亦如唐人呼沙陀李克用为"独眼龙"一样，而李克用虽"眇一目，长而骁勇，善骑射，所向无敌……大为部落所疾"①，并无鄙视含义。"都蛙锁豁儿"之得名，或者亦如此义。

都蛙锁豁儿的轶事，《元朝秘史》惜乎失哉。但是，书中特地提到他，亦不能以突兀视之。独眼、一目人，古代典籍每有载笔。如《山海经·海外北经》说："一目国在其东，一目中其面而居。"同书《大荒北经》又说："有人一目，当面中生。"《海内北经》也说："鬼国在贰负之尸北，为物人面而一目。"这一条以人为"物"，显然已成谬化，然人而一目，却也与前引文同。"鬼国"，《论衡·订鬼》以为在北方。那么，"鬼国"应即中国古史上的"鬼方"，实在也是匈奴人的旧称。《淮南子·地形训》也有"一目民"的记录，所谓"一目民"，高诱注为"一目民，目在面中央"。另有趣味的是，古希腊史家希罗多德《历史》亦载有"独眼人"，其居地大致西伯利亚南部。从这些记载可以看出，"独额中生一眼"的传说，实在已经很古，而记述其事的应当都是旅居大漠以北的汉族文人。当然，所谓"一目民""一目国"云云，指的都是群体，一族、一地，而不是单独的个人，与《元朝秘史》所说殊不一致。但是，这大半是古事、传说的演化，实在不足为奇。据《元朝秘史》，都蛙锁豁儿与朵奔蔑儿干，实亦自成一落，而以都蛙锁豁儿为首揆，以此而用"独眼"称其部落，亦不难理解。引又足见都蛙锁豁儿可能确曾雄强一时，影响于北方者甚大，以致使他在文字记录中占有独特地位。《元朝秘史》所述虽然简陋有间，然依违汉文历史载籍，因树建屋，则不特说明这个"独眼人"始终保其遗响，不没其声，而且也说明蒙古人所传史事，并不只是口头"所闻""所传闻"而已。

（4）关于五人折箭。汉文《元朝秘史》卷一载："阿兰豁阿将五个儿子唤来跟前，列坐着。每人予一只箭簇，教折折。各人都折折了。再将五只箭簇束在一起，教折折啊，五人轮著，都折不折。阿兰豁阿就教训着说：您五个儿子，如恰才五只箭簇一般，各自一只呵！任谁容易折折；您兄弟但同心呵，便如这五只箭簇束在一起，他人如何折得折？"

《元朝秘史》的这一说法，何所依据，不见交代。《蒙古源流》大致亦录

---

① 《旧五代史》卷二十六《武皇纪下》，第362页。

这则古事，而据该书撰者说，全书除本人亲见亲闻者外，均采自七种史料，其中有汉文著录，亦有蒙古著录。最要者乃《古昔蒙古汗等根源大黄谱》，此书究竟何时著作，我孤陋寡闻，不敢擅断，有人以为《蒙古黄金史》当之。此书虽晚于汉文《元朝秘史》，然多有它所失载的古事，则其另有依违，不无可能。以理推之，这件事当亦采自此书，据此可以想见，《元朝秘史》所述当亦自有其记录依据，不尽属口传而已。这里不禁使人想到吐谷浑人。《魏书·吐谷浑传》："阿豺又谓曰：'汝等各奉吾一只箭，折之地下。'俄而命母弟慕利延曰：'汝取一只箭折之。'慕利延折之。又曰：'汝取十九只箭折之。'延不能折。阿豺曰：'汝曹知否？单者易折，众则难摧；戮力一心，然后社稷可固。'"吐谷浑原属鲜卑种，世居辽右，后迁青海西南。阿豺者，乃是他的族遗。阿豺死在青海，时当 5 世纪前期，则他临死所嘱，下距阿兰豁阿已达四百余年。时间与地点均难证明阿兰豁阿所说是拾他的唾余。但是，折箭设誓、以箭喻事之类，在北方游牧人中间有成习，且阿豺所说已载诸史册。阿兰豁阿引以为典故，亦当不悖情理。李文田说她"暗合曩规"，可谓有识。

（5）感光而生。《元朝秘史》汉文总译载："阿兰豁阿说：'您不知道，每夜有黄白色人，自天窗门额明处入来，将我肚皮摩挲。他的光明透入肚里去时节，随日月的光，恰似黄狗般爬出去了。'您休造次说。这般看来，显是天的儿子，不可比做凡人。久后，他每做帝王呵！"这是这位"未亡人"为自己寡居而生子辩护，以平人家的不满而作的饰词。当然，这种伪饰是骗不了人的，她的前两个儿子就到底没有表现出深信的样子来。问题是这位夫人怎么竟能捏造这样的谎言？可以用来解释的自然是当时社会的风习以及巫觋的说教对她的影响。但是，经过亡入毡乡的辽金乃至前此时代的深通汉籍文人的传述，汉文典籍所记类似故事，可能也起了（如不说更起的话）很大的作用。在汉典籍中，这类记叙可以说屡见不鲜。如《三坟》说："伏羲因风而生。"《史记·五帝本纪》附《正义》说："……母曰附宝，之郊野，见大电绕北斗枢星，感而怀孕。"《河图握矩记》说："大星如虹，下流华渚，女节梦接，意感而生朱宣。"（朱宣即少昊）又说："瑶先之星，如虹贯月，正白，感女枢于幽房之宫，生黑帝颛顼。"《隋书·高丽传》说："……夫余王尝得河伯女，因闭于室内，为日光随而照之，感而遂孕……"如此等等，不一而足。当然，我并不企望能够得到实证这位老祖宗的确亲眼见到并看懂这些典籍，但是她听自汉地来人（他们自匈奴时代以来，的确接踵于汗庭或民间）的传说而受其影响，却是可能的。既然如此，《元朝秘史》所述就无须惊为独创或特异之处了。"感天光而生"云云，无非寓有光临天下的微意，亦如汉文记述中所载"太昊""少昊"所明示光明正大的含义一样。这既是当时人们文化发展的反映，也不妨说是人们的一种历史希望，希望有一个能将光明带来，足以光前裕后的领导人物出现，而这样光辉人物的出现，正是当时蒙古历史发展的需要。假使这里所述的尚可备为一说，那么，下面这条真理就又一次得到证实，即人类的历史文化总是相通的，汉文化对于毡乡的作用总是有迹可寻的。即使《元朝秘史》的这条记录，也能够证明这点，它的说法也还不无文字记述的依据，而不必只是口口传承、道听途说而已。有人以《世界征服者传》以及《道园学古录》等籍所载畏兀人先祖二树感天光所照而生子的呓说，来况阿兰豁阿生子事，殊不类，比拟亦颇勉强，实在不足以证《元朝秘史》所述。倒是清侍郎李顺德的这段话还近乎情趣："昭代（指清代）推寻蒙古，自述源流，俗虽近于獠狂，事若合于符节。然则祖龙系族，难舍嬴宗；匈奴传文，仍追昌意。揆之史例，谁曰不宜。自古帝王，胥由天授。是以姜嫄履敏、刘媪梦神。凡厥灵征，几同野合。未闻呱呱后稷，不承帝喾之家；赫赫汉高，谓非唐尧之后。"（《元朝秘史》）

从以上的引述中，人们至少我自己可以获得这样的印象：

（1）《元朝秘史》关于所谓"传说"时代蒙古先民构图的描绘，应当说是清晰的、光灿的，它没有如《辍耕录》《元朝秘史》等那么藏头露尾、闪烁其词。

（2）《元朝秘史》所述表明：毡乡人类社会的发轫，为时古邈。从氏族而部落而部族而汗国，虽有不同名号，而其历史递变，则是一脉相承。蒙古云者，无非前代诸种的继踪。对于这段经历，我想是否可以连缀如下：

蒙古高原历来居有诸种不相统摄的社会集团。他们起落不定，盛衰失常。他们互相补充，也彼此争执。在频仍的战乱中，蒙古一系的先民们终致被迫逸出正常的历史轨道，不遁迹于不为载籍所明示的一种地理环境。延宕很久而孛儿帖赤那等出世。孛儿帖赤那乃成吉思汗二十三世祖。《论衡》说："孔子所谓一世，三十年也。"以此计之，则至成吉思汗已历七百年，约其时间，当在6世纪，这很容易使人想到柔然被突厥战败，走入贝加尔湖的历史。柔然历来被视为"原姓"蒙古人。他们在那里主要过狩猎生活。随着人口的增殖，社会历史条件的变化，乃又走出森林兼营游牧。但战神并不曾从他们身边走开，而平衍的原野，并不具备屏障他们的条件，因此，他们必须时刻保持高度警惕，他们须要"独具只眼"如都蛙锁豁儿那样的人物，以开创新的命运之路。然而外面异族（首先是契丹、女真）在鸦视，内面宗族在龃龉，蒙古人要成其气候，亟须束箭自强，团结向心，而足以表率各部的则是应运而生的天命骄子，这就是阿兰豁阿所生的"感光"结晶及其以后的成吉思汗。"蒙古"一名，终至崇为民族的定号。

这就是这段经历的内涵。

《元朝秘史》所叙，洵有的据。这有两方面，一是世代传承。人们口口递述而又由巫觋、耆宿及演唱者编纂成篇。二是汉文记录。旅居蒙古地方的历代汉人的功力，在这里起了十分可敬的作用。把蒙古人没有创造文字与没有使用文字混为一谈，把传说与记录决然对立起来的说法，是不可靠的吧！

蒙古以"狼"为图腾质疑

自古谈蒙古远古史事，每涉及"苍狼"与"白鹿"云云，本来也是一个老话题，然而不知怎地，它至今依旧被人们经常谈及，俨然又是一个新话题。

所谓的"苍狼""白鹿"，乃是《元朝秘史》（以下简称《秘史》）汉文译本首卷的开端。它的汉文总译是："当初，元朝人的祖先是天生一个苍色的狼，与一个惨白色的鹿相配了。来到斡难名字的河源头，不儿罕名字的山前住着，产了一个人，名字唤作巴塔赤罕。"话说得明白，二兽相配，产生一人。这是说元朝即蒙古贵族祖先是"苍狼"与"白鹿"这两种动物。此说一开，立即成了汉族史家迸发诸种妙想的迷津，而一些人关于蒙古先世的历史经纬也就开始纺织了。

一部记录真实的典籍，却竟以如此荒诞的情节与世人见面，这就难怪昧昧者惊愕不置，并且因此也出现郢书燕说的类似迹象。人们看到，从前清以来，中国学者中臆说翻新是多么地层出不穷啊！揆其论旨，约有数端：

（1）"狼""鹿"是蒙古人的"图腾"崇拜，陈述《契丹政治史稿》、格鲁赛《蒙古帝国史》等，均有此说。近来一些蒙古史研究者也多趋附，颇有纷纭翕响之势，或说是"狼取其英雄，鹿取其柔顺"之义。韩儒林甚至说"突厥蒙古的祖先都是以狼为'图腾'的"。

（2）"苍狼"与"白鹿"是蒙古的神话。林惠祥《中国民族史》以及上举诸人持此说。

（3）"苍狼"与"白鹿"是蒙古部落的象征或标志。

（4）"苍狼"与"白鹿"就是它们本身，是蒙古人的祖先。张尔田《蒙古源流笺证》、韩儒林均有此说。

（5）"苍狼"与"白鹿"是古代蒙古人的人名。

也许还有其他说法。总之，关于这个"苍狼"与"白鹿"的论证，可谓斑驳陆离，假乱其实，而谬种流传，居然令人至今扑朔迷离乃不敢自解也。

　　表面看来，"苍狼""白鹿"云云，无非是史事中的细故蒂芥。役心劳神，考究这种本来"何足以疑"的底蕴，似乎没有什么"骊珠"可得。这话谁也不能说没有一点道理。然而，假如有人设想它已牵涉到成吉思汗一系甚至蒙古的族源，牵涉到蒙古族历史的起始与传承，牵涉到"苍狼"与"白鹿"的时代背景，并且一些学者曾正经八百地撰写专文，以圆其说，而读者中也还有受其影响者，则为它挥霍一点笔墨，澄清则个，未始不在情理之中。

　　率真地说，《元朝秘史》的这种写法，我是历来怀有疑义的。印证波斯史家的记述，这段记叙或者中有遗文，史非原篇。事情很明显，述蒙古远祖，至少要上溯"乞颜""脑古"，述成吉思汗"根源"也应从"孛儿台吉歹"开始。《元朝秘史》半道突兀而起，恐怕它多半是因陋就简，潦草拾掇的征兆。究其原因，或者原文散佚，致成断编残卷，无从照录；或者书写者掐头去尾、执意为之？总之，"根源"之说，殊足启疑。但是，就事论事，我是力排众谬，确信所谓"苍狼"与"白鹿"云云，本来就是男女二人的名讳这个主张的。

　　《尹文子》讲："名有三科：一曰命物之名；二曰毁誉之名；三曰况谓之名。"这"况谓之名"即比喻之名，拟似之名。以"狼""鹿"为人名，实亦兼有此义。这个道理应当不难理解。一般说，古往今来，中国或蒙古的社会成员在习惯上以物为人名，借此寄托自己的情感和愿望，可以说触目多是，充耳常听，而且"约定俗成"，向来也不曾因这种习惯，听说引起过人们的歧视或疑惑。对于"苍狼"与"白鹿"之人名，也应如此理会。如果因为人们取名动物，从而就混淆动物为人身，甚至因此而演绎到一个民族的源流，则恐怕除了误解而外，就要冒污蔑之嫌了，这倒反而是令人惊奇的。在这里不妨顺便一提的是汉文载籍：黄帝称"有熊氏"，并无人说他是熊类所生；帝夋即帝㚢（即狮子之类），也没有人说他是狮子所产；帝舜称"有虞""虞"，《说文》指为"仁兽"，然而并没有人说他是兽生；禹，《说文》也释为"虫"，有谁听说他原来不过是个爬虫。这种理同而说异的现象，实在令人费解。

　　说"苍狼"与"白鹿"本是人名，实在并不是我的自我作古，恰恰相反，它不过是前人成说的师承。只要留心，在古今中外较严肃的史述里，人们不难发现，甚至在几百年前就有这种认识，简直是一脉相通。14世纪的波斯史家剌施德的《史集》说："据可信赖的讲述者说，所有蒙古部人都是来源于乞颜、脑古那两个人的民族。那二人的后裔中有一个名称孛儿帖赤那。他是几个部落的首领，他有许多妻子和孩子。名称豁埃马阑勒的长妻为他生了一个在诸子中最杰出的儿子……"这个说法在 19 世纪初的《多桑蒙古史》、清末洪钧的《元史译文证补》以及 20 世纪 20 年代的《新元史》，亦有表述。

族外的著作如此说，蒙古族自己的史书也如此说。17 世纪中的《蒙古源流》作了这样的叙述："上伯特的合罕传至色尔特赞普台罕时，有权臣隆纳木者，谋夺合罕权位而戕害之。合罕子三人：博剌楚、锡巴古齐、布尔特齐诺乃均亡命异地。季子布尔特齐诺自走恭博地方。恭博人不肯与共，因娶郭斡玛喇勒为妻……"《蒙古黄金史》所述，略同上书："图伯特最初的国王……其子达赖、斯并、阿尔旦、森达力特王，有三子：长子包洛介、次子希巴古奇、末子孛儿帖赤那。为了兄弟间关系不洽，孛儿帖赤那乃度北方的腾吉思湖至建特之地，娶一个被称为郭斡玛喇勒的姑娘为妻，居于此地即成蒙古部落。"二书所说，虽情节或者有出入，但是都直译为人名，而不意译为动物，并且都以单数而不是以复数词出现。洪钧曾批判误译者说："人以狼鹿为名，非即兽也。"柯劭忞也批评一些人说："孛儿帖赤那译义为苍狼，其妻曰豁埃马阑勒译义为惨白牝鹿，皆取物为名。世俗附和乃谓狼妻牝鹿，诬莫甚矣。"就是新进的邵循正也以为"苍狼""白鹿"乃人名。译人名为动物"曲解文义，也可以说是望文生义"。他们的批评无疑是理所当然的。如果有人对此也不敢放心，以为它依然不能算是第一手论据，那么，请看《元朝秘史》的原文及汉语旁注：

成吉思	合罕讷	忽札兀儿	迭额列	腾格里	额扯	札牙阿秃
名	皇帝的	根源	上	天	处	命有的
脱列克先	孛儿帖赤那	阿生兀	格儿该	亦讷	豁埃	马阑勒
生了的	苍色狼	有	妻	他的	惨白色	鹿
阿只埃	腾汲思	客秃勒周	亦列罴	斡难	沐连讷	帖里兀揑
有来	水名	渡着	来了	河名	河的	行
不峏罕	哈勒敦纳	嫩秃黑剌周	脱列克先	巴塔赤罕	阿主兀 ……
山名	行	营盘做着	生子的	人名	有来

对于这段文字，汉文总译却篡成了上面所引述的那个样子。其实，也是很不老实的。原文中所述及的几点，必须注意，这是总译故意忽略的：(1)"忽札兀儿"，旁注有"根源"，顾名思义，所谓"根源"云云，无非就是来历、原由、基因之类。但是就"忽札兀儿"原字而论，它实际上更可译为族源、远

祖或者很远以前的世系等，总之，属于人类范围的事。（2）"格儿该"，旁注为"妻"。什么是"妻"？《说文》释为"妇与夫齐也"。"妇""夫"与"妻"，均属人伦范畴，"格"即指男女等列并偶。（3）"迭额列　腾格里　额扯　札牙阿秃　脱列克先"，旁注为"上天之命所生"，实际上可从习惯而译为"天命""奉天承运"，这与元代文所谓"长生天底气力里，大福荫护助里"，与所谓"天命眷顾"等语义，差不多等同。（4）"嫩秃黑刺周"，旁注为"营盘做着"。什么是"营盘"，一般说，就是军伍的营垒，或者说就是环绕而居。"营盘做着"云云，意即建立自己的居地、自己的营地。应当顺便指出，这个旁注并不确切。"嫩秃黑"与《元史》所说的"农土"含义相牟。它的本义应是乡土、本籍、故乡、村里、"分地"、"经界"等。（5）"脱列克先"，旁注为"生子的"。不误，不过它的本义实在指人类的"生子"。

确定"苍狼""白鹿"是人名还是动物，必须综观上下文字及这五点才行。

试问，这五点岂是动物所能有？动物如果不是拟人化或人格化，它们是谈不到什么社会意识的。有什么"奉天承运"可言？又有什么"天命所生"之可言？动物怎么构成人而又有所谓"根源"、家世？恩格斯《家庭、私有制和国家的起源》中虽然也有"高等脊椎动物中……一夫一妻制"的说法，不过只是比拟而不是认同，且绝不包括"狼"与"鹿"这种非"高等"类属在内。动物的雌雄是绝不能依人类社会的伦理原则而可称为夫妻的，动物野生，其所因自然形成的岩洞、林荫而居止，焉能称之为经界、分地、"营盘"？利用天然屏障行止，能算是有意识地建立"农土"吗？据此，通观全文（当然不是汉文总译），可以确信《元朝秘史》关于狼鹿故事的原文所示，乃是指男女或夫妻而说的，而"苍狼""白鹿"云云，无非是他们的名讳表征，质言之，是他们以"狼""鹿""自命"或"受铭"的。一切借端附和，以名害事，妄作演义，以辱先王，甚至因此而妙想什么"哲理"，据我看，无非空自说臆，自欺欺人，与历史记录及科学研究是绝对无缘的。在这里，我还敢于断定，汉文的翻译，很难说是规规矩矩，因而也不宜据此为论的。请看，它的旁注与原文不尽吻合，总译则不但与旁注游离，而且节略原意，自弄弄人。如成吉思汗的先世原委被译为"元朝人的祖"，这二者岂能等同？"天命所生"被译为"天生"；"妻"被译为"相配"；"建立乡里"被译为"住着"，而"乡里"亦被改为"营盘"（"营盘"应另有字）；美丽、俊俏被译为"惨白"，美与白岂可同文？而这个"惨白"实在也应当写作"洁白"，如此等等。事实证明，这种随心信手的译法，可谓匪夷所思，亦贻害深远，那些号称博洽的考证家之所以相继闹出不自觉的笑话，其中一个重要原因恐怕就是不谙原书的原意，一时失慎上了这个译法的大当所致。

也许有人要问，既然是人名，为什么他们特地用这种动物命名？在《元朝秘史》的音译旁注中，凡涉及具体人或物象时，都注为"人名""山名""水名"，并不直译其特定含义，唯独在这里不注为"人名"而径直当作普通名词而注为"苍色的狼"与"惨白色的鹿"，为什么？这两个人名，究竟是自称还是他称？是本名还是诨号？这种以动物例如以狼、鹿为先祖名讳的现象，在蒙古以前例如匈奴、拓跋、突厥等是否有过先例？有问不必有答，但是，要回答这些质问，可能也是各种各样的。

据我看，人们以自然界实物为名，一则正如前面所说，古代的人们依赖自己对动物形象及它们的特性的不同理解，借以寄托他们的爱憎与喜恶；二则大概也与当时的生态环境与动物资源有点关系，例如狼与鹿，那是草原和森林中所常见及并与狩猎牧畜生涯有密切关涉的动物，引之以为人名，无论示喜示恶，均不难理解。但是，我想这种情况多半带有偶然性，绝非事出有因。陆贾说过："善言古者，令之于今；能述远者，考之于近。"我相信这话是正确的。那么，看看今日的蒙古，在普遍的意义上说，今天的蒙古人中以狼、鹿为名的恐怕绝无仅有。狼的声形太恶，鹿在草原上濒于绝迹。设想偶有此名者，那或者是他们的绰号，或者是示以憎恶。以今拟古，实在很可以玩味。我敢说，那也许正是后人在追思中所代为强加的诨号，而且据此也可以设想匈奴、突厥之所谓"狼"为祖先的说法，也还不无类此的可能，甚至是异族人挟嫌穿凿，以讹传说吧！

清人洪钧曾说："《秘史》谓狼鹿生人，为蒙古鼻祖，亦是拾突厥唾余。"这话一认定突厥人为狼所生的谬论，二认定蒙古人也一脉相承，这当然是泥古违今之论。但是，他以"唾余"讥刺，则表明他也还并不轻信突厥人自成其说。至于《元朝秘史》的译者们之所以破例而意译为人名，他们的真实动机，现在好像已经没有什么确证，如果允许推测，则我以为可能有四：（1）当时译书的旨趣乃在蒙古语言的口头功用而不在史事真伪的考证，只要可能译出并有助于增加词汇及语词的理解的，就尽量直译，而不顾其在通段上下文中的语意。这一点早在半个世纪前，史学前辈吕诚之先生也曾述及："本典本之译述，意在考证蒙古语言，非以求其史实。"说"考证"语言，当然是误会，他们只是汉译而已。但是，说当时译书宗旨在语言，则与明人郑晓所说不殊。因此,"孛儿帖·赤那"和"豁埃·马阑勒"既有"苍色狼"和"惨白鹿"含义,于是舍其注"人名"的译例而译为普通名词,以便"使臣往来朔漠,通达其情"而发挥语言的功效。(2)自作"聪明"。译者们每有类似动物生人的记录,如《山海经》说:"黄帝生骆明,骆明生白马,白马是为鲧";《史记·秦本纪》说:"孟增幸于周成王,是为宅皋狼,皋狼生衡父";其后《后汉书·南蛮传》《魏书·高车传》《隋书·突厥传》等书,均载有类同的传闻。译者们受其影响,以为蒙古当亦如此,因而执意将两个人名译为野牲,以证汉文记述蛮夷先世之不谬。这种自充解人以曲解原文本义的可能未必没有。(3)火原洁等当是"西域"人,是元臣而降明者。他们以戴罪之身而臣事新主,其卑躬屈己,希旨容媚是不免的。所以,迎合明统治者的意愿,故意污辱"胜国",指人为兽,以逞其私心,这话绝不是给他们"栽赃"。一个可以反证的理由就是其他人如巴塔赤罕、塔马察、豁里察儿等,为什么就不加意译如"苍狼""白鹿"例,而只注为"人名"?难道这些人没有可译出的汉文吗?意译不也可以增加与丰富"往来朔漠,通达其情"的语汇吗?此足见译者们的笔下是何等阴险。(4)也可以设想,译者们毕竟原本不是汉族,虽充明廷的侍讲、编修,而实际只是一种名义即所谓"空头汉"而已。他们之于汉族语言学,首先是汉语用字及四声基础,可能尚有一间之隔,致使自己的译语错舛,未能信达。这或者也是原因之一。

"苍狼""白鹿"是不是古代蒙古部落在形式上的标志?原始部落依据自己的崇尚或志向等,以某种饰物为自己区别于别族的标志,不无可能,但是,难说必有!《元朝秘史》所反映的时代,主要的已不是原始时代,那么,蒙古人曾否"拾突厥唾余",以"狼头"为麾帜而自壮声色,史无载笔。《秘史》所载部落名称,岂止一种,即使你屈着指头,对之逐一考察,也不会碰巧有这种能够如愿以偿的发现。事实是在所有记录(不止《秘史》)及考古实迹中,尚有一例可以证实有过饰以这种形象——狼或鹿头的部人,即使成吉思汗建号,所标徽帜也只是"九斿白纛"。当然,据《史律》载,在蒙古诸部中,确有以"赤那恩"命名者(《秘史》亦有此名,以为"地面"),"赤那恩"部落汉义就是"狼的"部落。其所以命名如此,是因为他们最初以二兄弟的名号而得氏的,此即坚都来那、兀鲁格臣。然而即使他们,也还没有以狼形为部落标志。

在生物学上,狼与鹿是两种对立的野物,不光二者的生存环境不同,而且后者恰好是前者的猎物。常识告诉人们,它们之间绝对没有"相配"的事例，万一"相配"，遗传基因也不会使它们产出兼有狼鹿形象的生物，更无法产出一个人体来。张尔四等率意轻信怪诞，竟以此作注。屠寄曾说："北族制名，好取物为象，而世俗附会，以为是真狼鹿相配者，妄也。"这话我看就隐喻张某的。或者有人要说，客观事物虽然如此，而古时的人则深信动物能生人，在古人看来，狼鹿是被赋予神性的。这种说法，当然也能言之成理，然而史书证明，蒙古人没有出现过这种想法。事实是"苍狼"与"白鹿"时代已不是蒙古的神话时代了。

以为"苍狼""白鹿"是蒙古人的"图腾"崇拜，是不是无可置疑呢？当然可以不置疑。但是，也还可以不置信。这里首先需要弄清楚的是这个外来概念的本来含义。我所见到的这种狼"图腾"论者，不光没有一个人具体地提出史实证据，也没有一个人阐述这个论战的理论依据。在我的印象中，他们无非先入为主，无非照搬概念，玩弄公式而已。然而马克思已经说过："在历史科学中，专靠一些公式是办不了什么事的。"①"图腾"一词，据我所知，它主要是澳大利亚土著部落（主要是乌拉布纳人）及美洲印第安人（主要是奥季布瓦人）语的音译，而为19世纪以来西方考察家所征引并随手写作"totem"。这是否真的是当地土人的原语原音，我自己不敢确信，因而也就不能无疑。首先，它的含义并不确定。一般说，"图腾"指的是"一个氏族的标志和图徽"或说其义为"他的一个亲族"，这里的这个"他的"实际上仍然是指集体而言。《家庭、私有制和国家起源》一书没有"图腾"字样。《摩尔根〈古代社会〉一书摘要》一书有这个字样，但却有几种不同的解释："奥季布瓦……的方言中，'图腾'（往往被读作'dodaim'）"②；"……或阶级（即图腾）"③；"……同一姓名（图腾）的人"等④。据此，足见"图腾"的含义实在泛泛，未可执一而定。西方的人类学家并不是所谓"图腾"崇拜者所属族类，也并不深悉"图腾"们的语言，因此其所作解释只是半猜半实的性质，何足以为经典。其次，"图腾"不光有其特定的语义，而且实在也还有

---

① 《哲学的贫困》上卷，人民出版社，1949。
② 马克思：《摩尔根〈古代社会〉一书摘要》，中国科学院历史研究所翻译组，人民出版社，1965，第134页。
③ 马克思：《摩尔根〈古代社会〉一书摘要》，中国科学院历史研究所翻译组，人民出版社，1965，第141页。
④ 马克思：《摩尔根〈古代社会〉一书摘要》，中国科学院历史研究所翻译组，人民出版社，1965，第199页。

它一系列的类似制度的东西。一般说，"图腾"制属于原始氏族时代的范畴，在考古学上列入旧石器时代晚期。据一般考察家归纳，以下几点大致能获得大家承认（当然也不尽相同）：（1）"图腾"是原始氏族（不是个人）的组织或制度，它以某种动物或植物为名称，并且承认它们是自己这一氏族的始祖或至少与之保持有血缘关系；（2）崇敬这种作为"图腾"的动植物，禁止杀害或损伤；（3）以"图腾"物为一切用具、居室、衣物、武器等的装饰形式，以示区别于其他氏族；（4）同一"图腾"信仰的人在自己的各种庆典中跳舞时，亦披"图腾"的皮革，模仿所信"图腾"的模样与动作；（5）以"图腾"动物为自家的保护神；（6）成年男女要举行"图腾"加入式，以示其对本"图腾"氏族的义务与权利。

如果姑且用这几条较普遍的要求作为尺度，以衡量蒙古各部，首先是孛儿只吉歹氏族，则人们面对史实，不得不承认说狼、鹿是他们的"图腾"云云，是多么地令人失望。

第一，蒙古没有"图腾"这个词，也没有澳洲土人有"kabang"一词义同"图腾"这种象征词，这自然是没有相应的社会实际现象的反映。不分气候、土壤，率意移植花木，依样葫芦，是应当知道不可以的啊！俄国人企图以"翁衮"（偶像）拟之，不过是异想天开的一种执著。"翁衮"绝不可能是所谓的"图腾"。

第二，蒙古的始祖是谁，史书不载。《史集》只说："相传古时蒙古与他族战，全军覆没，仅遗男女各二人，随入一山，斗绝险巇，唯一径通出入，而山中壤地宽平，水草茂美，乃携牲畜、辎重往居，名其山曰阿儿格乃衮。二男一名脑古；一名乞颜。……乞颜后裔繁盛"，并说后来所有蒙古部落都是这二氏族所生，这里也没有什么"苍狼""白鹿"之说。据此，可以确信：蒙古历史乃开发于它与别族战败以前，那里是个什么状态，始祖或其"根源"究竟是谁，实在可以说查无的据。即使不从这里说起，那么，追溯蒙古"根源"也要从乞颜算起。"苍狼""白鹿"云云，还只是他们多少代以后的人物，更远谈不到历史的起始，谈不到作为蒙古"图腾"之为始祖的表征。有趣的是即使在乞颜时代，也没有"图腾"的迹象。

第三，孛儿帖赤那（即所谓"苍狼"）是成吉思汗第二十三世祖。以三十年为一世，则他当时正是6世纪，已到了柔然之末。那么，蒙古地方已进入铁器时代，已在使用文字；那时，人们的血缘关系正让位于地缘关系，就是说，已不是"图腾"制合适的时代。摩尔根所报道的印第安状况完全与蒙古地区及蒙古部落不合，一切企图把蒙古说成是印第安人的翻版，是十足的臆造。

第四，蒙古历史上没有特别崇拜狼与鹿并视其为自己祖先的记录。《史集》载：窝阔台继汗位时，有人捕一狼，而此狼尽害其牲畜。窝阔台命以金购此狼而释之，说让它将所经危险告其同类，离此它适。孰意狼甫获释，群猎犬围而啮杀之。斡阔台闻之，说：我病日甚，欲放此狼生，冀天增我寿，岂知它难逃命定。① 也许这可能被解作蒙古可汗崇狼的一说吧？然而，这个故事只不过表明窝阔台好生之德，旨在为自己"增寿"，而群犬恨狼，围而杀之，汗亦无能为力，徒浩叹而已，何崇狼之有？即使在迄今保留的传统风俗的缝隙中，也找不到所谓"崇狼"的一线遗存。作为一种野兽，狼生性残忍，其本性就是牲畜的祸害。蒙古牧人历来没有说狼是守护神；也没有打狼、灭狼的禁令（新中国成立后，尚曾掀起过打狼运动），打狼、灭狼的行动并不曾听说就是打了、灭了"守护神"；就是打了、灭了"祖先"、亲族，因此也并不曾听说有过什么哀悼或哀悼仪式。

第五，孛儿帖赤那之后的各世嫡传，按照正姓、庶姓的原则，均有其各自的命氏之号，但是，没有一个以狼、鹿为"图腾"、为氏号的。

第六，蒙古诸部的分界只凭据氏姓、语言分界，而不是什么"图腾"。《元朝秘史》说，巫人帖卜腾格里家曾聚集了"九等语言的人"，指的就是九等部落或氏族的分野。"九等语言"而不是"九等"图腾，标志十分明确。

第七，蒙古人在形成自己的氏族、部落的进程中，曾经不断吸引各部成员向自己靠拢，至成吉思汗时，这种趋势显示出更快、更频繁的特点，然而从来不见有举行"图腾"认同仪式的记录，如"图腾"制度所习是的那样。

第八，蒙古人在祭祀、大聚会时，确有庆典，也确有"那达慕"活动。但是，有没有披狼皮、鹿皮，扮狼形、鹿形，仿狼、鹿动作而舞蹈的娱乐，于史无稽。据《元朝秘史》：忽图剌即汗位，蒙古部众举行宴会并围绕着婆娑的树林，雀跃欢乐，以至其旁的平地被踏出了没膝的尘土。记录只此而已，何尝有什么"图腾"制所要求的那种庆典？其后，各代可汗即位，均例有聚会和庆典，却始终不见有狼舞、鹿舞的习惯。

第九，《亲证录》载：札木合被成吉思汗战败，曾"为七十二灶，烹狼而食"。此事当然或有误会，《元朝秘史》说的是成吉思汗战败，而所烹的也是

_____

① 《多桑蒙古史》上册，中华书局，1962，第 207 页。

"赤那思地面"的"大王每",是人而不是狼。这件事不光证明"狼"根本谈不到是"图腾"——神圣不可侵犯的"血亲关系"或"始祖",而且也可以托后况前,反证孛儿帖赤那并不是什么作为"图腾"的"苍狼",不过是个人名而已。任意推行是不行的。

第十,"图腾"制是母系社会的产物,说的是当初一个女性与一种野物交媾而生的神话,所以有所谓"某种动物与自己氏族有一定血亲关系"的造言,"图腾"制从来不承认两个野物相配,与人毫无干系而却生了个人体并成为人的"始祖"的说法。假如孛儿帖赤那与豁埃马阑勒真的是两个野兽而不是人,那么,它们之成为蒙古人的"始祖"云云,也并不符合"图腾"制的本意。那么,欲要把这说成所谓"图腾"云云,岂不是对"图腾"的曲解。

老实说吧,蒙古人对狼、鹿这种野性,从来不抱珍惜的态度,这可以从《元朝秘史》的记录中找到证明。据载,成吉思汗曾说:"忽难(人名)夜间做雄狼依着我,但曾闻见的事,不曾隐讳,便来对我说。"这里,人被狼化了。狼是被拟为依附着成吉思汗并供他驱役而起侦察作用的角色。同书又载:诃额仑母亲在教训成吉思汗时,说他射杀自己的兄弟,犹如在风雪里赶走自己的崽子的狼一样。在这里,对狼也是蔑视的。这岂是"图腾"崇拜的征兆?狼如此,鹿如何呢?鹿性当然没有狼那么凶恶,并且它也曾在蒙古人的什物上装点过诸种图案,甚至也出现过"鹿石"之类的遗迹,然而那多半属于工艺美术性质,并不象征"图腾"崇拜。《元朝秘史》载:朵奔蔑儿干吃鹿肉,并且曾用鹿肉换小孩。《松漠纪闻》也说:盲骨子"捕生麋鹿食之"。"盲骨子"据考察即蒙古,以鹿为食,岂是"图腾"所允许?《新元史·忽都虎传》说:"忽都虎十余岁即善射。一日大雪,忽都虎见鹿群,逐而射之,至夜未返。太祖问古出古八,对以射鹿未返。……未几,忽都虎至,云:遇三十鹿,已射死二十七,皆在雪中,太祖大奇之。"① 假如以鹿为"图腾",忽都虎这么干,岂非自射其祖,岂为这种制度所允许?

总之,以"苍狼""白鹿"为蒙古人的"图腾"之说,完全是不根之论。

那么,它是不是一种蒙古人的神话?《元朝秘史》所载孛儿帖赤那与豁埃马阑勒,均如以上所说,乃是二人名讳,并没有说他们有什么超自然的能力,也没有说他们经历过什么幻化的神奇的斗争,而且历经几百年,传说并没有为他们的故事增减什么情节与色彩。所以所谓的"神话"云云,我是不相

① 《新元史·忽都虎传》。

信的。

从以上所述中可以看出，"苍狼"与"白鹿"只能是人名，不能更作别解。一切把汉文总译所生造的故事当作真实史笔，都是暌离《元朝秘史》本文原义的。这是一查原文就可证实的。那么，不幸的迷津者总可以恍然知返了吧。然而，有人硬是不信我的解释及原文语意，千方百计设词弄笔，以坚持"图腾"、"神话"、动物产人的虚构，真可谓强聒不舍了。这似乎有点奇怪，为什么要这样呢？在这里，我想到王充的话："世俗之性，好奇怪之语，说虚妄之文。何则？实事不能快意，而华虚惊耳动心也。是故才能之士，好谈论者，增益实事，为美盛之语，用笔墨者，造生空文，为虚妄之传。听者以为真然，说而不舍；览者以为实事，传而不绝。不绝，则文载竹帛之上；不舍，则误入贤者之耳。"① 这话我看是有点切中时弊的。学术研究是老老实实的工作，任意借口穿凿是应当力避的。我真希望这"世俗之性"，能在科学的砥砺中得到改变，因为它无助真理的发掘，有害于学术的正当风气。

① 《论衡·对作》。

《蒙古秘史》设问

　　《蒙古秘史》（以下简称《秘史》）被列为学术论坛的要籍，由来已久。进入 20 世纪，它引人注目的所在已不是"史"的范畴，愈来愈明显的迹象是，研究者们趋向于将它从国际蒙古学中分辟而视为专学——《秘史》学了。这是蒙古学研究深入的征兆或结果，是百多年前不可想象的。时至今日，《秘史》或以《秘史》为中心的探讨，可谓"烝烝皇皇"，常录不衰。但是，不论国际还是国内的研究历史都标明：尽管这部著作的隐耀逐渐明朗，内涵正在解开，可以说，探赜索隐，远迈于前，而很多问题迄今还聚讼纷纭，莫衷一是，甚至尚有很多方面等待揭示。这自然是无须奇怪的。学术领域的事，总是需要切磋琢磨，需要一个认识过程，更何况《蒙古秘史》之"秘"又有加次。我自己对这部典籍及其成为一门学科，自觉浅陋。一直没有可能作专门的研究，但是也曾有兴趣注视过它，并也拜读过一点有关的论证文章。对于各家的论断，我不想在这里妄事评品，那是可以各是其是的。我所要冒昧的是试图提出以下一些疑问，就教于方家，这也是久积脑际的刍荛之见，算不上新鲜（以下为旧稿移录）。

　　1. 我生不辰。

　　幼孤。常从家祖听先民旧事。层累所及，间上溯远古。谈者不倦，听者失厌。细语娓娓，不禁为之眉飞色舞。稍长，师事严。得阅四库简目，而《蒙古秘史》者两见，颇向往之。然边塞僻野，无缘径览，郁郁者无已。后负笈故都，始如愿以偿。一书未终，胸襟已为之一畅。至此，不特始悟先祖所述原于此本（亦有《秘史》所不载者），且亦惊奇蒙古古代文采之如此璀璨。抚今就昔，块垒日增。日人寇边，狼烟东起。因弃学从戎，疆场以生，《蒙古秘史》之兴，于焉约束。新中国肇立，旧趣新兴，然数读《蒙古秘史》，终于深诣。至今喟喟惶愧。

　　窃谓《元朝秘史》久封秘馆，鲜为人知，亦鲜为人用，致《元史》修纂，徒增纰漏。书之厄运，乃至于此？概夫！然一旦书禁解严，脱帙而出，则此书光照群籍，人皆仰止。时至今日，学人功之错之，已成热门。而探骊求珠，翻为难学。比年以来，学者纷沓，然《庄子》所谓"其书五车，其道舛驳，其言也不中"者，又岂少哉？此即一证也。我之向心《蒙古秘史》，要在文学，史学一端尚属其次。而文学疑难，恰与史学差同。

2.《元秘史》或《元朝秘史》本名？

名实相关，事物无不有名。"名定而实辨"，《荀子》有《正名篇》，专辨名实。《元朝秘史》亦须正名。

今见《元朝秘史》一书，卷首有"忙豁仑纽察脱察安"八字。清人不智，妄事猜断。音译与意译并列，乃《元朝秘史》通例。卷首此文，岂遽变异，纵不熟谙蒙古语文，循此案索，亦当悟及此八字正《元朝秘史》四字所本。"元朝"即"忙豁仑"，"秘"则"纽察"，"史"乃"脱察安"，何必强作解人以害事？然质而言之，此译亦尚不达。今人多谓此书乃明代初年所译（亦有异议者），权依此说，则明人译"忙豁仑"或"忙豁"者，或作"达达"或"鞑靼"（此固非蒙古人自称），其意实指"蒙古"。译为"元"或"元朝"，则须原文为"元乌鲁斯"始称信笔。故其译法不特殊乖原文，亦有违译例。"元朝"与"蒙古"岂许作同义语解？且全书所述又岂入"元"后事？非"元"（朝代号）事而称"元"，可谓夺理之特甚。"脱察安"或"脱卜赤颜"译为"史"，信否？据《〈蒙古秘史〉词汇选释》一书，"脱察安"乃突厥方言，义为"史"。固然，《秘史》确有突厥语借词。然据同书揭示，此类之用亦颇见规律。（1）用以构成词组成分；（2）用以构成重叠成分；（3）用以构成对偶成分；（4）用以构成韵语成分；（5）用以构成副词成分；（6）专门名词；（7）人名、地名。然则一书或一文献集之名称，并无如此这般需要，何劳突厥语之借？是以"脱察安"仍应属蒙古语词，须以蒙古语本义作释。本义有二：一可译为"纲要""简略""概略"之类；二可译为"局""司""府"等。遵此，则《元朝秘史》似应或译为《蒙古秘纲》或译《蒙古秘府》乃是，而二者于语意间并无"史"的含义，亦如汉文诸种籍述每称"概要""纲要"而不必尽为"史"然。以"史"名书者所在多有，如《锡日·图古吉》《察罕·图兀赫》等。译"脱察安"而与"图古吉"（历史传说、人物传奇）、"图兀赫"（历史、经历）等同，并难视为精当。译"纽察、脱必赤颜"为"秘府"，意则差矣。中国旧时有书籍"藏诸秘府，副在三馆""藏于秘府，伏而未发"之说。《元史》载：《脱卜赤颜》秘藏馆阁，亦禁"外人"阅视或借以修史，用意正同。此《脱卜赤颜》是否即《纽察脱察安》，无从考定，然则无妨设想，译"纽察脱察安"为"秘府"，未便云误。既云"秘府"，则所藏载籍必非一种。《元史》谓：史臣修史只言"取图书《脱卜赤颜》，不云《忙豁仑·纽察·脱察安》"。察罕译《脱卜赤颜》只题《圣武开天记》，不曰《元朝秘史》。波斯人剌施特谓："蒙古信史曾逐代以蒙文入录，然未经汇辑条案，徒以断乱篇章封于禁中，不欲外人检阅，致成秘卷。"（参阅《史集》一卷序）。以此而论，"秘府"实乃文献总名，《秘史》云云，借称而已。实非其本名也。

《忙豁仑·纽察·脱察安》一名起于何时？正文成篇前即名此？正文稿成后始名之？全书依题撰文，抑先文后题？窃意始初撰写时，当无书名。文成而后题名，不乏先例。前汉陆贾成文论成败十二篇，刘邦辑之成书，号曰《新语》；司马迁撰文五十二万言，始亦无名，后始或名《太史公》，或题《史记》。《论语》《孟子》岂系孔丘、孟轲自题？又岂名于成书之前？揆诸《秘史》，情当类此。且当时蒙古虽建汗国，而于制度尚属草创，诸若史馆史职之类概无专设，谓其秉笔之始即宿意规范史例，尽遵史法，"秘"而书之，殊难深信。前日本石滨纯太郎博士曾断言《元秘史》本述成吉思汗一系源流，至元代修史始题称《秘史》云云。此与鄙说，可谓同调。然以《秘史》自始即成典册，则甚悖于剌施特所揭，亦与鄙见异趣。要之，《秘史》乃辑"秘府"诸散篇而成，题名亦当为后人追加。

勘覆一种书名，不独关系名实，甚且涉及本书性质、归类、功用及其应制因缘，讥其"无谓"，识其陋也。迩来学者以《元朝秘史》译名不正，竟欲以《蒙古秘史》代之。此亦颇嫌不智。一则"秘史"云云并不精审，此前已言之；二则《元朝秘史》久录大典，清人多有考释与评论者，遽废旧名而易新物，必将令人茫乎所在，徒增烦扰也。新译可名《蒙古秘史》，旧本则仍其《元朝秘史》，并存其目，何害？

3. 《元朝秘史》成书年代。

纪年辨朔，顷已演为专学，其于史事考据，至关切要。然古者，诸族所历行年号，或无一致。即同族朝政亦因更替而取不同历书，又每以干支换算，各人持议时生歧见，致比较各族年月，辄多滞碍。前人每有年表、朔闰表、纪文编诸类之撰，盖以此也。毡乡年代学似尚无人问津，今之学人概混同中原历法相仍，此虽无可奈何，而疑窦不免或启。

《元朝秘史》成书年代，历来各说并陈。或谓成于1240年（庚子），或谓成于 1228 年（戊子），或谓 1252 年（壬子）等，而 1240 年说尤较风靡。诸说固各有据，窥其立论，无不肇基于《元秘史》卷尾所书"鼠儿年七月，写毕了"八字上。

"鼠儿年七月"云云于论断该书成书年代，当然不得等闲视之。然徒拗此而率意，则未必得窍。欲成通识，须融会全文。兹试录其文如下："大聚会着。鼠儿年七月。于客鲁涟河，阔迭额、阿剌勒地面，朵罗安、孛勒答合失勒斤扯克之间，斡儿朵思下时，写毕了。"简约全文内涵，有五：（1）时间：鼠儿年七月；（2）地点：客鲁涟河，阔迭额、阿剌勒地面；（3）场合：斡儿朵思下时；（4）背景：大聚会着；（5）行为：写毕了。此五者立论所必据，执一则偏，弃一则妄。试分述之。

关于"鼠儿年七月"。

以天干地支纪年，系于十二动物相，乃汉族历代行之者。《元朝秘史》以动物纪年，始于"鸡儿"，其后亦数以动物，然不及十二，是以曾否与汉族所行同，无法比定。唯《圣武亲征录》纪年干支、属相两全。据考：此书亦译自《脱卜赤颜》，所述节略间同《元朝秘史》，以此推之，则《元朝秘史》当亦仿佛。十二相中有猪、鸡，显为农业象征，游牧人竟也以此为标志，则受外来影响者不言而喻。宋人赵琪、彭大雅以为乃汉人、契丹、女真入蒙古者教之云云。《元朝秘史》无载此叛入者，然别书则有之，赵、彭所说亦不谬。唯蒙古人雄张，早在金世宗时已发端。至明昌间，与金人战，金人辄败绩，其士卒与官佐走蒙古地者未必其无，而《秘史》并不一见此纪年迹象，据此，则所谓"教之"云云，说尚难定。且纪年以动物，未尝始于汉族。《新唐书》载：黠戛斯（乞儿吉思）法亦如之。此族亦谦河流域之农耕者，曾与蒙古相望而居。蒙人游牧，袭其习尚，不无可能。若此说可允，则《秘史》所云"鼠儿""鸡儿"之类，是否即汉元之戊子、庚子、壬子，尚须略作斟酌。

关于"客鲁涟河大聚会"。

朔漠"行国"之宗王部长"大聚会"，自匈奴而柔然而蒙古，行之已久。《史记》载，匈人五月大会城，秋，马肥，大会蹛林。此"大会"即《秘史》之"也客忽哩勒塔"，译言"大聚会"也。柔然之"大聚会"载入《蠕蠕传》者亦称频频。唯诸书所载，"大聚会"与"聚会"尚不尽合辙。大聚会者，除特殊外，多行于可汗即位时，是以聚会常有而大聚会不常有。蒙古宪宗（蒙哥）以前，诸汗庭庐帐，俱设漠北，可汗即位例在客鲁涟河岸大聚会。然鼠儿之会，太祖（成吉思汗）以后，则唯太宗（斡哥歹）继位前一年、太宗十二年、宪宗承制之次年。其后，各汗即位或在长城以南，"客鲁涟河阔迭额阿剌勒地面"已不再发闻于世。

《秘史》载"大聚会"在"鼠儿"年。今中外蒙古史家多以此"鼠儿"年与汉族"鼠儿"年划一，指为庚子，表为 1240 年 7 月。此说未可尽信，已如前述，今姑允其说，则客鲁涟河大聚会云云，亦复无佐证可稽。《元史·太宗纪》不载，《圣武亲征录》无录。二书虽均云太宗至客鲁涟河地，然均系于丑（牛）年，且无"大聚会"之说。尤有疑者：太宗七年始，统治中心——和林城已建，其万安宫、扫邻城、坚迦茶寒殿等亦先后筑起，似无尚在其在位时，远赴客鲁涟河地面"大聚会"之必要。至此，局面势成扞格：太宗于鼠儿年无大聚会事，有"大聚会"则不在"鼠儿年七月"。二者无法统一。欲一之，则须别觅佐证。据此，定成书于 1240 年春，实难矣哉。

关于"写毕了"。

《元朝秘史》之汉译"写毕了"，蒙文原作"必赤周，倒兀思罢"。"必赤周"即汉语之"写"。"写"之一字，至关紧要。论者向来轻心，殊不足取。何谓"写"？乃书写、录写、誊写、抄写、写画、写字也。概以言之，则义为仿效、描摹，即临彼而笔于此、录于此之谓。其与著作、编纂者大异其趣。"必赤周"绝不混同"著""创"，也绝不混同编辑。所谓"写毕了"也者，即抄录者（或即"必彻征"）抄录、誊写他人撰述之行为已竟也。据此，则《元朝秘史》乃抄录于"大聚会"，迥非撰于客鲁涟河地面诸斡耳朵（帐殿）设置之时，因之，以为此书撰著于 1240 年云云，未免误会有余耳。

前已之言，《元朝秘史》或蒙古文献之选辑也。然历史文献之撰并不成于一时，而其辑集亦或先后有差。且试设想：《元朝秘史》今本正卷之文撰成或应更早。已有倡言成书于 1228 年（戊子）成吉思汗幼子拖雷监国时。就全书十二卷言，此说未便允当，唯若专就正集论，则此说亦可参考。太宗即位时，据《史集》云，宴会达一月之久。如许时日，编撰长篇文稿也还足可从容。至于续集二卷，则深疑其成文当在别一"鼠儿年"。也曾有成于 1252 年（壬子）之说，此年即蒙哥（拖雷子）称汗之次年。虽无"大聚会"记录，然此说未可轻忽。按《秘史》末卷，乃概括太宗时攻战经历。述文率略，形同账簿，而于此汗功过，则言之冷峭，涵于行文间之微词，隐然若现。所谓四功四过云云，《史集》《圣武亲征录》均无一字之及。《元史》《鲁布鲁克游记》与《史集》均载：蒙哥既称汗，以宿怨而肆虐于太宗嫡承者，无所不用其极。微文深诋，遑其倾轧，是以借"大聚会"而泄愤，未尝不能。

总括以上，盖可设想：《秘史》269 节以前者当早于 1240 年 7 月；其后文字则当在 1240 年以后。所谓"写毕"者，乃记录之谓，非初撰始著者也。

4.《元朝秘史》撰者。

今见《元朝秘史》只具书名而无著者。学者好事，辄引经据典，欲求一得，诸如失吉忽秃忽、镇海、塔塔统阿、察罕等历史人物，均似为矢的。其意孜孜，良堪钦仰，苟披沙而能拣金，是亦人之固望，然检阅诸家宏文，率皆揆情度理之作，确有的据者，渺无一篇。原其因由，实非学者手段不力，盖水中固无圆月也。

锐意穷究一书之作者，其于成书时间、历史背景及修撰倾向之考定，不无资佐，是亦无须作庸事观。然文之成册束卷，固非必有署名。前人已言，古书撰成，并不均自署其名。六艺经传即多有失撰者姓名。章学诚曾谓，左人之言，所以为公也，未尝矜于文辞而私据为私有也。《思辨录》亦谓，古人以为功不必己出，名不必己成。苟吾书得行，吾言得用，则君子之心毕矣。二氏虽为清人，其所言实亦往古学风之揭扬。蒙古人自然或无此一说，然"秘府"率多阙作者姓名，后人即使如剌施特者，亦唯言蒙古秘籍谱牒而不确指作者，更有甚者，乃至书名而不具。察罕所译《脱卜赤颜》亦复如是。此中消息，岂不举一反三？兹再例一言之：

失吉忽秃忽。此人原为塔塔儿氏。战火中为成吉思汗所收，育于孛儿帖乃至壮大，俨然血亲。日夕同处，耳濡目染，其于"黄金氏族"源流波荡，当知之谂然，且识字通文，秉笔撰史，未必乏力，然彼自太祖至太宗时，迄充"断事官""治政刑"，乃"至重之任"。成吉思汗建号，更使"做耳目"。明谕："如有盗贼诈伪的事，你惩戒着。可杀的杀，可罚的罚；百姓每分家财的事，你科断者。凡断了的事，写在清册上，以后不许诸人更改。"据此，则其人记唯"政刑"，当无可疑，然彼者，既列于"三公之上"，"耳目"事繁，又勇于"征伐"，又何暇亦复何故而欲越俎撰史？如必以撰者似之，则《元朝秘史》中充其量涉及"政刑"并"写在清册上"者，或辑自其手？

塔塔统阿。畏兀人，乃蛮败，归成吉思汗。史书言此人唯掌印玺，教成吉思汗诸子以畏兀字"书国言"，无撰史事。

镇海。西域人，后改怯烈氏。为太祖、太宗时重臣，受任"必阇赤""断事官"、左（后改右）丞相。"必阇赤"即后世"笔贴式"，专掌文书案卷、记录抄写之类。其职司涉及者无非军情政务之"扎撒"，无关于史事者至为显然，且身膺重任，岂堪旁骛修史？然亦无妨揣度一二。彼镇海者，既职任

"令史"，则虽属"外人"，不同本族，而宗王诸部"大聚会"，当亦忝列其间，所有记录书写事，或亦任之。如是，所谓"写毕了"云云，岂竟此人之力欤？

察罕，西域人。虽通诸国语，且曾汉译《脱卜赤颜》等书，然非太祖、太宗时人。谓此人为"写毕了"《元朝秘史》者，吾不知其可。

论辩《元朝秘史》撰者并竟欲证其实，殊非易事。尝见究必于此者，每假设前提，罗列诸人，徒事忖度，此虽非得已，要亦不啻胶柱鼓瑟也。外此，岂无蹊径可辟？有之。此即自蒙古当年习俗入手也。

蒙古源流有自，岁月悠久。匈奴、柔然既雄张于前，其声华亦广被朔漠。合不勒汗踵其遗业，汗帜高张，衍及后世，而古风故俗固未少杀。"国之大事，唯祭与戎"，蒙古亦犹是也。"戎"即弓矢攻伐；"祭"则礼天祝祖。古人昧瞀，崇信鬼神，凡遇戎祭，卜祝为先，应时顺人，巫觋乃生，于是占验休咎，厥归此辈。巫觋之于汗室，终至演为威权，其视大千，一切蔑如。

巫觋实兼文史。故亦有《巫史》之说。鲁迅尝有切切之言："……渐次进化，事情繁复了，有些事情，如祭祀、狩猎、战争……之类，渐有记住的必要，巫就只好在他那本职的'降神'之外，一面也想法子来记事。这就是'史'的开头。况且'升中于天'，他在本职上，也得将记载酋长和他的治下的大事的册子，烧给上帝看。……再后来……就有专门记事的史官。"证诸中外文史资料，先生所见无不凿凿。埃及古史，据云多由巫祝祭文演成；印度诸《吠陀》亦始于巫祝。即中国甲骨文辞，不也为巫祝所为？不也"史"料独具？《元朝秘史》原其滥觞，盖亦不殊。蒙古曩时，巫觋辟名，俨然"圣识"。此类妄言通天，世代承传，熟谙旧事，递相祖述，汗室宗亲遇之，亦若《国语》所叙："赋事行刑，必问遗训；而咨于故实。"而于聚会祭天时，则如鲁迅所叙，历述先祖功行，谱序部落世系，以代人主昭告于天；以替帝天重鉴于人。其人又兼能歌善舞，百态做作，抑扬其声调，妙丽其辞藻，借此以动观听，以饰诈伪。人主慑于其际人神，通今古，遂亦敛容事之。听其言、录以文，遵若天篆，信于实史。世代深藏，终成秘籍。后复层增累饰，益以传闻，遂渐臻圆通，竟成史帙。此即《元朝秘史》远缘近脉，岂有它哉？是以所为"撰者"云云，绝非一手独擎，实乃众芳染之也。

《元朝秘史》成书既明，则其译文亦当有说。顷见论者或以为译于元时，或以为译于明初。说各有据，足资启沃。窃意就事论事，似以后说得中。盖元时实无必要音译，亦无音译例证，自《脱卜赤颜》译出之《圣武开天记》

《圣武亲征录》等，均非译音如《秘史》者，且元人以"元"或"元朝"自署亦颇不类。明人谓洪武十五年，命火原洁等"取《元秘史》"参考云云，此"元秘史"即明人所拟，而非元时蒙古本名。至于译文俚俗等，亦难据为资证。语言持久稳定，固其特性，朝代易姓而语言难殊，矧当时之译，重在两族交通，以书面制义文字翻译，实无助于宗旨之行也。

5.《元秘史》之"秘"。

书之云"秘"，前人或亦阐绎。以为蒙古人以"狼""鹿"交配为祖，成吉思汗十一世祖母无夫生子，母亲诃额伦乃掠自其前夫，妻为蔑儿乞人所劫而生长子，成吉思汗射杀兄弟等，均属乱伦、渎犯令誉事，因"秘"而不宣，并成永禁。猗欤，休哉！此道学之见。

"伦理""名义"，人之常情。然时代殊异，民族各别，若是之识见，亦两歧其途。中国迂儒独尊"五义""四维"，而宋明理学更演为极致。然试溯上古，中国并不热衷推崇。先秦典籍固无论矣。其后所谓"正史"二十四部载入皇家类似事例，岂非更多？又岂曾"秘"守？"独尊儒术"者尚不以此为"耻"而"秘"之"禁中"，遑论北族？蒙古族于漠北时，其毡乡历史及道德风尚，固重诚朴、奖勇略。既细行不矜，"严秘"何为？是《秘史》之所以"秘"，尚需"跳脱窠臼，摆落脂腻"，别成新说。仆不妄，试竭其愚：

蒙古人亦若世界诸族然，其文字未创前，所涉族内外亲见、亲闻、所传闻，均口口相承，其先祖行迹，尤递传不辍。徒以亲族间沿袭，不外其说，历之既久，又且迷信，遂以为"秘"，即文字既行，习惯已然，亦不即改。尝见汉人家谱世牒，本无可"秘"，然秘藏神龛顶端，绝不示人，即其家人祭祀神祖忌日，亦不得轻见。此岂非情同蒙古之"秘"其先世乎？是"秘"者，即尊之也。无可骇怪。一也。

降神、卜祝、颂声说唱，乃巫觋本能，其既据为专业，则视诸唱祝为邀宠资本。其为人优尊者，盖亦以此。是以父祖受授，力"秘"其术，严防外泄，借此保其禄位，使其伎俩一旦沦为俗学，人皆得行之，则其尊荣无由而独擅矣。二也。

中国历代王朝，其"秘闻""秘府""秘馆"之设，愈演愈成定例。其中所藏诸书群籍，例不示人。至累朝"实录""起居注"之类，更严其禁。即使当朝天子欲一睹之，史臣亦以"君王不自观史""自古人君皆不阅史"，拒不受命。此"史"即君王自身及其亲嫡之"实录"。《元朝秘史》所述，成吉思汗以前，率多传说。传疑、传信，所在皆有。其与"实录"，尚存一间，然既已成文，当权者视同"实录"乃"秘"之，亦无可诡异。《元史》所载非可使外人阅视云云，当乃旧制沿袭。足见"秘史"事，蒙古尚非自昉独领者。三也。

南北久战，各谋其国，时相窥伺，其欲逐逐。是以各封其境，各务其藏，而文书典册，尤在首例，不论南朝。北朝拓跋氏、耶律氏当国，均曾诏令传檄，严禁簿籍外流，不许私相传录。谅其初衷，非谓类皆珍品，情涉隐匿，实乃备战守，防资敌也。蒙古戎马倥偬，不输前族，其或惩前鉴、师前制，不欲本国文献流离外域，资为敌用，亦势当有必，禁之既久，遂至误会。《元朝秘史》云云，不外此类。四也。

游牧之国，迁徙为常。又且被兵受敌，时多不虞。文物之易佚，尤较"居国"为甚。我曾广搜《格萨尔王传》于藏族牧区而极费周折，盖牧人深藏密扎，秘不告人。此书类非机密，亦不列官档，初讶其何故出此，后乃知牧人视此为极品，而宗教反蔑之如仇。防佚免祸，乃成"秘"本。此虽当代事，而以之况古，亦或启人。《元朝秘史》于此可不举一反三？五也。

前已言之，《脱卜赤颜》冠以"秘"字，以"秘史"称书，或乃后人追加，固非其书所原有。而料其称"秘"时日，当在入"元"以后，忽必烈既建"元"廷，朝臣近幸多为理学余孽，此辈道貌岸然。风宪朝政，蒙古"黄金家族"久涵其间，自甘荄染。一言一行，以儒自方，以是权听宰臣而认"鹿狼"相配之类为贻羞，因禁秘其书，当亦可能。六也。

满洲建国，每修太祖实录。其有间涉称臣于朱明王朝史事者，辄讳之，删之，以为辱也。《元朝秘史》之"秘"岂亦类此？盖蒙古人屡遭女真凌辱，成吉思汗父祖俱惨死于金人与塔塔儿之手，其本人亦曾膺金人"札兀忽里"。当"英雄时代"，此最称痛心疾首而不堪声名者也。设《秘史》有"秘"，正此之谓，与努尔哈赤一系不殊。七也。

以上所述，自亦难免猜嫌。然视前人所论，境界正大不同。是以纵使骈枝繁文，亦尚祈垂谅之。

《元朝秘史》既非"秘"籍，因亦无须决然视之。《元史》所云不外传，"非可令外人传写"之"外人"，果何所指？写录者岂尽蒙古贵族成员？译《脱卜赤颜》之察罕即西域人，元文宗命朵来续修《脱卜赤颜》，诏"忽都鲁麻弥实书其事于《脱卜赤颜》"，此三人者岂非"外人"？"外人"而修《脱卜赤颜》，其谓"不外传"云云，实亦自我揶揄之甚矣。即此而论，不唯《脱卜赤颜》之"纽察"乃好事者所作俑，即"脱卜赤颜"亦不必一书之专名。

6.《元朝秘史》之性质。

所谓"性质"云云，喻其特征也。其义有三：

（1）《秘史》非"秘"亦无"秘"。"秘"之一字乃族之好事者或画蛇者妄加，此前已言之剀切，毋庸重赘；

（2）《秘史》乃官书及官书之增益者，非一时一人所私撰而私有也。是以其叙论所及，亦非尽属妄见。

（3）《秘史》内涵，迄今颇多聚讼。或指为"史"；或谓之为"文"；而新近则喁喁焉而倡"综合性"说，谓是书文学、史学、哲学、语言学、宗教学、军事学、社会学等无不备陈杂萃。此貌合表象，实事离本性，乃诡论也。《元朝秘史》岂竟坛上杂俎耶？学人之于本书，尽可各以其所长而摄取所需，然书之归类固自有专。宋人郑樵有言："学之不专者，为书之不明也；书之不明者，为类例之不分也。类例分则百家九流各有条理，虽亡而不能亡。"试问诸学并呈，目录学奈何？是以曩时史家以之属杂史类，实亦明见之预矣。

顾名思义，《秘史》云云，自当属史，更何待言？然史之要义，唯在记实，而《元朝秘史》则不尽然。综其体制，似以三部具。一为氏族统系，合不勒以前所述，实为"天潢玉牒"。通篇唯列世系，殆若《世本》，虽间入情节，终不逾此。公元4世纪，拓跋兴起，实始力微，然追溯其先祖竟至"六十七世"，有名有庙者亦犹十四世之邈。原其潜旨，无非借以示其"道统"久远，傲视诸族。《秘史》所溯而姓名毕具者亦至十二世之久。窥其笔端，或亦前踪拓跋，欲证其族渊源有自，光耀漠北，震慑诸族，实天命使然。嗟乎！史之纂同，乃至于斯！《魏书》《新元史》均列之为《序纪》，盖非偶合。然拓跋无状，竟至虚语自伐，谬托黄帝。蒙古质直，不屑于此，传闻异辞，一禀先代。较诸拓跋，反自尊有加，亦复可人。二为成吉思汗功烈。此部纵横条贯，历历如画，虽繁文褥词，点细事不遗，允为信史之尤，人多叹服。更称独步者，乃全书一反"载道"陈习，无一字妄立"义理"，借端谈玄。诚多民族特色，足以自成铁笔。三为太宗斡哥歹之卷。此亦史例也。虽事简文省，辄见失谐，然臧否之间，亦足备参考。要之，《元朝秘史》洵为蒙古书面之古典。后世所出诸如《蒙古源流》《蒙古黄金史》之类，虽亦各生其辉，而究其原始，则除其拾唾西番外，几无不袭此书余荫，履其伐迹，其规范后世文史者，可谓无以复加。不论蒙古史学抑或毡乡史学视此为圭臬，仰之若魁斗，实理之固然也。

然《秘史》之于蒙古史事，亦未宜神圣视之。昔嘉定钱竹汀先生曾谓

"论次太祖、太宗两朝事迹者，其必于此书折其衷欤？""折衷"即准衡。语虽或然，实乃定谳。然此亦大儒一隅之见。近世吴人洪文卿先生即参酌西书，以为"詹事所言，非笃论矣"。此所谓"詹事"即喻竹汀，"非笃论"即不确定。此固也。太祖、太宗功业，《秘史》所载，纰漏迭见，疏阙层出。即已载笔者亦复多所敷衍。遣词命字，触目渲染，其于史笔、史例，盖亦有间矣。倚为史之不二，诚"非笃论矣"。此说一出，愤愤者或裂眦不平，"我族宝典，竟非神品！"时特意忌耳。历来真实胜于雄辩，徒自用事，实无补于先人。成吉思汗子孙当务之急，乃在返其原貌，去伪存真，经验自荐，以励来者。

或谓《元朝秘史》本非属"史"，实乃"叙事诗""史诗"一类。国外论毡乡史诗者，无不以《秘史》实之，并以极词誉为"罕见"。此调一定，国内同好，顿成翕响。此诚所谓"人往高处走，水往低处流"也。然则"史诗"者何？岂非糅神话、幻想、传说、歌谣于一体，而虚塑英雄形象并颂声战争，使成一代艺术构造之谓耶？如是之谓，则指《秘史》为"史诗"，洵为创见。

毡乡史统，源远流长。然自9世纪中，回纥遁迹，汗庭易帜。漠北不景，嫣红中流，于时，蒙古虽葆光待发，尚屈滞于人，是以寥天旷地，胡笳声咽。洎乎12世纪末，形势递变。金人鼓吹，已成尾声；招讨之鞭，不及马腹。至此，万里原野，残寒欲归，而众芳吐秀，各争英发。际此时也，蒙古应运，跃然而出。登高一啸，诸部云合，而成吉思汗则亘古天骄也。从此，所谓"史诗时代""英雄时代"，不期而昉。论其雄风，实亦有以也。一则，特定地理环境及社会状况已促成蒙古之作为族类并独具抱负而存在；再创诸族嗷骚，亦渴仰、混一，揆诸《秘史》，正敷衍此一历史进程之书也。其行文造意，绝类"史诗"。

历来于《秘史》之作为"史诗"，论衡或尚龃龉。俄人巴托尔德以为"史诗"乃诗耳，不足为信史；乌拉吉米尔索夫则谓"史诗"亦真史，无须疑二。此所谓见仁见智，口之于味不同嗜也。窃意"史诗"之体，决在两端：一语言，二思尚。用语则藻饰切韵，品评则私曲自用，其夸张渲染，珠目混同，乃固有本色。无分虚实，不辨真伪，一律信为"实录"，何异自欺；然徒鄙其浮雕泛词，而忽其史迹于斑驳之间，亦难服人。吾于《秘史》亦折衷如是。至其所以功成"史诗"并且特异于诸所出之处，另有专篇，兹不赘述。

《元朝秘史》成卷，已历七百年。七百年前毡乡古貌，尽在于此。然辗转誊录，鱼亥孔多，冷僻既久，几成绝学。今者，黄人守日，学术称尊，众手经始，必臻新闻。首要者乃在科学态度。一好百好，一孬百孬，两极分化，均须切忌。

《蒙古秘史》纪念会追述

前天，有幸出席一次《蒙古秘史》周年会议，实在很有追述的必要，以为纪念。

一

1990 年 8 月 6 日，正潜心于阅读几位外国人当年报道抗日战争中的中国的译著，女儿告诉我，一位自称中国社会科学院少数民族文学研究所的男士来电话，说在本月 14 日将召开《蒙古秘史》成书 750 年纪念学术会，请我届时出席，并说还要来电话云云。

8 月 9 日，这位先生又来电话，话无客气，而语意如前，并说已发请柬，怕届时收不到，特再电话云云。我因为觉得蹊跷，所以追问：会怎么开法？有多少人参加？是些什么样的人？回答是有 80 人左右，会上有两个学术报告，一个是本所的，一个是民族学院的，请能出席并发言，也不用费多大工夫，问我能否来。我含糊答之。

12 日下午，他们发出的请柬真的送来。金面红字，灿然耀眼。文曰："黄敬涛先生，兹定于 8 月 14 日上午 9 时半，在中央民族学院外宾会议室，召开'纪念《蒙古秘史》750 周年学术报告会'，敬请光临。"署名者：中国社会科学院少数民族文学研究所、中央民族学院、中国少数民族文学学会、中国蒙古文学学会。时间：1990 年 8 月 3 日。

全是文学行当！而会议缘起却无一字之及。可是，我不是"黄敬涛"呀！他们慕名误会，不吝两次电话约请，现在又正经来了柬帖，或者还是冒名去看看的好。所担心的是体力与神气能不能坚持到会终。

14 日上午 9 时，我与女儿徒步三华里趁时前往。会址没有任何纪念的标志。时针指向 9 时 25 分，我们也就踏着人们脚迹，向会场移踪。进门后，不见有人招呼，女儿只好在人丛中寻找机会，在摆在那里的签到簿上代为签名，并承蒙指点，随手捡了几份会议文件，计《会议程序》、《〈蒙古秘史〉情况简介》、《古代蒙古族民族精神的伟大结晶》、《民族文学研究》（1990 年 1、2 期）《联合国教科文组织执委会决议》。此外又有一份似乎在说明这次会议缘起的"无头"文件。以此看来，这个会议还是备之在先的。

　　会场真的是个"室"的规模，大约百十平方米面积。地毯、茶几、沙发、靠椅，确有接待外宾的印迹。踏上地毯，仍不见会场组织者的指引，我们只好自找出路。摸索着，女儿终于发现"黄金涛"的座签搁在主位（即"台上"）对面的几桌上。她自作主张遂招呼我将误就误地顶了"黄金涛"其人的驾。座具虽不是"冷板凳"，却也觉出这沙发也不是"热"的。落座后，举首仰望，见室内南窗顶端（是主位）横张红布白字、蒙汉文双行的条幅，以为标志。文曰："《蒙古秘史》创作 750 周年纪念大会"。不禁一怔。怎么？不是请柬上所书的"学术报告会"？那么，在座者也不尽学术工作者了。极目搜索，座位尚多虚席，但是入座者都衣冠楚楚、精爽有加。皓首秃顶虽不是没有，而龙钟鬓霜者则怕唯我一人。人声越来越杂，而面目却多失敬，自然，也不免邂逅若干旧时相识。平时咫尺天涯，偶然一见，也还惊喜。握手寒暄，一番热情。有人不无揶揄地说："啊！出山了。"这是指我而说的。我竟然有"山"？不过，这可也是真的。这几年，我的确是"闭门不复出，久与世情疏"的。这一方面是珍惜晚境余晖，埋首自己的业绩，不想徒然把不多的时光继续虚掷在无谓的应酬庸忙上；另一方面也是年老趣敛，意存恬淡，不求闻达，但图安全。所谓"早避喧烦真得策，未逢危辱好收功"，此之谓也。"得计""收功"，确是我所喜欢的。

　　人们陆续而至，座次似乎已无虚席了，约莫拟之，竟也达到五六十人。男男女女，南面而列。9 时半已过，主位的客人始鱼贯入座。主持会议者是民族学院院长任世琪同志。他落座后即宣布开会，二话没说，先请中国社会科学院少数民族文学研究所副所长扎拉嘎先生做学术报告。这是一位年轻时新的学者。他报告的题目是"古代蒙古族民族精神的结晶"。全文约万余字。主旨在高度评价《蒙古秘史》，而着眼所在乃是文学角度。这个报告别开生面的是以"苍狼白鹿"为引线，用所谓"阳刚阴柔"贯穿始终，以解释《蒙古秘史》事迹。他宣读得认真流畅，而听众中竟有酣睡于座间的，真应了那句"言者谆谆，听者藐藐"的话。他报告完，一阵掌声。接着主持人顺序相继点了五位与会者的名，这些人有代表性。他们发言多有讲稿，虽长短不一，而热情洋溢则彼此尽同。大家都对《蒙古秘史》及它的周年纪念抱有极力赞颂与支持的态度。但是都一字不提教科文组织的决议。他们的发言当然照例博得热情掌声，我自己也鼓掌示谢。在他们相继发言之后，又有二位与会者被指名讲话，也很热诚。

在众人的发言中，我是被点的倒数第三位。不冒名说话，这是原来就存心的。所以当主持会议的点名者要我发言时，我就敬谢不敏，说："我不准备讲话。向会议表示祝贺。"而特别意外的是我发现纪念《蒙古秘史》，原来竟是联合国教科文组织所发起，这次会议似乎就是对这个"发起"所作的回响。我很惊讶这个重要的情节在事先何以竟然不屑于告知？会议何以也不当众宣布该国际组织的决议原文及这次会议的筹备原委？

配合会议的进行及人们的发言，摄像的技师颇多辛勤。他巡回场内，扎扎有声，谨慎选择景象，努力摄取新闻。（当晚节目已映出此象，可谓神速，但映放极简）。

上午 11 时半，会议程序规定的发言者一一如议之后，主持人即率直宣布会议结束，大家一哄而散。从开场到散场，前后只及两小时，其短暂神速，可谓空前。

对于这次会议，人们印象如何而又如何评价，我无从得知。我想，这次会议也许有事起仓促、虑不及预的难处。或说"学术"会，或说"纪念"会，就泄露了个中消息。但发言者无不掬诚称贺，善始善终，这本身就令人起敬，亦如四个单位居然会同意主办这次会议是可敬的一样。《蒙古秘史》在蒙古学与蒙古史学（包括文学史）界，历来是享有盛名的。关于它的各种会议，无论国内还是国外何止开过一次，但是大多具有专业性而不是纪念性，这使它的历史意义很少为大多数公众所熟知。这次会议如此开法，在这个方面究竟能起怎样的作用呢？

我想，这次会议本来应当规模更大，格调更高，更隆重一些，纪念会兼学术会，以学术讨论促进纪念，借以使许多《蒙古秘史》本身的学术论题与论争得到开展和开释，从而使会议的举行在人们的脑海中留下更深刻的印象。从联合国教科文组织发出建议到举办会议，犹有一年的时间，足够准备停当，不致如这次活动这样显得草草、轻浮。当然这只是个人的天真设想，恐怕是脱离了现实吧！

二

这次纪念活动的国际背景是联合国教科文组织的决议。这项决议在会上没有被宣布，也没有人予以阐明，这反而使我对之发生了兴味。决议是怎么说的呢？好在会场印发了这个历史性文件。全文（译本）如下：

1989 年 9 月 20 日，在巴黎举行的联合国教科文组织执委会第 131 次会议，通过了纪念《蒙古秘史》创作 750 年的决议。

Yohekq 的实施意见：

根据关于在人类发展中留下印迹的卓越人物和不能忘记的事件之周年纪念的 180/4351 号决议，1990 年，应该特别重视《蒙古秘史》创作 750 周年纪念。

纪念该著作由于独特的艺术、美学和文学传统及天才的语言，使它不仅成为蒙古文学中独一无二的著作，而且也使它理所当然地进入世界经典文学的丰富宝库。

《蒙古秘史》750 年，证明它是东方历史和文学的伟大作品，是蒙古和中亚其他地区历史的重要典籍之一。

在不仅是蒙古，而且是世界文化中具有文学珍贵价值的《蒙古秘史》创作 750 年之际，要将蒙古的纪念活动列入世界文化发展十年的重要措施，给予支持和关怀。

1987 年在蒙古乌兰巴托市召开的国际蒙古学家大会第五次大会的代表一致提议，要在 1990 年在这部在历史、文学、文化方面有重大价值的著作创作 750 年时，举行国际范围的纪念活动——号召 Yohekq 会员国在 1990 年举行广泛纪念活动，纪念《蒙古秘史》创作 750 周年。

向总理事长建议：请 Yohekq 参加各项纪念活动及相当的具体措施。

向总理事长建议：为了使这次纪念活动引起世界广泛兴趣，由 Yohekq 将《蒙古秘史》的译本纳入优秀作品丛刊出版。

这真是一项独具慧眼的决议，它毫不掩饰的特点是明快雄卓。（1）从世界历史文化的高度识鉴《蒙古秘史》；（2）肯定《蒙古秘史》创作是在 1240 年，至今已 750 年；（3）《蒙古秘史》纳入世界优秀作品丛刊出版；4. 要求各成员国广泛纪念，以引起世界广泛兴趣。

如此气魄的决议，前此我不曾听见过。

教科文组织属联合国，是一个颇能包罗的国际性机构，中国亦为其成员国，这个机构在其草创之初，就为自己制定了活动宗旨。近半个世纪来，它是否完全实现了它所追求的目标，这里无暇一一评述，我只能从一个侧面估计它，以为它的确做了一点可以称颂的事。就我记忆，1954 年它曾发起纪念《堂吉诃德》成书 350 周年，又组织过纪念《草叶集》出版 100 周年等，这些作品之值得纪念，是毋庸多说的。这次又号召纪念《蒙古秘史》750 周年，事非平凡。《草叶集》是美国的，属第一世界；《堂吉诃德》是西班牙的，属第二世界；《蒙古秘史》是中国的，属第三世界。第三世界的历史文献或创作而能获得这个世界组织的如此推崇，使它的金碧辉煌与世界诸种早已声名显赫的文学精品同列并航，重新闪烁在大地之上，这是前此不曾有过的。即此而论，这次《蒙古秘史》的纪念活动建议，也不妨看作是这个组织实践其宗旨的例证之一。

必须指出，联合国教科文组织的决议确切表明，它本来不是自作解人，而是根据 1987 年国际蒙古学家大会的一致建议做出的。各国（不是一国一族）的专家们能异口同声荐举这部著作于纪念学坛之上，证明它的独一无二的文献价值已再一次获得世界学坛无可辩驳的承认，从而也证明，它在使蒙古事类成为专学的过程中，将发挥其更大的、潜在的作用。然而联合国教科文组织一经接受这项建议并要它的成员国（不论该国有没有关于此项专学的研究），支持这一决议，则其纪念意义恐怕就要越出蒙古学的畛域了。可以设想的是，不论人们是否意识到，通过这种纪念活动，在客观上，必然不光表示国际组织所代表的文化天地，对这部著作的崇奉，对这部典籍所代表的古代蒙古人的成就的景仰，而且以此为契机，也表明对一切类似地区、类似民族的类似文献及文献所产生的历史时代的纪念。因此，教科文组织的决议，不妨说是它平等地彻底肯定人类发展各个历史阶段的客观贡献的范例，在这里，是看不出明显的民族和国家偏见的。后汉张平子说："惠风广被，泽泊幽荒。"联合国教科文组织的决议及其实施可以拟之。未尝不可以相信，假如毡乡居民有机会知道这种"惠风"，那受到鼓舞的激情是必然会出现的。他们固有的民族自尊、自豪与自信，必然更加增进，而继续发展自己，为东方、为中亚、为人类文化发展做出更大贡献的锐志，也必然会更加旺盛。

事情不光是这样。人们依稀记得，历史上曾经有一股冰冽的声浪在流播，说蒙古民族不过是射雕的牧子、嗜血的非类，说蒙古民族没有可称道的社会"文明"，其地其人也没有移植"文明"的条件。甚至在成吉思汗后期及窝阔台称汗中期，考察过蒙古的人犹说，该族甚至没有文字，而以"木契"行事云云。这种造言射影，明明是以讹传讹。在这里，联合国教科文组织的决议，不啻是对他们的当面嘲笑，是对蒙古地区（乃至决议所说的"东方""中亚"）及蒙古历史文化实绩的承认。这种包含在决议中的驳难性质，应当看作是世界学术论坛的趋向，国际文化道德的准衡。在这个准衡的光照面前，先前的一切有关腥言垢语，都将受到清洗而失去它的浮影。

记得马克思说过这个意思的话：任何一国的人民，一旦摆脱外国统治，其威望总是提高的（参阅《十八世纪外交史内幕》）。这种"提高"的表征，就在于人民不再在轭下呻吟，受人鄙夷，而要从此激昂青云、扬蓇振藻。他们一方面在自己的乡土上，以自己的辛勤汗水，浇灌新的文明之苗，同时也发掘他们的古老文化，为人类的花坛增添异彩。《蒙古秘史》的历史价值，之所以能够获得国际专家的奉扬，其纪念活动之所以得到世界组织的积极支持，除了这部著作本身的原因之外，它的原生国——蒙古人民共和国的建立与发展，也是一个明显的原因。这是不难理解的。只要回想或比较一下旧时代它那种凄风苦雨的历史与潦倒无告的身世，就会豁然悟彻。那时，同样的《蒙古秘史》岂曾在国际上耀其光辉？乌兰巴托岂是国际蒙古学的中心？这里又岂曾召开过一次学术上的国际会议？那时，不要说世界，就是蒙古族自己岂曾自行举行过这部典籍的周年纪念？所以，值此重要的、有历史意义的纪念活动之际，理应礼赞蒙古人民共和国，礼赞国际蒙古学者，敬谢联合国教科文组织的决议，敬谢一切支持与参加这项活动的各国公众。

《蒙古秘史》当然是蒙古牧人的风采荟萃，是蒙古历史文化的丰碑。但是引申地说，它也是曾经开创几千万公里天地，经历几千个岁月，迭次进出于欧亚大陆，相继孕育了独特文化的几千万游牧人智慧与实践经验的结晶或积累。《蒙古秘史》中，不独直接织入了蒙古汗国和蒙古社会的千里云锦，也间接地透示了700年前整个亚洲腹地的历史风貌，而这块腹地恰恰是地球无法分割的一角，这种风貌也恰恰是人类历史链条由以构成的特定环节。因此，如果有人认定纪念《蒙古秘史》创作750周年的活动，在增进人类对自己历史车辙的了解，促使地球各个角落不同文化类型的交流，从而沟通世界各民族之间的友谊与团结，推动国际间平等权利的争取和保障，具有很大的现实意义，应该不是河汉其语吧。说实话，《蒙古秘史》在这里能起这种契机或媒介作用，十分荣幸，十分可贺。

联合国教科文组织的决议还提出由 Yohekq 出版《蒙古秘史》的译本，并列入"优秀作品丛刊"。作为《蒙古秘史》纪念活动的组成部分，这项工作的必要性是无须赘言的。那不仅因为这种译本历来流传很少，以致有兴趣的众多读者无从得窥其素来面目，因而大大限制了人们对它的全部价值的熟悉和利用。而且，以"优秀作品丛刊"姿态由国际组织出版，将能在世界范围内，终于弥补这种长久以来形成的缺憾，而填充人类文献宝库中的这一空隙，使这种纪念活动富有更实际、更能发挥作用。

问题是所谓"译本"究竟指的是什么？现在世界上力图并确定已完成的"译本"，何止一种？都是"优秀"的？都出？还是有所选择？在这次会上，又有人倡言决心重译，意在使它更具有"通俗文学性、可读性"！！其实，这种用心，前人已有迈出一步者，所谓《元朝秘史润文》就是一例，他的出发点就是原《蒙古秘史》译文"俚俗""鄙陋""奇特"。据我看，这种认识不但脱离历史条件、自充聪明，而且在实践上也必然违反原义，强加于古人。曾经有人试图重写《红楼梦》，其用意大概类同，然而料其结果，可能只落得"机关算尽太聪明，反误了卿卿性命"。所以我想，更有纪念意义，也更接近真实的——无论是 700 年前的原本，还是原汉文音译本，都应当得到首先出版的机会。当然，各种文字的译本都出，使之争香斗艳，互相参证，也是很鼓舞人心的。只要不违反原书本义，能表现其时代特色，一律视之为"优秀作品"，也很不错。

还应当指出，《蒙古秘史》的原文古本，今天已不可得。现在人们见到的是汉文转写本，而它之所以能在诸种书籍散失中得以遗存而不掩其光辉，世人之所以能得窥其底蕴，这部汉文的音译本，应当是首屈一指的决定性因素。可以设想，使无汉文的翻译，《蒙古秘史》的庐山面目，谁能唱出半个音调？汉文音译与译注一种不同民族的整部作品，当然不始于 600 年前。人们有证据表明，早在一千几百年前（中国的后汉时代），就音译与意译过《远夷乐德歌》《远夷慕德歌》《远夷怀德歌》。然而像《蒙古秘史》那样长达二十多万言的整部典籍，汇音译、义注及总译于一炉的译法，却是首创的和唯一的例证。这种汉译的原旨，据明人说，虽只着眼于它的语言功用及蒙、汉两族信使往来的方便，并且也确实发挥了相应的作用，然而它一旦被译出，为人所见，则其性质与意义，已远远溢出这一狭隘或专项的领域了。《元史·艺文志》以之列入"杂史"类，而官修《元史》可能亦倚之为取材渊薮，就是一个证明。泊乎近代，它更被多种领域的学者举为各自科目（如语言学、民俗学、社会学等）的专业资料，并视为论究的准绳。即此而论，六百年前的这种旷古绝论、惠渥后人的功业，岂可便忘？因此，中国就应倡议国际组织旷典纪念。然而至今人们并没有看到这样做的迹象，这自然可以作各种各样的理解，无须抱憾，姑且自慰的是不妨借此机会寄托点希望，希望这次纪念也应当包含对汉文音译本的纪念。应当完全肯定当初进行这项汉译工作的历史和学术价值，也应当不忘从事这项功业的人员如火原洁、马懿赤黑等和洪武朝命。

必须明确记住：《蒙古秘史》音译的祖本原出于中国。15 世纪初所纂《文献大成》中就有这部书，实为所收中国前此诸孤本秘籍之一。纪念这部典册，不论有没有联合国教科文组织的决议，对于我们来说，都是理有固然，并且在实施方式、规模、内容、级别等方面，应力求与我们这个文明古国的声望相应。假如我们通过这种活动，能吸收更多的国际学术专家，逐渐形成《蒙古秘史》研究的国际中心，那多么好啊！须知这是有足够成功的条件的。可惜，我们未能设想！

三

从上述联合国教科文组织的决议看，《蒙古秘史》被当作文学创作典范，并认定它撰于公元 1240 年。这次会议就是按这个楔口安排的。

《蒙古秘史》原文是"鼠儿年""大聚会"间"写毕了"。依据这个"鼠儿"，人们推算为 1240 年，即元太宗十二年，也即他谢世前一年。然而东西方记录表明，这年没有开过"大聚会"。于是人们推测所谓"鼠儿年"，可能是成吉思汗十一年（1216 年）、拖雷监国之年（1228 年），甚至元宪宗称汗次年（1252 年）。然而都不符合《蒙古秘史》所说的"鼠儿年七月。于客鲁涟河，阔迭额、阿刺勒喇地面，朵罗安、字勒答合失勒斤扯克之间，斡儿朵思下时，写毕了"这个既有时限，又有地方，又有地势方位，又有宫帐的限定条件。因而对这个 1240 年的定案，又出现了认识上的分歧，不认定《蒙古秘史》成于 1240 年说。而且那个"写毕了"的词意，我认为也颇值得玩味。"写"的本义是效仿、摹画，以彼形而摹画于此之谓。如"我说，你写"，"互相传写"等。所以"写"之为词，几乎就是照抄、誊写、记录的同义语。它本身是依样画葫芦，绝没有创作、著作的含义。元代各衙门往往设有"必阇赤"或"必彻彻"的吏员，其职务就是文牍缮录，绝不是自行创作文书。它或许就是上述"写"者的延续。《蒙古秘史》的"写毕了"云云，就是誊誊抄抄，照样书写完毕的意思，就是经过多少时日抄抄写写之后，终于完成的意思。可以说，"写毕了"云云，实际上是表明一个与"大聚会"延续时日相一致的誊写过程的终结，而完成这一过程的应当就是"必阇赤"。这样，可以肯定《蒙古秘史》的创作早于1240年，也就是说，它在1240年以前很久就完成了，当然，它是累加的、逐次的。有了这个"早样"，才有可能被依样画葫芦的"写毕"行为。

《蒙古秘史》应当是个什么性质的著作？这是个如何定性的问题。联合国教科文组织的建议以为它是个文学创作，是文艺性质。这个定性的决定，恐怕也还有斟酌的余地。

《蒙古秘史》篇章之前，有"忙豁勒、纽察、脱必赤颜"几字的标志，度其用意，大概是这个文本的颜额吧。汉文译本径直译之为《元朝秘史》，是个史书的样子了。它在文本的最后，也写着"此书大聚会着"。其实这是不确切的，"忙豁勒"即"蒙古"的音译，指为"元朝"，那是明代初年的惯用语，不必强求；"纽察"是蒙古语"秘密"的意思，汉文译为"秘"，不错；而把"脱必赤颜"译为"史"，则有些走样了。"脱必赤颜"一词的蒙语本义是"纲要""简略""概略"，绝没有"史"的含义。在当时，"忙豁勒"也未必有"史"这个概念。"史"是另一个字，而这恐怕也是后来才有的。因此，《蒙古秘史》应当是"蒙古纲要"或"秘要""秘略"才准确。以此而论，这部《蒙古秘史》如果被看作家谱、世系、族牒，可能更接近真实。说它是一本"书"，也很托空，《蒙古秘史》的原文没有"书"这个字样。

"脱必赤颜"可称天潢玉牒，是成吉思汗帝系、家系的表述，是姓氏统系的明定。它以"忙豁勒真"为得姓之祖，是本家、本宗的大根。在它之后的各氏、各支都是小宗，都算是它的支属。对于汗国来说，"忙豁勒"是皇族，是至尊不可侵犯的，而因此它也就是民族的名称、国家的称谓，甚而也是境域的名号。"脱必赤颜"的重要性及必要性，至此可以明白，它是成吉思汗创业、建国并进而得到巩固和发展亲亲疏疏的必不可少的依据。

促使"脱必赤颜"的完成，除了社会历史的递变和进步，成吉思汗所代表的"忙豁勒"一系的壮大与影响而外，以下两个因素很值得注意：一是在文字使用之前，蒙古人自来就有世代口口相传其祖先世系及其经历的习惯。尽管其间有不一致或舛误的时候，而总体上是一脉相承的。这使后来的"脱必赤颜"有了可靠的依据。然而久而久之，终不免有失传的可能，于是就有用文字记述以使定型而利于久传与保存的需要，能完成这一工程的唯一人选就是"巫"。《蒙古秘史》有"帖卜、腾格里"这几个称号，它的本义是"上帝、天神"，是天人合一、神人同体，汉文译之为"巫"。"帖卜、腾格里"的声势极大，他们甚至能够纠集九种语言的人众，向成吉思汗的威权施加压力。他们之所以能够如此放肆，一方面是传统形成的巨大影响，另一方面也是基于自身的能动活力。

汉文载籍多有关于"巫"的能力的开释，认为"巫"的智力"能上下鬼神"，"善辞令"，"口舌善长"，"类能辨姓氏之源、祖宗世系"，是当时的饱学之人，几乎是后世的"博士"之类。鲁迅有一段解说"巫"的功能的文字，很有意思。他说："原始社会里，大约先前只有巫，待到渐次进化，事情繁复了，有些事情，如祭祀、狩猎、战争……之类，渐有记住的必要，巫就只好在他那个本职的'降神'之外，一面也想法子来记事。这就是'史'的开始。况且'升中于天'，他在本职上，也得将记载酋长和他的治下的大事的册子，烧给上帝看，因此一样的要做文章——虽然这大约是后起的事。"[1] 鲁迅所说，我看也很适合"脱必赤颜"完成的过程，也适用"帖卜、腾格里"在这一工程所发挥的作用。既然"帖卜、腾格里"们拥有熟悉姓氏系统、工于辞令的本领，那么，他们在唱述这种系统时，就自然对所述的各代人物的性格、动态、细节，加入了许多形象思维所产生出的百般渲染，其使用的语言又别具活力，因而使这个"脱必赤颜"似乎体现出一种近乎文艺作品或历史演义，而不像汉文《世系》那样干燥的历世（从帝王、诸侯到公卿大夫）人名罗列的东西。教科文组织把它定性为文学作品，大概就是因此。然而这可能是颇有点偏执的吧。

历来人们在研究这个"脱必赤颜"本身时，不期然也寻觅它的作者，或指为镇海，或指为塔失海严等，我看这都是徒劳的，"脱必赤颜"明明注为"纽察"（"秘"）。《元史》也载当年虞集请用"脱必赤颜"以增修太祖（成吉思汗）以来事迹，但遭到反对，说"脱必赤颜"是不可令外人传的。看都不让外人看，岂能令外人著述。而镇海等恰恰不是"天潢赤子"，是名副其实的"外人"——尽管他们受到成吉思汗及其他人的极度倚重，也有著述的才能。因此我想（只是设想，不必肯定），"忙豁勒、纽察、脱必赤颜"（《蒙古

① 《且介亭杂文·门外文谈》，第69页。

秘史》）的实际作者，是成吉思汗一系皇族的次第转述及"帖卜、腾格里"们的点染、"必阇赤"们的书写而成的。如果非要确定作者，我看就是这个。民国初年的国学大家刘师培曾创"文学出于巫祝之官"一说，这于"脱必赤颜"定型为文学作品，而出于"帖卜、腾格里"的设想，未始没有参考价值。

四

我在前面已经特别提到这次纪念会上题为《古代蒙古族民族精神的结晶》的学术报告，此刻展开在我面前、装订在一起的打印文稿，就是这次报告的原本。

不言而喻，这个报告的出发点是在响应联合国教科文组织的倡议，用以纪念《蒙古秘史》创作 750 周年的。报告全文也确实在洋溢着满腔诚挚与热情——民族热情，着力烘托他所说的这个"结晶"。我认为报告是精心之作，它也受到会议的尊重，被推为会议程序的第一项。在世界各成员国普遍开展这项活动，以回应它们所隶属的联合国教科文组织的决议时，如果我所忝列的这次会议被赋予国际价值，具有历史意义的话，那么，作为这次会议的主体报告，作为呼应国际性纪念的体现，这份报告也应当以不无历史性视之，因为它是这次会议中唯一的有作者署名的成文文件。

《蒙古秘史》作为一种典籍，它本身就具有学术性，因此，对于它的纪念也应当是一次学术性活动。在这里，有没有学术报告，这种报告是不是建立在科学的、认真的基础之上，不光对于纪念集会，即对于这种报告本身的评价，也是非常重要的。学术报告当然可以有各种各样，正如纪念方式可以有各种各样一般。会议的组织者们应当事先提醒与会者，首先是主题执行者注意及此，并且给予他们在这方面表达的机会和方便。看来，这次会议与报告没有注意这点。

历史地说，中国无疑是最早收藏并翻译《蒙古秘史》这举世瞩目的珍贵文献的国家，并最早识鉴这部典籍的固有价值，拥有最广大的专业研究者，有最悠久的实践。在"《蒙古秘史》学"航程中开拓最远、创获最丰稔的也是中国。正是中国的学者们，为国际研究《蒙古秘史》的进军发出了第一枚嚆矢，为他们提供了可资借鉴的丰富史料。当然，我国的学者们也一代传一代地蓄积了多方面的经验与教训。应当说，中国学者之志于治理这部古典，举世难出其右。这是我们的光荣，也是我们的财富。所引为自憾与歉疚的是至今我们还没有做出总结，还没有一部《〈蒙古秘史〉研究史》。假如人们愿意事前把这次会议当作一个契机，借此邀集各方面的有关学术专家，比较系统地从多方面概括与总结我国二百年，首先是近半个世纪以来，探索、考证、新译（复原）与利用这部文献的特有状况、成就、经验、问题，以及各派学术思潮、人物的历史价值，并在这个基础上提出尽可能科学的、富于启发的、有裨于今后进一步研究的倡议，从而向世界学术界、向联合国教科文组织表明：我们的纪念活动、我们对国际组织的决议的反响是郑重其事，是具有自己的独特水平、自己的民族风格和自己的卓绝贡献的。迈出这一步，我想那不光将为国内外立志于新建树的学者所感兴趣，也必然会使这种纪念活动更有特色，更富有内容，更具有吸引力以及更多的实际意义。可惜，这次会议没有做这样的努力，主题报告也没有这么做的迹象。因此，它也就没有达到人们所希望的那种水平与那种特点。当然，没有这么做，并不妨碍人们从别的角度去阐发，并不妨碍它可以别具特点，例如扎拉嘎先生的报告就是别有声响的。

主题报告者当是民族——蒙古文学式"审美"学的研究者。他的报告从题目到内容，都反复地闪烁着他的专业意趣和胸中蕴藏。人们看到：他在报告中论《蒙古秘史》的历史价值时，在整体上与主要归结上，可以说与联合国教科文组织的决议精神不相违背，也和《蒙古秘史》的身份不无契合，而在别的例如"审美"上，却是随心造意、信笔纵情的！是"陈言之务去"的。

"文章千古事，得失寸心知。"作者的"寸心"如何反顾他的讲稿的"得失"，我当然无从得"知"，而给我的印象，则以为作者在极力运用自己的"审美"之刀，按照自己的"审美"设计，重新装点《蒙古秘史》，并遣词弄字，心游万仞，以证明这部典籍确是"古代蒙古族民族精神的结晶"，而正是这个"结晶"，"沟通"着人们"过去与现代、当代与未来的人们的心灵"，如此等等。作者的这种观点及论证这种观点的方法，当然是一种自我彰明，而同时是不是也是一种时兴的学术思潮或者旧浪新翻的宣泄？果真如此，则不能说这不是值得玩味的"官样文章"。南朝梁人有言："研寻物理，顾略清言；既以自慰，且以自警。"我就是抱了这个态度阅读这份讲稿的。我得承认，我之终于不自量力而敢于有兴驱笔写字，实在也是受到这部讲稿的引发。现在请允许我尝试着从头说起，当然也只是例举而已。

首先，关于"古代蒙古族民族精神"的设计。

这个概念在讲稿中不惮反复地跃前跳后，令人瞩目。它有时也被换写成"民族心灵""民族魂灵""民族之魂"，而所含的意思并无二致。那么，这究竟指的是什么？讲稿中没有一句注释。我想，在概念上，所谓"民族精神"云云，无非就是民族意识，民族思想，民族道德、传统，民族情感，民族成见、心理，民族自我，民族主义之类区别于阶级意识的东西。但是，这是一种含糊不清、模棱两可的语词。在阶级分野的时代里，这种观念形态的范畴，也还不是历史社会的确切反映，各阶级在各时期的认识并不一致。在这里，不妨一问：《蒙古秘史》中有没有这个"精神"？这要先弄清这部书的性质、任务及主旨。

毋庸争辩，《蒙古秘史》基本上是一部为历史提供资料的书，它是记录蒙古，确切些说，是记述孛儿只吉歹一系，首先是成吉思汗一系各代历史发迹的传说大要，是他的历史经营的撮述。可以说，是当时蒙古的类"国史"，是当时毡乡的拟"春秋"。

历来撰史不外三种：一种可称私撰，一般文人学士多有经心。这种撰述的史家即《说文》所说的"史，记事者也"。一种可看作官修，秉笔者多为"史官"或"冢宰"，这就是《周礼·天官》所谓"史，掌官书以赞治"。"赞治"就是辅佐君王实行统治。《蒙古秘史》是第三种：既不是"官修"，也不是私著，是"巫"的说唱纲要。它的客观任务，正是接近于这种"赞治"的，它在适应成吉思汗的统治主旨。这就是说，《蒙古秘史》主要的不是文艺小说，不是"闲情偶寄"，它的成形不是为了"审美"，不是为了隐喻，而是为了致用。是应历史趋势的需要及"蒙鞑"立国的必然，而以历史实践的经验垂戒后人兼"资治"当时人主的。王夫之曾说过这样的话："所贵乎史者，述往以为来者师也。为史者记载徒繁，而经世之大略不著，后人欲得其得失之枢机以效法之，无由也。则恶用史为？"我看这话在原则上也适用于对《蒙古秘史》的理解。抛开这一至关重要的原则，而孤立地哓哓于"审美""光彩""神品"等，恐怕就不免应了那句"侈言无验，虽丽非经"的话。

蒙古，这一名出现前后，毡乡社会状态是否可以概括为两个特点：一是部落林立，各不相能，而又群龙无首，一之于一人之下，这可以归之为"离"；二是一片战乱，乱生不夷，"靡国不泯"，可以归之为"乱"，这在汉文载籍中每有消息，而在《蒙古秘史》中也有宣示。导致这种乱离危机的绵延，一方面设想是毡乡本身社会生活或历史转变所酿成，另一方面也间或是辽金统治者所执意挑起。社会离乱带给牧人的伤痛，岁月既久，感受亦深。

所有社会成员无不希望改离为合，去乱改治，而要达到这个目标，历来的抉择是走和平、统一与法制的道路。走这条途径也许有几多可能的办法，按照当时的形势及人们的思路，最主要的是战争手段。战争，这是一种"强力"，"没有强力和铁的决心，历史上的任何事情都会做不出来"（马克思）。然而能够驾驭这一手段的只有奴隶主或封建主，"他们在一定限度的历史时期内是人类发展的杠杆"①。蒙古孛儿只吉歹系的哈不勒、忽图剌，特别是成吉思汗，正是这个"杠杆"的杰出代表。《蒙古秘史》的主旨就是通过对他们历史实践提纲挈领的叙述，歌唱以下几个主题：

（1）战争是正义的。马克思曾说，为了摆脱野蛮，必须用野蛮的，甚至野兽般的手段。成吉思汗"收捕"各部也曾不惜采取极端残酷的手段，对于这些，《蒙古秘史》从来没有半个贬词。

（2）建立与维护集中的汗权。恩格斯曾经指出："王权乃是一种进步的因素。在漫无秩序中它代表秩序，它代表正在形成中的国家而和叛乱不已的各诸侯国家的分崩离析状态形成一个对比。"（《论德国农民战争》）《蒙古秘史》对成吉思汗极尽推许之能事，按照"巫"的说法，以为他是"长生天"特地授予汗号的，他是当然的共主。

（3）强调统一的法制律令——"札撒"。《蒙古秘史》对此作了突出的宣扬。毫无疑义，"札撒"在蒙古各部的统一事业中发挥着巨大的历史作用，而"没有民族统一，民族生活就只是一种幻想而已"（恩格斯《工人阶级与波兰有什么关系》）。

（4）赞扬对金统治者及其仆从的反抗与进攻。

作为一种"经世"的著作，《蒙古秘史》之成为"精神结晶"，最重要的我看就是这些。如果说这部典籍"沟通着过去与现代、当代与未来的人们的心灵"，"给人类的历史的主动性活动以鼓舞和启迪"，不在别处，正在这里。所以严格地说，《蒙古秘史》并不是"民族"的，而是阶级的；不是"民族精神的结晶"，而是阶级精神的结晶。事实上，在它全部的篇幅中，人民的形象极少，他们在全书的叙述中，较之帝王将相要逊色得多。顺便要指出的是，在全书中见到的是"兀鲁思"（即部、邦），甚至都没有"民族"或类似的这种概念，更不要论及"民族精神"了。

其次，关于"苍狼"与"白鹿"的推演。

---

① 《马克思恩格斯全集》第21卷，人民出版社，1974，第557页。

"苍狼"与"白鹿",是《蒙古秘史》一开始就出现的字眼。这本来是作者追忆的传说中的人名,而且从上下文意观察,这也不能不是人名。他们一男一女是作为成吉思汗的"根源"降世的。然而中国的研究者中,却有人轻信汉文总译的说法,断定这个"苍狼"与"白鹿"就是它们本身,是蒙古人祖先的"图腾"崇拜。报告作者拾此涕唾,亦为其立说作依据,并引《蒙古源流》卷四一段话以为验证。这是应当辩明的,"疑义相与析"嘛!

成吉思汗于 1227 年春,确曾用兵西夏,《蒙古秘史》《元史》《亲征录》均有载笔,而在本纳山(乌拉山)围猎并所说一段话,则唯《蒙古源流》增入(当然,《蒙古黄金史》之类亦大致同笔)。试录其原文(汉译本同此):

> 猪年三月十八日,师行党项(唐古特)地方,即于所经杭爱山(木纳山)设围狩猎。(成吉思)汗据其神术,诏旨云:寻见围中有一郭斡玛喇勒,一布尔特克沁绰诺,此二者勿杀。其一骑青马之黑人,可即擒之。(诸下)遂奉旨捕黑人致汗前,纵郭斡玛喇勒与布尔特克沁绰诺出围。汗问黑人:"所属何人?来此何事?"答曰:"我乃锡都尔固汗遣来哨探。我名素号善奔之黑野猪。"……又问:"人传汝汗向称呼必勒汗。其究如何变化?"答云:"我汗清晨则变黑花蛇,日午变斑烂虎,夜变小儿。"

如何理解这段话?首先要了解这部书的主旨。

《蒙古源流》撰于 17 世纪中,而译于 18 世纪中。那时,喇嘛教的梵呗经过蒙古统治者的怂恿,已经越来越喧阗于蒙古各地,首先是内蒙古西部地区,作者萨囊彻辰是蒙古喇嘛教徒,其名讳不就颇嫌"佛性"吗?他据以撰书的资料,号称七种,其中虽不无史事实迹,而大多数则显然是浸在神佛圣水里的。他写书的居心,主要不在实录蒙古史事,而在附会土伯特教人的授意,把蒙古,首先是成吉思汗祖先系在喇嘛教祖的谱系上,以示蒙古的"根源"就是教徒,从而为弘大喇嘛教作张本。因此,书中史事舛错,不一而足,前人已经说过"此书在历史方面对于吾人毫无功用",而汉译文则更深入了它的某些误解。假如我这里所说的意思能够允许,那么,上述对于《蒙古源流》所揭示的话,就不可率然以赞赏的眼光去看待。人们不难发现,《蒙古源流》在叙述蒙古远祖时,一开始就上溯到土伯特赞普的血统上,至成吉思汗则已经是具有"神机",预卜告知,俨然佛性。这种说教本身就很堪齿冷。

成吉思汗行兵西夏途中,曾否围猎;围猎中曾否说过那段话,都不无可疑。即使说过那样的话，也不必就是以"郭斡玛喇勒"与"布尔特克沁绰诺"（二词义为"苍狼""白鹿"）为祖先的"图腾"。从整段文字看：（1）"郭斡玛喇勒""布尔特克沁绰诺""黑人"都是人名，汉译为"白鹿""苍狼""黑野猪"。（2）成吉思汗之所以预先知道，是因为他有"神术""神"，亦如那个可幻其形的"呼必勒罕"有神灵一样。（3）"郭斡玛喇勒"与"布尔特克沁绰诺"之所以赦放出围，就是因为这二者是土伯特佛教祖的嫡裔，而不是什么祖先"图腾"。

有趣的是，《蒙古源流》的汉译本，并没有把他们照普通名词那样译为"苍狼""白鹿"，而是当作专有的人名仍其音译，此见书的译者也不以他们是动物。推想起来，道理也很简单：使这二人真是动物，逻辑上岂不等于说赞普原来也是动物生，也是崇拜狼鹿的吗？事实上，就在本书的叙述中，很有对"狼""鹿"二物不礼貌的事例。例如，在这次木纳山狩围时，成吉思汗曾浩叹："乖乱之世，可以隐居；太平之世，可以牧守。在此围猎麋鹿，是度暮年。"（《蒙古黄金史》略同）又载：成吉思汗迁怒哈撒尔，乃令人拘守，以鹿为粮，放入井内。据此，麋鹿尚是狩猎对象，鹿肉以为口粮，何"图腾"崇拜之有？如果前述猎围中的"郭斡玛喇勒"是"鹿"这种动物，狩之尚求之不得，何能纵之逸围？

对于"狼"，在同一书中因事而提及者可谓数数。请看：卷三载，乌格伦愤怒，责其诸子自相残杀，说，你们这么行径，简直像反噬其胞胎的豺狼。卷四载，合罕夜梦一老人来告："你自己杀死守城的警犬，听任野狼自外侵入，是何居心？"卷五载，阿鲁克台太师说道："谚云：'狼崽不可豢养；敌嗣不可托育。'"卷七载，黑夜，遂收拾蒙古地方龙怪魑魅显化的……狼等各种妖魔。如此等等。所有这些，"狼"都是以极端邪恶的形象出现的。诸凡一切坏事，都以"狼"比拟，视为自己的敌对势力。试问这样的处置，岂是"图腾"制度所允许？结论只有一个：《蒙古源流》所述，不能证明报告人所谓"图腾"的臆造。

既然"苍狼""白鹿"是古人的名讳，那么，作者在讲稿中，不厌其烦的种种推衍及一味赞美，就显得十分无谓。试问：一男一女偶为夫妻，何"两极""对立"之有？孛儿帖赤那与豁埃马阑勒同渡腾吉思水，尚是在丧乱之余，经历着颠沛流离的困苦生活，何"美丽的传说"之有？

据《史集》，孛儿帖赤那并不是蒙古孛儿只吉歹氏的始祖，在他之前尚有乞颜、脑古，是为得姓之始，而他们也还不是"元朝人的源"，他们不过是

"战败"部落的孑遗。那么，他们并他们的先代是否有"苍狼""白鹿"的"图腾"崇拜？按照"图腾"之义，至少有三点必须切记：（1）人们不能残害自己所奉"图腾"物（动物、植物、矿物）；（2）要祭祀自己的"图腾"物；（3）"图腾"是原始氏族共同的"祖先"，不是个人的"祖先"。据此而言，蒙古人把鹿、狼视为狩猎对象，没有祭祀狼、鹿的习惯。成吉思汗一系已处氏族社会，因此以为蒙古人尚以狼、鹿为"图腾"云云，脚跟无法站得住。可谓于史无征。

既然如此，他们之以"苍狼""白鹿"命名，就具有"偶然"的性质，我甚至怀疑这个故事，或者是《契丹国志》所载契丹人的祖先是乘白马男子与乘灰牛的妇人，于二水合流处结为夫妻这个传说的巫之改版。因此所谓"包含了某种深层含义"云云，恐怕也还谈不上。孔子讲："毋意，毋必。"在学术上，我看还是照此办理为好。对不对？

又次，关于所谓"阳刚""阴柔"以及所谓"和谐"的历史观与"审美"观。

讲稿中诸如"阳刚之气""阳刚之美""兼顾阳刚与阴柔""和谐""民族性格"等，屡见不鲜，并说这些什么"气"是"自始至终充溢着古代蒙古民族和中亚诸游牧民族的"身上的，说正是这种"气"才"鼓舞与抚育了蒙古勇士，实现了民族统一"，才形成了他们的"民族性格"，而这个"阳刚之气"或"阳刚之美"则是与"苍狼"挂着钩的。

总括以上，作者的弦外之音似乎是说：（1）《蒙古秘史》之所以"审美"，就是因为贯穿了"阳刚之气"；（2）成吉思汗事业之成功，就是受了这种"气"的"鼓舞与抚育"；（3）"无论现在或将来，这种'气'都将给人类的历史主动性活动以鼓舞和启迪"；（4）"阴阳"间的"和谐"是"美"的或"民族性格"的"总结"。

这种阴阳相济、阳刚阴柔之说，就我国而言，自六朝以来，每每在文学史中可以发现，而到前清的康、乾时代，更被桐城派的方、刘、姚诸氏发挥到了新的地步。他们的立论，当然自成其一派，其所持观点也不必一笔抹杀，但是，归根到底，他们的出发点，始终是以所谓"义理""义法"即宋、明以降的程朱理学为依归，以服务封建伦常为准则。移植这种所谓"正统"理论于《蒙古秘史》的观察之中，很难避免枘凿之嫌，此其一。其二，不论怎么说，这种讲究神与气、声与韵的阴阳学说，始终是一种难于具体捉摸、不能放之四海而皆准的定则。桐城派文人，甚至这种理论的创始者写的文章，也并不能体现这种理论，这是他们自己也不否认的。这证明这种立论本身，就是不足以为论证指导原则的。硬是把阴阳相济之说，塞进《蒙古秘史》的评价中，那恐怕是会莫衷一是、聚讼无已，以致使《蒙古秘史》本身的固有的光辉，被荫翳起来。其三，阴阳相济之说，似乎主要是针对汉文章法、结构及特点而设的，是一种文章作法，重在形式的东西。《蒙古秘史》的文字，虽然蓄积着文学的辞藻与编织了很多形象思维的因素，而就本质上说，它的主旨在传述史事（尽管汇集了相当的传承成分），不是抒发"阴阳""刚柔"情操的。它的价值在彼不在此。把《蒙古秘史》当作"刚柔相济"结合的典范，泼墨渲染，恐怕不啻隔靴搔痒吧！须知这部古典毕竟不是如桐城派那样，在文句安排与遣词命义上讲究什么章法的。

当作一种文学珍品，从各方面对《蒙古秘史》更作评价，是可以的。但是，要使这种评价臻于可信赖的地步，必须有一个科学的引导思想，这就是马克思主义。自然，"阴阳论"也未尝不可以用作手段，然而对它本身也要作马克思主义的鉴定，不宜依样葫芦，要有马克思主义的"阴阳观"。"猎抢犹难践其学，今人势须辟新途。"这个"新途"，就是科学的《蒙古秘史》论。

讲稿中历次讲"阳刚之气"，那么，这指的是什么？作者是把它系在"苍狼"身上的，那么所谓"阳刚之气"当然就是"苍狼之气"，就是野兽之气、凶残之气、无人性之气。然而这样的"歌颂"，恐怕不能算是科学的。

作者也一再谈到"和谐"。

"和谐"论在中外古今的美学思潮中经常碰到，然而达到这种"和谐"境界者，却异说纷纭，大体分别，立论有二：一为"同声相应"，即强调"类似"；一为对立的斗争，"一切起于斗争"，即使"最美的和谐"也是如此。就以《蒙古秘史》所反映的时代看，是否为一个"和谐"时代？这是任何一个认真的学者都可以作出否定的答复的。说实话，那是一个非常激荡的时代，是毡乡历史由乱离到秩序的时代，是由野蛮到文明的转换时代，是蒙古之形成"族"的草创时代。那时整个草原都在黑云翻墨、惊风掠野、部落无告、家庭破败。掠人的妻子，残杀自己的亲人；今天尚是"安答"，明天就寇仇视之。造反与镇压，离间与阴谋，更迭而至，刀光剑影、血泪交浸，谈得什么刚柔相济、阴阳和谐？就是"苍狼"与"白鹿"的相合，恐怕也未必是"和谐"的——他们仍处在动乱的环境里和时代里。这种不"和谐"，在讲稿看来，也许就是不"审美"的。其实这正是"和谐"的初阶，是臻于"和谐"

的前提。相反往往是相成的。在当时的情况下，以战争手段谋求国家和安定，才是"审美"的。《史集》载成吉思汗有一段最能见出他"审美"意境的文字：

> 成吉思汗问博尔术等："人生何者最乐？"博尔术曰："臂名鹰，控骏骑，御华服，暮春之天，出猎于野，斯为最乐。"博尔忽勒曰："鹰鹘自空搏击飞禽，不搏落不止，凭骑观之，斯为最乐。"虎必来曰："围猎之时，众兽惊突，观者最乐。"成吉思汗曰："不然。人生之乐，莫如歼馘仇敌，如木拔根，乘其骏马，纳其妻女，以备后宫，乃为最乐。"

四个人各说各的乐事，而每个人都列出了一对矛盾，解决矛盾的办法无不着眼于斗争。矛盾一旦解决，也就达到了人生最乐的境界。最乐的也就是最美的。这就是《蒙古秘史》时代的"审美"准则。如果说到"沟通"过去与现代、当代与未来的"审美"思想，我看就在这里也能找到线索。脱离历史真实（客观的经济政治基础与人们的伦常道德），一味津津于"阴柔""和谐"云云，怎么能使社会进步，怎么能摆脱金人的扼制，怎么能使蒙古统一屹然出现于亚洲大陆？然而这种斗争，绝不能归之为"阳刚之气"——"苍狼"之气。它有着更深刻的社会历史际遇与毡乡独特的道德传统。黑格尔曾告诫后人说：不要把现代人所熟悉的东西强加在古人身上，不要用自己的思想"改铸"古人。这话我看蛮可以三复之。

《蒙古秘史》是一部记录口传史事的书。它的行文表明，它不"欲载之空言"，它的不少记述当然可以重作考究。但是如果有人愿意仿效公羊解经的故伎，企望从史事中榨取点滴油水，发现其中的深义，当然各听尊便。然而公羊很多"非常异义可怪之论"，是不可不戒忌的。

讲稿对于《蒙古秘史》，也说了足够多的赞美之词。我想这倒是无可厚非的。不过，这部古籍的"审美"所在，却没有中窍的判断。就"美"这点说，我以为它主要有四项：

（1）记录的真实性。

这有两方面：一是史事。凡是载入的大致都是实在的（自然在句法上也有夸张）。古人讲，"真"能动人，能"真"也就能"美"。论者历来以为"真善美"乃极境。《蒙古秘史》于此，应当及格。二是宏观上（不是细节上）或者宗旨上（不是一切上）也不离当时实际。它在叙述中所体现的观点也是真实的。

（2）它使用的语言也极富形象，因而也很使人感染。

值得提醒的是，它所使用的语言往往是民间的，是很有生活气息的。它们十分纯洁，也相当准确，为其后蒙古语的规范化奠定了基础。

（3）它选择了适当的表达形式。

它不分章卷（今本十二、十五章卷乃后人的权宜），一泻而下。有叙述的散文，也有赞唱的韵文。韵散交织，绮丽成绵。它的风格，极易使人想到中国的"变文"。《蒙古秘史》讲史的铺陈格式，实在也是其后蒙古文学形成的衣钵。就是标榜讲史的如《蒙古源流》《蒙古黄金史》等，也无不力图继其踪迹。这种适合讲唱、易于为人接受的书法，较诸板起面孔、自我典雅的"史法"、文法，不知要美多少倍。

（4）它有一种自我作古、摒弃程式、高视阔步、放声标榜的气派。

这当然是历史条件造成的。它没有从前的"史笔"拘束，金人及畏兀人的东西，也无法左右它的传统。可惜，它的这种横决千里的气势，在佛教浸染之后，已渐渐走样了。

当然，这篇学术报告也抒发了其他不少见解，有些还须研究，有些只提出了题目，并无阐述，是可惜的。不过，无论如何，它对我还是有启发的。它使我回想起不少旧事，也使一些新题涌上心头，首先就是究竟如何正确地对待《蒙古秘史》这部书。多少年来，研究这部著作或涉及这部著作的研究，可谓多矣。他们笔下驰骋，往往各领风骚，但是，也能不期然发现人们的率尔操觚，甚至在被尊为"权威"的令文中，也每有颇失面子的瑕隙，推其原因之重要者，乃在不悉《蒙古秘史》原文，而轻信汉文总译。研究对象尚不熟谙，其差之千里者，必也。报告似乎正坐此病。其次，在总体上，《蒙古秘史》是一部老老实实的记录文献，它对它的祖族忠厚有加（甚至迹近诌谀），一切研究者也必须剔其矫饰以诚相待。缺点就是缺点，优点就是优点。这种从实际出发、实事求是的作风，是必须持之以恒的。脱离实际，过高地夸张它的身价，把它说得花团锦簇、天衣无缝，甚至把它当作自己臆造的遐想园地，往返漫步、堆砌繁缛，这算不上研究，又怎么称得上功力？真理是多跨一步都非要荒谬不可的。

也曾看见人们用比较法研究《蒙古秘史》，这是不错的。这也有不同的途径，一种参证其他资料，以为证补。在这里，人们往往会发现新境，拾得新的珠贝。一种是较量优劣，并时加溢美，令人啼笑皆非。秤与斗怎么比，又比什么呢？比轻重吗？斗不是衡量轻重的。比容积吗？秤不是计较容积的。因此，以为《蒙古秘史》是万能、万应、万美的东西，"空前绝后"、无与伦比云云，也不是《蒙古秘史》的作者们所期求的。世界上真有那么不胜其实的东西吗？

向来，我是主张打破迷信、跳脱窠臼的。在我看来，做学问亦如从事任何事情一样，切忌思想凝滞、自封步伐，只要有越出常轨、自辟蹊径的勇气，不拘一格，别开生面，使人因此豁然迈入佳境，更领新风，总是于学坛、于读者有其功德的。当然，这样做必须有一个前提，这就是坚持历史唯物主义原则。在这点上没有初步功力，所谓"解放思想"，只能得到胡思乱想、贻笑于心的结果。

李鼎铭先生《蒙古历史教科书》读后

一

今年 4 月间，《内蒙古社会科学》杂志社编辑主任因事枉驾辱临，就便以所编该刊 1990 年第 2 期见惠，内载李鼎铭先生亲纂《蒙古历史教科书》（以下简称《教科书》）部分篇章，说这原是一部手稿，正整理出版。嘱咐便宜披阅，并能为之写序云云，这当然是对李鼎老的一片高谊。能得读新载，从中领教，在我来说，自然是十分高兴的，又何况是老人生前的罕见之作。只是初初地略窥一斑，就据此搦管属文而遽附骥尾，可真要如东方朔的"非有先生"而频呼"可乎哉，可乎哉"了。其实，为人作序，向来多称不便。清人钱大昕已经说过："史以寓褒贬，其用意所在，唯著书人可以自言之。"这个"唯"字实在最为得体。先生已归道山愈四十年，书稿亦纂于七十余年前。序之有无，略不增损先生令名。不过，中国向来有"恭敬不如从命"的惯语，先生在《教科书》中也说："诸君如有所见，则各直言无隐，以匡不逮。"那么，出发于对先生的纪念，对一种旧籍的回溯，谈一点读后所引出的很不成熟的想法，或者也是可以的吧！

据我记忆，当年陕甘宁边区诸著名地方开明绅士中，李鼎铭先生的声誉最为人所熟知。先生是陕西米脂人。那是一处"米汁如脂"、人物辈出的地方。前清末造，水深火热，朝政腐败而外患日急，一纸辛丑条约，使丧权辱国之门更加洞开，《孟子》所谓"天下殆哉，岌岌乎"的局面，正复见于当时。但是与此同时，在朝在野的一些角落里，"富国强兵""西学为用"，倡"变法"、谋"维新"的时论也随之慢慢泛起，而反帝反满的风雨则更加勃然波及各地。先生长于其时，耳濡目染，当亦不无击楫之志。先生名丰功，字鼎铭，就很有寓意，那不就是要建立伟烈丰功而铭诸国之重器吗？此足见先生少年志概。我生也晚，先生的伐阅，一时不及详悉。据云：先生早年曾以文史与医术服务于陕北社会，亦资以自奉而维持生活。不慕荣利，与世无争。1935年中国工农红军进抵陕北，先生已愈知命之年，然不囿旧学，不自菲薄，竟能与人民一起，毅然声赞。何其壮哉。1937年7月，日本帝国主义侵入国土，抗战怒潮激荡着每一个炎黄子孙，先生又一反顽固派梗阻而与进步势力站在一条战线，大张团结抗日旗帜，表现出一个旧知识分子的节操。1941年，中国共产党颁布《陕甘宁边区政府施政纲领》，锐意推行人民民主政权的"三三制"，先生以乡望所归，起而膺选为米脂县参议长暨边区参议会参议员。

同年冬，边区参议会在延安开幕，先生更以无党派人士被举为陕甘宁边区政府副主席。人民连选，他也连任，当仁不让，直至辞世。先生就事时，正所谓"逢时艰之孔棘"，边区财经形势十分困难，然而他始终热心公务，言无不尽，著名的"精兵简政主义"就是他以参议员身份提出的。这项动议，对于当时政繁兵多、"鱼大水小"、人民负荷偏重而机关中的官僚主义等又有所滋长的倾向的克服，起了积极的作用，它对中共中央制定"精兵简政"这个"极其重要的政策"方面，也起了促进的作用，所以毛泽东主席曾经高度评价这项建议，说"提得好，对人民有好处"。1947年3月，国民党的胡宗南悍然冒天下之大不韪，驱兵进犯延安，以扩大内战。中共中央与人民解放军总部决定放弃延安，作战略转移，先生亦随林伯渠主席尽率边区政府北撤绥德。夙夜匪懈，坚持斗争。同年冬12月，一病不起，医治无效，终于不幸逝世。享年67岁。安葬于原籍桃花峁。

次年春，隆重的追悼会在绥德城举行。毛泽东主席挽词称："在中国人民民族民主斗争的困难时期，在日本帝国主义者进攻中国时期，在美帝国主义者援助蒋介石匪帮举行反革命内战时期，抱着正义感，毅然和中国共产党合作。对于李鼎铭先生的逝世，表示我们的悼念之意。"中共中央的挽词也说："李鼎铭先生在陕甘宁边区工作中，作了许多有益于人民的贡献，人民对他的功绩永志不忘。"毫无疑义，这些褒彰，先生都当之无愧。这里还不妨顺便提及的是，先生也是当代少数被载入《毛泽东选集》的光辉人物之一。实在应当不朽。

李鼎铭先生曾是桃李园地的教育家，这是我所知道的。而编有《蒙古历史教科书》，则我自愧寡陋，先前一无所闻，这次主任特为道及，实为首次领教。先生舌耕之余，又竟成此笔畦，不胜惊奇与钦羡之至。所以待主任走后，即拭目展卷，快睹一过。细揣先生所撰，不免感慨系之。有七绝一首：

> 心情耆艾输遗篇，体国经论在安边；
>
> 可怜塞垣一声笛，空奏毡乡残照天。

先生述史，也许一片幽思，而不知蒙古历史却已不绝如缕了。

"教科书"为清末新兴的外来术语。它一般指国家颁发的专业读本，多具法定性质。但是当年一些讲学者如有所编撰时，也往往利用这一名目，如屠寄氏就有《中国地理教科书》、陈庆年氏又有《中国历史教科书》、刘师培有《经学教科书》等。这种教科书内容繁简取舍，形式文言白话，均可不为法定所限，其性质与命义亦如后世的"教程"之类。依题叙事，各抒己见，虽每见庄重，却并不被视作模板。清人刘体智甚至说："至抄撮之教科书犹之乎往日高头讲章，不在著述之列。"（《异辞录》卷三《清代学风之变》条）《蒙古历史教科书》当亦类此。据《内蒙古社会科学》编者按，此书是先生 1916～1917 年在陕北榆林任教时所手自编定并加注释。这个按语很有意思。

先生讲史采取"教科书"形式，无疑是一项破例的进步。在旧时代，传统上写史多取"纪、传"与"纲、目"式。义例简单，论调陈腐，"教科书"则分章列节，循事设题，随朝断代，顺次讲述，有因有承，提纲挈领。既适合教室限时传授，又便利听众即席领略，较之"纲鉴"或"本末"式，显然优裕得多。这种体裁虽不由先生首创，而在长城脚下有此一编，恐怕就不能不以先生为嚆矢了。《蒙古历史教科书》是前此蒙古历史编纂体裁的一种革新，值得称颂。但是其后不再见有类此者，所以先生所撰似乎又成了历史性孤本。应当珍视。

《蒙古历史教科书》据云三万余字。可谓惜墨。以这个字数而言上下两千余年事，当然不便视为洋洋洒洒，但是它倒也约束有条，要言不烦，原始要终，颇裨发蒙。纵观已载诸节并以此而类推，则先生全编旨意是否可以约之如下：

（1）认定蒙古之作为一个民族共同体，并不突兀而起，它毋宁是北方先前诸游牧"行国"的余绪。它紧跟前人的脚印以走完他们未走完的征途，而成其历史大业。以"蒙古"名号开始的这段历程，先生归之为本族的"近代史"。这种从纵的时间上把蒙古史放入毡乡通代史进程作一体观的见识，与那种恣意割裂、腰斩蒙古历史的写史陈见，显然不同。这不特反映真实，而且也可称之为脱俗。

（2）认定蒙古民族是跻身于世界历史舞台的重要角色，而不仅仅在一个地域跼天蹐地。蒙古的筎声遍于欧亚大陆并在那里建立汗国而继续其历史的演进，蒙古人也的确用他们的驰骋写出沟通东西双方文化的历史篇章。这种从横的空间上，把蒙古史放在世界史的衡镜上去观察的眼光，比较那种撰蒙古历史力图上下其手，挂一漏万，阉割各地汗国而只詹詹于大漠南北者，属以高蹈二字，当不为过吧。

（3）认定蒙古的伸屈卷舒、弛张沉浮与周边各族的安危祸福、兴亡盛衰至为切要。前者对后者固然不掩其历史影响，而后者对于前者也不是无关痛痒的。从中国边镇幅员的守卫说，蒙古民族的"不测"，宜勿忽视。一部蒙古历史提供了证据。

（4）历史进程而至当代，蒙古已积攒了足够的问题，其中"关系"问题尤为醒目。蒙古之需要"经营"，即需要筹划、安排所以解决或"驾驭"蒙古的办法，已是当务之急，而摸清蒙古历史竟是"经营蒙古之先导"。

（5）蒙古之跳荡敌前，进出殊域，曾有其民族独特的规程与策划，应须专为标志，不可蔑然视之。

以上检括，也许有缺兼有误，但是从我所见及的行文中潜含的意思看，最重要的就是这几点。在那个时代，那个地方，能够不自满足已有法定教材而自创体例，自编讲义，不避可能的猜嫌，特特以"蒙古历史"为主题，并以这样的旨意在听众中专业施教，以启迪一代，振刷边务，这种精神即使在今天看，不特难能可贵，且亦绝非偶然的吧！

自来编撰史书，无不强调撰人的史学、史才、史识与史德。认为四者具备，始可成为信史的前提。史之四维，端赖这个。四维不张，史乃将亡。然而在我看来，史识和史德尤称肯綮。无数的事例证明：即使史学资料掌握得再多，表达与使唤资料的本领再大，如果心术不正，颠倒黑白，以自己的意向厚诬古人，胸无胆识，人云亦云，以阿谀媚世为写史不二法门，其所著史书无非沽名钓誉，自欺欺人而已。元人刘因说过："记录纷纷已失真，语言轻重在词臣；若将字字论心术，恐有无边受屈人。"其实"心术"不正，何止驱人受屈？重要的是伪史无法使人据以为鉴，明辨得失，既无益于治边，抑且贻害于治史。李鼎铭先生纂史，就事叙事，心平气和，不用谲笔；没泛浮议，疑以传疑，信以传信，无哗众取宠之意，无师心自用之笔。这种态度不仅宣示了先生可贵的品格与史德、见识和气魄，而且它本身，我看就是对史学积弊的针砭。这在今天恐怕也还不是没有其现实意义吧。

二

"知古不知今，是谓陆沉；知今不知古，是谓盲声。"这是东汉人王尧就当时人们的认识体验而作的理性概括。这里的所谓"今、古"，实际上指的就是历史知识，就是古代或今代人们对自然或对社会的历史实践过程。在人类的这个实践过程中，"古"与"今"是一个发展的统一体，"今之视古，亦犹后之视今"。人们在为满足自己的物质生活需要而作的不懈斗争中，除了注意积累自身的经验并予以理性的归纳之外，总要不断地从前人与别人的历史实践中吸取教训，获得启发，以为借鉴。"以古为镜，可以知兴替；以人为镜，可以知得失"，这正说明人们对历史的重视。"知古""知今"的办法自然很多，而传授则是经常的手段。在文字出现以前，人们多利用世代相继的口口相传，及至文字出现，则更借史官的记录，生生不断，随着人类实践的发展，知识的层层积聚，文字记录与历史典籍已达到了浩瀚的程度。章学诚说"六经皆史"，俞樾也说"史学无边"，这话绝非张大其词。在中国的图书分类学中，乙部书至少在唐以后，其受人尊重至为明显。在这么丰裕的历史籍录中，涉及塞外游牧各族史事者，曾不少见。二十四史固无论矣，历代稗官野记中，又何尝没有一线可借之光？

蒙古民族也有自己的历史实践，也有反映这种实践的理性认识，当然也就有自己的历史记录。汉元帝曾以战争手段没收了匈奴的图籍文录；柔然人建立了自己的年号，其史官草诏，文笔略不逊于六朝风骚；蒙古称号，其《圣武开天记》、《蒙古秘史》，甚至是《元史》、《明史》、剌施德《史集》的底本。刘知几、欧阳修等名家曾以蔑视目光对待北方诸民族的历史，叶子奇更说蒙古人，"耳目有所不及，皆不能知，尚同洪荒之世"。这种妄自尊大，不特说明他们自身的无知，也印证了《孟子》所说："自以为是，不过德之贼也。"当然，不必讳言，截至目前，无论就宏观或微观的角度说，事实还不能证明蒙古历史记述足够完备、足够周详和足够丰盈，情况昭示于人的恰恰相反。近代以来，除境内掀起重大的、颇震惊于中外的政治性风暴，蒙古人偶有秉笔自书其事，因而尚能借以略窥事件的颠末而外，其他类多阙如。就是已有诸著名典册，在不断起伏的天灾人祸、常年的游移搬迁中，在腐败的封建牧主贵族阶级的反动统治下，也每编残简断、首尾龃龉。所有这些，学史者虽可凭借，然捉襟见肘，人多扼腕。前面所说"不绝如缕"的话，实在还不是极而言之的呢！

经验告诉我们，要深悉蒙古的古今，并得出相应的结论，如果不再以成见障目，那么，除蒙古人的著录之外，也还须兼读别类。类别有二：一为东西方的论述；一为汉文典籍。关于东西方文录，且存而不论，这里先略窥汉文籍录。对此，我读书未遍，当然不能一言以蔽。但是从我所能涉猎的史籍看，汉文记述蒙古事，在印象中，也不能不使人喊出《左传》那句话："美哉，犹有憾！"虽然随着时代需要，可能条件及撰人气质的不同，"憾"的程度容有差别，而堪惬人意者，实在寥寥，前人亦每有为此而兴叹者。据我看，它们的通病是，记述只限于涉及汉地、汉族王朝利害及足能反衬"天朝"之威武及皇帝"圣明"者，其无关于此者，则史官漫然施笔，或竟不屑一置其词。而其所登于史册的，又一秉《春秋》大义："仅华夷之辨""严华夏之防"。所谓"辨""严"的办法，往往也是五花八门、千疮百孔，而约其指归，不外几条：

（1）"非我族类，其心必异。""异"就是异端，而异端是必须口诛笔伐的。要"伐"，那就不暇抉择什么手段，无须分清什么是非，可以罗织，可以假手，可以轻蔑，可以污辱。究其所有用心，无非"攻击"二字。大有不如此即不足以"严""辨"之势。其设词炼字，往往有令人愤然掩卷、不忍卒读者。

（2）"夷狄之有君，不如诸夏之无也。"这个话历来诸家各有不同的解释，而其要旨不过矫饰巧辩而已。论其本意，仍然自欺欺人。引而申之，则谓不论蒙古地区与蒙古社会有多么适合于它当时自身所需的政治、经济、军事、文化，也不论这些成就怎样为本民族所认可，都要说成一钱不值，都要以普罗克拉斯提斯之床去衡量、去入录，都要使"有君"的族灭于"之无"的族而加以称颂。

（3）"内诸夏而外夷狄。"这就是说，"诸夏"是同胞，要"内"之，要团结；"夷狄"是异胞，要"外"之，要攘斥。凡是域内兴革，只能同胞吾与、人莫与毒，用王夫之的话说，"可禅，可继，可革，而不可使异类间之"，没有"间"者，即使英髦秀达，也要落笔摈斥。

（4）"夷狄者，欺之而不为不信；杀之而不为不仁；夺之而不为不义。"这是王夫之总结向来史家笔法的箴语。话很明白，对于蒙古，大汉的一切"不仁""不义""不信"，都要书之为"仁""义""信"；对于汉族，则蒙古的一切"信""仁""义"，均要以"不仁""不义""不信"书之。

这可以说就是史家述及蒙古史事的旧原则。不难设想，在这种原则下，即使史官们在他们的简册附卷中挤出一点空白，或断或续、或隐或显地点缀一些百不及一的蒙古史事（也几乎是家谱式），从而也能使人们得以如鲁迅所说在密叶中看月光一样，看到蒙古（主要也多是与各族间的交涉史）的点点碎影，然而这些碎影又多是经过筛子过滤了的。二十四史中有关北族，有关蒙古的笔墨，固不必细说，即以清代所修诸如"平定"察哈尔、"朔漠"、准噶尔等《方略》，及以后的《清史稿》之类书而论，有多少真实？在那里，蒙古的正义、蒙古的坚毅，何曾有一语之及？而"平定"者的残暴、非理，又岂有一点落笔？他们之所以如此弄笔，无非《春秋》原则乃耳。不过，即使这样，随着年月的消逝，承平日久，关于蒙古的记录还是越来越少，人们（不论蒙古或非蒙古）对它的记忆与谈论也愈来愈淡泊了。

经过一段寂静，蒙古史事又逐渐唤起人们的兴趣，成为一代学坛的盛馔，大概主要开始于18世纪中。从17世纪初，蒙古被"平定"。上层们一派恭顺的形象，下层们隐忍而窥伺。西方的准噶尔屹立雄张，始终以统一各部相号召，其势力所及，喀尔喀颇见倾心。清人以为芒刺在背，必欲殄灭。然而他们用了全国的大量人力、物力与财力，连续用兵几十年之后，才告"平定"。事后，他们又采取了一系列旨在绝灭蒙古的政策并驻军设官，严加监视，其戒备之状，实在应了《诗》那句"耿耿不寐，如有隐忧"的说法，这标明在清廷眼中，蒙古恐怕始终是一个榻旁酣睡的不虞之敌。蒙古为什么那么强劲？究竟应当怎么办？这样的问题在当时的朝臣中不会毫无介意。

蒙古之隐然成为论题，在当时的史学界也有反响。不过，他们主要是要从史学，较切近点说是从《元史》开始的。为什么要括近而寻远、避现实而究历史？究史事何以又要入手辦《元史》？向来的成见是《元史》在诸史中最"芜陋"。史书"芜陋"岂止《元史》？足见此说尚非时论。其实，据我看，究心历史即究心现实。论古即论今。"古"在"今"中有返照的回光，"今"在"古"中也不难找到远缘。"蒙元"与"满清"，类型颇同，四百年前和四百年后，伦比亦足发人。所以言元代蒙古即所以言清代满洲。可见人们之热衷于"蒙元"，实在是适应当时情势的需要，为当时的"经营"蒙古服务的，轻信其为纯学术云云，·徒隔靴搔痒而已。然而他们之所以绕这么大圈子，也还有另外的原因，这首先就是文字狱的余悸。今人拘于一得之见，每赞赏"康乾盛世"，其实那时文字狱迭兴，冤死者时见，学者自危不暇，岂敢竟谈国事。"避席畏闻文字狱，著书都为稻粱谋"，龚自珍的这句话，正好是当代学者甘心论史的手法。兼以清初以还，人们鄙弃理学，力尚考据，相为影响，蔚然成风。除了不多的因仍述史、循分新撰之外，大多已背离了原有考据本旨的路子，埋首于史料的正误、考异、辑佚、训诂之类。原其初衷，或者不得已的。

当然，成绩是明显的。《元史本证》《元史氏族表》等就很见功力，特别是《元朝秘史》的录出，简直可以说是蒙古历史研究中的天地再造，学术新声。此外，经过人们的努力，很多记述中的历史舛误，多少得以厘清；散失的文献，有了一定的收拢；就是在方法上，也出现一些可以参考的增进。但是，这种研究，徒然"与古人争训诂形声，传注驳杂，援据群籍，证佐数百千百条，反之身心已行，推之民人家国，了无益处"（方东树语）。这个"了无益处"，在这里，就是既无碍于清廷对蒙古统治的残酷，也无助于蒙古历史命运的改观，及蒙古现实问题的揭示。尤其令人嗟叹的是，这种学风竟成流弊。以致后世有治蒙古史者，师其旧技而徒以烦琐考据相尚，累赘征引自诩，以为只此即成学问，舍此则是"瘪三"，他们不了解元人诗："人来每问农桑事，考证床头种树篇"，不是自得，乃本来也有讽味的啊！这可以说是蒙古历史研究的第一时期，是从今着眼却终致殉古的研究时期。

1840年鸦片战争之后，随着"老大帝国"之逐渐沦为半殖民地，蒙古也面临着俄日帝国主义者的蚕食鲸吞。八国联军逞其凶焰之后，沙俄公然叫嚣长城以北均属它的势力范围，神州"藩篱"竟而成了它的一域禁御。清廷对此，徒唤奈何，一筹莫展。以后标榜"边务"，倡言"边政"，说"藩部预备宪政，首在振兴蒙务，开浚利源，莫重于辟地利"，于是大开"边禁"，"移耕实边"，编户设县，"练兵筹款"，左右开弓，只张不弛。然而，张之洞说得好，"力行新政，率由旧章"，结果是加深了蒙古地区的经济贫困，增加了当地的社会不稳，激化了各族之间的矛盾，引发了蒙古人的愤恨，从而也就扩大了外国势力乘机入侵的间隙。这种倒行逆施，适足以见其统治的日暮途穷。梁启超说："大清"实在是"大浊"，非常得当。《诗》云："人之云亡，心之忧矣。"

这种局势，促使人们对蒙古的研究，又有了一个新的契机，而当时的"维新"空气也减少了文字狱的威慑，因此蒙古史研究的疑惑似乎已不很突出，涌现了前所未有的著述就是证明。1867年张穆出《蒙古游牧记》，1884年祁韵士出《皇朝藩部要略》，1895年魏源出《元史新编》，韩善徵出《前、后蒙古纪事本末》，1900年洪钧出《元史译文证补》，1902年施世杰出《〈元秘史〉山川地名考》，1906年金钟麟出《满蒙新藏述略》及王树荣《元秘史阙文》，1907年姚明辉出《蒙古志》。如此等等，尚可列举。所有这些，大致都在力图利用前人不曾利用的及国外的资料，追求一种踢开前人槛限的目的。他们的目的未必尽已达到，其前代"考据癖"的尾巴也还时或不掩，然而已甚少所谓"辨""严"的成见。并且在他们的著译述考中，或多或少地都证明：蒙古渊源有自，功业彪炳，人物辈出，权益独具。它不是历来昧于历史文化，拙于治事守业，甘于寄人篱下，乐于任人驱役的"洪荒遗民"。它之所以终于落到"不如意事常八九，遍地残喘劫后生"的困境，完全是反动制度戕害与侵略势力临头的结果。这些不必抹杀的成就，究竟还不便说它本身即在"经世"，然而毕竟不即不离，"虽不中，不远矣"了。这可以说是蒙古历史研究的第二时期。是史家敢于挣脱因袭成见，利用新见资料，不避当前现实状况，而重新系统论叙蒙古历史的时期。这是前此不曾有过的。它为以后的继续研究与撰述，不无开创之功。

事物的发展往往是这样的：既然有了开始，那么，在正常条件下，必然也会有其承续。蒙古历史的研究就颇多类似。清朝晚期的蒙古史研究，并不因"皇朝"的覆灭而中辍，到了民国初年，它的余绪依然伸延，并且显出更大的规模，更深的层次。这当然有它本身的原因，而更多的则与当时形势的发展与社会的需要相联系。一位伟大的哲人曾说，社会对技术的需要，将比十所大学更能推进科学的发展。以之用于蒙古史研究，原理也不会是两样的。

甲午之后，孙中山的同盟会揭橥"驱逐鞑虏，建立民国"。"鞑虏"云云，揆其意指，当在清的"客帝"（章太炎语）——满洲。然而在历史上，它指的却不止此，至少祖居北方的"非我族类"例如蒙古也是被包括在内的。看来，在当时的革命家意识中，"鞑虏"与"夷狄"原是二词的同一。"驱逐鞑虏"即意味着驱逐"夷狄"，驱逐"非我族类"，而"建立民国"从逻辑上理解，自然就是建立大汉"民国"。这个口号极其响亮，最富鼓动，因而不胫而走，全国风靡。所以六年后，武昌一声革命，各省立即呼应，先后向满清宣布独立者，不旋踵遍及全国。激动奋发，史无前例。这种口号与局势，大大鼓舞了蒙古人告别"藩部""属国"的勇决。喀尔喀首先发难，宣布独立，并飞檄漠南，号召响应，而后者同气相求，亦思所以义举。于是从西到东，聚旗会盟，风声鹤唳，山雨欲来，日俄帝国主义又乘间染指，推波助澜，至此，此门锁钥究将握于谁手，成了人们关心的大事。辛亥革命果实的窃得者——袁世凯们座上栖栖，社会舆论也到处啧有烦言。蒙古问题终于更成了人们的呕心所在，而"经营"蒙古的声浪也随之甚嚣尘上，蔚为时论之大观。

总括辛亥革命前后至 1917 年，论究蒙古今古事势者，约为三种：

（1）实地考察。

清末开放边禁，大闹垦务，广辟"利源"之后，进出蒙古地方者每有文字记录，辛亥革命以后，权力逐逐者更交驰其间，这有两种，一为袁氏政府所派"宣慰使"之类官员及其"御用"学人，一为军、政、实业界人物。他们各挟其抱负，累月经年，实地考察。返归之后，常有游记之类饷世。如1908 年王泰熔氏有《蒙古调查记》，剑虹生氏有《多伦诺尔记》，1912 年周正朝氏有《昭乌达盟记略》，1913 年勹与氏有《西盟游记》，1914 年陈祖墉氏有《东蒙古纪程》，张相文氏有《塞北纪游》，1915 年李榮氏有《调查东西盟蒙古记略》，梁掌卿氏有《库伦旅行日记》，1916 年孟森氏有《蒙古郭尔罗斯后旗旅行记》等。诸多这类记录，揭示了很多鲜为学者所知的现实状况与不见于经传的历史事实。

（2）译述。

鸦片战争，尤其是辛丑条约之后，帝国主义首先是日、俄帝国主义者不时派人赴蒙古地方"调查"并例有报告发表，其中所载资料及所持论见，每有启人茅塞、发人深省和足资警惕者，即其史撰亦每有其角度。出于"经营蒙古"的需要，因而译为汉文的译述，次第出现，如 1903 年王宗炎氏就译有日本人的《蒙古地志》，1911 年欧阳瑞华译有日本人河野元三的《蒙古史》，1913 年北洋法政学会译有俄人的《蒙古及蒙古人》，魏易译有《元代客卿马哥孛罗游记》等。所有这些，都是前此不曾以汉文见于国内者。

（3）汉文论撰。

当时国内期刊如《东方杂志》《地学杂志》《西北杂志》《大中华》等，多辟出栏目，刊载论究蒙古及蒙古历史的专文，而成部的专书也递相问世，如 1913 年周正朝氏出《蒙事纪略》，1915 年严宪章氏出《塞上陈说》，胡太才氏出《裕蒙四策》，花楞氏出《内蒙古纪要》，丁谦氏出《蒙古史地考证》，王国维氏出《元朝秘史之主因亦儿坚考》等。

所有这些记游、论撰、译述，无论对事物认识、资料搜辑及其使用等，当然不尽相同也不尽信实，然而其追求的目的则在为"经营蒙古"服务。这可以看作是蒙古历史研究的第三时期，是着重于蒙古历史现实阶段并结合实地调查而加以论述的时期。

不能小看这一时期的研究。虽然"人人争说蒙古史，毕竟蒙古欲何之"，谁也说不清。然而，那些颇不寂寞的喧腾，却俨然成了舆论的冲击波。李鼎铭先生在他的《蒙古历史教科书》中说："今当反正之初，俄罗斯东向窥视，一旦不测，则北数省首当其冲，故居今日而欲保家国，则经营蒙古首其务乎。"这里的"反正之初"，就是民国之初或者袁氏"帝制"及张氏"复辟"垮台之初。这个论点，不特说明他追求蒙古通代历史的宗旨，全在"经营蒙古"，而且也宣示了当时论坛的热衷趋势对他发生影响的一斑。先生主编《蒙古历史教科书》，实在是与时事并驰并成为它的组成部分的啊！

不特此也。1916～1917年，先生正在榆林客寄。明人顾炎武北游，曾追问"绝塞漂泊苦著书，朅来行李问何如"。对李老先生亦可有此一问。先生之所以离乡背井而有此一行，至今不见有人谈及，然而这个时间，这个地点，却也可能兆示他之编纂蒙古史书，或者并不全如前文所说，乃尽受客观舆情之影响，实在也有他自身的感受吧。

榆林地区关河百二，向为久战之地。秦汉曾设榆溪，明人又在它的基址上构筑新城，居然是长城西线的一颗明珠。这个城堡北跨毛乌素沙漠，而与鄂尔多斯蒙古相望，南踞黄土高原，北缘而直通八百里秦川。一条无定河水（亦即古闿水）滔滔于它的城脚，大、二边墙（外内长城）夹峙于它的南北。进攻、退守，均资凭据。兵家列之为九塞之一，不为无因。这里与北方诸民族的关系历来频仍，而战争曾是它的主轴，从秦汉至宋元约一千五百年间，匈奴、羌、氐、突厥、沙陀、党项等，都曾躬环甲胄，不畏险阻，跋涉其间。"可怜无定河边骨，犹是春闺梦里人"，正是当年民族战争的写照。洎乎明代，蒙古之于这里，进出犹户阃之内外，所谓"套虏"云云，曾被榆林镇将乃至朱明朝廷视为"巨患"。因此兵燹战祸，人多厌之。"无定河边水，寒声走白沙；几时征战息，壮士尽还家"，也是边人讨厌对"套虏"之"征"的反映。不光如此，就是内地起义的英雄，也往往在这里扬其声威，号令一时。隋末的郭子和，明时的王嘉胤、李自成、王永疆，清末的"稔党""回乱"等，就都冲击过当地的统治者，并且也有曾直接间接地与塞外民族，首先是蒙古发生牵涉者，或者遥相呼应，或者兵刃相向，而不论何者，榆林城卫到底充当着双方人喊马叫的交点。

除了军事交火之外，榆林也有物质交易，这里的民族互市，早在隋代就见诸记录。待到明代，蒙汉间的市易尤为繁昌。蒙古的诸土畜产品多在这里集散；内地可供蒙古消受的常用货物，亦每从这里转输。明人歌咏蒙汉互市的诗篇，多有反映这里状况的。榆林城内的某些手工业，甚至正是借助蒙汉贸易或主要供应河套蒙古而经营的。历史因素与经济利益，使榆林与蒙古结下不解之缘。入清以后，这种关系虽不免波折，而趋势是密切的。蒙古人之在榆林读书治病，榆林人之出边耕牧经商，乃至彼此结为姻戚的事例，也不乏见。所以不要说战时，即平常时候，双方的声息动向，都在在关系于彼此的政治、经济、关隘及社会的稳定。可憾的是在已知记录中，更多的是榆林作为"边镇"或卫所对蒙古的威胁，及"套部"的愤而"进犯"。所以从榆林的角度讲，"经营蒙古"仍是问题。

辛亥之后，国内一直是在动荡中谋生。袁氏称帝，张勋复辟，日本入侵，南北战争。就是陕西境内也并不安稳，几次"独立"，"白狼"入陕等，都曾兴师动众，影响莫测。长城以北的形势也是风雨如晦、鸡鸣不已。"独立"风波、垦务纠纷、官逼兵燹、人心思反。鄂尔多斯直逼榆林的乌审旗、鄂托克旗，挟其地势，动心忍性，一直旗指马跃，抗击塞下，号称"独贵龙"的群众运动，包举席卷，震撼遐迩，其锋芒所刺，不外内外反动派统治阶级。不难设想，长期的动乱，必然导致社会的扰攘。塞外的波骇云委，其前途所至，未始不会亦如漫天飞沙一样，依循历史的旧迹，越过内外长城而动摇陕北的社会成文，败坏传统的贸易枢纽，陷当地经济于中衰，导蒙汉关系于恶化，一旦又在南北间酿起不和，陕、甘、宁三省的孔道必至受阻，这一广大地区的生产与生活也必成瘫痪之势。榆林塞险，人文荟萃，声息敏感，首当其冲。所有这些，必然会在无形中启示，甚至引发人们首先是青年与知识界的思绪：蒙古的局势究竟怎样演变？蒙古究竟是怎样的民族？它从哪里来，又将何处去？历史与现实的命运究竟赐予它多大的能量并具有怎样的特性？它需要什么，反对什么？在当前国内外的形势下，究竟应取怎样的办法？等等。

李鼎铭先生作为韩愈所说"传道授业解惑"的师表，身临其境，目睹时艰而亲闻诸如此类的疑虑，当然不能无动于衷，缄口不言。然而解答这些问题，不光涉及蒙古的社会制度与经济结构，涉及它的民族形成与特点，涉及它的现状与动态，涉及中国历代统治者的民族政策及其实施，涉及不少（首先是近代的）特殊的具体事故的成因与结果，而且也不免要涉及蒙古（包括它的前身）以往的历程、它的来龙去脉、它与各族或战或和的关系。不光涉及国内，也涉及国外。在当时的军阀反动统治下，回答这些问题，很可能语及时政或国是，因此有可能是涉险的。但是表述历史，路途比较平坦，先生编纂教科书，也是借此以启发人们如何注视蒙古史事。所以《蒙古历史教科书》，也可以看作是先生的感时之作。

三

《蒙古历史教科书》所据资料，编者自己也说来源于"中国古史及近人著述"。一句话，来源于汉文记述。其叙述方法及历史见解大都踪迹旧时史家。《四库书目提要》说宋人程大昌《北边备对》是"皆摭史传旧文，无所考正"。这话我看也大致适用于先生所编《蒙古历史教科书》。这里既没有增加前人未及的资料，没有补充他所亲闻亲见的蒙古史事（在榆林，这是易于办到的），也没有提出更新的、更接近实际的识见与可"资治"的明确建言。通阅所载文字、所叙范围，除蒙古缘起及元代制度略有触及之外，其余均斤斤于蒙古的武功战绩。所谓"蒙古沿革之大略"云云，特限于武功之大略而已。初想：论"蒙古沿革"，何以只言"沿"而不言"革"？何以只谈弓马攻战而不备述其政治、经济、文化与社会，不报道蒙古的疾苦与呼声？而尤其不谈榆林近边的蒙古事略？

可以自解的是：也许这一方面是限于史料，另一方面或者寓有言外的微意。这就是：（1）企望表明：蒙古的骑射曾经是一个强大的冲击力量，它马首所向，无敌不摧，铁蹄所至，如风扫叶。临之者往往惊惧间国破家亡。因此这个民族至今依然是一个危险的存在，不能忽视。（2）反之，只要"经营"得当，蒙古的战斗能量依旧可以利用而"保全家国"。是否如此呢？所谓"经营蒙古"的含义，先生未作解释。不过，在封建专制时代，习惯上都指的是经略，即在政略、兵略上控制、总督、都统、驾驭、主宰、监管、役使、羁縻蒙古，使之百依百顺，甘居臣妾。先生当时是否也主张这么办，这里不便意必。先生一向感于正义，未必心向此策。问题是先生强调"经营蒙古"，并由此出发编纂史书，那意思也是明白的，即"经营蒙古"的目的乃在"保全家国"，乃在"一旦不测"，避免"北数省首当其冲"，而不是要挽蒙古于倒悬，解苛政以益蒙。以此看来，《蒙古历史教科书》不特没有迈出旧史的范围，也没有与当时的物说相背驰。以此而论"经营蒙古"，其后果或效益如何？套一句古话说，则怕"非臣之明所能逆睹也"了。

治学须谋求"经世"，讲蒙古史以不脱"经营蒙古"为务，当然是不错的。明人讲得对："为史者，记载徒繁，而经世之大略不著，后人欲得其得失之枢机以效法之无由也。则恶用史为？"这"恶用史为"四个字很应珍惜。古为今用，天经地义，否则，史之为物不过尔尔而已。但是，"经营蒙古"并要以史为先导，那势须全面剖解蒙古史并得出其本身的症结所在，对症下药才行。这里举例说一点设想。

1. 蒙古难道始终是个强劲的巨人吗？

当然，"蒙古"这个词在人们的心目中并不陌生。它是族名、地名，甚至也曾是个时代名。蒙古人不论其以何种称号出现，在为时数千年的历史长河中，确实曾经浪击蒙冲、涛掀铁链。在广袤万里的亚洲腹地，也曾奋志攘臂，开创出一片宏大的"行国"天地，其伟烈所在，史书多有重笔，然而历史巨轮的转动，也还有不以人们的意志为依归的法则。对于蒙古民族来说，到16世纪中叶以后，已经是江河日下，微波不兴，它早年那种叱咤风云、横决千里的气势，正被凄风苦雨、颓萎索落所笼罩。不断的自然灾害、社会贫困、内部争讧、外祸接踵，迫使这个曾被视为塞外的不世之雄，逐渐坠向自振不暇、遑论进窥别人的地步。对于它的这种沦夷，族内虽亦曾有"桀骜"者如林丹汗等力图推挽，然而机会呢？机会已不属于他了。历史乖运决定它的末路是任人驱策，自贻伊戚，而悍然驱策它的人并不是没有，它的东方一个蕞尔小国——"水滨三万满洲国"突然冒出地表，并决心动问明王朝鼎之大小轻重了。

满洲兴起，志在西进，而蒙古是一个既能从侧面威胁而又不堪为己利用的力量。因此它力图发挥其纵横捭阖的手段，使蒙古各部分崩就范。在它的利诱威迫之下，东部蒙古首先投降，充当卒马而随满洲人一起攻灭察哈尔，压迫西部。最后，蒙古全部易帜，馨境改制。成吉思汗的嫡传子孙们自撤汗号而尊爱新氏为共主，弃国祚而充满洲宗室的藩篱。蒙古既被"众建以分其国"，役使而又被隔绝起来，于是日益沉溺佛教，韬光不奋，人口锐减，文盲充斥。至辛亥革命时，蒙古已经山穷水尽、可怜无告，若不起而自图，挣脱锁链，就将陷入永劫不复的绝境。这就是蒙古历史大局的趋势，这就是前面说的"残照灭"象。如果看不到这个轮廓，仍然以旧的、停滞的眼光去端详它，以为它一直是那么雄壮如故、令人辟易，并不如实。而那种或者以几百年前的光灿而盲目自傲，或者以早已不复存在的威势而意欲吓人者，也都是毫无用处的。事实证明：出发于过时的、舛误的诊断，必然不会开出对症的药方。

2. "窥视"蒙古的，是否始终是俄罗斯？

沙俄之图谋蒙古，由来已久，而逞其攘夺手段也是无孔不入。应当说，它的野心也的确有所实现，这是有目共睹，沙俄本身也毫不掩饰的。李鼎老

《蒙古历史教科书》昭然揭出"俄罗斯的窥视"的危险，使人高度警觉并采取所以抵御的方略，十分必要。但是与此同时，也要承认另一种危险，甚至是更大、更切近的危险已经出现；也要大声、甚至用更大声音疾呼，这就是日本帝国主义者的"西向窥伺"。

编年史向人们晓示，1905 年日俄战争之后，沙俄的势力已呈强弩之末，其国内的革命斗争风起云涌，尼古拉二世已成众矢之的。十五条"朴次茅斯条约"，日本已把它在东方的权益剥夺殆尽。第一次世界大战中，俄国泥脚正深深陷入西方战场的黑潭，兼而东顾已是心有余力不足了。1915 年的一纸条约已使它在内蒙古的利益尽为日本人所攫。及至 1917 年，它更为国内反抗怒潮所激荡。二月革命一声炮响，冬宫陷落，沙皇塌台，克伦斯基执政；十月，临时政府破灭，列宁建国，社会主义光照全俄，沙皇"窥视"已不复存在。而日本人挟其方强之势，却聚精会神地实施其"满蒙政策"侵略计划，以暴易暴，步步紧逼，取沙俄而代之。辛亥革命之初，内蒙古东部的几次独立风波，虽有喀尔喀的同声感应在内，日本人怂恿的痕迹也是不可否定的。1915 年所提出的"二十一条件"中第二款，更加明目张胆地霸占内蒙古东部的权益。袁世凯政府对此竟然全盘承诺，并严厉镇压人民的反抗，这就是当时的国内及"边疆"形势。毫无疑问，史家的任务应当是一反军阀政府（不论中央或地方的）的旨意，明白揭示这点，指出迫在眉睫的"不测"之险，最主要的乃是日本。如果不此之图，依然株守所谓"东视"的观点，其矛头所指必然在社会主义的"苏俄"，而置日本侵略及引狼入室者于不顾，显然这是要失之千里的，以此作为"经营蒙古"的先导，恐怕不可避免地应了那句"欲望凤来百兽舞，何异北辕将适楚"的诗语吧！

3. 所谓"不测"云云，应如何理解？

从字面说，"不测"就是"不料""不备""不虞"，就是不曾预见、事出意外。然而引申地从政治上看，则它是一种含义并不分明的说法。各民族、各阶级对它都可能作出很不相同，甚至是针锋相对的理解。

对于历代反动政府说，蒙古人逆来顺受、忍气吞声，都是正常"秩序"，一旦试图立地做人，就被看作"不测"，当作"叛乱"而加以殄灭，而这样的"不测"概念，在蒙古历史中是不存在的。截至第一次世界大战结束，蒙古的历史现实是近三百余年，它已沦为中国封建王朝及帝国主义刀俎上的鱼肉，它受尽了一切反动势力（包括其内部的反动势力）的压迫与掠夺，它被从世界的潮流中隔绝达几个世纪之久。满清倒台，蒙古的悲剧境遇并没有因

"民国"而有所改善，它继续被压在军阀政府的牛轭之下。毛泽东曾指出："历史上的反动统治者，主要是汉族的反动统治者，曾经在我们各民族中间制造种种隔阂，欺负少数民族。"又说："这种情况所造成的影响，就在劳动人民中间也不容易很快消除。"这个揭示无疑是经典性并完全适用于蒙古历史的。科学的观点是任何压迫、任何人都应当起而反抗。《左传》说："困兽犹斗，况人乎。"蒙古人反抗意识的潜在、他们的反抗行动，不光是历史传统给予的影响，世界民族解放运动思潮（第一次世界大战时这种思潮大为兴起）的影响，尤其是他们现实处境的必须，视之为"不测"，不为允当。蒙古人要解脱历代统治者所加予的政治、经济、军事乃至宗教的压榨，只有开辟新路，自己起而斗争。为此尽可能利用帝国主义与封建主义者内部或彼此间的矛盾，借此取得自壮的力量，也是可以的。辛亥革命当时，无论喀尔喀蒙古还是漠南蒙古的独立声息，历来认为有俄帝国主义从中作祟，是"不测"之兆。其实，蒙古人的活动或类似举止，乃正是对国内反动统治的失望表现，国内各地各省不是纷絮自立，势成瓦解吗？所以"不测"云云，还未便执一而论。

蒙古之需要"经营"，完全无可异议。这当然不必因于或始于帝国主义的"窥视"，不必出发于防备它的"不测"，更不是要利用它曾经有过的骑射余风，而仅仅是鉴于它的贫困落后，鉴于它本身要求自主自治的历来意志。"经营"蒙古的声浪由来已久，而"经营"的途径也曾经聚讼纷纭，各是其是。但是言之中节，足可为被"经营"者——蒙古人接受者，却不多见。多见的倒是"经营"者每被受"经营"者所拒绝。此中原因当然一言难尽，而他们所以"经营"的经纬纲纪，失之无理，可能是原因之大者。据我看，"经营"蒙古，首先是要彻底更新关于"经营蒙古"的传统概念，把"经营"与统治、控制、怀柔之类等同起来是完全错误的。其次，要支持蒙古人民自己起来"经营"自己，支持他们推翻一切压在他们身上的反动阶级与反动制度的革命斗争，支持他们为改善与发展民族的政治、经济、文化、教育及人民社会事业而从事的正义行动。史学家的任务之一，就是要用正确的历史事实证明：蒙古人曾经自己"经营"过自己；它的历史业绩说明它的能力与智慧不低于或不弱于世界任何民族；它曾经独立自主，雄踞人间，并不生来就是别人的"藩部"与"属国"。它谋取与别族立于平等地位，享受过与别族一样的人类生存权利，是千真万确的。史学家还应当为正确地、革命地"经营"蒙古，提供历史规律、历史前鉴、历史教训与历史反正两面的论据。要用史实谴责民族压迫，歌颂蒙古的解放。史学要成为"经营蒙古的先导"，舍此而外，说句笑话：野狐禅而已。

蒙古历史是一件内涵十分丰富的存在，并且在学术上已经形成独自的学科，而为中国与外国史学界所重视。对于这一学科的"经营"，人们已经有了为时不短的实践过程，可惜的是至今人们尚没有认真做过对此的总结与反顾，以致一代又一代的研究者还不免轨步前人覆辙，掇拾先辈旧果，目无全局，抱残守缺地分途踯躅在浩渺的塬地上。李鼎铭先生的《蒙古历史教科书》就是在没有蒙古史学史的基础上编定的，因此一些习见的缺憾也还无法尽免，这是时代及史坛的当时条件限制的，不能责人以全。重要的是在寒夜沉沉、人多嗫语中，先生独能亢声高唱，心朝简编，实在不啻羌笛一曲，惊及四座啊！我想，它既是说给榆林人听的，也是说给蒙古人听的吧！

长期以来，蒙古人没有写出自己的历史，不特没有记述他们的先代，也没有记叙自己身处的当代，自己正在进程中的亲见、亲闻与亲历的历史事迹，真是史学的"残照"、史丝的绝缕啊！鼎铭老的《蒙古历史教科书》发表了，希望它对蒙古人撰史，首先是近现代史，能起到暮鼓晨钟的作用，从此使自己不再濒临"史前史"的边缘，而有本族人写本族史的著述不断出现。我想，这应当是近水楼台，易于得月的吧！

1990 年 6 月 20～28 日

关于成吉思汗

一

（旧历）三月二十一日，是内蒙古鄂尔多斯的蒙古人每年例行的成吉思汗大祭日。

成吉思汗已是七百多年前的古人，但他在蒙古民族中却被永志不忘。他的仪容被揣摩并被崇奉着，他的事迹被传说着，而他的灵柩寝地也被虔诚地祭祀着。1827 年，提莫科夫斯基在他的《北京纪行》中并谓："答儿罕山……南麓下，有蒙古人积石而成的鄂博，蒙古人每年来此祭奠成吉思汗，以示不忘。"这又说明祭祀成吉思汗的地方，并不仅限于内蒙古伊克昭盟（今鄂尔多斯——编著者注）一地。事有必至，理有固然，这一切或者不是偶然的。

据清《理藩院则例》及蒙古人历来的祭祀看，成吉思汗的墓地，在今内蒙古伊克昭盟境内伊金霍洛地方，宋人彭大雅、波斯剌施德等谓成吉思汗墓地在克鲁伦河，显有未确或别有所据。

成吉思汗的祭日很多。然而，伊盟的蒙古人却每年依着四季，遵照自己民族固有的形式，特别地举行大祭，三月二十一日是其中规模最大、仪式最隆重的一次。每到以这一日为主的祭期中，不但远近的蒙古人都前往礼祭，瞻仰汗的灵柩，而且四处商贾，必至伊金霍洛，互市有无。据旧籍载，过去"参加祭祀与经营商业之蒙汉群众，一时聚集，为数常在数万乃至十数万人以上"。每日十数万人，显系夸大，但由此仍可略窥当时祭会景况。1952 年，前往致祭与营商的蒙汉群众，据报载每日也已达一万五千余人——虽然此项祭祀已为国民党反动派中断数年，而汗的灵柩也已不在该地了。

对于（旧历）三月二十一日，亦如对于汗的墓地一样，向有不同说法，或谓是日乃成吉思汗的逝世忌日。然据《元史》《蒙古源流》等籍，则谓成吉思汗殁于七月。《元史·太祖本纪》说："二十二年丁亥……闰五月，避暑六盘山。六月……帝次清水县西江。秋七月壬午，不豫。己丑，崩于萨里川哈老徒之行宫。"《蒙古源流》说："汗以丁亥年七月十二日，殁于图尔墨格依城。"而据西史，则更谓成吉思汗殁于八月十五日。剌施德说："亥年，汗进至六盘山，八月十五日登遐。"多桑也说："六月，避暑于六盘山，七月，次清水县之西江，八月十五日卒。"由此可见，逝世忌日之说不确。

又有谓是日乃成吉思汗的诞生日，如过去成吉思汗陵寝前所悬《元太祖史略》文中就谓："汗生于南宋高宗绍兴三十二年壬午三月二十一日。"其实此说亦需待考。《青史》谓成吉思汗生于四月初六日午时。剌施德亦谓成吉思汗生于1155年（按即南宋绍兴二十五年）二月。《史集》说："成吉思汗诞生之日，未能确知。唯据成吉思汗诸王与蒙古诸贵人之说，其在生年按阳历有七十二岁……而殁于猪儿年，世人并知其诞生之年亦为猪儿年，由是可考其生年死年在六干支前之猪儿年，而此猪儿年则始于一一五五年二月。"这又证明诞生日之说，仍不过是臆测。

那么这些史说，是否就一定可靠呢？很难说。清人何秋涛说："至元、中统以前，未有年号，脱必赤颜之帙，但纪鼠、牛。积雪惊沙，创业本无纪注，毡庐毳幕，橐笔宁有史官。"我想，这大概是后人不明成吉思汗之生死月日的主要原因。

然而，（旧历）三月二十一日，究竟是何等日子呢？蒙古人传说为一般的扫墓或纪念日。《青史》则说是成吉思汗战胜克烈部以后，举行大会的日子。此说无旁证，但在未觅得更多佐证以前，不妨姑允其说。如是，则这一日，未尝不可以之作纪念。

铁木真（或作帖木真、特穆津），生于1155年（汉籍咸谓1162年）。13岁时（有谓9岁时），其父也速该把阿秃儿为塔塔儿部人所害，其部属、家臣、奴隶等，不愿奉童子（即铁木真）为主，说："深池已干矣，坚石已碎矣，留复何为"，遂纷纷离弃他而去。也速该妻虽乘马执纛，躬自追邀，然仅截留其一半而返。自是"族人如蝎"，铁木真遂孤苦伶仃，日与其母诃额伦掘草根野菜、捕鱼猎鸟为生。论者谓铁木真之早年遭遇，可谓艰险已极，"从草原游牧民的观点看来，实在不能想象到他们环境的悲惨哩"。——一位苏联科学院院士说。

铁木真既孤且绌，遂屡为泰亦赤兀部、塔塔儿部、蔑儿乞部所欺。嗣后，他虽曾数胜这些部落，并吸引周围诸部来归，然毕竟力有未逮。1196年，乃父也速该之安答脱斡邻勒（即王罕）至曲泄兀儿，铁木真亲迎于图剌河上并尊他为父罕。此后，在克烈部王罕之协助下，他曾屡败诸部而逐渐兴起，然终未能独立成其大业而继续充当克烈的臣下。

1203 年春，王罕忽反目来攻，铁木真终为败退。同年秋，他复集兵斡难河岸，竟以计败王罕。明年春，铁木真闻乃蛮王谋己，欲先发制之，遂大会诸部于贴麦该川，公议讨伐。据《青史》所载，此大会日当即三月二十一日。格鲁塞说："铁木真与克烈部关系之破裂，遂为铁木真事业第二期开始。从前他是同克烈部合作的，现在就要开始自己的行动了。"

真的，铁木真平克烈后，很快就降服了塔塔儿、蔑儿乞等部，统一了大漠南北，终在 1206 年十二月（有谓同年春者），大会诸部于斡难河畔，树九斿白旄纛，建立了蒙古大帝国，并被尊为"成吉思"汗，而成为全境实际的"主人"。因此，把（旧历）三月二十一日作为铁木真结束其依附生活，而开始其独立创业，实现其夙愿的日子并永继不绝，或者是有道理的。

二

成吉思汗不特在蒙古民族历史中曾享有盛誉，而且在汉族乃至世界历史中，亦曾声名显赫。关于他的生平事迹，中外史家，固多论者，但对他的评价，则各家似大有轩轾。要之，都以各自所占有的史料及各自的阶级立场，为了不同的目的或据不同的观点，作不同的观察而已。多桑说他："破坏行为有类天灾……历来蔑视人类之人，无逾此侵略家者。"格鲁赛也说："他是个残忍的政治家。"然而，马可波罗则说："他死了，这是廉明的人之大损失。"乌拉基米尔左夫更说：他是一个"伟大的创始者"，他"始终是一个宽大和仁慈的人，在这些方面，对于草原战士的理想是十分符合的"。他"并没有被单纯的计算而变成一个喝血的嗜杀者"。可见各家说法不同。

在中国，对他的褒贬亦迭见史书，柯劭忞说："太祖龙兴朔漠，践夏灭金，师行千里，犹出入户阈之内。三代而后，未尝有也。天将九州而一中外；太祖挟其藩，躏其途，以穷其兵力之所及，虽谓华夷之大同，肇基于博尔济锦氏可也。"而梁启超则说："成吉思汗以漠北一部落崛起……正如世界历史上一飓风。"可见亦有不同。

但对成吉思汗究应持何种评价，至今未见一科学定著，因此，成吉思汗之于我们，实在颇为迷惘。这里我们不妨先翻阅一下蒙古人的历史著作，看看他们对成吉思汗的看法究竟如何。

蒙古人自己写的关于十二、十三世纪蒙古历史及成吉思汗的著述，我们知道的还不太多。但我们可以设想，一定还有很多重要史料，由于社会的或其他的各种原因，没有被留传下来，或者直到现在还保藏在民间与地下而未被我们发现，或者还零乱地散失在各处而未经很好的整理与编译，这是需要内蒙古的文史工作者继续努力的。然而即使仅仅根据现有的若干书录，我们也还不难看出成吉思汗在蒙古民族的历史中，究竟是怎样被看待的了。

蒙古人最早的历史著作，完整地流传于今且为举世周知者，据我看，当首推写成于 1240 年的《蒙古秘史》（即《元朝秘史》）。其实，此书不仅被当作"足补正史之纰漏……亦读史者所不废也"（《四库未收书目提要》）的蒙古史源的经典著作，而且被当做蒙古民族古代文学的神品。如果说，"旧史往往详于记善，略于惩恶，盖史官有所忌讳而不敢直书故也"（《廿二史札记》），因而直可指为"不足为信史"的话，那么《蒙古秘史》——这部以史实为经，而以流传于蒙古民族民间的口碑及传承为纬，实际上是经无数无名史家和文学家集体创作的历史传记，则当是赤裸裸的。除《蒙古秘史》外，《蒙古黄金史》《蒙古源流》等，亦为蒙古人之著作而流布于今者。这些书籍，虽较《蒙古秘史》晚出数世，且夹有佛家色彩，其历史价值（且不论其文学价值）较诸前者亦或有逊色，但它们与《蒙古秘史》则是向以"三璧"见称的。在上述这些典籍中，成吉思汗是被当作蒙古民族传奇式的典型英雄和蒙古帝国与蒙古民族明智的缔造者，而加以歌颂的——虽然书中亦揭示出他及他的先人和同伴们的"隐秘"。

在古代人看来，成吉思汗简直是一个不知畏惧、不识困难为何物的"野人"。他曾被族人离弃，被别的部落压迫过，在作战中也曾被人打败，被人算计过，然而，他终以自己的胆识，战胜诸部，而很快地称雄起来。《蒙古秘史》中对他有一段很生动的描述：

　　塔阳……怒着说："人死的性命，辛苦的身体都一般……咱迎去与他（即成吉思汗）厮杀。"遂顺塔米儿河至纳忽山崖东边察乞儿马兀惕地面。成吉思汗望哨的，望见乃蛮军马。成吉思汗整治军马排阵了。自做头哨，教弟合撒儿主中军，斡赤斤管从马。于是乃蛮军马欲退至纳忽山崖前，缘山立住。成吉思汗哨望的随即将乃蛮哨望的赶至山前。彼时扎木合亦在乃蛮处。塔阳问："那赶来的如狼将群羊，直赶至圈内是什么人？"札木合说："是我铁木真安答用人肉养的四个狗，曾教铁索拴着……如今放了铁索，垂涎着喜欢来也……"塔阳说："似那般呵，离得这下等人远些。"遂退者跨山立了。……又问："随后如贪食的鹰般，当先来的是谁?"札木合说："是我铁木真安答，浑身穿着铁甲，是贪食的鹰般来也，你见吗? 您曾说过若见达达时，如小羔羼羔儿，蹄皮也不留，您如今似看!"塔阳但说："可惧。"又令上山去立了。……札木合遂离了乃蛮，将对塔阳说的话，教对成吉思汗说："塔阳如今听了我的话已是惊得昏了，都争上高山顶上去，并无厮杀的气象。"……那日太祖见日色晚，围着纳忽山宿了。其夜乃蛮欲遁，人马坠于山崖，相压死者甚众，明日拿住塔阳。

这是说，成吉思汗及其"四条狗"的勇悍，竟至使当时最强大的乃蛮王不战而栗，数退山顶，终被"拿住"。这种类似的记载在其他各书及本书多处，亦数见不鲜。

成吉思汗不特勇于战阵，且在这些史籍中，他还表现出是一个足智多谋、善于了解敌人并以各种方式打败敌人的统帅。他曾识破王罕的儿子——桑昆诈许婚事、借行婚筵杀死自己的阴谋，而又以妙计败了王罕。《蒙古秘史》说:

合撒儿……寻见成吉思，成吉思喜欢了。商量着差合里兀答儿、察忽儿罕二人做合撒儿的使臣去对王罕说："我弟兄形影望不着，踏着道路也寻不见，叫他呵，他也不听得。夜间看星，枕土着睡。我的妻子见在皇帝父亲（即王罕）处有。若差一个可倚仗的人来呵，我往父亲行去。"成吉思汗对使臣说："您去，俺便起身。您回去时，只于客鲁涟河的阿儿合勒苟吉地面行来约会着。"随即教主儿扯、阿儿孩两个做头哨，去客鲁涟河的阿儿合勒地面下了。合里兀答儿、察忽儿罕二人到王罕处，将说去的言说了。……王罕说："果那般呵，教合撒儿来……"合里兀答儿等对太祖说："王罕不提防，见今起着金撒帐做筵会，俺好日夜兼行去掩袭他。"太祖说："是。"……将王罕围了，厮杀了三昼夜，至第三日不能抵挡，（王罕）方才投降。

这是说，成吉思汗是以使其弟诈降的计策败了王罕的。

　　成吉思汗在他的帝国与军队内，建立与制定了最严格的"秩序"和纪律，不准任何人包括他的儿子和伯叔在内稍有触犯。蒙古的历史著录中，一方面表明了这一点，但另一方面，又把成吉思汗描述为始终是一位宽仁的惜爱部众的国主。《蒙古秘史》中的斡歌歹说："父皇成吉思合罕所辛勤创立的（国家）教休苦国民，教放着他们的脚在土地，他们的手在地里，使快活着吧。"

　　《蒙古源流》亦如其蓝本《蒙古黄金史》，甚至在成吉思汗死后，尚有这样的记述。《蒙古源流》说："汗……殁于图墨尔格依城……于是以辇奉枢，属众人等步行哭送。……至穆纳之淖泥处所，车轮挺然不动。虽将五色人等之马驾挽，亦不能动。举国人等正在忧虞，苏尼特之吉鲁根巴图又奏曰：'永承天命，生此人主，今遗弃大统及仆从人等，圣主其超生长往乎？君……所治之统叙，所主之政事，所都之国邑，俱在彼处……收集之人众与习居之地，沐浴之水，统属仆从，蒙古人等九乌尔鲁克众官员等，游牧之鄂嫩，德里衮布勒塔干等处……亦在彼处。岂以哈尔固纳山融暖，以唐古特人等众多……反将昔日之属众蒙古等弃掷乎？'……奏毕，辇因徐徐转动……遂至所卜久安之地。"

　　除开作者在宣传宗教这点不说外，这是说，成吉思汗即使在死后，仍然在眷念着他的土地，他的山水，他的蒙古属众等。

　　正因为成吉思汗如此，因此在上述各书中，随处均流露着对他的崇敬，认为他是蒙古理想的，甚至是天生的、上帝恩赐的领袖。《蒙古秘史》中，豁尔赤就曾说："天地商量着，教铁木真做国的主人。"

　　《蒙古源流》《蒙古黄金史》亦有类此的记载。既然是"天"教"做国的主人"，且他又有出众的才干和操守，当然来归的部众就日见增多，而很多声誉显赫的贵族们，也就乐于推他为蒙古合罕，并乐于对他表示无限的忠顺了。

　　《蒙古秘史》说："阿勒坦，忽察儿，撒察别乞共同商量着，对铁木真说：'教你做汗。若贴木真做了汗，俺在多敌间奔着头哨，把颜色好的女子妇人，俺给持将来教入于宫室的屋子里。把他帮腮美的女子妇人并臀节好的骟马俺给持将来教点着，若打围狡猾的野兽呵，俺给首先出去围着，俺把旷野里野兽的肚皮，一并给凑集着，俺把悬崖里野兽的腿子，一并给凑集着。在厮杀的日子里若违背了你的号令呵，教从俺的家业和俺的妻子处分离着，把俺的黑骨撒着弃在地面上吧。在太平的日子，若破坏了你的商议呵，教从俺的家人每的家业和从俺的妻子处分离这撒着弃在无主的土地上吧。'把这些言语议定着，自这般盟誓着，就把铁木真名着'成吉思'合罕，教做了汗。"《蒙古源流》也有这样的记述："四弟……奏言……汝（成吉思汗）乃命世之主，可行政治。我等随行可也。"

所有这些，就是我们从《蒙古秘史》等蒙古人写的史册中，摘录出来的关于蒙古人对于成吉思汗的一些看法的例证。不用说，这些看法或类似这种看法从今天我们的观点看，很多当然是可笑的，是需要加以分析并批判的，然而需要引起我们注意的是：正是这样一些思想，在十二、十三世纪以后的长时期内，却曾成了蒙古民族的口碑并在蒙古人中间广泛地，并在不同程度上发生着各种影响。

问题是：对于这样一些历史的传颂，我们究应作何等看法呢？这确是需要回答的问题。

作为一个理想的人物来说，成吉思汗是完全不够的。他比之于我们——社会主义的建设者，当然是渺小得多的，他有更多不光荣、不足取的事迹，蒙古史中固不曾隐匿，而蒙古人也是不曾忘记与不能忘记的。

成吉思汗是一个草原贵族和军事封建的领主。从其所处的历史条件和阶级地位来说，他对广大的人民群众自然是不会仁慈的，甚至对他的家族也不例外。他曾为了一条鱼亲手射杀弟弟别克帖儿；他曾听从巫师的谗言缚拿了胞弟合撒儿；他凭借着一大群武士的支持，建立起了一系列旨在维护其阶级特权的制度和律令；他把平民当作"食邑"封给诸王大臣，任其宰割；他要各官并由"白身人"中选有技能、身材壮者做他的护卫散班，"所用马匹于本千、百户内科敛"（《蒙古秘史》）。他对于反叛、逃亡甚至不忠的平民或奴隶等，施以无情的虐杀与严酷的科处；他长期发动了贪欲"邻人的财富"的战争，使各被侵略国家和民族遭到极大的苦难与破坏；他在攻金的战争中，"杀了的人如烂木般堆着"（《蒙古秘史》）。在侵入花剌子模后，为取"美珠"，听令其部属尽剖死者之腹。在攻陷范延堡后，他命不赦一人，不取一物，概行夷灭，致使该地沦为荒墟，百年之后尚无居民。而在伐夏战争中，亦所至焚杀，免者百无一二。他的勇敢智谋多用于侵略别国与压迫人民方面，他所建立的国家，直接地也是为了封建贵族阶级的利益的。所有这些，虽然有可能被曲意"夸张"、污蔑的地方，但也都是有史可征的，任何企图根本否认或曲意为之辩护，像有些人所做的那样，都是徒然的，对于这些对内残民以逞、对外肆行杀掠的行为，不特不会引起我们的同情，相反地，只能使我们厌恶与唾弃，而那些反抗这种行为的人民与事迹，才是为我们所衷心同情和崇敬的。因此，不加鉴别，盲目地歌颂他的"伟大""圣明"显然是错误的，因而也是有害的。

但是，谁如果因此就以为成吉思汗是一个完全不足取的"罪人"，那谁就是错误的。问题是，只要我们经过分析，科学地客观地加以考察，那么成吉思汗仍有其历史的可崇敬的一面，那种一笔抹杀的想法是不对的。必须了解：

（1）要求成吉思汗——封建阶级的代表，不压迫不剥削人民，不贪欲利己，是不可能的。能做到这点的只有工人阶级。因此以工人阶级的尺度去衡量这一历史的封建人物，或者只抓住这个历史人物罪过的一面，而抹杀其功绩的另一面，显然是不科学的。汉族历史上的秦嬴政，耗费极大的人力、物力，伐胡越，筑长城，求神仙，造宫室坟墓，焚书坑儒，偶语者弃市，不是被史家斥为是荒淫侈靡、残酷特甚的封建主吗？然而他能适应历史法则的发展及社会的需要，在政治、经济、文化与思想上，做了不少的统一全国的工作，却是值得永久表扬的。他统一七国，扩大领土，废除封建诸侯，改设郡、县，进而建立了中央集权制度；他尽罢各国文字改订篆文，统一了全国的文字；他统一全国度量衡；开通各国堤防，大兴水路；修筑驰道，通达全国，而终使中原的汉族部分开始壮大起来。西汉的刘彻，对人民甚为严酷，三岁婴儿须纳口赋，杀头律令多达一万多项；他在长期攻伐匈奴的战争中，杀掠极为残酷，致使匈奴远遁，沙漠之南无王庭。照"理"说，他算什么英雄？然而，史家一面揭发了他的这些形迹，一面却认他为英雄，说他扩大了领土，奠定了现代中国的基础，使外国各种作物与牲畜输入内地，丰富了中国的物产，改变了以前局促的世界观，而养成"泱泱大国的民族风"。反过来说，南宋的岳飞由于坚决地抵抗金人的入侵，保卫了汉民族的国土与主权，迄今被公认为汉民族的英雄。然而，谁人不知他又的确是效忠其封建主子，极残酷地镇压了当时光明伟大、大义凛然的反抗宋室暴政、拒绝金人诱降的农民军，并亲手杀死了农民军领袖——杨么的罪人呢？

因此，对历史人物必须作历史的观察。对成吉思汗也必须作如是观。假使人们能够认清当时的观念和习惯的话，那么，便不会把这些事情看作是他的残酷或嗜杀的证据了。"成吉思汗所犯的罪恶或者准备去犯的罪恶，在他周围的道德标准和培养他精神的伦理和宗教观念中发生是些微的事情。"（乌拉基米尔左夫《成吉思汗传》）因此，尽管成吉思汗有着历史的负面的事迹，并且这些事迹确曾引起了当时各被侵略民族及蒙古民族内部被统治者的正义反抗，然而，成吉思汗毕竟又有其历史功绩的一面。蒙古历史中歌颂与伊盟人民祭祀他，也只是和应该是为了他的这一面。列宁喻为"俄国革命的镜子"的托尔斯泰的关于俄皇彼得大帝说的一段话，在一定意义上是可以适用于蒙古的成吉思汗的。托尔斯泰说："这是（指彼得）一匹凶暴的恶兽，酗酒、吸毒，在四分之一的世纪中屠杀人民，滥施毒刑，火焚土埋，幽妻刑子，沉迷男色，刚愎自用，好酒恣性，渎神无信，终死于梅毒，但世人都不记忆他的罪恶，而纪念他的功绩，至今依然歌颂他的威仪，为他立纪念碑。"的确，蒙古民族是不曾忘记成吉思汗的历史功绩的。

（2）某些史籍关于成吉思汗不好的方面的记述，未免有夸大与歪曲处，特别是西方史家关于成吉思汗西征的某些著述。对此，即使多桑也说："必有信史书有言过其实者在也。"

因此，在这里引证苏联乌拉基米尔左夫的下述话语，无疑是有益的。他说："关于记载蒙古民族的史实，由蒙昧时代勃然兴起，其战役和征服各国的经过，已被中国、突厥斯坦、西亚、阿美尼亚、谷尔只等国所写成。这种记录，就是我们获知成吉思汗个人和十二、十三世纪蒙古民族的史源。这些史料里面，当然不能全面靠得住的，因此，必须在这些史料里面去寻求其著述的动机是什么，并研究其在怎样的环境下写成的，然后再给他慎重的批判。这就是说，对于处理这些史料，应该和处理欧洲学者的著作持着同样的方法。"（《成吉思汗传》）

应该说，乌氏的观点是正确的。我们正是应该慎重地批判史料，透过这些纷纭复杂、正误交织的材料去如实地、客观地、全面地认识成吉思汗这一历史人物，应从他的某些形迹对蒙古当时的社会所引起的主要、实际之结果去认识他，而不应只是就事论事或为一些谬误的记述所惑误。

三

蒙古社会的历史，首先是生产发展、生产方式彼此更替的历史，是物质财富生产者——劳动群众的历史。没有蒙古劳动人民创造的活动，蒙古社会的生存及发展是不可能的。而正是由于蒙古人民的活动，才为十二、十三世纪的蒙古社会的变革创造了条件，才使成吉思汗统一蒙古，完成蒙古帝国的创建事业成为可能。因此，任何把特定阶段的蒙古社会的变革功业，都堆在个别人物例如成吉思汗的身上，以为他或他们才是蒙古社会历史的创造者的观点，都是不对的。

但是，我们并不因此否定历史人物如成吉思汗者在蒙古社会历史中的作用。恰恰相反，成吉思汗之在蒙古历史的作用，我们总是正当地予以承认的。我们之所以承认他的伟大作用，并不是因为他个人有什么旋乾转坤的、可以任意停止或改变历史发展法则的能力，而只是因为他能够正确理解社会发展的条件，能够实现社会所提出的新的要求。普列汉诺夫说："伟人之伟大，不是在他个人的特点给予了伟大的历史事变以个人的面貌，而是在于他有这样的特点，使得他最能为自己时代的伟大的社会需要服务，这些需要是在一般的或特殊的原因影响之下产生的。……伟人正就是创始者。因为他比别人看得更远，愿望也更烈。他解决社会智慧发展以往的进程所提出来的科学任务；他指出为社会关系以往的发展所创造的新的社会需要；他是担负起满足这些需要的创议者。他是英雄。不是在这个意味上的英雄，就是他似乎能够停止或改变事物的自然进程；而是在于他的活动乃是这个必然的和不自觉的进程的自觉的和自由的表现，他的全部意义在这上面。他的全部力量亦在这上面。"（《论人物在历史上的作用》）这个论断，在我们正确认识与评价成吉思汗的问题上，完全适用。

成吉思汗的功绩或伟大在什么地方呢？

首先在于他顺应形势的要求，进行了统一蒙古各部的工作。

12 世纪时，在中国北部和西伯利亚南方的广大疆域上，曾居住有许多游牧种族，蒙古为其中之一。

中外史家曾将蒙古种族分别为尼伦、都儿鲁斤二部及很多小的部落与氏族，这些部落和氏族均无共同的名称，在他们的心中，似乎也未存有任何共同起源的意识，也未承认他们自身乃是一个整体民族。他们为了争夺良好的牧场、牲畜等，彼此之间经常地进行斗争，如王罕与成吉思汗之间，札木合与蔑儿乞惕之间，成吉思汗与泰亦赤兀之间等，并因此结下了仇恨。蒙古部落、氏族之间的斗争，不仅时或表现出很大的规模、很长的时间，且进行得相当残酷与频繁。

蒙古各部的斗争，大为他人所利用。当时金人的统治遍及蒙古全境。他们惧怕蒙古的统一和强大，遂采取各种办法进行破坏，一方面，他们封禁蒙古与先进民族的接近，并挑拨各部、各种族之间的斗争；另一方面，又对蒙古恣行杀掠。《元史新编》说："金世宗大定间……童谣曰：'达达来，达达去，趁得官家没去处。'金主雍闻之惊曰：'此必鞑靼将为我患。'乃下令，每岁出兵……必使无壮丁。谓之灭丁。"

蒙古各部及北方各族间的斗争，一方面，大大便利了金人的统治，另一方面，却又严重地损害了自己的发展。它不但使蒙古人负担加重，人口锐减，牲畜死亡，而且隔绝了蒙古与先进民族的联系，从而使自己长期囿于闭塞落后的境地。显然，当时挽救这种境况的唯一办法就是各部、族的统一。蒙古人如此认识，部族及氏族的首领们亦如此认识。乌拉基米尔左夫说："……在这种分离与斗争的过程里面，蒙古诸部族不得不达到某种程度的统一。其他也不得不同样希望统一的贵族及以贵族为首的部族们亦都踯躅在统一的途径上。为了统一……公然地又激起了最激烈的斗争。但是，这些相互争夺的人们一方面是敌人，而同时又是同盟者。大战失败了的敌人立时又成了胜利者的真正同盟者。总之，他们都希望着统一。"（《蒙古社会制度史》）而完成这一统一事业的，正是出名的成吉思汗。成吉思汗认识到了蒙古人的要求及蒙古社会经济发展的趋势，而建立了空前未有的统一的蒙古帝国。成吉思汗的名字与"蒙古"的名字是分不开的，作为强大的象征，"成吉思汗"与"蒙古"是同时出现在蒙古的历史舞台上的。

成吉思汗的统一事业并不是无阻的。很多人都在反对他。拖雷说："希望王位的有塔塔儿之阿兰乌克尔，岳儿勤族之撒察别乞，扎答拉族之札木合撒辰等，他们都想霸业，获得王位。"（剌施德书）的确，札木合曾被许多部族、部落和氏族（共十一部）推戴为"古尔合罕"，以反对成吉思汗的事业。然而成吉思汗毕竟胜利了。

成吉思汗之统一蒙古的事业的成功，从其主观上讲，起因于三：

（1）建立与利用亲兵制度。

乌拉基米尔左夫说："在蒙古帝国建设的过程中，即各自部族统一完成的过程中，发挥了莫大职能的是亲兵。"（《蒙古社会制度史》）

所谓亲兵（"奴古尔"），实际上就是以军人的姿态，供职于成吉思汗的自由民，他们的职务在战时是打仗，围猎时是助手，平时就是成吉思汗谈话的对象。对于这些亲兵，成吉思汗极为重视。他供给他们以衣、食、武器，并免除他们的各种租税。成吉思汗的亲兵，不但可以充任军官，而且可以充任一般行政官职。必须了解：成吉思汗的这种亲兵政策，不但使他建立了一支强大的武装力量，而且因为亲兵就是供军职的自由民，因此又使他团结了众多的蒙古人。他对亲兵的优遇，对于当时社会生产力低下，大多数部族日益贫困化之情况下的蒙古人来说，具有最大的吸引力——这就大大有利于他的统一蒙古的事业。

（2）公平地分配战利品。

成吉思汗曾说："称为帝王，称为大汗，为国家之军队的指挥者的我，想着自己对部下不得不负有如下的义务：给你们许多的马、家畜、天幕、女子、儿童及使用人，同时为你们整理平原狩猎的形势，或者设立围场，把山里野兽赶到你们那里。"（剌施德书）。又说："若是战胜了敌人，休对财物占着。若是战胜了呵，那些财物就是属于咱们的，咱们就可以共分了。"

"共分"，这就是成吉思汗实现他的义务的原则，这是当时各部首领们所做不到的。成吉思汗不但这么说，也真的这么做，《蒙古秘史》在这方面给我们提供了很多的证据，足以使我们相信，公平分配，确是他胜利的重要条件。

（3）成吉思汗有着一套为一般首领们所没有的统军作战、治国理事的才能，并能将这种才能用于实现与满足蒙古社会发展所提出的新要求。

多桑说："成吉思汗之胜利，盖因其意志之强，才具之富，而使用一切方法有以致之。"如果不是孤立地看，只把它当做一个偶然的条件看，将此作为成吉思汗胜利之条件，我想是可以承认的。对于历史的偶然性的作用，马克思主义从不否认。

根据草原游牧社会的特点，成吉思汗有着独特的战略战术。他多采取不打硬仗、诈败、突然反击追敌、避实击虚、实行大迂回战、诱歼敌人以及设法利用敌人内部的空隙等办法进行击战。

他治军极严，他说："若被敌人所击退呵，就返回到最初冲突的地面来。如有不曾返回到最初冲击地面来的人，将处斩刑。"（《蒙古秘史》）因违反军纪，他曾给予其宗族叔父以极严之处罚。

他很能体贴战士。他说："言勇无如也孙伯，终日战而不疲，不饮不食而不饥渴，人莫能也。然不可使为将。彼视人犹己，士卒疲矣，饥渴矣，而彼不知也。故为将者，必知己之疲，知己之饥渴，而后推之于人。其行军也，必知路之远近，以量士马之力。量力自弱者始，弱者能之，强者无弗能矣。"

他对将官之治罪，极为审慎。他说："若诸将有过，切勿独断罚之。盖汝等（即诸子）年幼，而诸将皆功臣也。欲罚之，必先询我意。我若不在时，应共商之，然后执法令。必须其罪状显明，犯者自承，并不能不承认处罪之当，而使其罚不出于愤怒或其他感情也。"

对于治事，他说："高位达官，信用亲近，遗弃疏远。富厚之家，不急公而吝财。若是之人，必至流为匪类。""出一令，发一言，必三人谓然而后可行。己一人也，更以人言衡之，又一人也，以有识者之言衡之，则又一人矣，是谓三人。否则令勿出，言勿发。"又说："一言而见为善，必行其言，见为不善，则不必行其言，知己为何如人，乃能知人为何如人。"

对于人民，他的主张是："临民之道如乳牛。"这个"民"，虽或不必就是一般平民，但也可以看出他的临民之道来。他又说："朕……反朴还淳，去奢从俭，每一衣一食，与牛竖马圉共蔽同飨，视民如赤子，养士若兄弟，谋素和，恩素蓄，练万众以身人之先，临百阵无念之后……"(《辍耕录》)

上述他的这些哲理，自然多是对将官、亲信、贵族、诸子说的，但认真实现这些原则和理论，对他的事业无疑是有益的。

这就是成吉思汗制胜的几个主观方面的条件。

"七载之中成大业。"经过艰苦的斗争，成吉思汗的功绩不仅在于统一了蒙古各部，而且还在于他建立了蒙古帝国的中央集团及君主王权的制度。

在蒙古统一前，亦如《征蒙记》所说："达人甚朴野，略无制度。"蒙古统一后，成吉思汗进行了一系列有利于封建集权与确保私有制的改革工作。这些工作，对于巩固已有的统一，是很有用处的。

（1）厘定成文的蒙古的《法典》（札萨黑）。

这个法典，实际上是成吉思汗的律令和箴言集成的。法典留在今世的，虽已残缺不全，然而却是宝贵的史料。对于这部法典，成吉思汗极为重视。他说："后世的君主，并围绕在他们左右的'王公'、'把阿秃儿'和'那颜'们，假使对于各种事情，都没有遵守'札萨黑'，那么他们在政治上必将陷入困难的境地里，甚至莅于颓废腐败的状态里。"又说："生在五百年、一千年、一万年后，继承了我大位子的子孙们，假使能够保全法令，并且不去改变成吉思汗的'札萨黑'，那么'上天'便将赐给他们一种极大的兴隆。"（以上均见剌施德书）。成吉思汗的这种自信的观点，乃导源于他把他所建立的帝国看作是万古不变、永垂不朽的这个思想。这自然是错误的。

"法典"完全是封建的。它的实质在于保护封建阶级及其私有制度。乌拉基米尔左夫说："（札萨黑）对于贵族制度予以最后的认许，可是它在平民和奴隶（其数字随着战胜而继续增大）的头上，好像重压着一个强有力的压榨工具。"这是正确的。

"法典"规定：免除僧侣、医生、学者、司法官的租税和赋役；下要敬上；皇帝是至高的；一切领侯与汗以外之人交游者死；不经许可私自改变自己职位者死；不准谋反；不准伪证；奴隶逃跑及收留逃跑的奴隶者死；不经许可私自接济犯人物品者死。所有这些无不表示对于封建阶级利益的保护。

但"法典"同时又规定：要敬爱贫者；要像爱自己一样去爱邻人；富者要济贫者；从事商业三次失败者死；盗马者须九倍偿还原主，否则死；父死后，非合法继承人，不得利用死者遗物；妾生子合法，有继承权；不准通奸。所有这些规定，对当时蒙古社会又不能不发生一定的积极作用。

用"法"的形式规定蒙古人的社会与财产关系，并用强力支持这个"法"，成吉思汗是第一人。

（2）建立与扩大汗的禁卫军即"怯薛"。

铁木真即汗位前两年，即征乃蛮部时，就曾建立了五百五十人之番士即"怯薛"。其中八十人为宿卫，七十人为侍卫，四百人为箭筒士。铁木真称成吉思汗后又予扩大。

"怯薛"是由千户长、百户长及自由民中之有技能、身体良好者组成。它建立在严格的贵族的基础上。《蒙古秘史》说："如今天命众百姓都属我管，我的护卫等须于各万户、千户、百户并箭筒士等内，选出一万人来做着。因为这些人将做我的护卫，故在挑选时须于各官并自由民儿子内，拣选有技能、身材壮的，教到我跟前来吧。若千户长、百户长等人有违令者，将加以罪责了。"

对于"怯薛"，成吉思汗给予特权和特殊的尊敬。成吉思汗说："我的护卫散班，居于在外千户之上。护卫散班的家人，居于在外百户长、十户长之上。若在外千户与护卫散班做着同等的斗争时，在外千户将受处罚了。"又说："掌管护卫的官人，不得我言语，休将所管的人们擅自责罚着。凡有罪的，必须奏闻之，将该斩的斩，该打的打。"（以上均见《蒙古秘史》）

"怯薛"中的番士虽有不甚相同的职务，但均在保护极权的成吉思汗。"怯薛"是草原贵族的军事组织的基础。由于它，不但使成吉思汗建立起一支精锐的力量，并从中提炼了一批忠实将士，而且使贵族们已不再是秩序紊乱和毫无纪律的民兵领袖了。"怯薛"实际上象征着蒙古自由民之自由的丧失，因为这个具有严格纪律的组织逐渐在扩大并经常处于军事行动中。但"怯薛"对成吉思汗事业及他们王权的保护，却具有重大的意义。

（3）实行世袭制。

蒙古旧俗曾有库利尔台制度（库利尔台有"聚会"之意）。此制似颇受中国北方诸族文化之影响。库利尔台之作用在于协议国家重大事件，如选举合罕，出征外国，颁布法令，祭祀祖先，确定族谱等。蒙古统一前，合罕之位，从无父子世袭者。俺巴孩合罕曾命其子继承汗位，但库利尔台竟不从命，

"举忽图剌为合罕，并作忙豁勒之跳舞，为筵会之乐"。(《蒙古秘史》)

铁木真称成吉思汗号后，即行改变。他于征西域时，曾要四子陈述继承汗位的意见，并终立窝阔台为合罕。此后，库利尔台即已一转过去旧习，为成吉思汗皇族一家所操持，并完全听取汗的意志了。对于万户长、千户长等职及其他人之爵位如木华黎、博尔术等，成吉思汗亦行子袭父职的制度。

成吉思汗开始实行的世袭制，大大促进了部落贵族阶级的特殊化，将权力更加集中在成吉思汗的阶级的手里。

(4) 从各方面整理内政。

蒙古统一前，政刑不详。统一后，成吉思汗首先组织大汗的行宫或帐殿，即《蒙古秘史》中的"斡尔朵"。这实际上是游牧帝国的城堡，是政治、军事的中心，它对草原和丘陵地带游牧民突然袭击的避免具有很大作用。他又建立统一的"牌符"和"驿传"制度。"牌符"乃遣使行圣旨或出入关口之证物。"驿传"曾被喻为成吉思汗取得胜利的原因之一，此说自属不当，但此制度对交通贸易之开畅，确有巨大作用。多桑说："先是经行鞑靼地域之外国人，常受其地多数独立部落之劫掠。自是以后，有一种严重之警巡，道途遂安。"

此外，成吉思汗还曾置达鲁花赤以掌民事，设必彻彻以为令史，并接受先进文化以教育子弟等。

(5) 在王权集中的原则下，实行分封制度。

在各分封地域内，采领虽拥有一定权力，经营其领内的生活，但他们必须服从汗的统治，必须向国家元首缴纳一定数量的军队及其他财物。

从以上所述，可以看出，成吉思汗经过这些改革，他的中央集权的政权及汗的王权，确实被建立起来了。成吉思汗的帝国，已不是建立在一般的氏族制度上，它不是以氏族来划分公民，而是建立在地域上，以这样的办法来划分公民了。乌拉基米尔左夫说："构成成吉思汗帝国的基本单位——千户形成的时候……对于氏族制度给了极大的影响，氏族制度因之起了很大变化，终于不得不形消影灭了。"

氏族制度的"消灭"，从社会关系上说，这是一个历史性的重大改革。它不但打破了氏族界限，扩大了社会经济的联系和协作范围，并且亦使蒙古人的眼界开阔，由统一的民族意识代替了原始的、孤立的氏族观念，使蒙古开始以一个具有广阔的牧地，统一的民族的面貌，出现在历史上了。

对于蒙古帝国的中央集权，以及成吉思汗的王权确立的意义，人们绝不能加以忽视。斯大林曾说："……只有全国结成为统一的中央集权的国家，才能够设想真正的经济与文化高涨的可能，设想巩固自己的独立的可能。"马克思也说："在所有这一切混乱纷争中，王权乃是一种进步的因素，这是显而易见的。王权是混乱中的秩序的代表，和分化为变乱频繁的藩属国相反，它是正在形成的民族的代表。"从此可以了解：成吉思汗的帝国虽然是封建的，是有利于蒙古封建阶级的，但是成吉思汗的这个事业，从历史观点看，毕竟是有进步意义的。

四

成吉思汗帝国的建立，有利于蒙古的社会经济之进一步的发展，使蒙古由氏族奴隶社会发展而成为一个游牧的封建性社会。

十一、十二世纪时，在经济生活上，蒙古曾分为两种，即森林民和畜牧民。森林民大抵以狩猎为主业，居民住在以白桦或其他树皮做成的小屋内。他们驯养野生动物，以动物乳肉作为饮食，以动物皮革作为衣鞋原料。畜牧民是"毡毯之天幕的居民"。其牧畜方式有大集团的即"库伦"经济与小集团的即"村落"经济。但森林民与畜牧民之间，并无严格的区划，在经济生活中，他们经常在兼营着这两种方式。

根据史料（多么的不完全啊），十一、十二世纪时的蒙古社会，由于生产力的发展及其他民族文化的影响，经济上已发展到了一定的高度。大致是：畜牧种类已有羊、牛、马；已开始能够取乳并酿乳酒；铁器、车辆已开始使用；畜牧方式有了较大的改进，已能随着四季气候变化掌握游牧的规律并选择牧场；能依据畜群大小、种类，牧场等条件采取不同的畜牧方式。近代某些资料及某些汉族人物的记载并谓，当时蒙古地方已有垦殖。由于生产力的发展，当时蒙古社会已有分工，如铁匠、木匠、羊群的牧者和马群的牧者等，而这种社会分工又必然促进生产力的发展。当时蒙古的社会生产，不但有为纯粹游牧所使用的物品，而且也有弓、刀、枪及其他一些东西。商业虽然还限于物物交换，但也有了很大的发展。这种交换不仅在各部间进行，而且也和契丹等"通市"，这就在经济上开始破坏着氏族制度。

社会经济的发展，使蒙古出现了私有财产。家畜身上已有烙印标志。子女可以继承父母的遗产，"母亲阿阑豁阿殁了后，兄弟五人，分配这家产"（《蒙古秘史》）。婚嫁已行聘物（成吉思汗订婚时，其父就曾留下一匹马与其岳家，作为彩礼）。私有财产促使蒙古社会出现了贫富及阶级的区划。《蒙古秘史》对此有不少记载。如成吉思汗祖先朵奔蔑儿干遇着一个贫人，带着儿子走来。朵奔蔑儿干问："你是什么人？"那人说："我是马阿里黑、伯牙兀歹人氏，我而今贫乏，你将那鹿肉予我，我把儿子予你。"又如孛斡向铁木真说："我父亲给我置下的财产足够我使用了。"又如老妇人说："我是铁木真家里的，到有钱人家里去剪羊毛。"这些说明当时蒙古族人已经有了私有财产的概念。

当时蒙古的社会诸阶级大约如下：

贵族。他们的称号有很多如"主君（诺颜）""勇士（把秃儿）""聪明者（毕勒格）""力士（邦黑）""贤者（包金）""弓箭名手"。更有以汉族名号称之者如太师、太傅、太子等。他们仗其强力、勇敢、才干等而握有特殊的权力。"汗"主要是从贵族阶级中产生。他们拥有众多的畜群和适宜围猎的场地。贵族多是各氏族的首领。他们均拥有隶臣（家臣）和奴隶（家仆）并随意支配他们。贵族属于上层的统治的阶级。

下层阶级。其中包括奴隶、隶臣、牧奴等。乌拉基米尔左夫说："他们的地位充满着悲惨。"他们多是由于战败或贫穷而转化来的。牧奴虽非完全的奴隶，但却是毫无疑义的隶臣。这些阶级成分均受着贵族阶级的管制；要为他们放牧畜群，为他们围猎；为他们防备畜群之被袭击。而且由于部族、部落氏族间经常战争，他们又要为贵族们去参与战争，因此，他们的命运就更为痛苦与危险。

十一、十二世纪时的蒙古社会经济本来已有一定的发展，但当时的氏族关系和阶级关系却极大地限制了它的进一步发展。贵族阶级热衷于战争，视生产劳动为可耻。他们对下属阶级剥削之苛酷，使后者对生产懈怠，直至反抗他们，而氏族间的战争及对反抗阶级的镇压，则又严重影响经济生产力的发展。所有这些，就促进了蒙古社会经济的变革。

蒙古下层阶级的反抗是破坏旧有生产关系的重要因素，但他们并不能成为新的生产方式的承当者，他们的理想只是要返回到原始的氏族公社。他们的反抗活动带有极大的盲目性，由此他们均被贵族阶级制服了。

成吉思汗建立了封建的国家。关于封建制度的产生，恩格斯曾说："封建制度……的起源是植根于野蛮军队在征服时的军事组织中，这一军事组织只是在征服之后，由于被征服国家内的生产力的影响，才发展成为真正的封建制度。"这一论断，完全适用于蒙古封建社会的产生。成吉思汗统一蒙古后，向西域、西夏、中国的侵掠，使蒙古接受了这些先进国家的影响，并发展了成吉思汗的封建帝国。

成吉思汗的封建帝国，依然是以自然的畜牧经济为基础。在这一社会中，出现了更多、更大的封建阶级与阶层，并且享有更广泛的特权。这些封建阶级有皇帝、皇子、领主、诺颜、驸马、万户长、千户长、百户长及他们的家臣等。他们拥有最好的牧场和一定的领域。他们可以任意划分"禁地"——墓地、狩猎地等。他们规定贡赋和税役，他们拥有各种劳动人民如牧民、匠人和手工业者。乌拉基米尔左夫说："……在蒙古帝国内，蒙古游牧自然经济的全部生产工具，一概被操纵于首领之汗、皇子以及诺颜们的手里，甚至人民都是他们自由处理的东西。"除这些特权的贵族阶级外，家臣、奴隶等下层阶级仍然存在，他们的命运仍然是很苦的。

但除了这些阶级以外，蒙古的封建帝国内又出现了下述新的阶层，即：

（1）"自由人"。他们有着身体的自由及一定程度的私有权并可经营自己个人经济。成吉思汗说："作自由民的人，可以把战时获得的物品和围猎得的野兽作为己有。"（《蒙古秘史》）

（2）"黑骨"。他们是被征服的部族和氏族的牧奴，或者是自己氏族和别族的各种奴隶出身的人。他们均拥有私有财产并经营自己的牧畜。成吉思汗给他们以法律的保护（见前述），因而他们的生产积极性很高。当时蒙古牧畜种类已有牛，马，羊，胡羊，双峰、单峰及无峰骆驼等。

社会生产力的提高，不仅使社会分工有了进一步的发展，而且使交换扩大了范围。成吉思汗热切希望与花剌子模建立商业贸易的关系，以便从那里再获得商品的供应。实际上，当时蒙古与西方国家的贸易是频繁的，由各方流入的各种贵重物品包括货币，金、银、丝帛等可以成为交换的媒介。回教商人活跃于蒙古地方，并出现了供来自各文明国家的各种职业的人们居住的居留地，随后又出现了建筑物和城市，剌施德说：成吉思汗的末弟"非常嗜好建筑物，到处设立宫殿、别墅、庭园等"。著名的城市是和林（鲁卜里克说蒙古首都哈剌和林建于窝阔台时代，其实和林的产生是在窝阔台以前），它成了草原的繁荣基点。

蒙古的封建社会制度亦如氏族奴隶社会，对劳动阶级与阶层的剥削仍是严酷的，甚至是超经济的。封建的经济是蒙古封建国家的基础。但封建制度较诸以前的社会毕竟是一个大进步，它给生产力的发展开创了很大的发展余地。

五

马克思指出：文明时代"是从发明发音的字母与创造文学上的古迹开始的"。恩格斯也说："经过字母文字的发明及将其应用于记载而过渡到文明。"因此，也可以说，文字正是原始与文明间的碑石。蒙古民族的文明也正是从创造与使用文字开始的，而蒙古文字发明的奠基者正是成吉思汗，因此，也可以说，成吉思汗是蒙古文明史的开创者。

在成吉思汗以前，蒙古各部未见有文字通行。蒙古勃兴之初，虽曾使用文字，然多借用自他族并多行于其他各国与各族。宋人徐霆说："鞑人本无字书，然今之所用……行于回回者，则用回回字，只有二十一个字母，其余只就偏旁上凑成。行于汉人、契丹、女真诸国者，只用汉字。"行于契丹，"只用汉字"，似有未必。热河省曾发现有成吉思汗时代之圣旨牌，牌上所载文字，与《书史会要》《燕北录》上所揭契丹文字颇为一致，此证明成吉思汗亦曾使用契丹文字。然所有这些文字，并不曾通行于蒙古内部。"行于鞑人本国者，则只用小木，长三四寸，刻之四角，且如差十焉，即刻十刻，大率只刻其数也。"（《黑鞑事略》）《西游记》也说："……俗无文字，或约之以言，或刻木为契。"足见即使在成吉思汗初期，蒙古亦无正式文字，顶多只有文字萌芽。

随着蒙古的统一，社会经济的发展，国家制度的建立，蒙古与其他民族交际之频繁等，成吉思汗开始着眼注意于蒙古文字的创造。

1204 年，成吉思汗战胜了强大的也是最开化的乃蛮部后，俘获了塔阳汗的掌印官畏兀儿人塔塔统阿。塔塔统阿精通畏兀儿文。成吉思汗命他以畏兀儿字写蒙古语，以教育自己的亲族和僚友。对于此种文字，彭大雅曾描述说："其事，书之以木杖，如惊蛇屈蚓，如天书符篆，如曲谱，五凡工尺，回回字殆兄弟也。"此所谓回回字即畏兀儿字。

这种文字的出现，大大便利了社会的交际和需要。成吉思汗用这种文字记载国家的政事，如他对也可扎鲁花赤失吉忽秃忽说："分了普百姓的分子，将判断了的判断事情，写在青册和文书上记录着，直到子子孙孙，不许更改。失吉忽秃忽向我商量着和拟议着，用白纸记录着的青册文书，更改的人使做着处罚。"成吉思汗还用这种文字记录他的箴言和律令，并将之刻于铁板上。蒙古人也用这种文字勒石铭碑（如成吉思汗碑及甘肃发现的蒙文碑等）和传书通信（如波斯阿鲁浑汗致法王美好腓力书等）。

蒙古文字的出现，使蒙古有可能出现真正的文学作品和文学语言，并且使这种文学作品和语言表现独特的蒙古的风格。今天我们所看到的 13 世纪时的文学作品——《蒙古秘史》，正是表现了当时蒙古民族由于有了文字而发展起来的文学与文化的水平。

畏兀儿字蒙古文一经出现，就显示了它的生命力。据《元史》载，直至元朝，这种文字仍在蒙古人中使用着。用这种文字，蒙古人翻译了很多汉族书籍，如《太祖累朝实录》《通鉴》《大学衍义》《贞观政要》《孝经》等。这些书翻译后，或刊行天下，"俾蒙古色目人诵习之"，"皆当由是而行"，或由皇帝"以赐百官"，用治天下。

不但如此，由于文字的出现，蒙古的语言亦有了变化。斯大林说："生命往前发展，出现了阶级，出现了文字，出现了国家的萌芽。国家进行管理工作需要比较有条理的文书，商业发展了，更需要有条理的来信，出现了文字，出现了出版物——所有这一切，都在语言发展中起着重大变化。"这是确实的。蒙古未统一前，各部并无较统一的语言，语汇亦不丰富，文字出现后，就扩大了交际范围，就易于接受文明民族的文化，并将这种文化用于蒙古社会的各项改革上，从而使蒙古语言在发展中起了很大变化。斯大林又说："把人类思维工作的结果、人类认识工作的成就，用语言文字及由语言文字组成的句子加以记录和巩固，而这样就使人类社会中有思想及交换的可能。"显然，蒙古文字是做到了这点的。

此外，成吉思汗在吸取先进民族文化以哺育蒙古的工作上，曾起到了先驱者的作用。乌拉基米尔左夫说："当他（即成吉思汗）依然是一个草原的文盲和从未知道任何科学的观念或者艺术的高级形式时，他常常用最好的方法去对待有学问的人，以为他自己更原始的目的渴望地利用他们的优越学识。"成吉思汗在对汉人丘处机、契丹人耶律楚材这些人物的态度上可说是典型的。他从这些人身上，获得了不少治国理事的知识，而这就不能不影响蒙古的各个方面。事实上，当时蒙古社会的不少方面，确是或多或少地印着汉族文化的烙印的。除汉族外，成吉思汗也吸收畏兀儿文化，甚至可以说他始终是畏兀儿文化的信徒。

六

以上就是我所认为的成吉思汗在蒙古历史中不可忽视的几个方面。

自然，这从现代的眼光看来，似乎是不足道的。然而，"判断历史的功绩，不是根据历史活动家没有提供现代所要求的东西，而是根据他们比他们的前辈提供了新的东西"。（列宁）成吉思汗的这些功绩，无疑是其"先驱者"所没有做过的，而且这些"先驱者"所没有做过的新事情，无疑也是合乎蒙古民族的社会发展的要求的。斯大林说："如果他们（杰出人物）的观念和愿望正确地表现社会经济发展的要求、先进阶级的要求，那么杰出人物就能成为真正的杰出人物。"

因此，我们说，成吉思汗是一个历史的杰出人物。而成吉思汗之所以能在蒙古人中保有普遍的影响，我们之所以赞许人们扩大地祭祀他，之所以在十几年前于党中央所在地——延安修建成吉思汗纪念堂，并依时——如三月二十一日纪念他，而在今天，又遣专使迎陵并隆重地纪念他，其道理自觉在此。

当然，我们对成吉思汗的纪念，是与过去一切反动派的纪念不能同日而语的。那些中国的反动统治阶级感于成吉思汗在内蒙古人民中的影响，亦会尽力装作赞许这种例行的纪念，并且力谋将这种纪念直接地服务于其羁縻与愚弄内蒙古人民，以维护其对少数民族血腥统治的特权的目的。然而，当他们的反动面目在内蒙古人民面前日益暴露，其压迫、同化与屠杀少数民族的罪恶政策，日益由他们自己的行动所证实，因而激起内蒙古人民强烈的不满与愤怒。成吉思汗已不但不能被他们利用，不但对他们无利，反而被内蒙古人民用作团结全民族进行斗争的武器，如以"成吉思汗的子孙团结起来打倒国民党反动派"的口号，而起来向他们反抗时，他们就立即扯掉他们的伪装，拒绝这种祭祀，并公开地阻碍与破坏蒙古人的例行纪念。新中国成立以前，成吉思汗祭日之日益萧条并中断几年，就是证明。因此，新中国成立前，伊盟人民之纪念成吉思汗并不真正是自由的。在那些苦难的日子里，这种纪念除了聊以慰藉人民自己的苦闷与愤激，除了听任奸商的敲诈剥削与反动统治阶级的欺骗宣传外，不曾带给人民以丝毫的幸福与真理。

至于我们，则完全不同。我们给伊盟蒙古族人民以纪念成吉思汗的充分自由，并协助他们将成吉思汗的灵柩迁返原地。我们除了尊重自己民族的历史，除了尊重成吉思汗的历史功绩而外，我们是把这种纪念当作教育人民、组织人民积极团结起来为建设祖国，为逐步过渡到社会主义而奋斗的良好形式的。

1951 年，伊盟祭成委员会的通告说："我伊盟人民历来对于成吉思汗祭日特别重视……今年由于经济的恢复，社会秩序已趋安定……计划更加隆重举行。乘此大会，扩大进行抗美援朝、保家卫国，镇压反革命，剿匪肃特、发展生产等宣传以及启发蒙汉群众觉悟和爱国主义思想，以加强蒙汉团结，提高其生产情绪。同时，为推行各种有益于人民的设施和活动，届时拟组织那达木大会，准备戏剧、音乐、电影、幻灯、讲演、广播、角力、赛马、跳舞和卫生医疗队。另外，为交流物资，推销出产，繁荣经济，还拟附设临时商场……"（《内蒙古日报》1951 年 4 月 11 日）1952 年 4 月 29 日，《内蒙古日报》又载："伊金霍洛举行了以宣传反对美帝国主义细菌战和防旱春耕保畜为中心内容的成陵大祭。……大会期间，志愿军归国代表曾向万余蒙汉人民作了两次报告。另外，大会有计划地通过戏剧、电影、图片、展览、小型座谈等方式，向到会群众，广泛进行了反对细菌战的宣传，在草地上展开了反对美国强盗使用细菌战的宣传运动。到会的牧民，农民，劳动模范，喇嘛等听了志愿军报告后，对美帝国主义者在朝鲜和我国边境进行细菌战的滔天罪行，表示万分愤怒。……各旗来参加大会的四十二位喇嘛医生，全体签名写了'反对美帝国主义进行细菌战'的抗议书。参加大会的生产模范们在座谈会上，互相交流了防旱保畜经验。省防疫队及伊盟卫生院还派人到会为贫苦蒙汉人民免费治疗各种疾病。庙会期间，万余蒙汉人民，在伊金霍洛草地上举行了反对美帝国主义进行细菌战的示威大游行，并发出了反对细菌战的抗议书。此外，还举行了赛马、摔跤等节目。"

我们看来，这就是充满了新的、革命内容的纪念。这样的纪念，无论在内容上、意义上，还是规模上都是空前的。它在政治、经济、文化、思想等各方面带给人民的利益，无疑是巨大的。因此，这样的纪念会就为蒙古人民所热烈拥护，因而也就成了我们对成吉思汗的唯一正确的纪念方式了。

纪念成吉思汗是一件有意义的事情。成吉思汗曾陈述他的"素志"为：要使蒙古人"口餍肥甘，身餍文绣，居得华屋，牧得腴地，道途之内，不生荆棘"。这个"素志"，他并未实现，也不能实现。现在，内蒙古人民在毛主席的领导下，不但取得了解放，而且发展了生产，改善了生活。但这只是幸福的开始，内蒙古人民还必须作进一步的努力，为逐步过渡到社会主义社会而奋斗，为实现更美满的生活而奋斗。今年的祭成大会上，我们应该进一步地向蒙汉人民广泛宣传国家过渡时期的总路线，宣传党在过渡时期民族问题方面的总任务，宣传绥远划并内蒙古的重要意义，以进一步提高人民的觉悟，加强与巩固各民族的团结，发展生产，为更好地建设人民的内蒙古自治区而奋斗。

注：此文写于 1954 年 3 月，伊金霍洛旗成吉思汗大祭前，作为中共中央内蒙古分局党内文件，供分局负责同志阅读和参考。

第六卷

《毡乡春秋·匈奴篇》蒙译本序

　　三年前，也曾听到《毡乡春秋·匈奴篇》应有译本的建议。现在，它的蒙文译本翩然展现在读者面前，这是要深谢译者与出版社的。遵译者嘱，借此机会，再说几点意思，以为译本序。

　　成吉思汗南伐北御，戎马一生，阅世既多，识见也就深沉。他大概颇感慨于历史的断续，曾经谆谆告诫：我的后辈子孙，如果但知鲜衣、美食、骏马、娇妻，则将忘记我们的开创之劳。他这话与古老的《易》所说"说以先民，民忘其劳"的意思不谋而合。这里的"劳"，其内涵不光一般地指先人在肇建汗国、奠定民族基础的惨淡经营中所贡献的辛勤、功绩，所付出的热汗、涔泪与鲜血，也指在"劳"的奔波中所凝聚的经验和领受的教训，也指在长期的"劳"中所铸成的民族历史传统。总括这位哲人的言外之意，可以约之为两条：一不要忘记自己所坐享的幸福，乃来之不易，因此，宜珍惜，宜继承先代的"劳"、先代的传统；二不要只顾文怡武嬉，安富尊荣，而忘记在前人开创的基业上更向前发展，作出新的"开创之劳"。这种精神较之那句"饮水不忘掘井人"的俗语要精进得多。成吉思汗的担心，初看起来，似乎指的只是他的"黄金氏族"嫡嗣，然而假如以为"成吉思汗的子孙"也曾有民族的寓意，则把他的担心看作对蒙古民族的担心，也未尝不可。我以为他的话是足够沉重的。这里既有他的亲身感受，同时，恐怕也包含他的先代的车鉴。他的这些话对于他愈来愈疏远的"子孙"，是否不幸而言中，我不便以私意臆度。不过，公元前6世纪周景王所说的"数典忘祖"的故事所象征的那种倾向，我看还是隐隐约约地存在的。前些年，就是专攻史学的人们中，不是也感染"史学危机"（含混的口号）的症候吗？这就是一种间接的征兆。

　　历史是一条万里长河，它从其渊源滚滚而来，向其流道滔滔而去。你或者是这个洪流中的波涛，或者是被汹涌冲向岸边的泡沫。你既不可能抽刀断水，也无法视而不见。历史是绝对不能忘记的。对个人、对民族都应如此。历史作为一种客观实践及这种实践的记录，乃是民族存在的印记。未有民族生而无来历、不演化、不发展，也未有徒具历史空壳而无民族内容的传统。历史与民族相始终、相兴衰、相表里。说"不忘"，不是指"复古"，不是指崇拜帝王将相。在这里，人们倒是不妨歌唱 17 世纪法国人贝洛的诗："我面对古人，不对他屈膝；他们伟大或者是确定的，但是他们和我们一样也是人。"所谓"不忘"，是说认识民族的来龙去脉，总结民族的历史规律，吸取历史教训。历史愈久，积累的经验愈多，文化蓄积愈厚，则人们的民族自爱、自尊、自觉与自强的意气也愈高深。近代中国革命家章太炎所谓"国之有史久远，则亡灭之难"，我想就是这个意思吧！所以一个民族在它含辛茹苦、图以自存的实践中，总是不忘培育与促进它的社会成员的爱国、爱民族的情操，而历史正是经常被使用的手段。反过来说，一个民族在历史上图谋另一个民族时，也总是在历史文化上打主意。19 世纪与撰《元史新编》的魏源同时，并且也颇着手于蒙古史志的改革思想家龚自珍，有过一段令人触目的揭示："灭人之国，必先去其史；隳人之枋，败人之纲纪，必先去其史；绝人之材、湮塞人之教，必先去其史；夷人之祖宗，必先去其史。"这里的"国"，也可以理解为"族"。当代元史学家陈垣先生就说："从来敌人消灭一个民族，必从消灭它的民族历史文化着手。"毫无疑问，他们的论断有着确切的历史依据，因而也就富有颠扑不破的权威性。当然，在今天还不便指一定有某种民族企图用武力消灭另一民族，然而以歪曲、污蔑乃至封锁一个民族的历史文化的手法，使你只知今不知古、只求近不及远，陷于古人所说的"盲瞽"境地；贬低你的历史价值，使你失去自信，妄自菲薄，唯外唯洋的鼻息是仰，进而达到"和平地"消灭你的目的的危机却不是不存在的。所以"忘记"历史及历史教训是不可取的，对于毡乡的民族来说，尤不例外。

　　蒙古民族本来有珍视自己历史传统的习俗。在没有文字记录时，口口世代相承。匈人时代就有关于他们祖族的传说；蒙古人时代，也"口传其祖先名称与其历史事迹"。文字出现后，增强了人们的记忆能力，扩大了记录范围。匈人的典册文本被汉元帝纳入他的后宫；蒙古的图书在朱明王朝的将军兰玉进兵中，也被一把火烧成灰烬。流传至今诸如《蒙古秘史》之类，虽多有脱误乖异，却不证明蒙古人没有历史记录。14 世纪以后，蒙古人撰写历史事迹并用以教人者，也不罕见。足见说毡乡民族有尊重历史记录的传统，并不凿空。现在人们所面临的是如何继承这个传统而又有所发展这个课题。

但是，毡乡的历史记录是不完满的。通体而论，它阙略实在太多，即使间有差强人意者，亦或者头上有佛光，或者演义多于实录，其有碍于认识历史真实，无裨于族人参证十分明显。因此，必须谋取所以补救、弥合的办法。重新披沙荡垢，爬梳资料，另谋新篇，就是可以指望的办法。在这里，集体与个人都不难有用武之地。

资料是劈面大事。11 世纪宋代思想家张横渠提出："问织，则君子不如妇人；问夷狄，则不如问夷人；问财利，则不如问商贾。"引而申之，则他的意思是蒙古民族的事，蒙古人最清楚，这话当然是得当不过的。但是，正如前面所述，蒙古民族的资料被毁甚多，而古人又已久在"冥府"，如何得问？"柳暗花明又一村"，乃在向别径寻找。汉文资料可起补万一的作用。

遗憾的是，汉文资料并不十分理想。17 世纪的史学家顾亭林以《元史》为例，曾说："一人作两传，几不知数马足，何暇问其骊黄牝牡耶？然此汉人作蒙古人传，今日汉人作汉人传，定不至此。"反过来按照他的意思说，蒙古人作蒙古人传，也"定不至此"。其实，这位足迹几乎越过塞外的考据学者的论断也不免有点决绝，"汉人作汉人传"难道就那么老诚吗？18 世纪的封建礼教卫士方望溪指出："汉人作汉人史传，每每好恶因心，而毁誉随之。言语可曲附而成，事迹可凿空而构。"19 世纪同样是维护封建纲常的张之洞甚至说："一分真伪而古书去其半，一分瑕瑜而列朝书亦去其八九。"本族述本族事犹如此，其于别族例如毡乡民族的记述之乖妄，可以想见。问题的症结所在不系于汉人与非汉人，乃在阶级和民族的偏见。至少截至 17 世纪后期，长城内外曾是南北分垒、夷夏峙立的局面。南垒记北垒、城内述城外事，往往挟有成见。首先是多用蔑笔。11 世纪的封建史家欧阳修就倡言"夷狄乌足以考述"。他的《新五代史》中，"四夷"是被作为"附录"而入册的。这种观点其实又何止欧氏一人？其次是执一。19 世纪英国社会学家斯宾塞说："夫二国之史，相为仇敌，则甲之美政，必不可得于乙书；乙之无道，若不胜书于甲史。"这句话也适合于汉族史家。从所谓"正史"到稗官野记，无不如此。因此，利用这种资料必须警惕，我甚至愿意说必须批判它们。《毡乡春秋》就是这方面的初步尝试。

12 世纪时的史家郑樵曾说："一代之史不能通前代之史；本一书而修，不能会天下之书而修。故后代与前代之事，不能因依。"因自撰新书，融为"通体"，名为《通志》，说"樵之修书，断不用诸史旧例"。我鉴于毡乡史事记述的状况，倒也欣赏他的这个见识与做法，并试验着把这个理解以另一方式予以体现。

《毡乡春秋》是融史、志于一体的毡乡通鉴。它的主旨是：全面、准确、系统地反映蒙古民族在各个历史时期的风貌与奋斗；补充诸如《蒙古秘史》等蒙古典籍记述之不足；力辟诸史家（从古及今）所加于蒙古民族在各个历史时期的枉尺曲笔，以返还它的本来轮廓。

可以无需夸诩地说，蒙古民族亦如诸古老民族一样，也具有自己悠久的历史，它在以"蒙古"命名以前，或自称或被称地曾经有过不同的名号，亦如汉族在其以"汉"为名以前有过若干异称一样。这个伟大民族发展至今，已经有了很大、很不同的变化。而且可以逆料，随着客观世界的变化，它还将继续发展，还将在自己历史传统的道路上，按照自己的特点继续创造自己新的业绩。认真与及时记录和研究这个过程，是每一个民族成员的权利，但是，要终必须原始。本书以《匈奴篇》列为首卷，正是企望不违这个逻辑的考虑。

匈人之在毡乡历史演变中的重要地位及它对后世的影响之大，我在汉文版的绪言中已有阐述，这里不重复了。所要补述一点的是：匈人的悲欢离合、盈缩进退，作为经验，不光是多一份为后人可资利用的遗产，而且也似乎提供了一面无形的镜子，从这面镜子里，人们不特可以看到匈人在逆境中的步履，尤其能看到他们的脊梁。我想，《匈奴篇》在这方面是不无光的折射的。把它列为首篇，应当必要。

不论如何，自觉《毡乡春秋》到底是一部资料颇丰的学术著作，它在史识、史例与史笔上也都具有特色，这是可以从比较中识鉴的。在整个撰写过程中，除了一切其他考虑之外，时刻在心的约有两点极重要：（1）尽可能多与广地整理一切可资利用、可以信赖的原始资料，细大不捐，钉铒不避，以符合史料要大致不漏的要求。（2）尽可能体现一种客观地认识史事的方法或这种方法的侧重面，以符合大致不误的期望。当然，稽古议史而要"不漏""不误"，18世纪的甚称《蒙古秘史》并为之写跋的史学家钱竹汀已经慨呼"谈何容易"。所以这里所说，充其量也只是希望庶几而已。

恩格斯曾说："我们根本没有想到要怀疑或轻视'历史的启示'；历史就是我们的一切。……"①《毡乡春秋》首先是它的《匈奴篇》，希望能够充当

---

① 《马克思恩格斯全集》第三卷，人民出版社，2002，第520页。

这种重视"历史的启示"的证据。是否有当,敬待读者垂察。

　　传译一种学术性读物,是一件非常值得称赞的好事,而同时又是一件颇多烦累的难事。译者不避辛苦,毅然奋笔,终于完成这种前人不曾尝试的工作,实在令人钦羡。深信在今后的译途上,必能看到译者新的迈进。谨祝。

1990. 4. 12

国立北平蒙藏专科学校地址探索

    国立北平蒙藏专科学校是中国旧时代的中央政府出于它自身统治利益的需要，而设立的专门对蒙古、西藏两族进行"柔远"的直辖教育机构。它的名称几经变更，但在它的最后三十年，则一直是以"国立北平蒙藏学校"这个名称闻世，而把"专科"二字淡化了。

    这个学校在北平，在国内外，特别在蒙藏两族中，曾有深远影响和名声。它不光向为数不算太少的蒙、藏两族青年传播了知识，并且也经历了旧中国，首先是旧北平的多次变革。随着整个革命浪潮的推进，这个学校的学生们的政治思想也在不断提高。"五四"运动，第一、第二次国内革命战争及抗日战争时期，这个学校都有学生相继离开教室，而勇敢地投身到伟大的人民斗争行列。自然，蒙藏青年参加革命队伍，不必都归因于这所学校，然而，论及蒙古民族人民革命斗争这样的历史时，到底无法回避这所学校。事实上，在一些人们所写的有关回忆录中，的确已笔触到这所学校。这是完全可以理解的。

    我以为国立北平蒙藏专科学校的校史，应当有人去写，它有助于人们全面了解各个历史时期在校学生所处环境及客观影响的某些情节。在这里，就我所见，先来谈一点关于它的校址演变方面的零碎情况，以供写这所学校校史的人们参考。

    至少在明代晚期，北京就已经有所谓"五城"——中、北、东、西、南城的说法。每个城区都划分出不同名称的坊、胡同。在西城的西部，西单牌楼的东北，有所谓的小时雍坊。"时雍"即时势和谐、拥戴朝廷的居住里区。明亡，满洲兵进驻北京，这里成了满洲厢红旗参领的十七佐的驻地。

    蒙藏学校地在石虎胡同，揆诸地望，应在小时雍坊。石虎胡同或作石虎儿胡同，东、西、南、北城都有，然在明人写的《京师五城坊巷胡同集》中，却不见载诸中城的这个坊里。什么原因，不得而详。里巷之所以用"石虎"

命名的缘起，亦颇失考，或者立有虎形石刻，以禳不祥之意。

也许蒙藏学校所在的石虎胡同是在以后出现的。这条胡同实际上只是一种习见的小巷。在小巷里，并无深宅大院，唯在胡同靠西路北，赫然有一较大所在。据《谈往》说，武进人董心葵，"偶过石虎胡同，有延陵会馆，门欹墙缺。心葵私计曰：'此货可居也。'乃罄其三千金，饰除饬整焉"。延陵会馆即常州会馆，其所在或即这个大院。

对于此处会馆的变迁，不见记录。清人朱一新以为它后来成了明廷大学士周延儒的宅第（见《京师坊巷志稿》）。

周延儒，《明史》列入"奸臣"传内。江苏宜兴人，万历进士，崇祯初为大学士。满洲兵进至京畿，此人自请出京视师。驻脚通州，不敢与战，成天喝酒而报假捷。满兵退走，他却被加太师之职。后被劾，削职赐死，宅院及财产被籍没，院落转属他人。据纪昀《阅微草堂笔记》记述，清时，这处宅第曾是裘曰修的居宇。然"裘文达之前为右翼宗学，宗学之前为吴额驸府，吴额驸之前为前明大学士第"。据此，则此院在周延儒以后，又成了吴额驸的府第。

吴额驸，就是吴应熊，乃吴三桂之子。由于他是清太宗皇太极的女婿，所以被称为"额驸"。他住在这里，显然是朝廷的赐予。他在这里，可能大肆建筑。但由于吴三桂事败，这个吴应熊和他的儿子俱被族诛，其府第自然亦被没收。

据纪昀说：吴三桂的儿子吴应熊伏诛之后，其府第改为"宗学"。什么是"宗学"？据《清文献通考》，"宗学"就是皇族子弟学校。昭梿介绍说："雍正中，特设宗室左、右翼各学，拣王公等专管。岁时钦派大臣考其殿最，以为王公奖罚，左翼在金鱼胡同，右翼在帘子胡同，皆设宗室总管、副管各一人，以司月饷公费等事。三岁考绩，授七品笔贴式，以为奖励。觉罗、八旗各设学一，其总管、副管如宗学之制。满教习用候补笔贴式，汉教习用举人考取，皆月有餼糈，四时特赐衣纁，以御寒暑，其体制实为周备。"（《啸亭杂录》）。这样的学制、待遇，似乎正是以后蒙藏学校所行的滥觞。然而所谓"帘子胡同"，却不在西单牌楼东北，与纪昀说异。

"宗学"之后，这里改为裘文达的居宅。

裘文达公，即裘曰修，江西新建人，字漫士。乾隆进士。历任礼、刑、工三部尚书。他大概原来住在外城。《啸亭续录》说："定制，汉员皆侨寓南城外，地势湫隘，凡赁屋时，皆高其值，京官咸以为苦。又聚集一方，人情谇诼，势所不免。列圣咸知其弊，故汉阁臣多有赐第内城也，如裘文达赐第石虎胡同。"

在裘文达之后，这所院落又属谁有，一时不及备考。

但纪昀所说，似乎也不准确。据《宸垣识略》说："一等敦惠伯第在西单牌楼石虎胡同。"又说："定固山贝子府在石虎胡同。"

敦惠伯即马齐，满洲厢黄旗人，姓富察氏，米思翰次子。康熙间，从征噶尔丹有功，官至武英殿大学士。

定固山贝子当即定寿，满洲正黄旗人，姓赫舍里氏，康熙间，从征策旺阿喇布坦有功，雍正时，曾任厢蓝旗蒙古都统，征噶尔丹时死。如果他们在石虎胡同的居宅就是纪昀所述的这些，则这所院落的主人又有了增加。

又据《啸亭续录》，这条胡同内还有"公敬文宅，贝子绵德宅"。是否即此院宅，未详。

裘曰修之后，这所大宅归一个姓毕的所谓甲申公所有，这大概已到了乾隆以后的年代了，在他之后，可能逐渐转而利用这个院落办起蒙藏学校。

蒙藏学校，过去据一些人所传，是在"官学"的基础上改建起来的。

"官学"，有八旗官学和咸安宫官学。昭梿说："雍正中，设八旗官学，凡三品。择八旗子弟之尤俊秀者，充补学弟子。月有帑糈，不计岁月，俟入仕后，始除其籍。特派大臣综理其事，其教习皆用进士，或参用举人，非旧制也。……其次曰八旗官学，每旗各设学一，择本旗满洲，蒙古、汉军之子弟补充。以十年为期，已满期未及中式者，即除其名，另为挑补。为国子监祭酒所司，亦附于太学之意。"（《啸亭杂录》）

"官学"的地址，由于设在皇城的西华门内之咸安宫，因此，亦往往称之为咸安宫官学。但这里的官学，就其培养的内容说，并不至于一种。据《会典》：实有三种，即蒙古官学、唐古特官学和托忒官学。此学各为蒙古文、藏文、托忒文，于意似乎只在造就翻译人才。本来归内务府统辖，但由于涉及"藩"事，亦兼由理藩院代管。随着时事的演变，这些"官学"的宗旨、教习内容、官学名称，都发生了变化，而其地址也由咸安宫迁出，建制在西单牌楼的石虎胡同。

在封建统治下，"官学"办得很糟。昭梿说："官学立制非不详备，然近日所司者或以贿进，教习唯图博其进身之阶，不复用心课艺。或有处馆于外，终岁不入学者，其子弟挂名其间，亦图免博士弟子之试，其视太学生以贿进者，相去无几。"（见前引书）。这种风气，甚至直到以后的蒙藏学校时代，也还不免有其遗传。20 世纪 20 年代，校内曾有"职员早出晚归，学生晚出早归"的传闻。"早出"，是争购政府的"九六"公债，不理校政；"晚出"，是逛八大胡同去了。学生升学率很低。

我自己也曾在石虎胡同这个大院内生活过，并且也听说过关于它的一些传说，如说这是吴三桂王府，说这里挖出过不少斗蟋蟀的瓦罐，说这里经常有鬼狐等事发生等。根据以上所说，这些传说，并不全属偶然。记录证明，这所大院不是吴三桂的王府，而是他的儿子的宅第；鬼狐谣言，早在乾隆时代就已出现，纪昀就说这所院宅，"阅年即久，又窈窱闳深，故不免时有变怪，然不为人害也"。（《如是我闻》）至于"蟋蟀罐"云云，也在所不免。清初人写的《帝京岁时纪胜》就报道："都人好畜蟋蟀，秋日贮以精瓷盆盂，赌斗角胜，有价值数十金者，为市易之。"王侯将相们闲着没事，在自己的深宅大院，斗虫角胜，一些"精瓷盆盂"被当作废物抛入地中，不是一定不可能。

20 世纪 30 年代初，学校并购了名为"松坡图书馆"的院落。打通院墙，合为一校，校址有所扩大。这处院建筑二进式，虽狭长不大，但似有王家气派。校务办公即在这里。

"皂君庙"疑

去年年终，我在《中国电视报》第 53 期，读到一篇《京城几多灶君庙》的报道。篇幅虽小，却别有新说。作者宣示京城有"多处"并"还有十几处"灶君庙。"每到腊月二十三这天，人们除了在家里供奉神君时，还要到附近的灶君庙里敬拜灶神。""老北京最大的灶君庙在崇文门外。在祭灶活动时，这里人来人往，很是热闹。特别是京城的厨师多集中在这里举行祭祖活动。""最著名的灶君庙位于海淀区东南部，它也是北京地区'级别'最高的灶君庙。始建于明代。它是清宫御膳房祭灶之庙。根据有关资料记载：清宫的御膳房总管和太监每年都要到这里祭祀灶神。乾隆和道光皇帝去清漪园（颐和园）路过此地时，也祭拜过灶王。还有 30 多位御膳房的总管、首领和太监死后还守候在灶君庙。以后附近成村落，得名灶君庙村。"言之凿凿，煞有介事。实为我前所未闻，见所未见，甚至也想所未想。因此，我设想这可是史事的新发掘，宗庙记述领域的新扩张，足以填补历史记录的空白了吧！可憾的是作者既没有为读者提供"有关资料记录"的目录，也没有绘出"几多"灶君庙的地理坐标，以致好事如我者，不特查证无路，也没法按图索骥去参加各"庙"的祭灶活动。我的设想落了空，而因此我也就对这个报道产生了疑窦。古人说："未尝不临文嗟悼，不能喻之于怀。"本人亦有同感。

综观报道全文，既无文征，也不献考。大抵拾掇里巷传闻、信口雌黄、道听途说而成章。唐人刘知几强调：

> 作者恶道听途说之违理，街谈巷议之损实。……异辞疑事，学者宜善思之。①

---

① 刘知几：《史通·采撰》，辽宁教育出版社，1984。

依此而议，则报道所述，实在不足与言史事了。不过，从这篇报道中，使读者知道，在人世间，至今尚流传如此这般的传承，并在这种传说或旧闻中发挥着那种恣意演绎的文化才能。这从社会学、民俗学的角度看，或者不无可资谈助的意义。

据我看，大凡一种传说或流言，原其始初，或者不无所据。而随着年代的积累，蔓延开去，可就流分九派，横无涯际，气象万千了，真真假假，往往迷惑人，然而如能推推敲敲，原义或亦能露出端倪。所以委巷俚语，尚未能一笔抹杀，刘知几的话，亦不免执一。一部《洛阳伽蓝记》，一向被视为北魏时的首都佛庙史，而其所据以取资的却是"捃拾旧闻"；即使《史记》，其记述黄帝的事迹，没有文献可征，不也是选取缙绅先生们的"雅言"吗？宋人沈洵在题《韵语阳秋》的序中说：

> 质于事而合，揆之理而然，则虽闾巷之谈，童稚之谣，或足传信于后世。[1]

这话说的有谱。我现在就按照他说的办法，质事揆理，作一点释疑的尝试。当然是抄录旧书，依样葫芦，人云亦云，了无新意。所要示意的，除辩证上述报道而外，就是企望作一点如下启示：事物的观察也可以有另外的角度，无须有闻必录。

一

我也是北京老居民，虽然不敢说"踏破铁鞋"，但历遍全城，"灶君庙"云云，确是"无觅处"，不曾看见过。即使谙于掌故的邻里耆旧，也不曾为我提供过"灶君庙"之类的信息。今人既囿于所见，那么，就转而求助古人，这就是古籍。《钦定日下旧闻考》《春明梦余录》《宸垣识略》《帝京景物略》《宛署杂记》《天咫偶闻》等等，都曾一一检阅，却无一书有"灶君庙"的记录。一书不记，犹可设想失漏，诸书不记，则明显喻示，京城向来就无此一庙。这道理其实也很简单，本来是一"灶"之"君"，何得越分而称"庙"？"庙"可不是锅台啊！

---

[1] 沈洵：《韵语阳秋（序）》，上海古籍出版社，1984。

什么是"灶"?《释名》以为"'灶',造也。创造食物也"①。《论语·八佾》疏谓:"人家饮食之处也。"② 除了特殊情况如战国时,孙膑为迷惑敌手庞涓,故意在行军中增减"灶",或如"汉制:兵吏五人,一户一灶"③ 之类,不成其为一般意义上的"灶"外,这个"灶",自古以来,都是一家一户的事。它正是为一家一户制造生命赖以维持的饮食之物的。"民以食为天",因此它在家人中具有极高的地位,不是有"宁媚于灶"④ 的古话吗?毁灶、挖坟,在以家庭为社会单位的时代里,一向被视为罪大恶极、不共戴天的罪逆与仇恨。由于对灶的崇敬与神化,于是"灶神""灶王""灶君"的概念,也随之产生了。《战国策》:"复途侦谓君曰:'昔日臣梦见君。'君曰:'子何梦?'曰:'梦见灶君。'"⑤ 此见"灶君"之说由来已久。

《后汉书》更引而申之,说:"阴子方者,至孝有仁恩,腊日晨炊而灶神形见,子方再拜受庆。家有黄羊,因以祀之。自是已后,暴至巨富,田有七百余顷,舆马仆隶,比于邦君。子方常言'我子孙必将强大'。至识,三世而遂繁昌。故后常以腊日祀灶,而荐黄羊焉。"⑥

这个故事是不是后世人家祭灶的滥觞,未便遽定,而它发生在一家一户之内,却是明显的。

又,元人有文说:"夫灶者,上为列宿,下为直符。在人间为灶君,号曰司命,司人家一家良贱之命,记人善恶。月晦之日,悉奏天曹。玄元道君曰:醮祭家灶,不得淫祀他鬼。又天师门下科令曰:家有灶神,宜知敬惧。"⑦ 这里说的也是一家一户,排斥所谓"庙"说。民间谚语有"受一家香火,保一家康泰;察一家善恶,奏一家功德"的说法,正也是对古人记述的反证,也是世俗的盼望。

灶君既然"有助于人,人得饮食",于是家家于腊月二十三(四)日晚祭灶。祭的办法以往文籍多有记述,大致是致祭时,以黄羊(狗)作牺牲,全家男子罗拜,家无男人间或也请邻里代之。灶头贴"灶马"⑧,以草节、果

---

① 《释名·释宫室》。
② 《论语·八佾》:"宁媚于灶。"
③ 马缟:《中华古今注》卷上,商务印书馆,1956。
④ 《论语·八佾》:"宁媚于灶。"
⑤ 《战国策·赵策三》卷二十《赵惠文王三十年》,上海古籍出版社,1978,第717页。
⑥ 《后汉书》卷三十二《阴识传》,中华书局,1965,第1133页。
⑦ 《续夷坚志·湖海新闻夷坚续志》,中华书局,1986。
⑧ 《日下旧闻考》卷一四八,北京古籍出版社,1988。

豆扶灶马，饴糖抹灶门等，不一而足。值得一提的是清时，"王、贝勒等在内廷差使应值宿者，十二月二十三日，皆给假回家祭灶，以散秩大臣代值"①。这里说的也是"回家"，而不是上庙。

本来没有"灶君庙"，也没有什么"庙"内祭灶之类，从上述叙述中已见分明。然而如果硬是要相信这篇报道所云，那么，试想当是什么状况呢？一庙的"附近"居住了五百户，腊月二十三日的同一时间，五百户都在家祭之后，又来"庙"内致祭，五百户人家挤在一起祀拜，五百头黄羊（狗）一起被杀，五百户拿来的草豆一起码在"庙"内，五百户的糖果一起粘在"庙"门。怎么样呢？那恐怕不是什么"很是热闹"，而是漆黑之夜的惊心动魄、鬼泣神号，惨不忍睹吧！

灶君之无"庙"，还可以从另外的角度考察。这里不妨征引清代大家纪晓岚学士的论证："今人家唯祭灶神……若门神，若井神，若厕神，若中霤神，或祭或不祭矣，但不识天下一灶神欤。如火神之类，必在祀典。今无此祀典也。如一城一乡一灶神，如城隍、社公之类，必有专祀。今未见处处有专祀。"② 他的声望，使他的立论具有严正的经典性，清重臣、大学者梁章钜力挺之。这个灶神既不入"祀典"，又不属"专祀"，则它城祭，必然是淫祀；建庙，必然是淫祠。而淫祠、淫祀，则是被官方禁戒的。《汉书》就说："各有典礼，而淫祀有禁。"③

明代亦如之。神宗（万历）时，有文云："奉神宗旨，各处寺、观、庵、院、古刹及敕建有名者，照旧存留。其余私创无名、黩祀不经者，两京着五城御史，在外抚按官，严行稽查，应改、应毁，酌量区处具奏。"④

又有记录："尚书王遴条议：要将近日私创寺、观、庵、院，尽数拆毁。僧、俗年四十以下，无度牒者，尽数驱逐归家；流寓者递归本籍；土著者收入里户。神宗旨，依拟。"⑤ 已建成的都被捣毁，新建灶庙，岂有可能？这里没有特点其名，实亦包括在内的。

以上所述，就是我据以释疑的论证。我不信京城有灶君庙之说。诗曰：

---

① 吴振棫：《养吉斋丛录》卷八，中华书局，2005。
② 纪昀：《阅微草堂笔记》卷十三《槐西杂志三》（下册），天津古籍出版社印行，1980，第2页。
③ 《汉书》卷二十五上《郊祀志第五上》，中华书局，1962，第1194页。
④ 孙承泽：《春明梦余录》卷三十九，北京古籍出版社，1992。
⑤ 孙承泽：《春明梦余录》卷三十九，北京古籍出版社，1992。

灶君自享锅头祭，安得日下僭庙尊；

寄语纸上耕耘客，莫教浮尘酿笔锋。

二

这份报道也推演崇文门外的灶君庙。那么，就此也不妨作点推究。

崇文门外的灶君庙，就我所见，是唯一被收入载籍的古刹。"都灶君庙在花儿市。明建。无碑可考。本朝康熙间重建。有国子监祭酒孙岳、翰林院编修冯云骕二碑。门外狮子二。康熙初年铸。每年八月初一、初二、初三日庙市。"①

又，清人崇绮记述："八月初三日，崇文门外灶君庙祀神。所往者多庖丁。未闻有士人游览者。"②

清末人记录："灶君庙在崇文门外。每至八月，开庙三日。盖即灶君诞日也。"③

也许还有更全面的记叙，而我所及见的就这三种。虽都很粗略，但是大致也透视了它的梗概，这就是它建于明代，清初重建，康熙时门外增设铁狮子一对，每年八月初，开庙三日，游人多为庖丁，等等。所有这些述略，都只是表面上的描绘，没有更深层次的说明，没有它的特性，没有它与一般作为"制造饮食之处"的"灶君庙"的不同处的解释。而这恰恰最为需要。

旧籍载明，这处灶君庙创建于明代。所谓明代，应当是在京师外域扩建以前。那时，灶君庙背靠京城南墙，面对一派平衍旷野。那里水系纵横，地势走低。综观从通州到武清地区的载籍，诸如"积水"、"泽漏"、"斥卤"、"沮洳"、"泡子"、"雍奴"（积水流不出）、"潴积"等字样，屡见不鲜。这种"卑滢""薮泽"之区，除耕稼之外，亦颇宜于煮晒食盐。事实上，由此直到天津地区，历来就是产盐区。盐政机构，各县多有。而从事盐业的人众，则形成了独特的社会阶层。

盐业的创造者们亦如其他行业的人众一样，期望发达，甚至也幻想万能

① 吴长元：《宸垣识略》卷九，北京古籍出版社，1983。
② 崇彝：《道咸以来朝野杂记》，北京古籍出版社，1982。
③ 富察敦崇：《燕京岁时记》，北京古籍出版社，1983。

的神灵的扶助，而这种精神状态正是灶君庙创建的思想基础。

"灶"，按字义讲，除了前面所述那种意义外，还有引申之义——晒盐、煮盐。凡产盐之地，称为"灶地"；从业人员称为"灶丁"；经官府允准而设灶煮盐的称"灶户"；盐税称为"灶税"。由此可以说，"灶君"实即"盐君""盐神"，其"庙"实为"盐神庙"。这与前节所说的那个灶君比，实在不能同日而语。它不是家户的神祇，它不是制造饮食的处所，它没有前述那种祭灶法。值得注意的是这座灶君庙的全名是"都灶君庙"。这个"都"字可以有两重意思，一为"水域"，水所"都居"，即聚于水域；二为"总共"，"都灶"之"君"，即各灶之君，水域所聚之"君"。这就表明，这座庙宇就其初创说，是行业性的，不是普遍的；是水域（盐域），是野地，而不是陆地、城市内的。这一特点，这一"都"字，历来为人们所忽视，以致出现了种种误会。

明代末期，北京在南部扩建了外城，都灶君庙被圈入城内，从此与水域（盐地）隔绝，也与灶丁、灶户之间多了一堵结实的城墙。然而，它的历史影响并没有因此削减，其固有的特性也依旧保持。

都灶君庙由于是灶行的性质，它当然不向社会开放。整年山门常闭，只有八月初一、初二、初三开放，前人说这是灶君的诞日纪念云云，恐怕是人们的想当然。"神"只是盐灶人的幻化形象，有什么"诞日"？实际地设想，倒可能与灶业的季节有关。（阴历）八月初，已是深秋，日照南移，凉风肃杀，霜露既下，木叶尽脱。趋近冬天，盐灶的作业，颇嫌不易。开庙三日，正所以表示：灶丁们可以际此拜神、谢神与辞神，谢神一年的护佑，收工回家向神拜别。至于"庖丁"去庙云云，最初也应该多是灶地、灶丁们的"庖丁"，而不是一般城中者。说"京城的厨师多集中在这里举行祭祖，交流厨艺，收授门徒……"云云，大概亦如这件报道所示者，恐怕演义耳。

据《清会典》，国内户籍分四种：一为民户，二为军户，三为商户，四为灶户（盐户）。此见灶民之在社会中的重量。盐是"国之宝"，产"宝"的灶丁、灶户，是重要的社会支柱，都灶君庙所能显现的影响，自然不能忽视。明亡入清，它不但没有被当作"淫祠"而遭毁妃，反面被康熙重建，并增铸庙门的铁狮子，壮其威势。世人视它为一般所谓"灶君庙"，可能是误会了，说它是"老北京最大的"，可以不错，因为它是唯一的。

报道说，海淀区东南部还有"老北京最著名的灶君庙"，这座庙"自民国以后，'灶君庙'被谐音成'皂君庙'，从字面上看，实在难以理解"。真是

"难以理解"！明明是"皂君"庙，却被当作"灶君"庙去炫耀。以讹传讹啊！

所谓"海淀区东南部"，实在指的是高粱河北岸地区。

高粱河下游有高粱桥，桥北一片平野。明人记述："高粱桥北，精蓝棋置。每岁四月八日为浴佛会。幡幢铙吹，蔽空震野，百戏毕集，四方来观，肩摩毂击，浃旬乃已。"① 皂君庙就坐落在这"精蓝棋置"中。

皂君庙早已残毁，早年尚有遗址。今日则并此而不存了，倒是侧卧着一块碑刻，而碑名却是"灶君庙"。看来讹"皂"为"灶"，"皂君"诬为"灶君"，此碑可能是始作俑者。而此说一出，人皆随之，正有所谓"一齐人傅之，众楚人咻之"的余味了。然而这"傅"就一定没错吗？

"灶君庙"的碑刻是谁指使干的，不易确认。我推测可能是太监们吧。

说这座庙，"始建于明代"，不对。它的始建，远早于明代，但在明代重修，倒是可能的。清人记述："京城内外以及郊坰边地，僧寺约千余所，半是前明太监所建。览其碑碣，或以为退后香火；或以代君后资冥福。"②

这里说的是"僧寺"，"皂君庙"不是佛家，但是太监们为了"退后香火"，即为了晚年被从宫中逐除后居处有地，或以代替皇帝、皇后谋"冥福"，即以死后享受为由，出资修饰一个庙宇，也应当不是奇事。清时的重修，不就可以比证吗？

碑文颇愿意显示出与太监们的关系，说太监乃至太监的某种"总管"，以这庙作为出宫后的据点，甚至来祭灶云云，借此以凸显庙的身价。

太监不识字。据说："祖制：内臣不许读书识字。内臣二十四衙门，唯司礼监非读书不任。"③ 不读书识字，所以"皂""灶"不分，二字谐音，遂竟讹"皂君"而成"灶君"。刻文者大概也只是《兔园册》的水平，亦率尔操觚。

以上三点，就是我权定皂君庙为太监重修的设想。

但是，庙碑正如一切碑刻的陋习一样，谀词堆积，意在自炫，其于人事的真伪并不在意。求真务实者往往不予重视，梁启超就说，"从石刻中求史料，所得甚微"。不光碑刻，即街巷所传，也不便随声轻信。关涉"灶君庙"

① 蒋一葵：《长安客话》卷三，北京古籍出版社，1960。
② 史玄：《旧京遗事·旧京琐记·燕京杂记》，北京古籍出版社，1986。
③ 史玄：《旧京遗事·旧京琐记·燕京杂记》，北京古籍出版社，1986。

的浮言，也应如此，例如说，宫中太监每年都来庙祭灶，果真如此吗？

太监无家，亦所谓"祭灶"，即使"祭"，也只能在宫内，岂得擅自出宫？"国朝，孟冬，宫内祭司户之神；孟夏，光禄寺祭司灶之神。俱内官行礼；孟秋，午门前，祭门之神；孟春，宫内祭司井之神，俱内官行礼；岁暮，太庙西庑下东间，合祭五祀，太常寺官行礼。"①

"内官"即太监。此见各祭都在内廷，无出宫致祭之事。而且鉴于明代太监乱政的教训，清初即"特立铁券，子孙永守"。规定："今裁定内官衙门及员数、职掌，法制甚明。以后但有犯法干政，窃权纳贿，嘱托内外衙门，交结满汉官员，越分擅奏外事，上言官吏贤否者，即行凌迟处死，定不姑贷。"②如此严厉的谕旨，内官胆敢出宫乃至出城祭什么"灶"吗？

皇帝也来此"祭拜过灶王"，荒唐！"顺治八年，定五祀之制：户、灶、井三祀，内务府掌之。"③"十二月二十二日，乾清门侍卫至南苑，猎取黄羊，供大内祭灶之用。"④"每年神宁宫祀灶，其正炕上设鼓板。后先至，高庙驾到，坐炕上，自击鼓板，唱《访贤》一曲。执事等官听唱毕，即焚钱粮。驾还宫。"⑤ 此见皇帝祀灶，都在宫内，不但不出城，甚至也不出宫，而且自有其特殊祭法（与一般汉习异）。所谓来庙"祭灶"，何所据而云然？

还应当指出，皂君庙地处高粱河桥东北几公里处，周围多有寺宇。清人记述："自康熙以后，御驾岁岁幸园（圆明、颐和），而此地益富。王公大臣，亦均有园。六部司员各赁寺院。清晨趋朝者，云集德胜、西直二门外，车马络绎。公事毕，或食公厨，或就食司肆。其肆多临河，举网得鱼。"⑥ 这里说的是，"六部司员各赁寺院"，而不是皇帝。

皂君庙既不是御道必经之地，也不是辇驾行宫，且附近一片"义冢"（即埋葬野鬼的坟地）。以帝后之尊，去两御园却要绕道，驾经坟滩，专程到这个"灶君庙"礼拜并视躬"祭灶"，在那个年代，岂能有此事？岂允许如此亵渎？文献记录，至元七年"二月辛未朔……甲戌，筑昭应宫于高粱河上。"

① 王三聘辑《古今事物考》，上海书店出版社，1987。
② 夏仁虎：《旧京琐记》，北京古籍出版社，1986。
③ 《养吉斋丛录》，中华书局，2005。
④ 《养吉斋丛录》，中华书局，2005。
⑤ 赵翼：《簷曝杂记·竹叶亭杂记》卷一，中华书局，1982。
⑥ 震钧、顾平旦点校《天咫偶闻》卷九，北京古籍出版社，1982。

（《元史·世祖纪》）《元史·成宗》载：大德五年二月"赐昭应宫，兴教寺地各百顷。"① "乾隆十六年，圣母皇太后六旬万寿，自长河至高粱桥，易辇进宫，因过此堂。皇上幸御园，每于此侍膳视事。"② "西直门而西北，有如山阴道上，应接不暇。去城最近者为高粱桥，明代最盛。今则过倚虹堂船坞，御驾幸园，于此登舟。"③ 据此，则帝后之去御园，自有特定的辇路、特定的行宫，与所谓"灶君庙"云云，可谓风马牛不相及。

对"灶君庙"诸传说之释疑，至此告结。诗曰：

> 传说欺人亦自欺，皂君岂披灶君衣；
> 后人已被前人误，却向后人述无稽。

难矣哉，应当清醒了吧！

三

皂君庙不是"灶君庙"，那么，这"皂"而"君"以有庙，究竟何所寄义？

皂君是河神，即高粱河神。河之有神，自古已然。洛水有洛神，湘水有湘君，泾水有泾阳君，洞庭水有洞庭君，高粱河之有高粱河君，初不为怪。

高粱河君何时称号，并从而建庙？无稽。我想至少辽时或者就出现了，从那时至清末，已经历有千年的光景了。

据《方舆纪要》，高粱河在金代称作皂河。《顺天府志》《清一统志》等亦谓之"皂河"。近人所编《旧都文物略》因之。是官家"敕"改？民间俗改？不易确定。高粱河既改称"皂河"，则"高粱河君"亦随之改称"皂君"者，宜矣。

何以名河为"皂"，似乎文献不载。但是不妨推察。

"皂"的字义与"槽"字含义差同，《广雅·释器》："皂，枥也。"王念孙疏注引《方言》："枥，梁、宋、齐、楚、北燕之间，或谓之皂。"郭注："养驹也。"《史记·邹阳传》有"牛骥同皂"句，义为牛与马同饮于一槽。

① 《元史》卷二十《成宗》，中华书局，1976，第434页。
② 《北平考·故宫遗录》，北京古籍出版社，1983。
③ 《日下旧闻考》卷九八，北京古籍出版社，1988。

《汉书音义》说，"皂，食牛马器，以木作如槽。槽与皂声相近，今人言马槽是也。"宋人文天祥《正气歌》有"牛骥同一皂，鸡栖凤凰食"诗句，其义也是"牛骥同槽"的意思。

依据上述征引，可以设想，金人统治时期，高粱河以北一派平野，可能是它的御马苑或军马场，有众多的养马户。史载：1211 年，蒙古游兵至金中都城下，袭金群牧监，驱其马而去。高粱河或者正成了军马的饮水槽，正也因此高粱河改称皂河（义同"河槽"）。那么，河名或者是"敕"名？

皂君庙重建于金辽，也可以从这座庙宇的建筑特点看，它与京城内外的寺庙坐向迥然不同。它不是坐北朝南，而是坐西朝东，山门开向东南方。这显然不是汉地的常例，却是北方民族的习惯。在那里，穹庐的西北角是神主的座位，而门则惯常在东南方。由此我甚至猜想它内部的庙祝们，或者也多是北方民族籍贯吧？由此可以设想，皂君庙或者也是金家官方敕令建立的，而元人将那木罕像奉入，或亦因此民族因素？

高粱河（皂河）流程虽短，可功用籍籍。北魏人注《水经注》，就夸示它的灌溉能力，"岁岁二千顷，所封地百余万亩"①。至辽时，犹"导高粱水，因以灌田"②。高粱河上接长河，下通惠河，被称为里漕河，便于水行。《元史·文宗》："至顺三年，以帝师泛舟于西山高粱河，调卫士三百挽舟。"清时，皇帝去"御园"，必泛舟此河。"御驾"的来往，也带动了此河北岸的繁华，此在前文已经引述。明人又说："高粱桥水北岸，大抵皆别业僧寺。低昂疏簇，绿树渐远，青青漠漠，界以水田，界心如云脚下空。"③明、清时的诗人墨客，赋诗题辞，称颂高粱河地带的事例，书籍多有记载。

公元 979 年，宋太宗北征，进军高粱河，大败而逃，使这一地区的人民避免了兵燹战乱；成吉思汗大军进攻到皂河，也告败而退，金人又躲过了干戈之祸。这使人们相信，这是高粱河——皂河之神护佑的结果。这就使"高粱河君"或"皂君"的建庙，又有了思想基础，朝廷及权富们当然会支持以利于自己阶级的利益。皂君庙的建立不是偶然的，金代以后，皂君庙有时又被呼为"高粱河君庙"，如元代泰定帝时，就敕会福院奉北安王那木罕像于高良河寺。"高良"即"高粱"。

① 《春明梦余录》卷六九，龙门书局，1965。
② 《日下旧闻考》卷九八，北京古籍出版社，1988。
③ 刘侗、于奕正：《帝京景物略》卷五，上海古籍出版社，2003。

对于"灶君庙"的种种，本文的释疑到此为止。是否如此，自己也难定夺，请教高明吧。诗云：

> 传言精蓝事，犹在然疑间；
> 蹰躇问贤哲，未敢自造天。

四

上面所说，或者可以看作细碎之笔，"细故芥蒂兮，何足以疑"，这话或者不是没有道理吧！可是，"细说微论，解释世俗之疑；辩照是非之理，使后进晓见然否之分，恐其废失"（《论衡》），似乎也可以认同。我就是师此主张而涉笔的。意思很明白：不要轻信浮言，"闻诸道路，便为穿凿"（杨衒之）；要更多些理性思维，实事求是。

更有一层，北京全城内外寺、庙、观、宫、庵、堂，星罗棋布，历有增减。不论其宗教教旨，只就其文化价值和历史演变而言，可记述研究的方面，却不必遽加忽视。北魏杨衒之写了《洛阳伽蓝记》，被后人誉为"可与郦道元《水经注》肩随"①，"足补魏收所未备，为拓跋之别史"②。遵此一例，如果有人也能"钜细毕陈，本末可观"地写出京城寺宇记，这对于修撰地方史志，应当能有助益。

这是我因"灶君庙"的辨伪而联想的。实在有所企望啊！是否有当？

---

① 《四库全书总目提要》卷七十。
② 《洛阳伽蓝记》，吴序。

也说"胡同"的语源与词义

从 1994 年以来，我在所订北京的几种报纸上，先后看到若干议论文章，都是以北京"胡同"的语源和词义为专题的。因为以前没有注意过这方面的论著，所以觉得新鲜，顿生兴趣。

"胡同"是北京城区的地理构件，是居民的栖身单位。那里钟灵毓秀，文化底蕴极为深厚，待开发、待探索的事物，所在多有。例如"胡同"的语源及词义，就首先是个应当着眼和入手的题目。因为它切近基层，而基层都是以往御用学者和封建文人所最不屑的。现在反其道而行之，不正是学术正鹄吗？大家笔锋直指于此，了不起。

北京"胡同"的语源和语义，在人们首先是胡同居民心中，本来是早已存在并期待解答的一个悬念，也是北京文化史中亟待补苴的缺口。现在报章上敞开讨论这个问题，我看就为如实回应这个疑难提供了可能，并且对修撰地方志、"胡同"志也不无助益，是有现实意义的。同时，曾经以为"胡同"语源、词义问题，应当是个地名学的范畴。要完整地解释并获得公认的、合乎历史真实的结论，不止语言学界，恐怕诸如历史学、社会学、风俗学界都可能被吸引或调动进来，并力攻研，庶几取得更好成果。所以大家的论衡，也很具学术价值。

讨论归讨论，而问题尚在争论，还未解决，很企望文坛载体继续为这种讨论开辟更为广泛的空间，方家更多地阐述。拭目以待。

我自己也曾是北京胡同的居民，也有居地为什么叫"胡同"的困惑，并且为此也做过一点自解的努力。自然，在征文访献之后仍不得要领时，也考虑过一些聊自释憾的没想。但是，那时以为在北京总体的历史发展中，这事可能只是个具体而微的细节，不足与言大雅而登学坛，所以也就缄口敛笔了。这多年，它已在心中淡化。现在看到这么多专论，笔阵堂堂，很受鼓舞和启发。于是再试搦笔，掺和着，针对报章所示，说说我曾经的想法，仅供参考。

一

先说一点过去的事，也是就书说书，偏狭得很。

北京"胡同"，旧时在文字上亦作"衚衕""衖衕""衕通""徊衕"等，含义都是一样的。

好多年前，我曾在工作之余，当作消遣，零碎地涉猎过一些元、明、清以来记述北京的著作，多属稗官之类。其中也每有涉及"衚衕"语源及词义的文字，不过好像不曾引起人们的重视。我自己也只意在掌故，也没十分介怀，而印象是有的。综观各书所示，我看大致是三说：

一说：以为"衚衕"一名是汉语方言，是本族土产；

一说：以为"衚衕"一名是"胡语""元人语"，是外来语；

一说：以为"衚衕"一名，其称"不典"，"无考"。

时代不同，所见各异，互不交锋，自然也就各是其是，而究竟孰是孰非，至今竟成了人们谈薮中的一个悬案。然而，人们能注意到这个问题，并举了出来，费神考证，毕竟是一种首唱，可贵啊！

为了弄清诸说，不妨再分述如下。

衚衕乃是"胡语"这一说法，大概始于明代末叶。万历初，顺天府宛平县知县沈榜著有《宛署杂记》，书中说："宛平……其以衚衕名，凡三百一十二。衚衕本元人语。字中从胡，从同，盖取胡人大同之意，然二字皆从行。迨我朝龙兴，胡人北走，同于荒服，亦其谶云。"[①] 县人说县事，应当不隔。而其所据，却意外地敛笔无文。令人诧异。

沈榜是湖南临湖人，是外籍治县。他虽然能留心时事，搜求掌故，而他的说法，则怕是当县人道听途说之反映。他说的"元人"，就是"胡人"，"衚衕是元人语"即蒙古语，这说的是"衚衕"的语源，其对于"衚衕"词义的解释却涉嫌滑稽。他不是从他认定的"元人"即"胡人"语的本身语义去注解，而是从汉文"衚衕"二字的构造去释义，这不是隔靴搔痒、强作解人吗？显然，他的"元人语"说，只能姑妄听之，当作笑话看，不足为据。然而，却也有同声唱和的，这就是同代的张萱。

张萱托名闻人李贽，撰有《疑耀》一书。书中明确宣示："京师呼巷为衚

---

① 沈榜：《宛署杂记》卷五，北京古籍出版社，1980。

衕，盖胡人语也。世以为俗字，不知《山海经》已有之，'食齧鸟'可以'衕'。郭璞注，治洞下也。独衚字尚未经见。"① 前已说过，"胡语"即蒙古语，是怎样的"胡语"——蒙古语？凭证？没说，倒说了一些不着边际的话，"衕"是治泻肚的！

张萱不是北京人，是远在天涯的广东人。好学博识，亦好伪作，他著书冒名李贽，就是明证。《疑耀》考证，人言每多"穿凿"②。他的"胡语"说，既不提供佐证，又不见解析，恐怕就有穿凿之嫌。然而此人曾任朝廷的中书舍人，重编过文渊阁书目，有可能得见古图书。那么，他的"衚衕，盖胡语也"云云，岂是据古籍而来？如是，则"胡语"说，当不止明晚期，且亦不必限蒙古了。那个"胡"，有时是可以泛指的。

清代初，沈自南所撰《艺林汇考》，原文征引《疑耀》所示，不加注释，显示亦同意"衚衕"为"胡语"说。

沈自南，江苏人，曾任山东知县。他的书是根据"稗官杂说"，收其"散帙，汇辑成篇"的。所以各种说法，他都采纳，究竟自己如何主张，莫衷一是。《艺林汇考》只可以类书看，《四库总目》说它说事"颇得其实"云云，恐怕也只就其所"辑"资料不误而言，不是肯定它的判断。陈鉴的题记说，此书"足以裕智祛疑"。"裕智"可以，"祛疑"却未必。"胡语"说之"疑"，它就未必能"祛"。

"衚衕"语源无考这一说法，大概始于清代之初。谈迁有《北游录》，其中说："京师各巷曰某衚衕。其义无出。"③ "其义无出"云云，意即"衚衕"语源与语义，在文献中找不到依据。

谈迁是浙江人，《国榷》著者。他在顺治时，赴北京访集史料。他是史家，重文献，文献不载，他就不说，是谨慎人。

清康熙时，查嗣瑮写有《查浦辑闻》。书中以为，"京师巷称衚衕，其义不典"。

查嗣瑮，江苏人。任康熙侍讲，以罪谪遣关西，卒于戍所。他的说法与谈迁同，而又为后人传承。

---

① 《疑耀》。
② 《四库全书简明目录》卷十三。
③ 《北游录·纪闻上》，中华书局，1960。

其后，杭世骏著有《订讹类编续补》，也说："京师巷称衚衕，其义不典。"① "不典"就是文献失载，主张与谈迁同。

杭世骏是清乾隆时人，籍属浙江。大学问家，精于考异辨伪。他说"不典"，实际上就是"订伪"。可谓精审。

前述《艺林汇考》，引明人杨慎《丹铅录》，也说："今之巷道，名为胡洞。字书不载。或作衙衕，又作俉衕，皆无据也。"②

以上各书所谓"无出""不典""不载""无据"云云，意思是一样的，都在表明"衚衕"及其语源与词义缺乏文献记录，所以都莫明其妙耳。

此外一说，就是"衚衕"实为汉语方言论了。此说最明确地见于杨慎《丹铅录》，书中说："南方曰弄，北方曰俉衕，弄之反切为俉衕也。盖方言耳。"这个"方言"，乃指汉语中的地方话，是具有特定性的。什么叫"方言"？什么地方的"方言"？都没有指明。

杨慎，四川人。曾入明朝翰林院，所见古书秘籍不少。后被嘉靖谪戍云南，专事考证。古书不载，所以他先前既说"衚衕"无据，这里又说"盖方言耳"，是推测之词，一个"盖"字就泄露了天机。

"方言"论，其实在《丹铅录》之前，已有倡言，这就是《析津志》。书中称"析津，街制：三百八十四火巷，二十九衚通。衚通二字本方言"③。"衚通"与"衚衕"声近，或以为是"衚衕"的原始音。如是，则汉语"方言"论，元代已通行。清人钱竹汀在"元代方言"的标目下，谈到当时好些方言，"不合于古音，证之今音，亦多龃龉"，并提出了"元代方言"的概念④。此见方言不唯有地方性，亦有时代性。

《析津志》为元代末年任大都路儒学提举一职的熊梦祥所撰。熊氏，江西人，他有可能利用职务之便，检阅内府文献，甚至有机会亲历析津地区的名胜与社区。《析津志》应当就是这样依据考察和文献撰成的，因此，它的可靠性或者毋庸置疑。但是，它说"衚通二字本方言"，则不免语病。"衚通"是一个词目，是"方言"，不是"二字"分开，各成"方言"。

这个"方言"论，很可注意：

它是"胡语"论的对立面，就是说，它反对外来语的判断；

---

① 《订讹类编续补》（上），中华书局，1997。
② 《艺林汇考·栋字篇》，中华书局，1988。
③ 《析津志辑佚·城池街市》，北京古籍出版社，1963。
④ 《十驾斋养新录》卷六，上海书店出版社，1937。

所有"衚衕""衖通""胡同"等，都是早已存在，不是《析津志》等创造，它不过是现实的书面反映。现实是基础，反映是派生。

对"方言"的理解，各有解释：

或说："衚衕在《经世大典》，谓之火弄，恐北京误厌为平，因呼衚衕。"① 这是说，"火弄"是通用语词，"衚衕"是北方人的"方言"。二者本义不异。

或说："衚衕已见《玉篇》，非后人始有。"②《玉篇》为梁时书，宗《说文解字》。倾检《说文》，没有"衚"字，只有"衕"字。

或说："谢肇淛《五杂俎》引《经世大典》，谓之火衖。衚衕即火衖之转。"③

或说："今北地呼巷曰衚衕。案：衚衕即巷之反语也。巷字古读如衕，缓言之则为衚衕，急言之则为巷矣。"④

或说："字书有一字而倍为两字者，如因衕字呼弄唐是也。俗语有两字而呼为一字者，如合衚衕为衕字是也。《元经世大典》有火衖，注音弄，此亦官中别道，如永巷之类。"⑤

此外也还有一些类似的说法，从略。

我是充分肯定前人的探索精神所含的启示性的，但是从上面的分述，可以看到几点有趣的视点。一是不论持何等说法，倡言的都是南方即长江流域及以南的人。他们虽然在北京住居，却好像始终不融入和不理解北京社会。他们谈论"衚衕"，大概都出于"猎奇"，他们的"胡语"说、"方言"论，可能也是来自他们各自所身临的街谈巷议，不见得有扎实的调查研究，所论都加个"盖"字，就多少证明他们心中还不够托底。但是，他们的议论，很有创见，前此没人理会。

二是各论点都没有论据。"衚衕"为什么是"胡语"，从何而来，语义何在？都没有释词，很不经意。"方言"说，也如此。所以不能令人轻信。

三是都从汉字的音义谈论或追究"衚衕"的语源和语义，迹近小学行当。他们不了解一个"方言"名词（不是一个字），口语与字面表述，往往差别

---

① 《订讹类编续补》（上），中华书局，1997。
② 《京师坊巷志稿》（上），北京古籍出版社，1982。
③ 《京师坊巷志稿》（上），北京古籍出版社，1982。
④ 《四寸学·衚衕》卷三，燕京大学图书馆，1941。
⑤ 《历代诗话》下册，中华书局，1981。

很大。"衚衕"，可以作他们所认定的字义去考证文字源流，如果是"胡同"或别的同音呢？怎么办？显然的是，他们必将又从《玉篇》《释名》等字书中去找"胡"与"同"字的源流，而其结果必然又得出与"衚衕"的字义推断完全不同的结论来。而"衚衕"与"胡同"却原来是一词的异写，所以他们的考证之于"衚衕"语源与语义，可以说只是玩弄文字游戏而已，顶多也就是训诂罢了。

四是惯于以南方的方言比附"衚衕"，并因此臆想出"急读""缓读"的推断法。我自己不文，曾反复试验"衚衕"一音，无论怎么反复地"急"读，也读不出"巷"这个声韵来。至于"一字二字互换"说，"误仄为平"说，我看都莫名其妙，太牵强了。方言自是各有特色，何须牵强。

五是他们的考证方法不美气。"衚衕"的这个问题，不是玩弄文字游戏，臆造语音相谐，牵强附会，所能奏效。它须要多种学科的综合研究，才可能觅得解决途径。

以上就是关于旧时代主要是元代以后对"衚衕"记述的约略介绍。这个经历说明：过去的记述充其量只是提出了问题（自然是可钦的），却没有解决问题，也没有为后人提供正确的考察方法，倒是从反面为后人研究留下了治学教训或前车之鉴。所以这个旧事介绍还可能是不无意义的。

二

据各报所载有关论文看，现在人们对"衚衕"语源和语义的考辨，较旧时代（如上所述）进步得多了。人们已不是就此专题作无谓的文字训诂，而要从学术视野的角度去着眼了。但是，就大轮廓说，依然是两个问题：外来语？本土语？没出前人的轨辙，所不同的是更具体了。例如，"衚衕"语源之说已不是"胡语"或"元人语"，而是简直认定"衚衕"就是蒙古语，其词义呢，据说是蒙古语"水井"的意思。所据以成理的佐证，唯一的只是"衚衕"读音与蒙语义为"水井"的音训相谐。对于这个只凭孤证或不成其为证的立论，曾有文章驳议，然而，从大趋势看，蒙语"水井"说，已是笼盖四野、猗靡一时的了。不光单篇文章人云亦云，就是成本的著述也随声附和，甚至在汉语外来语辞典中更以之列为一项词条。至于"方言"一说，则不见更多的振振作词者。如果说，在旧时代，"衚衕"的方言说，很有强势，"胡语"说却显然形单影只。那么，现在恰恰翻了个个儿，"衚衕"为蒙古语之调,却唱得很高,实在不曾料及。

我不是"衚衕"研究的专家,照我现在的能力及迟迈之状而言,也难以对之作深入的考证。这里所述,只是一个老年读报者的兴趣而已。且试从几个方面说说。

1. 什么是"衚衕"?

前人已经交代过"衚衕"是方言,这意味着它是华语,是华语中的"方言"。所谓方言,义有两端:(1)是地区内流行的、不为外区所能通晓的语词,是乡音,有排他性;(2)是地区内民间的俗语、俚语,不为文雅所齿,是不登大雅之堂的语词,有"粗俗"性、人民性,不可思辨性。

方言,自古有之。刘知几说:"古往今来,名目各异。区分壤隔,称谓不同。所以晋楚方言,齐鲁俗语,六经诸子,载之多矣。"① 这话是不错的。方言"各不相通也"(元叶子奇语),它虽不利于各区的统一、社会的交流,但是,它却能形象地反映各地经济、政治乃至风俗习惯及人情向背,而这正是有为者应当经心的现实态度。"周、秦,常以岁八月,遣輶轩之使,求异代方言,还奏籍之,藏于秘室"②,正是看重"方言"之于治国的重要性与切实性。扬雄著《輶轩使者绝代语释别国方言》,杭世骏著《续方言》,章炳麟作《新方言》,其道理在实质上应该是一样的吧!它有助于历史研究、社会改革及民族语言统一。

"衚衕"一词之见文字,人说始于元曲,对,那里正是方言俚语丛出的地方。现在已有《金元戏曲方言考》,它对理解"衚衕"有好处,尽管书中没有谈"衚衕",并且它的"方言考"也还有漏谈之处。但是,它证明"衚衕"正是生成在那些方言环境中的,它不孤立。而至于"水井"说,则向壁得很了。

北京是所谓"五方杂处""民杂五方"的都城,因而自然也就成了方言辐辏、杂俗交织的中心。从字面上的反映看,在元代,不但戏曲歌词中有不少语词令人费解,即便是官家的文牍里,也往往夹杂一些俚俗浮词。一部《大元圣政国朝典章》,《四库总目》就说:"所载皆案牍之文,兼杂方言俗语,浮词妨要者十之七八。"③ 桐城姚鼐更说:"元时陈奏、诏令,直用当时

① 《史通·杂说中》。
② 《风俗通义序》。
③ 《四库全书总目提要》。

俗语，转经抄写，或有舛误，至今多有不可通晓者矣。"①

国家的"典章"竟然允许"方言俗语"载入，这不但打破了历来统治阶级文人、儒家所主张的"文以体制为先"，摈弃方言俚词的传统，而且使方言俗语跻身于与"雅士"文体同等的地位，致官样文章黯然敛色，这可是史无前例。这表明元朝承认方言俚语乃是客观的、具有强大活力的实在，是历史法则，是不能以行政命令废除的。这较之清政府要开明、理性得多。清初，曾下诏旨，不准土语俗言搀入"本章"，所有官吏及应试生员必须通晓"官话"，像福建省地方，要设"正音书馆"，要"训导"方言。② 这种企图以人为的政令禁止方言，很难有实际的效用。清朝较元朝不通得很了。

荀子《正名》说："名无固宜，约之以命。约定俗成谓之宜，异于约则谓之不宜；名无固实，约之以命实。约定俗成谓之实名；名无固善，经易而不拂，谓之善名。"我以为这话可是经典式的，它完全适用于"衚衕"这个词的论证。都城居民宁愿以"衚衕"命名自家的居处，就因为它是早已约定俗成，迄为自己熟悉的"方言"，是完全自发的，不是奉命的。他们是文盲，不懂得什么"雅言"，不懂得什么语义学，只有"衚衕"这名，听起来舒服，易懂，适合乡情，不违背祖辈传统。在这里，顺便插一段佳话。后梁时，吴人钱镠，被封为吴越王，衣锦还乡，欢宴乡老。自己引吭高歌："三节还乡挂锦衣，吴越一王驷马归。……"乡人反应冷淡。他很尴尬，乃改操吴音（家乡话）唱道："你辈见侬底欢喜，别是一般滋味子，永在我侬心子里。"歌完，举座应声和之，"叫声振席"。此见官腔即便是王尊，也不会受乡人理会，而乡音土语，却获得如此亲热。京人以"衚衕"自宣，实亦如此佳话所示，而国家亦予承认。

2. "衚衕"作为方言，通行大都，不始于元。我以为或者至少从辽代就可能存在。

辽太祖阿保机原是契丹八部大人之一。他要独立，向各部说："我为王九年，得汉人多，请帅种落居古汉城，与汉人守之，自为一部。七部许之。"③公元704年，他即汗位。"阿保机既立，值中国多故，汉人归者众，筑城种

---

① 《惜抱轩书目》卷二。

② 俞正燮：《癸巳存稿》卷九，商务印书馆，1957。

③ 叶隆礼著，贾敬颜、林荣贵点校《契丹国志·太祖大圣皇帝》卷一，上海古籍出版社，1985，第1页。

田。"① 所谓"多故",乃指五代时期遍及半个中国的战乱。那是一个国无一主,军阀争权,残民以逞,"干戈之惨极矣"的"多故"时代;是个"沧海横流,玉石同碎"的时代;是人民四处逃亡,寻找安居的时代。所谓"归",即表示依附、归心。在这种际遇中,契丹汗国实施亲华政策。阿保机通汉语,他的政纲是重用汉官,厉行汉法,广惠汉民。结果如何呢?在"归之"者中,"由是汉人各安生业,逃亡者益少"②,"汉人安之,不复思情",即安居辽地,不再想返回他们的原乡了。岂唯"逃亡者益少","不复思情",甚且四面八方"归之"的汉民日益增多。太宗耶律德光继位,进驻南京,建立析津府。他承继先朝政策,京城诸事,虽曾昌言"番汉杂用",而实际上政策运转都由"汉儿把捉"。"汉儿把捉",即由汉官管辖、治理。移归的人口越来越多,到后来,光"析津府"就有"户口三十万"。以每户平均五口计,就是一百五十万。

史书说,析津府"大内壮丽,城北有市。陆海百货,聚于其中。僧居佛寺,冠于北方。锦绣组绮,精绝天下。膏腴蔬蓏、果实、稻粱之类,靡不毕出,而桑、柘、麻、麦、羊、豕、雉、兔,不问可知……人多技艺,秀者学读书,次则习骑射"③。这么多人口,这么繁荣,谁有以致之?当然不必排除"番人",特别是汉化的"番人",但总体上,无疑是"归之"的汉人。这种状况,到金、元二代时,恐怕都没有多大改变。这里值得考究的一个问题是,这三十万户口是怎么安置的?是否在设街划坊中有"衚衕"其制?审形度势,理应有之。

这么多汉人来自何方?辽、金时,主要是黄河以东和以北地区,即晋、察、冀、鲁。元以后,江河以南地区也有移入的。

移民似乎多有惯例,由乡梓迁到异地定居,都愿意尽量找同族、同宗、同姓、同村、同里的人聚处。他们甚至愿意以原籍里名、村名乃至县名,名自己的异地新居。例如山西洪洞县的移民新居,就以"洪洞"命名;河北滹沱河沿线的移民,即以"滹沱"自命。而这"洪洞""滹沱"的声韵,恰恰都很像是"衚衕"的音讹。自然,不能作无所确证的考定,但假设它们可能

① 《新五代史》卷七二。
② 叶隆礼著、贾敬颜、林荣贵点校《契丹国志》卷一《太祖大圣皇帝》,上海古籍出版社,1985,第2页。
③ 叶隆礼著,贾敬颜、林荣贵点校《契丹国志·四京本末·南京》卷二十二,上海古籍出版社,1985,第217页。

是"衚衕"原始称谓，也不必就指为谬悠。西晋末年，在北族的进逼下，北方士人、官衙以及诸族姓，纷纷逃移江南，以致在当地出现了很多"侨乡""侨民"甚至"侨衙"，都与他们原籍同名。在明代，山西人大量出边，定居蒙古牧野，也往往以他们原籍的名称称塞外新居，这种现象也是我所亲历熟知的。以此况彼，不无类同的可能。

各地的移民进入辽的析津、金的中都、元的大都、明清至今的北京，自然也不免随之移入各地的风俗习惯，移入各地的方言俚语，其中包括"衚衕"这个语词。人们会看到：北京的民间风情与各地地志所载，很多近同，而据日本人的调查，晋、察、鲁也有"衚衕"（或"胡同"）这个称呼①。这证明，北京的风习，除了辽、金、元、清杂有异族成分外，基本上是上述各省风习的移植，而北方各地的"衚衕"也正是北京"衚衕"的语源。所以前人所说"衚衕"乃北京方言云云，实际上也应当是北方方言，并不限于和始于北京一城之内。它不是什么"胡语""外来语"。

3. 在普遍是文盲的社会里，"衚衕"这个方言，只传承在口头，即在口语中，它在文字上或书面上，没有规范。因此，这就自然出现两个问题：

（1）"衚衕"一词，有没有一个演变过程，它在最初就发音"衚衕"呢，还是别有读音呢？清人袁枚讲："方言者，一方之言，如今乡音也。然今古亦颇不同，齐人呼棺索为缄绳，今皆无此字。以好为现莎，丑为怀五，则已无此音矣。"② 这话很有参考价值。"衚衕"的古读与今读，是否一致呢？《春秋》所谓"所见异辞，所闻异辞，所传闻异辞"的话，我想是可以考虑比附"衚衕"的演变历程的。今日的"衚衕"，或者只是古音的演化结局，那么，它最初怎么称，应该予以验证，然而这恐怕很难了。

（2）口语见诸文字，应该如何写法。历来的准则是"译音无定字"，只要声韵相同，用哪个字都可以。"衚衕"也可以写作"胡同""户通""伙屯""呼疼""狐洞""洪洞""滹沱""衖通"等。可以确信，当时的元曲如不写成"衚衕"而写成"伙屯"等同音字，照样能为后世所接受，这就是"先入为主"的规律了。元曲之写成"衚衕"，或者除了避讳官方禁字外，我看并没有多少必然性，信笔而就罢了。事实上，也确有写作"衖通""衕衚"的，

---

① 〔日〕多田贞一：《北京地名志》，张紫晨译、陈秋帆校，书目文献出版社，1986，第11～13页。

② 《随园随笔》卷下，江苏广陵古籍刻印社，1991。

并不一致，这是不同的方言读音所致。既然如此，那么，它的词义也可以不究。清人沈太侔指出："京师地名，大率无所取义而为之，绝无征文考献之思。"① 这在元曲亦可作如此解。

在这里，几位前人的话，可以借来作为参考，以便于解释对"衚衕"的质疑。

宋人赵彦卫的话："古人之字，但取其声音之协，初无切韵之说。郑康成云：其始书之也，仓促无其字，或以音协，北方假借为之，趣于近之而已，受之者非一邦之人，人因其乡，同声异字，转生议论。"②

宋人洪迈说："都邑之名，有与本字大不同者。颜师古以为土俗各有别称者是也。……皆不可求之于义训……"③

明人顾起元也以为："里中字音有相沿而呼，而与本音谬，相习而用，而与本义乖者，或亦通诸海内，而竟不知所从始。"④

鲁迅先生指出："每一个方块汉字，是都有它的意义的。现在用它来照样的写土语，有些是仍用本义的，有些却不过借音。"⑤

受这些论断的启示，我以为元曲用"衚衕"，第一，它只以文字同声反映客观存在，不是凭空捏造；第二，用字可能是很不经意的；第三，它只在意与方言的相协；第四，它的音读可能今昔有变；第五，可以不必十分计较它所包含的文字词义，"衚衕"就是"衚衕"，如此而已。类似的例子很多，例如，"忽喇叭""骚不答""乌卢班"⑥"嗹嗻""胡柴"⑦，你知道它们的词义吗？不理解也不曾别处见过，就认定是"胡语"，失慎了。硬是要加上一个想象的文字"义训"，也是不必的。它是方言啊！

4. "衚衕"之外，也有别的写法。

《析津志》就写作"衖通"。但是，有人反对，说："'衖通'所指非胡同，'火巷'才指的是胡同。若说'衖通'即'胡同'的话，很难想象元大都仅有区区二十九条胡同。《析津志》所说的二百八十四'火巷'确指'胡

① 柯愈春、郑栖纯点校《东华琐记》，北京古籍出版社，1995。
② 《云麓漫钞》卷十四，辽宁教育出版社，1998。
③ 《容斋随笔·容斋续笔》卷八，上海古籍出版社，1978，第308~309页。
④ 顾起元撰，谭棣华、陈稼禾点校《客座赘语》卷一，中华书局，1987。
⑤ 鲁迅：《花边文学·汉字和拉丁化》，人民文学出版社，1973。
⑥ 沈榜：《宛署杂记》卷十七，北京古籍出版社，1980。
⑦ 徐渭：《南词叙录》，中国戏剧出版社，1989。

同'。'火巷'是南宋城市里为防火而留出的隔离带，故名'火巷'。元大都承南宋遗制，设立。三百八十四火巷后来被讹传为'衚衕'。这就是'胡同'的来源。"①

这可以见仁见智，但我以为上述引文或有误《析津志》原文之嫌。现在再重录该书："街制：大街二十四步阔，小街十二步阔。三百八十四火巷，二十九衚通。衚通二字本方言。"② 所谓"街制"，指的是"街市"之造成、限度、规模。大都的"街制"项下，书中只说了大、小街的宽度，并没有说共有多少街，什么街。紧接下面说"三百八十四火巷，二十九衚通"，这一"巷"一"通"，显然即指"街制"。按它所说的大小顺序，则大街是三百八十四条，小街是二十九条，并特别注明，"衚通"二字是方言，是大都本地、本土的乡音。这就是说，大都街道共有四百一十三条，其中二十九条小街，本地人称之为"衚通"。撰者熊梦祥，前面已经介绍是江西人，他以南方的惯用语"火巷"名北方的街道，并不适用。《五杂俎》著者谢肇淛是福建人，他说"火巷"为"衚衕"，可能是他的福州方言吧。元人孔齐说："南方风气不同，声音亦异。至于读书字样皆讹，轻重开合亦不辨，所谓不及中原远矣。"③ 这大概正是弄歪的因子。"衚通"从声韵说，正是"衚衕"的音讹，而"火巷"与"衚衕"，在北方人看来，却不音谐。事实上，它也不通行，至今也没有名"火巷"的。"火巷"是南方"方言"，并不是普及的"官话"。说它是"衚衕"的词源，无稽。前面已经说过，"衚衕"早于元代就存在，何待"火巷"以成名。所以按照习惯，不是二十九"衚通"，而是四百多条大小街，都叫"衚通"，只有熊氏自己才那么认定。至于"火巷"，正如上述引文所示，乃是南宋的说法，而其功能也不是什么"隔离带"。一条"巷"的两边都是连片的房屋，如一边的连片房舍有了火灾，靠边的这条"巷"，怎么能"隔离"？所以，"火巷"云云，乃是救火的通道，是便于而不是"隔离"灭火水的运输的。大都的建制并不"承宋遗制"，它自有设计。

二十九条大小街即"衚衕"，在大都还算"区区"吗？试举辽析津府比较一下。析津府城圈比大都初时些许要大些吧？据记载，圣宗太平五年，燕民聚众举城以谷丰熟，庆祝收成，皇帝也临幸。晚间，六街灯火辉煌"如

① 周士琦：《"胡同"起源新考》，《北京日报》1994 年 9 月 7 日第 3 版。
② 《析津志辑佚》，北京古籍出版社，1963。
③ （元）孔齐撰，庄敏、顾新点校《至正直记》卷一，上海古籍出版社，1987。

昼"。这里有两点请注意：一是金城只有"六街"；二是城民庆农业丰收。城中空地全部使民耕种，直到道宗时，还下诏："南京（即析津）除军行地，余皆得种稻。"① 元大都也有类似耕田状况。那么，二十九街较之析津的"六街"，恐怕要繁华多了，岂可云"区区"？就是当年的北平，抗日战争前，大街也没有超过二十九条吧！

5. "衚衕"的起始，我见到的几种说法，都不甚确切，或说"胡同之名始于元代"②，或说"北京的胡同是随着元大都城的建立才开始形成的"③，如此等等。

我在前面已经介绍过，"衚衕"不始于元代，它的存在在年代上要早得多，至少辽代应当就有了。然而，这个名称只停在人们的方言中和口头上，不见于文字和书面上。所以，确切些说，"衚衕"之见于字面上，始于元代。

"衚衕"本是方言、土语，是人民的口头语词，自来不为"庙堂"之士所雅顾。然而，却不期然受到戏剧界——才人、书会、潦倒文人这些底层人的知遇，竟然以这样的字词出现在他们的戏曲作品中。殊可赞叹！清末周寿昌说："'衚衕'二字，从元代以入文者。'衚'字《说文》有之，云通街也。后人造'衕'字以合之。"④ 哪位仓颉创造了这个专用的"衕"字，用以表达口语，填补了《说文》的空白？了不起。又是哪一位学者在书面上率先用"衚衕"反映民间口语、俗语，从而不但使这一词语永垂千古，有了法定地位，而且后世竟有以之名著作的，如明张爵《京师五城坊巷衚衕集》，也值得崇拜。

前已说过，"衚衕"在文字上出现，始于元曲。在现象上，这话也没有什么不对。例如《元曲选》中的《玉壶春》《丽春堂》《张生煮海》《单刀会》《三战吕布》《千里独行》等，都有这个词。但是，正如元人陶九成所说："金有院本杂剧，国朝因之。"元曲乃承金而来，所以向来就有"金元戏曲"的说法。但这中间有两点不容忽视：

① 《辽史》卷二十二《本记第二十二·道宗二》，第267页。
② 尔泗：《北京胡同丛谈》，《北京史大事纪年》，北京市社会科学研究所《北京史大事纪年》编写组，1981，第45～50页。
③ 《参考消息》2011年3月25日《'最'里乾坤看胡同》。
④ 《思益堂日札》，岳麓书社，1985。

（1）清人吴翌凤说："元曲皆述前代事。"① 这话或有过当，但有道理。试翻《元曲选》等，不难证实之。今天所演京剧，传统的剧目不都是前代事吗？戏曲中的角色、情节、名物、言语，除插科打诨者外，都非当代习见者。"衚衕"一词也是前代而来，非元代始有。

（2）元曲的创作也不尽属元代。有"衚衕"字样的元曲，大多作于前代，即先蒙古语时代。例如王实甫的《丽春堂》，就有学者如蒋瑞藻指出："此剧之作，当在金世，实父（甫）盖亦由金入元者也。"② 关汉卿也是元曲的名作家。对于他的身世，王国维指出，他得解元，即非在金世，亦必在蒙古太宗九年。至世祖中统之初，固已垂老矣。杂剧苟为汉卿所创，则其创作之时，必在金天兴与中统间二三十年之间。此可略得而推测者也。③ 他又说，汉卿所撰杂剧六十余种，当出于金天兴与中统二三十年之间。"此剧刊板出于元季，而上冠以'大都新编'四字，盖翻刊旧刻本也。"这些考证极为重要。既然作品及作者均为金代所出，那么，曲中所列"衚衕"一词，当然就非元时始有，乃在此前早已普遍。

但是，在金时的戏曲中所出现的"衚衕"，恐怕也不必始于金代。在它之前，就已经是家喻户晓、不言而喻、遍及京城的习惯语了。金人剧作无非在舞台与书面复述而已。使无实，何以名？

如果不是这样，那就请回答一个要命的问题，即"衚衕"之前，市民宅居所在叫什么名称？既然另有别称，为什么要改称"衚衕"？是居民自动改之？为什么？是官家勒令？证据呢？我看没法回答。明人顾起元曾以"化俗未易"为题说道："都辇之地，群情久甘醋酱，万口易至瀿滎。故当事者往往持'治大国若烹小鲜'之说，势固然也。故治，贵因民。"④ 这说的是比喻，重要的是改变"贵因民"。民众已经习惯于祖辈以来的"衚衕"，已成传统，从外部硬是要加以改称，居民是要抗拒的。治国者不会无端犯众，不是天听自民听吗？

鲁迅先生也说过："许多地名，是不随朝代而改的"，"也不以地名定时代，如我生于绍兴，然而并非南宋人。"这话说得很中肯，不妨用来比附元之后"衚衕"传承史。元朝时，名"衚衕"；元亡了，明朝起来，也称"衚

---

① 《逊志堂杂抄》，上海书店出版社，1994。
② 《小说考证续编》下册，上海古籍出版社，1984。
③ 王国维：《戏曲论文集》，中国戏剧出版社，1984，第63页。
④ 《客座赘语》，中华书局，1987。

衕";明亡国后,清来了,仍称"衚衕";清亡了,民国建立,"衚衕"依然;日寇进京,国民党退走,"衚衕"不改;日寇败走,中华民国复国,"衚衕"照旧;反动派落荒而去,中华人民共和国建新,"衚衕"一无波动。七百余年间,"衚衕"这个词迄无更改,这就是明证。以此上溯比照,可以说元以前,"衚衕"就现实地存在,元人率由旧章而已。《文选》说:"积习而成,不敢独否。"善哉此言,不但"不敢",也并不能。"衚衕"起于元朝之说,"衚衕"是蒙古语之说,可以休矣。要知道,汉族特别是民间,有足够的词汇尤其是方言土语命名一种街道,实在无须莫名其妙地借助什么"胡语",对吧?一时假设的"胡语",是无力改变民间传统的。

自然,诸元曲中,的确有"胡语",前人已经指出过。例如,清艺人黄幡绰就说:"曲入元而益漫其制,且多杂胡语。"(《梨园原》)明人王骥德《曲律》也说:"元曲,多杂胡语。"这话不误。例如元曲《射柳捶丸记》第三折:"阻孛云,不会骑,'撒因抹邻'。党项云:也不会'弩门','速门'。阻孛云:'来会',吃上几块。党项云:'打剌孙',喝上五壶。阻孛云:'莎塔八'了,不去交战。党项云:杀将来,'牙不'、'牙不'。"[1] 又王实甫《西厢记》第三折《雁儿落》:"死得,腾立无'回豁','措支剌',不对答。'较兀剌',难存坐。"[2] 明人何良俊则说:"王实甫歌舞丽春堂十二换头,在双调中别是一调,排名如阿那忽、相公爱、醉也摩挲、忽都白、唐兀歹之类,皆是胡语,此其证也,盖本是女真人也。"[3] 这些"胡语",应当就是蒙古语。但是也有女真语,是丑角们在临场"插科"时,打的"诨",意在调侃角色,借机挖苦,诋毁"胡"人。这不能成为"衚衕"为"胡语"的资证。是不是?

"衚衕"是北京方言。它早在元代以前即还没有蒙古语入京之前,就已存在,元曲无非承袭前代既成而已。"衚衕"之作为"方言",当源于各北方省,随人众的迁移而进京的。为什么称"衚衕"?没什么道理,它就是那么称呼的。《乡言解颐》说:"前之人言之,而名遂成;后之人习言之,而名益熟",正是。这就是结论。

---

① 隋树森:《元曲选外编》第三册,中华书局,1959。
② 隋树森:《元曲选外编》第一册,中华书局,1959。
③ 《四友斋丛说》,中华书局,1959。

三

以上说的是"衚衕"乃华语方言以及它的通行历史和理由。现在从另一方面说说"衚衕"是蒙古语"水井"这种立论的可疑性。

关于蒙古语各说，我知识有限，所看到的文章论著也可能挂一漏万，这里只略举一二。

有学者说："汉语中原没有'胡同'一词，它可能是蒙古语 Huddug（井）的音译。从元代出现这个词后，明、清两代多数街道都改以'胡同'命名。"①

还有学者说："……《析津志》……'……衚通本方言'……实际上，这个方言就是蒙语。……我曾设想是由'浩特'的音转……我带着这个问题请教了语言声韵学家张清常先生。张先生明确指出：'胡同'二字确由蒙语而来，根据语音考证，应是 Hottog 的音转，即水井之意。乡有乡井，市有市井……井泉一般是居民活命之源。感谢张清常先生指教。"②

与此同调者也说："汉语'胡同'为蒙古语训为'水井'的 Xettok 一语的借词。'水井'大致是 hoto 这样的音，汉语借字表音，有八种写法，其中以'胡同'最为流行，并由'水井处'转为'街巷'的意思，成为汉语中的一个借词。"③

一部外来语辞典附会此调，说："Huong，小巷，又作'衚衕'。语源蒙古语 gudum。"④

新近更有人说："'胡同'一词，是从蒙古语'忽洞格'——井，转变过来的。胡同有两个引申义，一是'巷'，一是'市'，井是市场之母，于是井——胡同，便有了市场的含义。"⑤

也可能还有别的文章、辞典等言论同此主张，已无力再检索了。这里只

---

① 陈高华：《元大都》，北京出版社，1982，第 61 页注 1。
② 尔泗：《北京胡同丛谈》，《北京史大事纪年》，北京市社会科学研究所《北京史大事纪年》编写组，1981，第 46 页。
③ 宗春启：《多少蒙语个中意，变身京中胡同名》，《北京青年报》2012 年 3 月 12 日。
④ 方龄贵：《元明戏曲中的蒙古语》，汉语大词典出版社，1991，第 322 页。
⑤ 刘正埮、高名凯、麦永乾、史有为编《汉语外来词词典》，上海辞书出版社，1984，第 141 页。

能就此论此，也只是初步的尝试。

我已经发现早有议者对"衚衕"是蒙古语"水井"的非议文章。前引《"胡同"起源新考》，2007 年 12 月 4 日《北京青年报》载有《揭开胡同源起之谜》，就都是。我赞成他们的基本论点。但是，他们所提出的证据，驳诘的思路，尚有缺陷，其中主要是对"方言"没有应有的重视，或说法疏略。而"衚衕"正是一个"方言"。

1. 我在前面已经阐明，"衚衕"原是华语，是汉语中的"方言"，是北京地方的"方言"，也是华北地区的"方言"。它的成因实在是移民，成批的或零散的，自动的或被迫的人民迁移所致。到地后，起初大家杂居，不免在交谈中南腔北调。久而久之，遂成新的公共"方言"例如北京方言，即所谓"京腔"，"衚衕"即是其中之一。这里与什么"水井"云云，毫无瓜葛。既然已经成为"方言"，明、清何得"改"名胡同？

最近，我又看到一篇谈"方言"的文章，很有意思。它在谈论"衚衕"问题上，窃以为颇有参考意义。现摘录如下：

"《平谷县志》上说，平谷言语似与旧都京话无甚差别。……据了解，平谷人构成主体主要源于元代土著、明初移民、清代迁居的旗人和清以来的流寓、流民。明初移民中规模比较大的是明永乐二年（1404 年），营州中屯卫由塞外迁移到平谷。在当时，这些军屯人几占到平谷人口总数的百分之四十六。这些人的许多后代成为平谷大族。

"此外，明、清时期，山西、山东等地民屯、流民等外来人口的加入，在一定程度上改变了平谷地区的人口结构。同时，也使平谷地区的语言文化融入了许多新的因素。'南腔北调'与平谷本土的交融，促进了平谷话的更新与发展。"

文章并例举了一些"平谷方言"："'蜻蜓'，当地称'马郎'；'怀孕'，当地称'双身子'；'耍赖'，当地称'搅柴'；'不挑食'，当地称'狼虎'"① 等。

作者"漫谈"的思路很清晰。历代移民改变了地区人口构成，晋、鲁方言的移入，对平谷地区方言俚语的形成起了作用，并例举几个俚语，以为佐证。我觉得这是一种正确的治学方法。循着这种方法，去考究北京方言如"衚衕"的形成与语义，较诸文字游戏、语音假说，要高明和有用得多。真正

---

① 《漫话京东平谷方言》，《北京青年报》2012 年 9 月 7 日第 5 版。

有人能认真研究北京的移民史和方言的形成，以祛伪饰，我可是竭诚仰望呢！也许已经有了这种研究？

2. "衚衕"读音和写法，原来是不一样的。前引文章说"有八种写法"，我看到的是"衚衕"或作"閧（巷）通"，或作"湖衕"，或作"衖衕"；有的竟读成"火巷"。这种不同是因为各种口音（如山西、山东、河北以及南方等地的人）而造成并表现在不同的写法上的。然而，在"传其意、通其义，则一也"（《草木子》）。既然写法与读音不同，则以为"衚衕"与所谓蒙语"井"字音协声谐，就不免失据。"Hangong"与"Huton"、"HuoHang"与"Huton"，岂是音谐的吗？且"忽格洞"只有"井"的含义，没有"转为巷"或"有井地方"这种语义，幸勿私意曲说。"衚衕"是蒙语"井"字的声谐云云，未可成立。

3. 退一步说，"衚衕"即使可释义为蒙古语词"水井"，那么，不妨考察一下古代蒙语"水井"汉字如何标音。我就手边所见诸书所示，列表如下：

时代	书　名	原义	汉字标音	备　注
元前	《蒙古秘史》	水井	中忽都兀惕	中"忽"音"古"，下同
元	《至元译语》	水井	中忽都	
明	《华夷译语》	水井	古都黑	
明	《鞑靼译语》	水井	古都黑	
明	《武备志》	水井	中忽洞（苦堵）	
明	《登坛必究》	水井	苦都四	
明	《卢龙塞略》	水井	古都黑	
清末	《买卖蒙古同文杂字》	井	胡笃	这"胡"同"忽"，加"中"字

所列各书自元前、元代至明代，都注蒙古语"水井"，读音为"古都"或"中忽都"，没有注音为"衚衕"或"胡同""忽洞"的。这就在事实上造成非此即彼、二者必居其一的局面。要是释义为"水井"，就必须按当时音训写作（读作）"古都黑""中忽都""苦堵"等，否则，就作"衚衕"。元曲写作"衚衕"，显然就表明莫将此词作"水井"解，而是本地方言。因此说"衚衕"是蒙语"水井"云云，似缺乏历史观点。

4. "忽洞"未必等同于"衚衕"。前引文章说内蒙古地区的"井"，都写作"忽洞"，这话不假。汉字标音"忽洞"，十分准确，二字均为仄声字，读起来短促，不但很真切地反映"井"这个字的声韵，而且很够蒙古味儿。然而，以之为"胡同"的声转，却差劲儿了。"忽洞"是口语，在文字上则作"Huddug"，可见也有差别。"衚衕"二字在汉语中，均属平韵，读起来几乎是半长声："胡—同—"。这种声韵既不反映蒙语"井"字的正音，也不像是蒙古语，倒好像是蒙古人说外来语的声调。事实上，"衚衕"确是汉语方言，对蒙语来说，它确是外来语。顺便说一句，前引文章说蒙古语是汉语地区的方言，很荒谬。蒙古语是一个民族的语言，是属阿尔泰语系的，在元代，它甚至已是当朝的"国语"，怎么成了汉族的"方言"？

5. 从元曲对"衚衕"功用的表达看，"水井"说的支离更为显然。

例如，《关大王独赴单刀会》第三折："平云：你孩儿到那江东，旱路里摆着马军，水路里摆着战舡，直杀一个血衚衕。"[①] 这"血衚衕"是血"井"吗？

《虎牢关三战吕布》楔子："孙坚……依着我先摆个衚衕阵，卒子云：元帅，怎么叫做衚衕阵？孙坚云：把这马军摆在一边，把步军摆在一边，中间里留一条大路，我若输了好跑。……"这"中间里（留）一条大路"，是一条大"井"吗？"井"也称"一条"？

《关云长千里独行》第二折："净云：出城与他交战，先与我摆下个衚衕阵，卒子云，怎生是衚衕阵？净云：我常赢了他便好，若是输了呵，我便往衚衕里去。"这"往衚衕里去"，岂是往"井"里去？

从上述这些曲的表述中，可以看出，"衚衕"是便于交通的路径或巷道，与"水井"风马牛不相及。

《歌舞丽春堂》："排列着左军也那右军，恰便是锦衚衕。""万草千花御苑东，满地绿茸茸。更打着军兵簇拥，可兀的是锦衚衕。"这里的"锦衚衕"，指的是美好的场地，不是什么"水井"。

《李素兰风月玉壶春》第二折："我是翠红堆敷粉的何郎，花衚衕画眉的张敞。"

《孟母三移》："辞别了老母，俺串衚衕去来。"

《扬州梦》第四折："但说着花衚衕，我可早愿随鞭镫。"

这里的"衚衕"，指的是妓院。不是在"水井"里画眉，往"水井"里乱"串"。旧时北平"八大胡同"，是八大"水井"吗？

---

① 本页所引元曲均见《元曲选》，中华书局，1958；《元曲选外编》，中华书局，1959。

《沙门岛张生煮海》："家僮云：我到那里寻你？侍女云，砖塔儿衚衕总铺门前来寻我。"这里的"衚衕"，指的是宅居。

前文已经说过，"衚衕"在字面上始见于元曲。就上述征引中所述，"衚衕"的含义广泛。它既可以是交通道路，游冶的场地，也可以是妓女的聚点及人间的居宅。而所有这些一词多义，正是汉语方言的妙用，又与"水井"和蒙语发生什么绞混？

6. "衚衕"为蒙语"水井"论者，使劲夸张这个"蒙古"语词，说有了这个词，才有民居；有了这个词，才有了"市井"；有了这个"市井"，才有了市场；有了这个词才……"井"等于大街，终于演化为里巷。① 这样的推洐，真是应了"眼前青白谁知我，口里雌黄一任君"的诗语了。

北京的风俗亦如各地一样，也有"五祀"，井、灶各为其中一祀。井供水，灶烧饭，是居民赖以生存的命脉。他们崇奉井，正如崇奉灶一样的赤诚，并为此造出井神和灶神。这种风习历年既久，也遍及全城，无论有没有"衚衕"，"井"都照行不变。

井的重要，毋庸更多唠叨。但是，井的穿凿是有条件的：第一，不是任何地点都可以制井。我们现有打井队，打井还不是先要勘察吗？第二，不是任何居民都有技术与资本打井。第三，不是打出的任何井，都有可以饮用的水。清代记述北京井水者每有其人。谈迁说："京师天坛城河水甘，余多苦。兰州黄学士谏《京师水记》：……自郊畿论之，玉泉第一；自京师论之，文华殿东大庖厨井第一。又故相石珤《酌泉诗》："往往城中水，不如郊外甘；如何城市客，不肯住长安。""京师各巷，有汲者，车水相售，不得溷汲，其苦水听之亡论。"②

又佚名记述："京师之水，最不适口。水有甜苦之分，即甜者亦非佳品。卖者又昂其价。且划地为界，流寓者往往苦之。"③

震钧记述："京师水多苦，而居人率饮之，茗具三日不拭，则满积水碱。井之佳者，内城唯安定门外，外城则姚家井。若宫中所用，则取玉泉山水，民间不敢汲也。"④

① 宗春启：《多少蒙语个中意，变身京中胡同名》，《北京青年报》2012 年 3 月 14 日第 1 版。
② 《北游录·纪闻上》，中华书局，1960。
③ 《燕京杂记》，北京古籍出版社，1986。
④ 震钧、顾平旦点校《天咫偶闻》，北京古籍出版社，1982。

朱一新引明人徐充《暖姝由笔》文："京师井水多咸苦，不可饮。"①

更为详尽的记述是日本人写的《北京地名志》，那里分别指出甜水井、苦水井的分布、水霸及井权的出现、挑水的行业等，并列出诸井的胡同名目。可以参阅。②

照这些"披露"，可以确认，那个蒙古语词"井"，不必是民众的"活命之源"。"井"水不能饮用，而居民自有另外的"活命之源"。元大都有十七处"施水堂"，专门向缺水公众供应，为官员的乘骑及过往的骒马饮用，也设有架辘轳汲水的井眼。一般居民均有专门的卖水人（被称为"挑水的"），每日来送水，不依赖那些"胡同"即"井"。

有井才有居民的说法之不能成立，前文已详为说明。事实是先有住户，后有水井，而且很多地方是有居民也未必有井。朱一新的《京师坊巷志稿》，包揽了全城的坊巷，其中除注明有井的衚衕外，也有很多没有井的衚衕。没井也叫衚衕，这就表明北京的"衚衕"，与蒙古语"井"无关。

"市井"是因为这个蒙古词而形成的吗？有了这个"井"才有市场的吗？非也。

"市井"，这个话是有的。但是，它的内涵却须正确理解。《风俗通》说："市，恃也，言交易而退，恃以不匮也。市亦谓之市井，言人至市所鬻卖者，当于井上洗濯，令香洁，然后到市也。"这里所述，乃指中国传说时代。那时无商品之可言，物物交换而已。应劭所谓，也无非推测传说，并不亲历，是亦"所传闻异辞"耳，不得恃以概今。辽、金、元、明以降，北京商业发达，市场林立。《析津志》就特地列出不少"市"，而与"衚衕"并列。明清以后，城内骒马市、猪市、羊市、牛市、马市、百鸟市、鹁鸽市、米市、花市、菜市，甚至有穷汉市，等等。如果所有这些都赶到井边去"洗濯"，使"香洁"，可能与必要吗？冬天也去井边清洗吗？冰冷的井水一起浇向诸物身上，浇到穷汉身上，如何呢？那是怎样骇人听闻的场面？前人已经指出，"因水为市"，是不可靠的。尤为重要的是这里所说的一切，都与那个"忽洞"名号了不沾边，没有因"忽洞为市"的说法。

《风俗通》又说："井者，法也；节也。言法制居人。"《云麓漫钞》卷十说："四井为邑，四邑为邱，四邱为甸。田制八家为井，十井为通。"总述这

---

① 朱一新：《京师坊巷志稿》卷上，北京古籍出版社，1982。

② 〔日〕多田贞一：《北京地名志》，书目文献出版社，1986，第38～40页。

些，所谓"井"，只指人的居地，并不是汲水的井泉。旧时所谓"市井"小人，"市井"陋习等，都指的是地方，不是说"水井"。这与"忽洞"不异其趣吗？

7. "胡语"论坚持以为北京的巷道，都是以蒙古语"井"命名的。这种立论的基础薄弱，前文已有辩证。现在不妨再问：元大都是以蒙语"井"为城区居点，那么，元上都、元和林，也是都城，那里是否也如法炮制，以"井"为称？

我在阅读有限的文献（文、诗）之后，没有发现记录，因此不敢断定它一定没有，但是，也不便就认定它绝对有。这里权且以今日的内蒙古城市比拟。呼和浩特、乌兰浩特是内蒙古自治区内东西二蒙古名称的城市，我曾在二城居住过，却没有一条里巷街道以"忽洞"命名的。蒙古城市反而不以蒙古语命其街道，不奇怪吗？不奇怪。因为"衚衕"本来是北京方言，居民既不理解，怎么移用？上都、和林，当亦如此。强将"衚衕"误为蒙古语词，这里又碰壁了。

8. 明王朝严禁"胡语"。朱元璋起兵，其檄文中有"驱逐鞑虏，恢复中华"的纲领。揆其意思，厥有二端：一为夺取元的政权，革其"胡"命；二为扫除"胡"的社会影响。明军北进，元的末代统治者——惠宗逃跑，从此大都陷于朱明。洪武建元，立即诏令禁"胡语"，史玄报告："高皇帝驱逐故元，首禁元服、元语。"①

明，郑晓记述："洪武元年二月，禁胡服、胡语。弘治四年正月，禁胡服、胡语。"②

同代的何孟春更说："元世祖起自朔漠，以有天下。悉以胡俗变易中国之制。士庶……无复中国衣冠之旧，甚者易其姓氏为胡语，俗化既久，恬不知怪。我太祖心甚厌之。洪武改元，乃诏，悉复衣冠唐制，其辫发、胡髻、胡服、胡语，一切禁止。斟酌损益断自圣化。于是百有余年胡俗，悉复中国之旧矣。"③

与此同时，凡投向明朝的人员，蒙古人名一律改成汉姓汉名。《弇山堂别集》曾有集中的记录。而民间亦怕犯法，也相效改姓。明人田艺蘅报道："国

① 《旧京遗事》，载《旧京遗事·旧京琐事·燕京杂记》，北京古籍出版社，1986。
② 《吾学编》卷一《丛书集成》，商务印书馆，1936。
③ 《余冬序录摘抄内外篇》卷一《丛书集成》，商务印书馆，1937。

初，禁从蒙古之姓。小民畏惧，乃并古之复姓，去其一字，若皇甫之为皇，呼延之为呼，赫连之为连，闻人之为闻，又不可胜计也。"①

朱洪武的统治，惩于元政的宽弛，厉行酷政，他的诏旨所以很是严重。他这么重视禁令，是有缘故的。一方面，清除蒙古本来就是他的目标；另一方面，也是历史教训警戒他，魏晋以降，胡人虽屡次被逐走，而他们的余众及社会影响却仍然散在并发生作用，一旦外部风云突变，这些因素就可能从内部威胁到中枢的统治。朱元璋懂得这个。

禁令已否落实，很难说清。弘治时距洪武初已一百二十年，犹重申禁令，这不光表明："胡语""胡俗"依然有在，也表明朱家严禁"胡语"的一以贯之。

我上述所引禁令的寓意很明显，既然"衚衕"被释为蒙古语词，那它就是被禁的对象。如果在偌大中国境内，不必根绝"胡语"，那在京师、天子眼皮底下，大部政府机构所必然接触的地方，竟昭明彰著，公然抗拒禁令，是忤逆、犯罪，是绝对不可能的。然而事实证明，"衚衕"照旧不变，居人也不见因朝廷禁令而惶惶，以至明朝塌台，清代出现，它仍被继承下来，仍然堂而皇之。这说明什么？"衚衕"不是蒙古语，它不在遭禁列内。"胡语"说脱空。

9. 清乾隆五十三年（1788 年），武英殿刻印了一部"钦定"的官书《钦定日下旧闻考》160 卷。《四库全书总目提要》以为本书，"订伪存真……当以此为准则"。清末大家李慈铭《越缦堂读书记》也以为这书"据实而谈，视原书（即朱彝尊《日下旧闻》）远胜"。通观全书，确是精审，视之为京城经典，应不为过。书中《风俗编》，谈到"衚衕"时，只征引《疑耀》原文，未加一字，却删去了原文中的"胡语也"三字。这一删，很可注意，它表明反对"衚衕"为"胡语"说，它不承认"衚衕"是蒙古语词。

更可注意的是书中的译语。书中凡涉及外语词字，需要汉译者都加小注，说明音读与字义。全书 160 卷，其中 76 卷中都有这种译语。最后一卷总括各卷，名《译语总目》，译语涉及满、蒙、索伦、唐古忒、梵语等语。重要的是在 370 个译语中，突出地没有"衚衕"一词，令人赞叹。这表明它不以为这字需要翻译。显然，"衚衕"不是蒙古语词，而是汉语方言。事实上，本书的按语也如实指出这点。

---

① 《留青日札摘抄》卷二，商务印书馆，1937。

　　总之，断然删去所引《疑耀》文中的"胡语"字样，译目中没有"衚衕"（"胡同"）一词，这就是本书"钦定"的态度和定夺，它不承认北京方言"衚衕"为蒙古语及什么"井"的含义。

　　文章就此打住。余意未尽，且待另篇吧。现在再把全文论证要旨，归纳如下。

　　1. 礼赞"衚衕"的研究。

　　北京"衚衕"者何？俚语委巷耳。除民居外，谁看得起它？而元曲的作者却请它上了书面并以"衚衕"二字定格，从而使它永垂至今不改，元曲之功岂可不录？

　　然元曲一如其他戏文民谣那样，受到历代统治者禁封，而江南学人却与本京文人相反，特特地从元曲中注意到这个名之为"衚衕"的物事，并百般设法考察它的语源与命义，这又使它从"普通一兵"向学坛走了过来，无论"胡语"说，抑或"方言"说，既已面世，都有益于学术。今之在京文人，踵前人的开创，更多地参与了"衚衕"的语源及词文的论辩，从而使"衚衕"声名在新时期大噪，又是一大迈步。我高度称颂古今的"衚衕"学者。

　　2. 清理千百年来"衚衕"的历史悬案。

　　"衚衕"及其居民的存在，早在蒙古人据京（元大都）和蒙古语入华之前。社会舆论对它从不了解，经过逐步了解，终于达到很熟悉乃至进入研究的境界，至少有了七百余年的经验。人们的研究在逐步成熟。起先，人们只是发疑，何谓"衚衕"？而后自我设想：或说"胡语"，或议"方言"，最后确为蒙古语"水井"云。都是创意，这都可敬。

　　然而，不论何种说词，人们精力都只在语音及字义上打转，都属于技术的、皮毛的、支离的、不触及实质的、足以解决问题的徒劳。自然，这或者也是研究历程中的必然阶段。要解决"衚衕"的语源和词义，理应从它的属性、历史演变、名称的内涵，它的实际功能，它与周边地方的关系，以及社会对它的理解等方面去使劲。换句话说，必须历史地去对待它。本文就是这方面努力的试验，是对几百年来人们的认识和研究实践的初步总结，是一种解释悬案前所未见的学术回顾。

　　3. 证据确凿地否定"衚衕"为蒙古语、词义是"水井"的臆断。

　　这种臆断似乎始于19世纪80年代，它是17世纪中"胡语"说的具体化。时至今日，它在"衚衕"语源及词义的论述上，很有影响。然而，它的说服力极其脆弱，仅仅凭借语音相谐就回答这个问题，是立不住脚的，已经有人撰文反驳。但是，就文字驳文字是不行的。本文从多个角度论证，希望消除它的影响。此亦属首创之例。

4. 倡导研究"衚衕"的新思路、新视野。

只从"衚衕"二字的字义和构造去费劲，是一种训诂的活动；只就"水井"说的语音质疑，只从"水井"的演绎中比附，是狭隘的。宜从"战略"上着眼，纵的方面不宜忽视历史演变，要有唯物史的观点；横的方面宜重视全局，不光面向京城，也要总揽北方地区。"衚衕"是方言，它在这个总体上，完全能回答那个语源与词义问题。很难设想，仅仅一个里巷名称，北京的语汇竟如此奇缺，以致需要借助外来语"水井"来填补。本文正是要跳脱文字窠臼，开展思路，独辟蹊径，使问题的解释迈向更为放纵的境地。

还有一点，理应作个交代，就是文中征引不少。这当然是标明作者有意不没前人和别人的卓识创见，亦表示自说有据。而重要的是论断问题，须广泛求助资料，当然也有提供文献线索，使后来者循此或方便地找出更多实用的资料，使"衚衕"语源及词义的研究奠定在更可靠扎实的基础之上的寓意。这或者也是一点学术功德吧！

老而不敏，所见有限。虽然自期写得周详一点，可终究没什么把握，是以不当与欠缺之处，尚请读者惠予教示吧。

四

"衚衕"的语源与语义的探讨，对我来说，也是个学习的过程。不但学习这个问题的来龙去脉，也学习所以治学的途径。我以为面对并要回答一个问题，首先要尽量广泛的资料，并考证资料的可靠性，然后排比、分析其间的联系，从实际出发，作出相应的判断。不宜先入为主，断定主题，然后搜集有利于己的资料，巧为装饰。这种从主观愿望、主观臆断出发，违反实事求是的议论方法，不合唯物史观，从而其论定也是不可靠的。"衚衕"之为"水井"说，大抵就是用这种主观设想而成的。几十年前，有人也是用这种办法确定包头乃为蒙古语"有鹿的地方"的臆断，其唯一的论据就是"包头"与"鹿"音谐。本书所载二文对之已提出了驳议。现在"水井"论又依样葫芦，令人不解。所以，如何治学，恐怕还是学界的一个未必都已解决的问题。

"衚衕"语源及词义的研究，使我受到很多启发。现在且放下不谈，只说两点希望：

第一，加强北京"方言"的调查与研究。

人们只要留意，往往能找到好多地方的方言著述，如蜀、吴下、广州等地，但是这些著述，一般也偏于转录字书、征引古史，不尽是现实方言的实录。北京方言类多。沈榜曾就宛平（北京境）方言说："辇毂上民，声音可入律吕。第民杂五方，里巷中言语亦有不可晓者。"①

清人夏仁虎也记实说："京师人海，各方人士杂处。其间言庞语杂，然亦各有界限。旗下话、土话、官话……又有所谓同宗语、切口语者……有最合古义者……有虽为俗语而有意义可寻者……有并无意义或并无其字者……京语有极刻薄者。"②

这些复杂的"京腔"，实在是北京社会风习及居民生活的口头反映或写照，很有生活气息，也很有历史气息。对于这些方言，我不知道有没有专门述录。我希望能有。要记录，不是转录文献。

第二，加强"胡同"的研究。

"胡同"是个学问园地。那里有历史记存、文化艺术、寺庙古迹、社会人情、名家学者，总之，有北京文化的一切。从这些事物的发掘中，也可以看到北京在发展中，与周边各省文化的依存。这是很有学术价值的事。

---

① 沈榜：《宛署杂记》卷十七，北京古籍出版社，1980。
② 《旧京琐记》卷二，北京古籍出版社，1986

图书在版编目（CIP）数据

毡乡说荟：陶克涛文集/陶克涛著. —北京：社会科学
文献出版社，2013.10
（中国社会科学院老年学者文库）
ISBN 978-7-5097-4899-2

Ⅰ.①毡…　Ⅱ.①陶…　Ⅲ.①内蒙古-地方史-文集
Ⅳ.①K292.6-53

中国版本图书馆 CIP 数据核字（2013）第 171007 号

·中国社会科学院老年学者文库·

毡乡说荟
　　——陶克涛文集

著　　者／陶克涛

出 版 人／谢寿光
出 版 者／社会科学文献出版社
地　　址／北京市西城区北三环中路甲 29 号院 3 号楼华龙大厦
邮政编码／100029

责任部门／人文分社（010）59367215　　　　责任编辑／许　力
电子信箱／renwen@ssap.cn　　　　　　　　责任校对／胡锦华　季武西
项目统筹／宋月华　魏小薇　　　　　　　　责任印制／岳　阳
经　　销／社会科学文献出版社市场营销中心（010）59367081　59367089
读者服务／读者服务中心（010）59367028

印　　装／三河市尚艺印装有限公司
开　　本／787mm×1092mm　1/16　　　　印　　张／28
版　　次／2013 年 10 月第 1 版　　　　　 字　　数／478 千字
印　　次／2013 年 10 月第 1 次印刷
书　　号／ISBN 978-7-5097-4899-2
定　　价／98.00 元